浙江省文化研究工程指导委员会

浙江文化研究工程成果文库

宋代研究文萃丛书

包伟民　总主编

知宋
宋代之司法

戴建国　主编

浙江人民出版社

图书在版编目（CIP）数据

知宋·宋代之司法 / 戴建国主编. -- 杭州 ：浙江
人民出版社，2024. 10. -- ISBN 978-7-213-11721-3

Ⅰ．D929.44

中国国家版本馆CIP数据核字第2024DZ1777号

知宋·宋代之司法

戴建国　主编

出版发行：浙江人民出版社（杭州市环城北路177号　邮编　310006）
　　　　　市场部电话：(0571)85061682　85176516

丛书策划：王利波　李　信　　　　　营销编辑：陈芊如
责任编辑：朱碧澄　　　　　　　　　责任校对：何培玉
责任印务：程　琳　　　　　　　　　封面设计：毛勇梅　袁家慧
宋代研究文萃印章设计：高　阳
电脑制版：杭州天一图文制作有限公司
印　　刷：杭州钱江彩色印务有限公司
开　　本：710毫米×1000毫米　1/16　　印　　张：24.5
字　　数：326千字　　　　　　　　　插　　页：6
版　　次：2024年10月第1版　　　　印　　次：2024年10月第1次印刷
书　　号：ISBN 978-7-213-11721-3
定　　价：89.00元

"浙江文化研究工程成果文库"总序

习近平

　　有人将文化比作一条来自老祖宗而又流向未来的河，这是说文化的传统，通过纵向传承和横向传递，生生不息地影响和引领着人们的生存与发展；有人说文化是人类的思想、智慧、信仰、情感和生活的载体、方式和方法，这是将文化作为人们代代相传的生活方式的整体。我们说，文化为群体生活提供规范、方式与环境，文化通过传承为社会进步发挥基础作用，文化会促进或制约经济乃至整个社会的发展。文化的力量，已经深深熔铸在民族的生命力、创造力和凝聚力之中。

　　在人类文化演化的进程中，各种文化都在其内部生成众多的元素、层次与类型，由此决定了文化的多样性与复杂性。

　　中国文化的博大精深，来源于其内部生成的多姿多彩；中国文化的历久弥新，取决于其变迁过程中各种元素、层次、类型在内容和结构上通过碰撞、解构、融合而产生的革故鼎新的强大动力。

　　中国土地广袤、疆域辽阔，不同区域间因自然环境、经济环境、社会环境等诸多方面的差异，建构了不同的区域文化。区域文化如同百川归海，共同汇聚成中国文化的大传统，这种大传统如同春风化雨，渗透于各种区域文化之中。在这个过程中，区域文化如同清溪山泉潺潺不息，在中国文化的共同价值取向下，以自己的独特个性支撑着、引领着本地经济社会的发展。

　　从区域文化入手，对一地文化的历史与现状展开全面、系统、扎实、有序的研究，一方面可以借此梳理和弘扬当地的历史传统和文化资源，繁荣和丰富当代的先进文化建设活动，规划和指导未来的文化发展蓝图，增强文化软实力，为全面建设小康社会、加快推进社会主义现代化提供思想保证、精神动力、智力支持和舆论力量；另一方面，这也是深入了解中国文化、研究中国文化、发展中国文化、创新中国文化的重要途径之一。如今，区域文化研究日益受到各地重视，成为我国文化研究走向深入的一个重要标志。我们今天实施浙江文化研究工程，其目的和意义也在于此。

千百年来，浙江人民积淀和传承了一个底蕴深厚的文化传统。这种文化传统的独特性，正在于它令人惊叹的富于创造力的智慧和力量。

浙江文化中富于创造力的基因，早早地出现在其历史的源头。在浙江新石器时代最为著名的跨湖桥、河姆渡、马家浜和良渚的考古文化中，浙江先民们都以不同凡响的作为，在中华民族的文明之源留下了创造和进步的印记。

浙江人民在与时俱进的历史轨迹上一路走来，秉承富于创造力的文化传统，这深深地融汇在一代代浙江人民的血液中，体现在浙江人民的行为上，也在浙江历史上众多杰出人物身上得到充分展示。从大禹的因势利导、敬业治水，到勾践的卧薪尝胆、励精图治；从钱氏的保境安民、纳土归宋，到胡则的为官一任、造福一方；从岳飞、于谦的精忠报国、清白一生，到方孝孺、张苍水的刚正不阿、以身殉国；从沈括的博学多识、精研深究，到竺可桢的科学救国、求是一生；无论是陈亮、叶适的经世致用，还是黄宗羲的工商皆本；无论是王充、王阳明的批判、自觉，还是龚自珍、蔡元培的开明、开放，等等，都展示了浙江深厚的文化底蕴，凝聚了浙江人民求真务实的创造精神。

代代相传的文化创造的作为和精神，从观念、态度、行为方式和价值取向上，孕育、形成和发展了渊源有自的浙江地域文化传统和与时俱进的浙江文化精神，她滋育着浙江的生命力、催生着浙江的凝聚力、激发着浙江的创造力、培植着浙江的竞争力，激励着浙江人民永不自满、永不停息，在各个不同的历史时期不断地超越自我、创业奋进。

悠久深厚、意韵丰富的浙江文化传统，是历史赐予我们的宝贵财富，也是我们开拓未来的丰富资源和不竭动力。党的十六大以来推进浙江新发展的实践，使我们越来越深刻地认识到，与国家实施改革开放大政方针相伴随的浙江经济社会持续快速健康发展的深层原因，就在于浙江深厚的文化底蕴和文化传统与当今时代精神的有机结合，就在于发展先进生产力与发展先进文化的有机结合。今后一个时期浙江能否在全面建设小康社会、加快社会主义现代化建设进程中继续走在前列，很大程度上取决于我们对文化力量的深刻认识、对发展先进文化的高度自觉和对加快建设文化大省的工作力度。我们应该看到，文化的力量最终可以转化为物质的力量，文化的软实力最终可以转化为经济的硬实力。文化要素是综合竞争力的核心要素，文化资源是经济社会发展的重要资源，文化素质是领导者和劳动者的首要素质。因此，研究浙江文化的历史与现状，增强文化软实力，为浙江的现代化建设服务，是浙江人民的共同事业，也是浙江各级党委、政府的重要使命和责任。

2005年7月召开的中共浙江省委十一届八次全会，作出《关于加快建设文化大省的决定》，提出要从增强先进文化凝聚力、解放和发展生产力、增强社会公共服务能力入手，大力实施文明素质工程、文化精品工程、文化研究工程、文化保护工程、文化产业促进工程、文化阵地工程、文化传播工程、文化人才工程等"八项工程"，实施科教兴国和人才强国战略，加快建设教育、科技、卫生、体育等"四个强省"。作为文化建设"八项工程"之一的文化研究工程，其任务就是系统研究浙江文化的历史成就和当代发展，深入挖掘浙江文化底蕴、研究浙江现象、总结浙江经验、指导浙江未来的发展。

浙江文化研究工程将重点研究"今、古、人、文"四个方面，即围绕浙江当代发展问题研究、浙江历史文化专题研究、浙江名人研究、浙江历史文献整理四大板块，开展系统研究，出版系列丛书。在研究内容上，深入挖掘浙江文化底蕴，系统梳理和分析浙江历史文化的内部结构、变化规律和地域特色，坚持和发展浙江精神；研究浙江文化与其他地域文化的异同，厘清浙江文化在中国文化中的地位和相互影响的关系；围绕浙江生动的当代实践，深入解读浙江现象，总结浙江经验，指导浙江发展。在研究力量上，通过课题组织、出版资助、重点研究基地建设、加强省内外大院名校合作、整合各地各部门力量等途径，形成上下联动、学界互动的整体合力。在成果运用上，注重研究成果的学术价值和应用价值，充分发挥其认识世界、传承文明、创新理论、咨政育人、服务社会的重要作用。

我们希望通过实施浙江文化研究工程，努力用浙江历史教育浙江人民、用浙江文化熏陶浙江人民、用浙江精神鼓舞浙江人民、用浙江经验引领浙江人民，进一步激发浙江人民的无穷智慧和伟大创造能力，推动浙江实现又快又好发展。

今天，我们踏着来自历史的河流，受着一方百姓的期许，理应负起使命，至诚奉献，让我们的文化绵延不绝，让我们的创造生生不息。

2006年5月30日于杭州

"浙江文化研究工程成果文库"序言

易炼红

国风浩荡、文脉不绝，钱江潮涌、奔腾不息。浙江是中国古代文明的发祥地之一，是中国革命红船启航的地方。从万年上山、五千年良渚到千年宋韵、百年红船，历史文化的风骨神韵、革命精神的刚健激越与现代文明的繁荣兴盛，在这里交相辉映、融为一体，浙江成为了揭示中华文明起源的"一把钥匙"，展现伟大民族精神的"一方重镇"。

习近平总书记在浙江工作期间作出"八八战略"这一省域发展全面规划和顶层设计，把加快建设文化大省作为"八八战略"的重要内容，亲自推动实施文化建设"八项工程"，构筑起了浙江文化建设的"四梁八柱"，推动浙江从文化大省向文化强省跨越发展，率先找到了一条放大人文优势、推进省域现代化先行的科学路径。习近平总书记还亲自倡导设立"文化研究工程"并担任指导委员会主任，亲自定方向、出题目、提要求、作总序，彰显了深沉的文化情怀和强烈的历史担当。这些年来，浙江始终牢记习近平总书记殷殷嘱托，以守护"文献大邦"、赓续文化根脉的高度自觉，持续推进浙江文化研究工程，接续描绘更加雄浑壮阔、精美绝伦的浙江文化画卷。坚持激发精神动力，围绕"今、古、人、文"四大板块，系统梳理浙江历史的传承脉络，挖掘浙江文化的深厚底蕴，研究浙江现象、总结浙江经验、丰富浙江精神，实施"'八八战略'理论与实践研究"等专题，为浙江干在实处、走在前列、勇立潮头提供源源不断的价值引导力、文化凝聚力、精神推动力。坚持打造精品力作，目前一期、二期工程已经完结，三期工程正在进行中，出版学术著作超过1700部，推出了"中国历代绘画大系"等一大批有重大影响的成果，持续擦亮阳明文化、和合文化、宋韵文化等金名片，丰富了中华文化宝库。坚持砺炼精兵强将，锻造了一支老中青梯次配备、传承有序、学养深厚的哲学社会科学人才队伍，培养了一批高水平学科带头人，为擦亮新时代浙江学术品牌提供了坚实智力人才支撑。

文化是民族的灵魂，是维系国家统一和民族团结的精神纽带，是民族生命力、创造力和凝聚力的集中体现。在以中国式现代化全面推进强国建设、民族复兴伟业的新征程上，习近平文化思想在坚持"两个结合"中，以"体用贯通、明体达用"的鲜明特质，茹古涵今明大道、博大精深言大义、萃菁取华集大成，鲜明提出我们党在新时代新的文化使命，推动中华文脉绵延繁盛、中华文明历久弥新，推动全党全国各族人民文化自信明显增强、精神面貌更加奋发昂扬。特别是今年9月，习近平总书记亲临浙江考察，赋予我们"中国式现代化的先行者"的新定位和"奋力谱写中国式现代化浙江新篇章"的新使命，提出"在建设中华民族现代文明上积极探索"的重要要求，进一步明确了浙江文化建设的时代方位和发展定位。

文明薪火在我们手中传承，自信力量在我们心中升腾。纵深推进文化研究工程，持续打造一批反映时代特征、体现浙江特色的精品佳作和扛鼎力作，是浙江学习贯彻习近平文化思想和习近平总书记考察浙江重要讲话精神的题中之义，也是浙江一张蓝图绘到底、积极探索闯新路、守正创新强担当的具体行动。我们将在加快建设高水平文化强省、奋力打造新时代文化高地中，以文化研究工程为牵引抓手，深耕浙江文化沃土、厚植浙江创新活力，为创造属于我们这个时代的新文化贡献浙江力量。要在循迹溯源中打造铸魂工程，充分发挥习近平新时代中国特色社会主义思想重要萌发地的资源优势，深入研究阐释"八八战略"的理论意义、实践意义和时代价值，助力夯实坚定拥护"两个确立"、坚决做到"两个维护"的思想根基。要在赓续厚积中打造传世工程，深入系统梳理浙江文脉的历史渊源、发展脉络和基本走向，扎实做好保护传承利用工作，持续推动优秀传统文化创造性转化、创新性发展，让悠久深厚的文化传统、源头活水畅流于当代浙江文化建设实践。要在开放融通中打造品牌工程，进一步凝炼提升"浙学"品牌，放大杭州亚运会亚残运会、世界互联网大会乌镇峰会、良渚论坛等溢出效应，以更有影响力感染力传播力的文化标识，展示"诗画江南、活力浙江"的独特韵味和万千气象。要在引领风尚中打造育德工程，秉持浙江文化精神中蕴含的澄怀观道、现实关切的审美情操，加快培育现代文明素养，让阳光的、美好的、高尚的思想和行为在浙江大地化风成俗、蔚然成风。

我们坚信，文化研究工程的纵深推进，必将更好传承悠久深厚、意蕴丰富的浙江文化传统，进一步弘扬特色鲜明、与时俱进的浙江文化精神，不断滋育浙江的生命力、催生浙江的凝聚力、激发浙江的创造力、培植浙江的竞争力，真正让文化成为中国式现代化浙江新篇章中最富魅力、最吸引人、最具辨识度的闪亮标识，在铸就社会主义文化新辉煌中展现浙江担当，为建设中华民族现代文明作出浙江贡献！

2023 年 12 月

引言：认识一个时代

我们这一套"知宋"丛书，旨在为有一定文史基础并有兴趣进一步了解两宋历史的读者，提供一个方便学习的门径。

中华民族五千多年文明史的各个发展阶段，都有其独特的历史地位，两宋时期尤其如此。历史的演进，如长河奔流，不舍昼夜，平缓湍急，变化百态，然而必有关键河段，决定着下游走向。如长江之出三峡、黄河之过龙门，终于一泻千里，奔腾入海。由唐入宋，正是这样一个关键节点。不同解释体系，从各自视角出发，截取的起讫时间往往并不一致：陈寅恪先生观察古代文化史流变，以唐代中后期的韩愈为"唐代文化学术史上承先启后转旧为新关捩点之人物"；近数十年来，不少欧美学者从社会阶层演变入手分析，多视两宋之际为转变节点。国内学界更多视唐（五代）宋之际为转折点，除了由于改朝换代具有天然的标识意义外，还因为国家制度大多随着新政权的建立而更新。对这一历史转折的定性，无论视之为"变革"，还是"中国封建社会从前期向后期的演进"，总之可以肯定的是，自南宋以降，我国传统农业社会进入发展后期，从唐末到南宋三四百年间则是它的调整转折时期。前贤曾论今日中国"为宋人之所造就"，就是指自南宋以降奠定了我国传统社会后期基本格局这一点而言的，所以南宋尤其值得重视。

但是，想要全面地认识一个时代，并不容易。人类社会现象之错综复杂，无论怎样强调都不为过。如果说自然界最复杂的事物是宇宙，那么与之相对应的人类社会中最为复杂的事物就是社会本身了。对于我们生于此、长于此的现实世界，且不说域外他国，即便身边的人与事，人们也不免常有孤陋寡闻之叹；更何况对千百年前的历史世界，存世的资料总是那么的零散与片面，想要接近真实就更难了。

具体就10—13世纪的中国历史而言，在传统正史体系中，除《宋史》外，同时有《辽史》《金史》并存。还有其他未能列入正史的民族政权，例如西北的西夏、西南的大理国；更往西或西南，包括青藏高原，都存在众多地方性的族群与统治力量。赵宋政权尽管占据了以黄河与长江两大流域为主的核心经济区，历时也最久，但毕竟不过是几个主要政权中的一个而已。在某些重要方面，例如对西北地域的经略以及国家政治的走向等，赵宋甚至难说代表着一般的发展趋势。

这套文萃选编以两宋为中心，有一定的局限性，并不能等同于10—13世纪全部的中国历史。选编共列出了政治制度、君臣、法律、科举、军事、城市与乡村、货币、交通、科技、儒学、文学、书画艺术、建筑等专题，每题一册，试图尽可能涵盖目前史学研究中关于两宋历史的核心议题，但难免仍有欠缺。出于各种原因，还有其他一些重要议题，例如经济生产、人口性别、社会生活、考古文物等，都暂未能列入。即便是已经列入的这些议题，今人既有的认识——假设它们准确无误，对于极其丰富的真实历史生活而言，恐怕也不过是浮光掠影而已。这既有我们当下的认识能力尚有不足的原因，也因史文有缺，造物主吝于向我们展现先人生活的全貌。总之，我们必须直面历史知识不得不大量留白之憾，切不可为既有的史学成就而沾沾自喜。

但是，人们认识先人生活的努力从未懈怠。自20世纪80年代以来，中国史学成绩斐然，两宋史领域也不例外。可以说，举凡存世资料相对充分、足以展开讨论的议题，差不多都已经有学者撰写了专书，更不必说数量无法统计的专文了。近半个世纪以来，在两宋史领域，每一个知识点基本上都得到了更新与拓展。在许多议题上，学者们更是相互讨论辩难，意见纷呈，远未取得相对一致的"共识"。那么，在这样先天不足、后天失调的前提之下，以每册区区20余万字的篇幅，来反映目前史学界对宋史领域相关议题的研究成果，又有什么意义呢？或者说，我们将如何坦然面对挂一漏万之讥，以使选编工作对读者，同时也对选编者都能呈现一定的价值呢？

首先必须指出，每一个专题对于相关研究文献的择取，都出于选编者自身的理解，具有一定的主观性。也可以说，选编工作本身就体现了对相关专题的某种认识思路，这自然毋庸讳言。

其次，我们请每册主编都撰写了一篇导言，以尽可能客观地总结各个不同专题的学术史概况。这既是对每册字数容量有限之憾的弥补，也是对每个专题学术史展开的基本路径的梳理，以供读者参考。也正因此，在尽可能选择最新研究成果的前提之下，选编者还会择取少量发表时间稍早，但在学术史上具有重要地位，迄今仍具有相当影响力的专文。

最后，本套文萃选编的目的不是试图提供关于各个专题的"全面"的知识框架，而是借几篇研究精品，向读者展示本领域研究者如何利用可能获取到的历史信息，在大胆假设与小心求证之间驰骋智力，以求重现先人生活某一侧面之点滴的过程与成果。因此，本丛书除了对相关史学领域的初学者在了解两宋历史时提供一些帮助外，相信还能使更广大的资深文史爱好者开卷有益。

以上就是我们出版这一套文萃选编的基本设想，谨此说明。

总主编　包伟民

2023 年 10 月

目录

后　记 377

导　论

戴建国

在五代混乱政局历史背景下建立起来的宋政权，为了避免成为第六个短命王朝，吸取唐末五代弊政的历史教训，大力加强法制建设，采取了"事为之防，曲为之制"的治国方针，一方面承袭唐代之制，另一方面又给予必要的改革，创立了颇具特色的法律制度。宋太祖、宋太宗十分重视法律对于国家治理的重要性。太祖建隆三年（962）下诏曰："吏部流内铨选人并试判三道，只于正律及疏内出判题，定为上、中、下三等。"①规定用律文及疏考校吏部流内铨选人。同一年太祖对宰相说："五代诸侯跋扈，多枉法杀人，朝廷置而不问，刑部之职几废，且人命至重，姑息藩镇，当如此耶？"乃令诸州自今决大辟讫，录案闻奏，委刑部详覆之。②加强对死刑案件的覆核，扭转了五代以来诸侯跋扈、中央司法监督形同虚设的局面。宋太宗曾告诫大臣："法律之书，甚资治理。人臣若不知法，举动是过，苟能读之，益人知识。"③宋太祖、太宗重视法制，采取一系列措施加强专制集权统治。值得指出的是，太宗朝大规模扩大科举取士，加强文治建设，对北宋士大夫政治发展影响深远。经由太宗朝扩大科举考试而走上政治舞台的士子，在君主倡导的重法、学法理念激励下，逐步成为熟稔法

---

① 〔清〕徐松辑，刘琳等校点：《宋会要辑稿·选举》二四之九，上海：上海古籍出版社，2014年，第5700页。
② 〔宋〕李焘撰，上海师范大学古籍整理研究所、华东师范大学古籍整理研究所点校：《续资治通鉴长编》卷三，"建隆三年三月丁卯"，北京：中华书局，2004年，第63页。
③ 〔宋〕李攸：《宋朝事实》，台北：文海出版社，1967年，第619页。

令的新型官僚。这一群体在懂法、知法的皇帝指挥下，各任其职，建言献策，施展才能，为北宋前期的法制创立做出了贡献。太祖、太宗为加强中央皇权统治所设计的法律制度奠定了两宋三百多年良好的法制基础，被后来的继任者视为祖制而贯彻沿用并不断得到完善，取得丰硕成果，使宋代出现了一个稳定的局面，推动了社会经济文化的发展，在中国法制史上具有重要地位。

宋代法制对立法极为重视，在立法程序、立法技术、立法规则方面都有许多创举。在中国历史上，宋代第一次在司法职能部门大理寺、刑部之外建立起专门的法典修纂机构——编敕所。这是宋代立法制度完备的一个标志。宋代在立法活动中设置专门机构，对法典详加讨论，汲取既往法精华，根据社会发展需求，及时调整不适应条款，重视当代法的完善。立法过程中广泛征求修改意见，这种举措可以集思广益、减少立法失误、提高立法效率，反映出宋代立法的慎重。

宋代法律体系的详备，是秦汉后一个新的高峰。叶适曰，宋代"今内外上下，一事之小，一罪之微，皆先有法以待之"。①宋政权建立后，仍然继续唐后期以来的做法，大量编纂皇帝制敕，制定成法典，谓之"编敕"，用以调整社会秩序。其修纂规模之大、数量之多，成为中国历史上一个非常突出的现象。宋以后周《显德刑统》为基础修订了第一部普通法法典《宋刑统》，将其中仍旧适用的律作为基本大法，继续沿用；同时不定期地把陆续颁布的、与法律有关的单项散敕加以整理，经过立法程序，将适宜普遍使用的部分修成编敕，对《宋刑统》及其他常法中不适用的内容作局部修改，或者补其不足，以便及时地把统治阶级的意志和利益法律化，用以调节社会矛盾、适应社会发展需求，维护统治。《宋会要辑稿》载："国初用唐律、令、格、式外，又有元和《删定格后敕》、太和《新编后敕》、开成《详定刑法总要格敕》，后唐同光《刑律统类》、清泰《编敕》，晋天

---

① 〔宋〕叶适著，刘公纯等点校：《叶适集·水心别集》卷十《实谋》，北京：中华书局，2010年，第767页。

福《编敕》，周广顺《续编敕》，显德《刑统》，皆参用焉。"①建隆四年（963），在修订《宋刑统》的同时，纂修了《建隆编敕》，这是一部综合性的法典。此后宋又先后修纂了《太平兴国编敕》十五卷、《淳化编敕》三十卷、《咸平编敕》十一卷、《大中祥符编敕》三十卷、《天圣编敕》十三卷、《庆历编敕》十六卷、《嘉祐编敕》二十四卷、《熙宁编敕》十七卷。

宋代法制的创立和完善是一个渐进的过程。北宋元丰以前的编敕，是将各种不同种类的法律规范混合编纂而成的，其内容是综合性的，除了用于正刑定罪的刑名敕外，还包括国家制度的规定和行政机关的行政规范。元丰改革法典修纂体例，始分编敕为敕、令、格、式四种形式，除了普通法分敕、令、格、式外，特别法也分为敕、令、格、式。《文献通考》载，熙宁中宋神宗"励精为治，议置局修敕。盖谓律不足以周尽事情，凡邦国沿革之政与人之为恶入于罪戾而律所不载者，一断以敕，乃更其目曰敕、令、格、式，而律存乎敕之外"②。

宋初，令、式用唐之旧条。真宗时修《咸平编敕》，附带修有《附仪制令》一卷。仁宗天圣时，大理寺丞庞籍等又"取《唐令》为本，先举见行者，因其旧文，参以新制定之"③，修成《天圣令》三十卷，共二十一门。其完全根据唐令旧文，参酌宋制修订而成，凡唐令中没有对应条款的宋代新制不予收入。把当时已经不适用的唐令条文完全剔除，附录于宋令之后。将令文分成前后两部分，前部分为在行之宋令，后部分为不用之唐令。《天圣令》沿用了唐以来的法典制作模式，反映出唐中叶以来社会变化对立法活动的巨大影响。这是宋代一部承前启后的过渡性的令典，既带有前唐令范式的痕迹，又开启后来元丰朝法典制作方式的先河。《天圣令》久已湮没无闻，1998年其残存本被发现，因对唐宋法律史研究极富学术价值，引发了海内外学者高度重视，产生了一系列成果，有力地促进了宋代

---

① 《宋会要辑稿·刑法》一之一，第8211页。
② 〔宋〕马端临撰，上海师范大学古籍研究所、华东师范大学古籍研究所点校：《文献通考》卷一六七《刑考》，北京：中华书局，2011年，第5012页。
③ 《宋会要辑稿·刑法》一之四，第8215页。

法律史研究。

宋代法典的修纂分成两大部分：一是普通法法典，二是特别法法典。宋制定有周密详备的特别法。《宋史》卷一九九《刑法志》曰："宋法制因唐律、令、格、式，而随时损益则有《编敕》，一司、一路、一州、一县又别有《敕》。"一路、一州、一县敕是专门针对某路、某州、某县制定的，不具备全国普遍适用的意义。仁宗庆历时，一路敕有一千八百二十七条，一州、一县敕共有一千四百五十一条。宋各地或因土俗风情不同，或事各有异，立法不能一概而论，故有地方特别法修纂。宋人曰："夫物之不齐，物之情也。故有天下通行之法，有数路共行之法，有一路一州一县一司专行之法，皆因其不齐而为之制，同归于治而已。"①元祐元年（1086），司马光曾奏曰："近据中书、门下后省修成《尚书六曹条贯》，共计三千六百九十四册，寺监在外；又据编修诸司敕式所，申修到《敕令格式》一千余卷册。虽有官吏强力勤敏者，恐不能遍观而详览。"②司马光所言三千六百九十四册《尚书六曹条贯》和一千余卷册《敕令格式》，乃诸司特别法，不包括尚书省之外的各寺、监等特别法以及各地的一路、一州、一县特别法，可见宋特别法数量之多。宋代的司法适用原则，在法律体系的结构方面，特别法效力优于普通法；在法律形式上，敕的效力优于律。统治阶级的法律总是以当代法为其法制核心，为其价值取向。当代法通常以皇帝的诏敕为法源。由于中国传统社会专制皇权的特点，当代法优于既往法，具有优先适用的法律效力。

法律制定后，随着社会的不断发展，统治阶级常无法应付层出不穷的案情，已定的法律不可能巨细无遗地详列条款，由此产生了比附定刑的适用原则。可以依据犯人所犯罪，援引以往类似的案例作参考。宋代的例有多种，既有政府机关条例以及国家各种制度之例，也有刑法上的判案断

---

① 〔宋〕唐仲友：《悦斋文钞》卷一《台州入奏札子一》，《续修四库全书》，上海：上海古籍出版社，2002年，第194页。
② 《续资治通鉴长编》卷三八五，"元祐元年八月丁酉"，第9380页。

例。宋代的断例是一种断案通例，它在敕、律、令、格、式等常法无正条时，可以引用来断罪，是常法的补充形式。然而，在司法实践中，常有官吏违法用例，弃常法而用例，"用例破条"，背离了司法适用原则，干扰了法律的准确实施。为此，宋政府对例的引用做了严格的规定，即当常法有可用的条文时，不可弃常法而用例，不能用例来妨碍律令常法的适用，规定"法所不载，然后用例"。①

宋太祖建隆四年（963），制定颁布折杖法，作为代用刑，替代了五刑中的笞、杖、徒、流。宋折杖法的制定与实施，结束了唐末五代以来酷刑肆虐、法出多门的混乱局面。同时，宋灵活变通，采用在主刑（本刑）笞、杖、徒、流刑基础上附加从刑的方法，加大对重罪犯人的刑事处罚。刑罚处置分成两种：对一般犯人，依折杖法给予从轻发落；对重罪犯，还附加配隶刑或编管刑等刑罚从重惩处。宋代刑法的一个重要特色，是附加刑的广泛运用。

宋对法制建设的重视，源于统治集团对历史经验教训的汲取，重视法，讲究法。宋仁宗有一份赐窦州知州毛应佺的《虑囚敕书》，从中可见宋代皇帝对法制的重视。敕书云："敕书到日，汝可速指挥泥饰洒扫狱房，尝须净洁，每五日一度差人就狱内监逐人力刷汤枷杻，及逐日供给水浆。兼罪人内如有疾病者，立便差人看承医疗。其委无骨肉者，支与吃食。有人供送茶饭者，亦须画时转送，不得邀难减克，无使罪人或至饥渴。所有合归法者，候处断之时，给与酒饭。如小可罪犯，便须逐旋决遣。若是大段刑禁，事关人命，亦须尽理速行勘断，不待淹延，仍散下管内。汝宜尝切提举，无令旷慢。及候依此逐件施行讫闻奏。"②作为最高统治者，如此细密地叮嘱一位知州官员处理录囚之事，这在中国历史上是不多见的，反映出宋统治集团对司法的重视。这在某种程度上影响到了下层官吏。史载

---

① 《宋会要辑稿·刑法》一之二一，第8234页。

② 〔宋〕曾敏行：《独醒杂志》卷四，上海师范大学古籍整理研究所编：《全宋笔记》，第41册，郑州：大象出版社，2019年，第226页。

欧阳修父亲欧阳观，真宗时任绵州推官，"留心谳狱，惟恐不得其情。尝夜烛治爰书，屡废而叹。夫人郑氏问之，曰：'此死狱也。吾求其生不得耳。'曰：'生可求乎？'曰：'求其生而不得，则死者与我皆无恨也。况求而有得邪。以其有求而得，则知不求而死者有恨。夫常求其生，犹失之死，而况常求其死也。'"①陈太素，河南缑氏人，"中进士第，尝为大理详断官，入审刑为详议官，权大理少卿，又判大理事，任刑法二十余年。朝廷有大狱疑，必召与议。太素为推原人情，以傅法意，众皆释然，自以为不及……每临案牍，至忘寝食，大寒暑不变，子弟或止之，答曰：'囹圄之苦，岂不甚于我也。'……太素家行修治，尤喜论刑名，常以为有司议法，当据文直断，不可求曲当法；求曲当法，所以乱也"。②在宋代，正是这样的官员，对促进宋代司法进步贡献良多。

宋代的司法审判实行鞫、谳、议分司制和翻异别勘制，把案件的审讯、量刑、覆议程序分开，分别交予不同的官员承担，互不相干，独立行使职权，防止营私舞弊。"国朝之法，狱成而罪人以冤告者，则改命他郡之有司而鞫焉。"③亦即犯人翻供不伏，便移司交由其他官重新推勘，原先的审讯官不得再参与。如案件情况复杂，移司别推的次数可不受限制。乾道三年（1167），孝宗降诏曰："狱，重事也，稽者有律，当者有比，疑者有谳，持巧心设贰端者有禁。朕选任廷尉、理官，以法付之。而比年以来，顾以狱情白于执政，探取旨意以为轻重，甚亡谓也。夫人臣举要，有司致详，阅实之初，五听参具，在彼有情，在我有法，相当而已，而又何咨焉。"④廷尉即大理寺卿。大理寺担负审理京师和地方重大案件的重任。孝宗告诫大理寺官员独立进行审判，不要迎合上司旨意，以免妨碍司法公

---

① 〔明〕张九德：《折狱要编》卷二《平反·欧阳观求生》，日本东京大学东洋文化研究所藏传抄明天启六年（1626）本。

② 〔元〕脱脱等撰：《宋史》卷三百《陈太素传》，北京：中华书局，1985年，第9972页。

③ 〔宋〕杨万里撰，辛更儒笺校：《杨万里集》卷八九《千虑策·刑法上》，北京：中华书局，2007年，第3515页。

④ 汪圣铎点校：《宋史全文》卷二十四下"乾道三年正月甲辰"，北京：中华书局，2016年，第2041页。

正。这一诏令充分反映了宋代司法审判的原则。宋代详备的司法程序为减少冤假错案、缓和阶级矛盾、巩固宋代的中央集权统治，起到了积极作用，在中国法制史上独具特色。基于重在防弊的"事为之防，曲为之制"治国方针而设计制定的鞫、谳、议分司制和翻异别勘制，客观上蕴含着法官独立审判的精神，是宋代对中国古代法制建设的一大贡献，不失为一个时代的杰出创举。

宋代司法极为重视尸体检验。宋慈说："狱事莫重于大辟，大辟莫重于初情，初情莫重于检验。"①宋制定了严格的检验制度，有报检、初检、覆检程序。检验官依规定必须填写检验状、检验格目和正背人形图三项法律文书。覆检官与初检官各自独立检验。南宋时法医检验技术有了进一步的发展。宋慈所著《洗冤集录》，集宋代检验技术和经验之大成，是我国历史上最早的一部系统的法医学著作，充分体现了宋代法医学所取得的成就。

值得一提的是，宋代还出现了承办公证业务的书铺。书铺是被政府认可，并受政府管理的民间店家。书铺代人起草诉讼状，非书铺所写，官府则不予受理。书铺可以证明婚约、田产买卖契约的真实性，还可为案件当事人及囚犯书写供状，为参加礼部试的举人办理应考手续，并为参加吏部铨试者和参选者办理验证手续。书铺为满足社会日常司法活动需求、维护宋代社会秩序发挥了积极作用。

"大赦"是宋代国家大典形式之一，具有巨大的政策包容性，"赦令者，所以与天下更始"。②除了蠲免逋欠、减免刑罚、推恩施赏外，赦书还承载了国家重大政策信息的发布重任，包含有国家申禁处分信息以及"申敕监司、郡守，督责官吏及时举职"的"督责"职能，以便及时调整社会关系。③南郊、明堂大赦的固定化是宋代大赦制度的一个重要变化，特别

---

① 〔宋〕宋慈：《洗冤集录·序》，北京：群众出版社，1980年。
② 见《文献通考》卷一七三《刑考》所载张方平言，第5170页。
③ 《宋会要辑稿·职官》五九之二十，第4654页。

是明堂大赦成为宋代大赦的组成部分。

宋政府还制定了较为周密的民事法律制度，如户婚、田宅、典权、钱债、契约、继承等制度。国家以法律形式保护民众的财产所有权和一定的人身自由权，这对调整生产关系、缓和社会矛盾、稳定社会秩序都有着积极的意义。

唐中叶以降，随着均田制的破坏和土地私有制的大量出现，门阀世族的消亡和庶族地主的兴起，以人身依附关系为特征的贱民制度逐渐衰落，奴婢、部曲开始向自由民转化，代之而起的是具有良人身份的雇佣奴婢。天禧三年（1019），大理寺立法规定，雇佣期满五年的奴婢，不因忿犯而被雇主杀害者，雇主减常人一等处刑。这是宋代首次就雇佣奴婢的法律地位作出明确规定。奴婢法律地位分成了两个层面：其一，雇佣期不满五年，尚未纳入家族同居法的奴婢，因其良人身份，被雇主杀害，依普通良人相犯法处置，凶手抵命。其二，如雇佣期满五年以上的奴婢，雇主因奴婢有过殴杀者，参照殴杀部曲律，加一等，处徒一年半刑。宋代雇佣奴婢在主仆名分下虽然处于弱势，但是其法律地位较之以往的贱口奴婢却有了很大提高。与雇佣奴婢处于同一社会阶层的佃客，人身依附关系也大大减弱。佃客在经历了一个逐步摆脱部曲身份的漫长过程后，最终作为自由民而登上了历史舞台。入宋以后，有着良人身份的下层劳动者取代昔日的部曲和贱口奴婢，租佃制度和雇佣奴婢制度普遍确立起来。

宋代的家族组织有两种形式：一是世代同居共财的大家庭。财产家庭共有，家长掌握着家庭财产的分配权，家庭成员间禁止私有财产。通过这种方式，保持家庭的凝聚力，并辅以严厉的家规约束和封建伦理教化，使整个家庭聚而不散。二是以血缘关系为纽带形成的个体小家庭聚族而居的家族。此类家族是宋代最普遍、最主要的家族组织形式。其成员是同一祖先的后裔，世代族聚在一起，各家庭分户而居，拥有自己的私有财产，相对独立，成员之间的联系较之世代同居的大家庭来说要松散得多，他们主要是通过祖先祭祀活动来达到敬宗收族的目的。

宋规定祖父母、父母在世时，子孙不得别籍异财，即分户分财产。但如果祖父母、父母令子孙分产的，则当别论。宋家庭遗产实行不分嫡庶的众子均分法。男户主与非婚配所生而别居者，如曾经与生父同注户籍而有证据者，也享有父母遗产继承权。北宋法，女儿无继承权，对继承父母财产的诸子来说，未出嫁的姑、姊、妹仅分得一点聘财。到了南宋，女子也可分得一部分财产。亡夫之妇，无子，可继承丈夫的全部财产，但若改嫁，则夫家财产不能继承。

对于没有生育男性后裔的家庭，依据法律规定属"户绝"，宋代为之制定有周密详备的立嗣法。立嗣方式有两种：户主夫妻生前立嗣，户主死后家族为之立嗣。户主夫妻生前立嗣是通过收养同宗或异姓子孙来完成的，被收养人称"立继子""养子"。养同宗子又叫"过继子"。由于收养的是同一宗族内的人，因此法律规定：收养人和被养人辈分上要适合，以防止颠倒长幼、错乱辈分。同时被收养人年龄还须小于收养人。宋允许养异姓子，但须是三岁以下，要改从养父之姓，向官府申请，确立收养关系，办理附籍手续，从而取得"依亲子孙法"资格，享有继承宗祧和财产的权利。无论是同宗养子、异姓养子，与收养人之间是一种法律拟制血亲关系，受国家法律承认和保护，在宗祧承奉、财产继承方面享有与亲子同等的权利。户主身死无子，妻子可以为之立嗣。如户主夫妻去世后，家族近亲尊长为之立嗣，称"命继"。家族尊长不为户绝者命继的，官府视情况也可为之立继。户主或户主妻所立继子可获得被继承人的全部家产，但家族近亲尊长所立的命继子则不同，只能继承部分财产。

法律还明确规定了同居者的财产继承权，他们包括义子、赘婿、外甥等。宋仁宗天圣年间制定的户绝法规定，户绝之家无在室女、出嫁女，其与户主同居满三年以上的赘婿、义子、改嫁之妇所带前夫之子等同居者可享有三分之二的财产继承权，其继承份额大于出嫁女、姑、姊妹、侄女。假如户绝之家又无出嫁姑、姊妹、侄女的，则上述同居者可继承全部财产。户绝法还规定了同居者的财产继承顺序优先于家族近亲的继承顺序。不过法律规定同居者与户主共居必须满三年，才能享有继承权。

宋代不仅重继绝之道，同时对父母双亡后的孤幼儿女、养子、命继子实施财产检校制，规定将平时抚养孤幼的开支费用留给抚养人，其余财产由官府保管，等孤儿长大成人后归还。孤幼儿所得遗产一时不用的，通常由官府出贷，收取利息，纳入抚养费用。父母身亡，孤幼儿无自理能力，父母遗产极易为人侵占，特别是容易受到来自家族内部长辈的欺侵。检校制是国家对家族内部事务的一种权力干预，排除了家族尊长对绝户和孤幼户的财产处理权，以便维护孤幼儿女、养子、命继子的合法权益。

宋代土地买卖和商品经济的发展，促进了宋代契约关系的空前发达，婚姻、收养、立继、财产继承、买卖、租赁、租佃、雇佣、税收等，无一不涉及契约，契约关系已经完全覆盖社会日常生活的方方面面。特别是随着雇佣劳动需求范围的扩大，在官私工商业生产和经营及私人家庭劳动中，普遍采用了雇佣契约形式。雇佣契约订立时，立约双方以独立人格、平等身份、自愿协商为原则，确立雇期、雇值和彼此权利义务关系，期满即可从便。

宋政府制定的各种法典和法律制度是宋代司法活动赖以进行的基础。但在司法实践中，还需要考察司法官员是如何运用这些法律来解决问题的，研究司法官员在法律具体实施过程中所要解决的问题，以及考察法律实施后的社会效果，把所谓"死法"和"活法"结合起来研究，注重法的动态和法的功能研究。宋神宗熙宁元年（1068）发生的阿云案是一件影响宋代法律制度的重要案件。围绕此案牵涉的自首法理，宋朝廷曾展开了激烈的争论，其间不同意见针锋相对，为的是寻找一条更合理的法制之路。这一普通案件，竟然影响宋代最高统治集团的法律决策长达十九年之久，在中国法制史上甚为罕见，反映了宋代对法制建设的重视。

宋代官员在司法实践中形成了天理、国法、人情一体化理论，将情、理、法结合并用，使情、理、法的内涵更加丰富多彩，在司法审判中发挥了重要作用。由此把儒家传统的"德主刑辅"原则推向理论与实践相结合的新阶段。高宗时期，池州发生了一件要案，百姓崔德全事母不孝，母死不葬，其弟崔德聪于心不忍而葬之。"德全怒，持刃逐德聪，德聪夺其枪连刺之，乃死。有司当德聪处斩。宪臣以为情实可矜，乃上其事。尚书省请枭德全首，论德聪绞刑。"高宗批准了尚书省的奏请。①此案，从通常的司法审判层面来看，作为弟弟的崔德聪为葬母之事与其兄发生冲突，被迫自卫而杀其兄，被处以绞刑，处刑偏重。当初提刑司以崔德聪案情可悯上奏，但最终还是处以死刑。其司法依据在于弟杀兄长，违背了儒家的伦理规范，触犯了《宋刑统》规定的十恶罪，十恶罪之八曰不睦："若谋杀周亲尊长等，杀讫即入恶逆。今直言谋杀，不言故斗。若故斗杀讫，亦入不睦。举谋杀未伤是轻，明故斗已杀是重，轻重相明，理同十恶。"②罪不可恕。此案的判决彰显了儒家伦理规范在宋代司法审判中的指导作用，突出了伦理法的色彩。

据李心传《建炎以来系年要录》记载，绍兴十二年（1142），各地判决的死刑案犯总计才二十四人。绍兴十四年，二十六人。绍兴二十二年，十六人。绍兴二十四年和二十七年，均十九人。③这些都是南宋一年的死刑判决数量。这比历史上著名的唐贞观四年（630）"断死刑二十九人，几致刑措"④的人数更少。虽然南宋的疆域和人口小于唐，然这些年份死刑人数之少在中国历史上确实是非常少见的。这一现象的出现，应该说与南宋政权建立后宋高宗汲取历史教训、十分重视法制建设有着密切关系。

法史学家徐道邻评论说，北宋皇帝，太宗、真宗、仁宗、神宗，四代祖孙，都是知道尊重法律和爱护法律的统治者，形成了优良传统。"南渡之后，经过高宗、孝宗两代的不断努力，这个传统，依然又继续健康发展，一直到元人渡江而止。"⑤宋朝创立的一系列法律制度，随着宋朝的灭

---

① 〔宋〕李心传编撰，胡坤点校：《建炎以来系年要录》卷八九"绍兴五年五月甲申"，北京：中华书局，2013年，第1716页。

② 〔宋〕窦仪等详定，岳纯之校正：《宋刑统校正》卷一《名例律》，北京：北京大学出版社，2015年，第13页。

③ 见《建炎以来系年要录》卷一四七"绍兴十二年十二月"，第2788页；卷一五二"绍兴十四年十二月"，第2885页；卷一六三"绍兴二十二年十二月"，第3115页；卷一六七"绍兴二十四年十二月"，3182页；卷一七八"绍兴二十七年十二月"，第3419页。

④ 〔五代〕刘昫等撰：《旧唐书》卷三《太宗纪下》，北京：中华书局，1975年，第41页。

⑤ 徐道邻：《宋朝的县级司法》，载《中国法制史论集》，台北：志文出版社，1975年，第148—149页。

亡，有很大一部分在元以后逐渐消失，成为历史绝响。然而千年后的今天，当我们走进宋人的法律世界，仍能领略到这些制度闪烁着的法制文明的光芒。

最后交代一下本书编选思路和选文依据。宋代法律史研究，与其他学科相比，起步较晚。20世纪上半叶的研究成果不多，研究力度也不够。进入80年代以来，宋代法律史研究获得了前所未有的发展，特别是近二三十年来成果极为丰硕。根据本书编撰体例要求，成果选编不可能面面俱到，故考虑以一个选题为主，从某个方面切入，从海量研究成果中择取最能反映宋代法律制度特色的学术文章，组合为一书。我以为这一主题非宋代司法制度莫属，于是围绕这一主题，选编了海内外中国学者的十四篇成果。选文重在开拓性、原创性、代表性，力求突出学术性和系统性。限于本书篇幅和编者水平，许多学者的优秀成果未能编入，这是深以为憾的。全书分三编：第一编为宋代的司法审判机制，第二编为宋代基层社会的法律日常，第三编为宋代司法裁判的价值理念。期盼通过本书选编的文章，读者能够窥斑知豹，从中了解宋代的法制文明，并进而加深对宋代历史的认知。

第一编

宋代的司法审判机制

本编选入的五篇文章，探讨了宋代司法审判机制。

"事为之防，曲为之制"，重在防弊，是宋代一以贯之的治国原则。宋代刑事审判实行鞫、谳、议分司制，审讯官、检法官和议刑覆核官各司其职，互不相关，独立审判，"无偏听独任之失"，从司法源头上减少了冤假错案发生的几率，周密地构筑起一道维持司法秩序的防线。这是鞫、谳、议分司制的价值所在。不仅地方司法审判机构实施鞫、谳、议分司，独立审判，中央的司法机构也贯彻了这一原则。如大理寺，职司分左右：右治狱和左断刑。右治狱负责审讯，左断刑负责议刑断罪，另有审刑院负责覆议，纠偏决平，各自独立行使职权，互不相干。宋对审判活动慎之又慎，唯恐有冤假错案发生，制定了缜密的覆审制度，一旦犯人翻供不伏，案子必须移至另一审讯机构重新审理，宋人谓之"翻异别勘"。淳熙年间，南康军有民妇阿梁与他人合谋杀夫之案，前后审理历九年之久，"节次翻异，凡十差官勘鞫"。至淳熙十四年（1187），又差江东提刑耿延年亲自审讯，耿延年奏云："九年之狱、十官之勘，不为不详矣。"最后以疑狱奏裁，贷死。①这一案件前后十次翻供，十次重审，其间耗费的巨大司法成本，令人叹为观止。这一案例折射出南宋司法审判的慎重。但有些案子反复推勘，久拖不决，给官府和案件当事人带来了沉重的负担。此外，回避制、

---

① 《宋会要辑稿·刑法》六之四〇至四一，第8553页。

死刑覆奏制等重要司法制度在沿用唐制基础上也有进一步的完善。

　　宋代民事诉讼管辖没有严格的审级限制，一般原告就被告居所地告诉，县衙对田宅、户婚、继承、债负等纠纷，具有决定性的审断权。州可以接受县未受理的民诉案、县审不平的上诉案、县司不决的上请案。为使民事诉讼不影响农业生产，宋代亦对受理和审断民事诉讼的时间作了限定，称为"务限"。民事诉讼结案后，由官府颁给当事人结绝"断由"，作为结案凭证和上诉证据，这是宋代民事诉讼法的一个新创。宋政府恐民有冤情无处申诉，激发社会矛盾，危及统治，制定了详备的越诉制度，允许百姓越诉，加强对州县官吏非法害民行为的监督和钳制，保障诉讼当事人的合法权益。越诉法丰富了民事诉讼的内容，是古代诉讼史上的一大进步。宋代创立的鞫、谳、议分司制以及翻异别勘制、越诉制，对于减少冤假错案、维护法律正义，发挥了重要作用，在中国法制史上具有重要意义。

推勘考

徐道邻

宋朝的法律制度，最精彩的部分，是刑事审判，而刑事审判中的各种制度，最精彩的是"推勘"。

所谓推勘者，就是牵涉有官员在内的特种刑事审判——"推"谓推囚，"勘"谓"勘官"①——这样的案子，可以分成两种：一是官员本身犯了罪嫌，朝廷派员专案审讯。二是官员处理狱讼不当——这个又可以分成两种：一是犯人"翻异"②，二是长官"按发"③——由上级衙门派员重审。因此原先审判案子的官员，也就成了审讯的对象。宋朝的刑事审判，翻异别勘是其基本制度之一。而推勘制则是使翻异别勘发生效能的最大保障。因此说推勘制是宋朝司法制度的基本之基本，似乎并不夸大。

一、御史台

北宋初期，"群臣犯法，体大者多下御史台狱"。④因之有些犯人翻异的案子，因为有受贿的官员牵涉在内，也就交给御史台去审判。太宗太平兴国九年（984），刘寡妇诬告幼子王元吉一案，就是最后由御史台予以平

---

① 〔清〕徐松辑，刘琳等校点：《宋会要辑稿·刑法》二之六七、六八，上海：上海古籍出版社，2014年，第8429页。

② 参见徐道邻：《翻异别勘考》，《东方杂志》复刊第6卷第2期，第20—28页。

③ 参见徐道邻：《宋朝刑事审判中的覆核制度》，《东方杂志》第7卷第1期。

④ 《宋史》卷二〇〇《刑法二》，北京：中华书局，1985年，第4997页。

复的。①

照《宋史·职官志》的说法，御史台最初设有"推直官"二人，"专治狱事"，下面设有四位"推直"。到了真宗咸平中（998—1003），则设有"推勘官"十员。等到神宗元丰新官制施行时（五年，1082），"推直等官悉罢"。②《宋会要辑稿·职官》（以下简称《宋会要》）说淳化元年（990）五月，诏："御史台置推勘官二十员，分谳天下大狱。候三年满，无遗旷，或虽有责罚，如所犯情轻，及案节小不圆者，亦特与转官。如二年愿替，即与近便差遣。"③这一段足以补《宋史》的遗漏。《宋会要》又说：

> （淳化）四年五月二十九日，诏："御史台应有刑狱公事，御史中丞以下躬亲点检推鞫，不得信任所司，致有冤滥。"④

这是有关北宋初期御史台司法工作的一项重要记录。似乎当时御史台的司法工作，颇不在少。但是到了仁宗皇祐五年（1053）九月二十二日，侍御史毋湜的一篇奏章里说道：

> 伏睹祖宗朝有中外臣僚公事发露，多送御史台推勘，当时群臣颇有畏惧。自承平既久，此制渐隳，官吏犯法，罕有置御史狱者。⑤

大概在这期间，御史台的司法功能，逐渐在减弱。（不过它的监察功能，一直很强。）所以到了元丰新官制实施，"推直等官悉罢"。而到了宁宗嘉定年间（1208—1224），甚至于"检法官"和"主簿"两个阙，也都

---

① 《宋史》卷二〇〇《刑法二》，第4986页。

② 《宋史》卷一六四《职官四》，第3873页。

③ 《宋会要辑稿·职官》五之四七，第3143页。

④ 《宋会要辑稿·刑法》三之五〇、五一，第8419页。

⑤ 《宋会要辑稿·刑法》三之六四，第8429页。可见监察御史仍监督地方司法，熙宁五年（1172）十一月丁卯，太子中允权监察御史里行张商英，以前言博州官吏失入贼不满军赃二人死罪，贬为光禄寺丞监荆南税。见〔宋〕李焘撰，上海师范大学古籍整理研究所、华东师范大学古籍整理研究所点校：《续资治通鉴长编》卷二四〇，"熙宁五年十一月丁卯"，北京：中华书局，2004年，第5834页。

不再填补了。①

虽然如此，御史台在宋朝司法系统里，一直维持着它崇高的地位。譬如在上诉的八审程序中，它属于第六审，（即本县、本州、转运司、提刑司、尚书本曹、御史台、尚书都省、登闻鼓院）。②《宋会要·刑法三》：

> 隆兴二年（1164）八月十三日，臣僚言："伏见御史台讼牒日不下数十纸，皆由州县断遣不当，使有理者不获伸，无辜者反被害，遂经省部，以至赴台。乞令御史台择其甚者，具事因与元断官吏姓名奏劾，取旨行遣。"从之。③

可见到了南宋的早期，御史台的司法工作，又变得相当繁重。再则官吏犯法，在原则上，御史台始终是法定的审判机关。所以，官员犯法，有人告到皇帝，皇帝多半是交给御史台去查办的，即所谓"诏狱"。神宗元丰二年（1079）七月里苏东坡的"乌台诗案"，就是送御史台根勘，而权御史中丞李定，就是两个审判官之一（其他一人是知谏院张璪）。④就是到了南宋，高宗时的赵子崧之狱，苗傅、王世修之狱等等，也都是御史台承办的。⑤

不过御史台并不是唯一的"官吏法庭"。官吏犯法，皇帝要派任何人审问都可以。仁宗庆历五年（1045），欧阳修被人诬告帷薄不修——说他和他的外甥女有暧昧——是由三司户部判官苏安世治狱，他"白修无罪，以此名闻天下"⑥，尤其是由御史检举的案子，有时候为了避免嫌疑，就派御史以外的官员去推勘。真宗大中祥符九年（1016），纠察刑狱赵積检

---

① 《宋史》卷一六四《职官四》，第3873页。

② 详见徐道邻：《翻异别勘考》，第27页。

③ 《宋会要辑稿·刑法》三之三一，第8409页。

④ 〔宋〕李焘撰，上海师范大学古籍整理研究所、华东师范大学古籍整理研究所点校：《续资治通鉴长编》卷二九九，"元丰二年七月己巳"，北京：中华书局，2004年，第7266页。

⑤ 《宋史》卷二○○《刑法二》，第5002页。

⑥ 〔宋〕刘次庄：《仁寿县君苏氏墓志铭》，〔清〕缪荃孙编：《江苏金石志》卷一○，《石刻史料新编》第1辑，第13册，台北：新文丰出版公司，1977年，第9666页。

举开封知府慎从吉纵容子弟受贿，干涉刑狱，"積方知杂，（即知杂御史），请不以付台"。①就是这个理由，后来治平四年（1067）三月，御史蒋之奇诬告欧阳修和他的儿媳妇通奸，神宗批付中书问状。②也可以算是避开御史台的一个例子。还有《宋会要·刑法三》：

> 熙宁二年（1069）闰十一月二十二日，命崇文院校书张载劾苗振事。……于是吕公著与程颢等皆言："载贤者，不当使鞫狱。"上（神宗）曰："鞫狱岂贤者不可为之事邪？"弗许。③

这一段不大被人注意的插曲，颇能够使我们对于宋朝理学先生们的头脑有更多一分的了解。

二、有关"制勘"的种种规定

《宋史·刑法志》说："神宗以来，凡一时承诏置推者，谓之制勘院。事出中书，则曰推勘院，狱已乃罢。"④这两句话都不正确。一、制勘的名称，并不始于神宗。二、推勘的名称，也不限于中书。现在先说前者。

"制勘"的名称，至少在太宗时，已经很常见。《宋会要·刑法三》："雍熙三年（986）九月二十三日，著作佐郎刘芳言：'朝廷差出制勘使臣，自来只于本州附递，窃虑漏泄狱情，今后望许直发递。'从之。"⑤即其例也。此外再列举几项太宗朝关于制勘的规定如下：

1.抽差司狱。雍熙四年（987）八月八日将作监丞辛著言："今后差使臣制勘公事，望令于所勘事州军邻近处据名抽差司狱。"从之。⑥

2.朝辞具因依。端拱二年（989）二月十八日诏："今后应宣敕差出勘

① 《宋会要辑稿·刑法》四之七一，第8484页。
② 见《续资治通鉴长编》卷二〇九，"治平四年三月"，第5079页；《宋史》卷三四三《蒋之奇传》，第10915页。
③ 《宋会要辑稿·刑法》三之六五，第8428页。
④ 《宋史》卷二〇〇《刑法二》，第4997页。
⑤ 《宋会要辑稿·刑法》三之四九，第8418页。
⑥ 《宋会要辑稿·刑法》三之四九，第8418页。

事使臣，朝辞日具所勘公事因依，回日具招对情罪事节进呈。"①

3.不容嘱求泄事。淳化三年（992）五月十九日，御史台言："欲乞今后虑制勘官约束一行人等，不得容有嘱求，及到州府无泄事情。如违，并许逐处官吏举觉。"从之。②

4.不得指射空闲舍屋。四年七月三日，淮南路提点刑狱尹屺言："今后制勘使臣乞不指射州县，踏逐系官空闲舍屋充制勘院。"从之。③

5.回避乡里。至道元年（995）十一月二十九日，诏："审官院自今不得差京朝官往本乡里制勘、勾当诸般公事。……御史台亦依此指挥。"④

真宗朝有下列三项：

1.不得升殿取旨。咸平二年（999）四月八日诏"自今御史、京朝官、使臣受诏推劾，不得求升殿取旨及诣中书禀命。"⑤（这是防备审问官奉迎朝廷意旨，而不据实勘鞫。这是一项十分贤明的规定。）

2.三班选差。四月十四日，帝谓宰臣曰："所差京朝官推勘公事，承命之后，多闻称疾，此有所规避也。"张齐贤等曰："朝廷比选儒臣，冀明理道，使之鞫狱，殊未尽心，案文多所不圆，疏驳更劳推覆，动罹枉挠，实起怨咨。若不塞其弊源，恐有伤于和气。欲望于三班中选定谙会推鞫刑名者十人，以备差使。"从之。⑥（三班者，是横班、东班、西班，乃皇帝左右的小武官。派他们来推勘公事，实在不是一个高明的办法。幸亏这一条规定，实际上没有十分施用。）

3.不许于御史台差推司。天禧二年（1018）七月八日诏："应制勘公事，不得援例于御史台差推司。"⑦（这大概是要制勘官独立行使职权的意思。）

---

① 《宋会要辑稿·刑法》三之四九，第8419页。
② 《宋会要辑稿·刑法》三之五〇，第8419页。
③ 《宋会要辑稿·刑法》三之五一，第8419页。
④ 《宋会要辑稿·刑法》三之五二、五三，第8420页。
⑤ 《宋会要辑稿·刑法》三之五三，第8421页。
⑥ 《宋会要辑稿·刑法》三之五三、五四，第8421页。
⑦ 《宋会要辑稿·刑法》三之五九，第8424页。

仁宗庆历四年（1044）十二月诏："今后臣僚上殿……不得因进呈公事后辄有乞恩泽。"①这是因为太常博士王翼西京勘公事回，赐绯章服，知谏院余靖表示不妥而颁行的。同时余靖又说真宗"敦尚仁爱，勘事之官，惟能雪活人命，乃得叙为劳绩。至今著于甲令"。他并提起仁宗自己说过"朕不欲因勘事与人恩泽"的话。②这一段故事，很值得我们赞赏。（后来神宗元丰五年十二月七日，宇文昌龄自郴州制勘回，进对，赐绯章服③，未免有违祖训了。）

《宋会要》于神宗熙宁九年（1076）下，有"秦州制勘院现收禁熙河路官员人数不少"④一条。足见制勘官到了办事的地方，都要设院，而且可以收絷犯人。

徽宗宣和七年（1125）六月规定："诸差官被旨推鞫追究公事（下所属及御史台差官就推同），无故稽违而不奏劾者杖一百。"⑤这似乎是《宋会要》里有关制勘的最后一条规定。

现在再谈"推勘"名称之不限于中书。

太宗端拱元年（988）十二月二十七日，兖州判官刘昌言："窃见外州府推勘刑狱"云云。⑥淳化二年（991）四月十四日诏："……并转运司差官推勘。"⑦

这是神宗以前"推勘"不限于中书之例。

徽宗宣和二年（1120）九月二十三日诏："诸路监司、郡守被奉特旨置司推勘公事。"⑧

高宗绍兴六年（1136）七月八日，右司谏王缙言："窃见诸处推勘奸

---

① 《宋会要辑稿·刑法》三之六三，第8426页。
② 《宋会要辑稿·刑法》三之六三，第8426页。
③ 《宋会要辑稿·刑法》三之六七，第8429页。
④ 《宋会要辑稿·刑法》三之六六，第8428页。
⑤ 《宋会要辑稿·刑法》三之七三，第8432页。
⑥ 《宋会要辑稿·刑法》三之四九，第8418页。
⑦ 《宋会要辑稿·刑法》三之五〇，第8419页。
⑧ 《宋会要辑稿·刑法》三之七一，第8431页。

贼之吏。"①

这是神宗以后推勘不限于中书之例。实在说起来，照《宋会要》的记录看，两宋推勘公事，事出中书之例，是少而又少的。

三、主管推勘的各路监司

宋朝州县狱讼之推勘，属于各路监司，最初是转运使。

转运使在唐玄宗开元二十六年（738）最初设置时，本是专管漕运的，到了宋朝，同时兼理民政，而成了本路各州府的正式长官（监司）。②所以北宋初期，地方刑讼案件，需要派员推勘时，都是由转运使差派。③

太宗淳化二年（991）五月，在各路转运使之下，设置了一个提点刑狱——简称提刑司——专管狱讼案件。由淳化四年到真宗景德四年（1007）的十四个年头，一度中断。④等到真宗大中祥符九年（1016），它开始和转运使并提（"诸路转运，提点刑狱"），而号称"两司"。⑤

从此提刑司的地位，日见重要——它事实上已经成为一路里最高的司法长官——仁宗宝元二年（1039）五月一日的一道公文里，说到"转运或提刑司"。⑥在司法职权上，它显然取得了和转运使同等的地位。

哲宗元符元年（1098）六月四日，朝廷规定：翻异称冤的案件，凡是经过"录问"的，都要由提刑司审查，也就是说，从此地方上所有需要推勘的案件，一律是由提刑司主办。只有到犯人在提刑司仍行翻异时，才轮到转运司去处理。⑦

① 《宋会要辑稿·刑法》三之七七，第8434页。
② 关于转运使的说明，在《宋史》里找不到。最好的简单叙述，是上海中华书局1965年本《历代职官表》的"历代职官简释"，第199页。
③ 例如《宋会要辑稿·刑法》三之五〇，第8419页。实在这个时候，各路转运司下，已经设有提点刑狱在办理这一类的事情，但是在公文上，还没有正式出现。
④ 参见徐道邻：《宋律中的审判制度》，《东方杂志》第4卷第4期，第24页。
⑤ 例如《宋会要辑稿·刑法》三之五八、五九，第8423、8424页。这里的"转运"和"提刑"两句，也正是后来明清两代藩臬两司的先河。
⑥ 《宋会要辑稿·刑法》三之六二，第8426页。
⑦ 《宋会要辑稿·刑法》三之八五，第8439页。

绍熙元年（1190）四月二十九日，朝廷颁行了下列一项"指挥"：

> 今后监司、郡守按发官吏合行推勘者，如系本州按发，须申提刑司，差别州官；本路按发，须申朝廷，差邻路官前来推勘。①

这就是说：提刑司推勘"按发"的事件，以本路里州郡所按发者为限。如是经由本路监司按发者，就得申请朝廷另外从邻路派人，这样可以使一路里的同僚们不致有彼此相护和顾忌的情形。

宋朝各路的监司官，除了提刑司、转运司以外，还有安抚司。②从孝宗乾道六年（1170）起，又加上了一位提举司。③一个个都有推勘狱讼的权利和义务。要这么许多不同任务的机关，一同参加刑审，这正是宋朝政府组织里分权的精神啊。（各机关不能专擅以致滥用职权，朝廷易于控制。）

四、有关推勘的种种规定

推勘和制勘间的重要分别，只是在形式上：制勘是用皇帝名义交下的案件，推勘则是刑狱有翻异时法定的程序。制勘常常因为查究官员的不法行为，因而追究到他们经办的刑狱；推勘则因为犯人翻异而牵涉官员们的不法。关于制勘，太宗、真宗、仁宗、徽宗四朝，有十余项防弊的规定，已详前面第二部分。现在再谈有关推勘的若干细则。

照《宋会要》的记载，真宗咸平元年（998）三月，大理寺曾经制定一种"推勘条式"颁行内外。④大中祥符五年（1012）八月二十九日的一道诏书，还提到过这一项法规。⑤可是以后就不再见提起，大概很早就失传了。所以后来关于推勘制度，不断有零星的规定颁行。现在试予采辑分析如下。

---

① 《宋会要辑稿·职官》五之五三，第3147页。
② 参见徐道邻：《宋朝刑事审判中的覆核制度》中所叙王元懋案。
③ 《宋会要辑稿·刑法》三之八五，第8440页。
④ 《宋会要辑稿·刑法》三之五三，第8421页。
⑤ 《宋会要辑稿·刑法》三之五六，第8423页。

（一）置院

宋朝早期的推勘，似乎多半都设立临时法庭——（术语谓之"置院"或"置司"）——《宋会要·刑法三》：

> 仁宗天圣四年（1026）六月二十三日，中书门下言："据安州奏，转运司差荆南府节度推官徐起到州置院，取勘本州官吏，为不觉察参军崔道升衰私逃走归乡事。凡推勘公事，须事理稍大，或钱谷、刑狱，或事干两词，须要对定勾追干证者，即合特置院推勘。今详安州公事情理，显然于理不须差官置院。兼检会今年闰五月八日敕命，条贯分明，欲申明告谕。"从之。[①]

文中"事理稍大……即合特置院推勘"一段，大概就是闰五月八日敕命的内容。

《宋会要》又记载：

> 神宗元丰五年十二月十七日，奉议郎王钦臣言："诸路监司被制书鞠事，所降指挥有差官取勘者，有取勘闻奏者，一例差官。伏缘诏旨自有区别，伏望申明，自今朝旨称取勘者，监司自勘，委勘处或邻近通判录问检断。如干系者众，须当置司，乃得差官。"从之。[②]

这一条记录，说明了"差官取勘"和"取勘闻奏"的分别，苏东坡元丰四年（1081）七月二十一日《谢放罪表》内，有"去年十二月十五日，准淮南转运司牒：奉圣旨差官取勘，臣前任徐州日，不觉察百姓李铎郭进等谋反事。至今年七月二日，复准转运司牒：坐准尚书刑部牒，奉圣旨，苏轼送刑部尚书，更不取勘"一段。[③]我们从这里可以看到当时差官取勘公文的大约形式。

---

① 《宋会要辑稿·刑法》三之六〇，第 8425 页。
② 《宋会要辑稿·刑法》三之六七，第 8429 页。
③ 〔宋〕苏轼：《谢徐州失觉察妖贼放罪表》，〔明〕茅维编，孔凡礼点校：《苏轼文集》卷二三，北京：中华书局，1986 年，第 655 页。

（二）监勘

推勘和制勘一样，有时还另外派出一位官员来"监勘"。监制勘的多半是宦官。例如前面提到的大中祥符九年（1016）的慎从吉案，除了派殿中侍御史王奇，三司户部判官著作郎直史馆梁固去鞠治之外，还派了"中使谭元吉监之"。①监推勘的，常常是监司地位的一位官员。例如仁宗嘉祐五年（1060）三月，派江浙等路提点铸钱公事沈扶赴邵武军推勘院监勘曾均打杀阿黄公事②是也。

（三）人事规定

凡是要推勘的，当然都是比较有问题的案件，那么派谁去推鞫的，当然要选择具备优良条件的人物。宋律在这个问题的处理上，最是详慎仔细，试看下列各项规定：

1.清强不干碍人。太宗淳化二年（991）四月一日诏："诸路转运使今后差官勘事，并于幕职、州县官内拣选清强官一员，仍于本州别选清〔强不〕干碍监当京朝官或监押幕职一员同推，务要尽公，以绝枉曲。"③

2.转运使亲自差人。淳化三年（992）七月十六日诏："访闻诸州军应刑狱公事，若是州府受情，须至经转运司论讼。其间须富豪形势之辈，却于转运司请求司吏拣选州县将欲任满之人推勘。令遂路转运司今后并须使副亲自差强干能勘事人，不得更似日前，致有违越。"④

3.不合差勘人。淳化五年（994）三月二十一日黄御河催运叶仿言："河北转运使李若拙先差邢州散参军廉成式往通利军勘公事，近七十日尚未了当。文式元是犯事人，若拙不合抽差。乞令逐路转运司，今后更不得差散参军、文学、长史、司马、别驾并配衙前人等勘鞫公事。"诏文式见

---

① 《宋会要辑稿·刑法》四之七一，第8484页。

② 《宋会要辑稿·刑法》三之六五，第8427页。

③ 《宋会要辑稿·刑法》三之四九、五〇，第8419页。

④ 《宋会要辑稿·刑法》三之五〇，第8419页。

勘公事，令转运司疾速别差官替，防①送枢密院与记姓名。②

4.回避同年同科。真宗景德二年（1005）九月诏："应差推勘录问官，除同年同科目及第依元敕回避外，其同年不同科目者不得更有辞避。"③

5.不用原捕盗官。大中祥符二年（1009）七月二十九日诏："大辟罪人案牍已具，临刑而诉冤者，并令不干碍明干官吏覆推。如本州官皆碍，则委转运、提点刑狱司就近差官。"时光化军断曹兴，将刑称冤，复命县尉鞫治。刑部上言县尉是元捕盗官，事正干碍，望颁制以防枉滥故也。④

6.须曾经历任人。高宗绍兴十二年（1150）二月二十三日，臣僚言："比者诸路推究翻异公事，或朝廷委之鞫勘，多于闲慢可差出之官，例皆初官荫补子弟及新第进士，于法令实未暇习，其势必委之于其下，老胥猾吏得以轻重其手。欲乞行下诸路逐司，应有勘鞫公事，并须择曾经历任人，庶几奸吏无所措手。"⑤

7.还差京朝官。绍兴二十七年（1157）十一月六日诏："今后遇有勘鞫公事，并于京朝官曾经任人内选差谙晓刑狱及有才干之人。如缺京朝官，即从提刑司于一路选差。提刑司妨碍，即于转运司。"以臣僚言"所差选人侥幸升改，顾望出入，狱失其平，乞选差京朝官，庶几事体稍重，不为威势摇夺"故也。⑥

8.致仕选人。孝宗乾道六年（1170）二月十八日浙东提刑程大昌言："自今审问重勘公事，于选人致仕已及一考以上，内有谙晓刑狱及有才干之人，与京官通行选差。"从之。⑦

（四）期限规定

狱讼之事，除了要法官公平能干以外，最重要的是办事迅速，不要拖

---

① 按，"仿"当指黄御河催运叶仿其人，"防"与"仿"当有一误。
②《宋会要辑稿·刑法》三之五二，第8420页。
③《宋会要辑稿·刑法》三之五五，第8422页。
④《宋会要辑稿·刑法》三之五五，第8422页。
⑤《宋会要辑稿·刑法》三之八〇，第8436页。
⑥《宋会要辑稿·刑法》三之八二、八三，第8437页。
⑦《宋会要辑稿·刑法》三之八五，第8440页。

延耽搁。宋律最能抓住这一要点。例如哲宗元祐二年（1087）定制：公事日限，"大事以三十五日，中事二十五日，小事十日为限。在京、八路大事以三十日，中事半之，小事三之一。台察及刑部并三十日。每十日，断用七日，议用三日"。①不过关于推勘的期限，要到南宋，才有更详密的规定如下：

1. 孝宗淳熙七年（1180）五月十四日诏："诸路州军将应承受到疏驳再勘狱案，须管遵依鞫狱条限。如承受取会不圆情节，亦不得过会问条限。自今如有违滞去处，仰本路开具当职官吏姓名，申尚书省取旨，重作施行。仍令刑寺长贰、诸路提刑、诸州守臣将上件指挥刻版榜，置之厅事，常切遵守。"②诏中所说"鞫狱条限"，不知是否为前面提到元祐二年（1087）的规定。"会问条限"，尤其重要。可惜一时还没有发现出来。

2. 光宗绍熙二年（1191）八月二十日，刑部侍郎马大同言："乞应差推勘官并须选清强详练之人，不容作推避，从所差监司专人押发，限五日内起离。仍令所属州县将一行官吏依条合得券食挨日批支，应有供须之属，无令阙误，然后可以责其留心推勘。如罪囚止一名，限以半月；三名以上，限以一月，方许出院。有所追会，不在此限。违者以违制论，许本路监司按治。期限既定，大约计之，每推自其被差以至出院，亦须两月之期而后讫事。"③——这里对于推勘期限，首次作消极的限制，即不到半月或一月，不许出院。普通问案子，都是怕耽搁，所以惟恐其慢，这里则因为是外来的官员，怕他归心如箭，办事马虎，所以惟恐其快。真是有意思。

3. 绍熙五年（1194）九月十四月明堂赦："鞫狱差官，自有起发条限。近来被差官往往推避迁延。今后应监司、州军差官推勘公事，须管督责照条限疾速起发，不得推避。如有稽滞，仰所差官司按劾。"④

---

① 《宋史》卷一九九《刑法一》，第4980页。
② 《宋会要辑稿·职官》五之五〇，第3145页。
③ 《宋会要辑稿·职官》五之五五，第3147—3148页。
④ 《宋会要辑稿·职官》五之五六，第3148页。

4.宁宗嘉定十七年（1224）二月十一日，臣僚言："窃见所在置推鞫勘重囚，差择官吏，设棘防闲，可谓严密。所差之官奉檄入院，所宜稽貌胥占，阅实审克。顾乃具文引问，教令翻异。况顽囚贪生畏死，类多抵谰，教之使翻，彼胡为而不翻乎？乞令刑部遍符诸路监司，自今以始，所差勘官须管依条限起发前去，勿容迁延规避；务在尽心推鞫，究见本情，不得教令翻异。如违，并行按劾。狱成奏上，即令勘官出院。仍约束州郡排办勘院，无致灭裂。券食计日支给，俾一行官吏安意肆志，以竟狱事。"从之。①

（五）其他规定

宋朝对于推勘制的立法，其审慎细密，是非常惊人的。兹依其年月先后，条列如下：

1.不得状外勘事。太宗端拱元年（988）十二月二十七日，兖州判官刘昌言："窃见外州府推勘刑狱，多于禁人本状之外根勘他罪。欲乞今后除事该劫盗、杀人，须至根勘外，其余刑狱并不得状外勘事。"从之。②

2.具由置簿。淳化二年（991）四月十四日诏："应差官制勘，并转运司差官推勘，及省寺公案不圆、合行取勘等事，敕下之日，先具事由送大理寺，仰本寺置簿抄上，候勘到公案，下寺断遣，了日勾凿。内有延迟过违日限者，便仰举行勘责。"③

3.不得置会迎待。真宗至道三年（997）四月二十七日，审刑院言："并州推官罗伯英起请，乞今后授宣敕及转运司差官推勘公事，所到推勘处，州府不得置筵会迎待及到推勘院相见。看详并得允当。"从之。④

4.训练狱卒。大中祥符五年（1012）四月二日诏："遣官制鞫公事，所差推典如经七次无法司驳难者，递迁一级。如未有阙，即令守阙。"⑤

① 《宋会要辑稿·职官》五之六三、六四，第3151页。
② 《宋会要辑稿·刑法》三之四九，第8418页。
③ 《宋会要辑稿·刑法》三之五〇，第8419页。
④ 《宋会要辑稿·刑法》三之五三，第8420页。
⑤ 《宋会要辑稿·刑法》三之五六，第8422页。

5. 不追千里外子女。七年正月十七日诏："推勘公事干连女口当为证者，千里之外勿追摄，移牒所在区断。"时鼎州判官孙趂受财坐罪，转运使牒郓州追其妻证，三子皆幼，帝愍之，故有是诏。①

6. 不决讫不得移任。同年四月十二日诏："诸路差官推勘刑狱，已追劾而受敕移官者，俟决讫方得赴任。"先是，金部员外郎梁象言："外州推劾有方行追鞫或当结案次，以勘官受命移官者，皆避事牒本州而去。洎再差官，复有追扰，淹延刑禁，漏泄狱情，乞行条约。"故有是诏。②

7. 不得拖延待赦。天禧四年（1020）五月一日，太常少卿、直史馆陈靖言："窃见逐路转运、提刑司差推勘公事，并支口食。其间官典辄或取舍不公，以俯近赦宥，因循勘结，不务专研。乞今后应差勘官勘正前来公事，其余官典并须取勘罪德。"诏逐路转运、劝农司，今后应勘鞫公事，并选差清干官，如或卤莽及拖延俟赦，仰具元由，别差官勘结元勘官吏情罪以闻。③

8. 推勘不得乞赏。徽宗宣和二年（1120）十二月六日，臣僚言："推勘事毕，不得辄具官吏有劳，乞行推赏。如违者，取旨黜责。"从之。④

9. 指差司狱。高宗绍兴二十九年（1159）二月二十四日诏："今后诸路应被差推勘官，指定所属州郡司狱姓名，径申元差官司，即时行下所属发遣，无得巧作规免。"以刑部侍郎黄祖舜言"被差之官指名申所属差司狱等人，多为挟州郡之势，巧作推避，及至别项指差，类皆庸懦之吏，对翻异之囚，不得推诘得情"故也。⑤

10. 差官申部。三十二年十一月二十八日，大理寺丞蔡洸言："乞自今监司差鞫狱之官，仰于当日具姓名申刑部。若在法当避，即别具改差之

---

① 《宋会要辑稿·刑法》三之五七，第8423页。
② 《宋会要辑稿·刑法》三之五七，第8423页。
③ 《宋会要辑稿·刑法》三之五九、六〇，第8424页。
④ 《宋会要辑稿·刑法》三之七一，第8431页。
⑤ 《宋会要辑稿·刑法》三之八三，第8437—8438页。

官。倘有稽违，许刑部究察之。"①

11.就院申发。孝宗乾道九年（1173）十二月一日，臣僚言："窃见诸路帅臣、监司差官置院，推勘大辟赃吏，有合具案奏闻者，勘官往往止俟结录毕，即时出院，将带人吏归元处，旋写奏案，窃虑有暗受出脱、变换情节者。乞自今勘推大辟赃吏合具案奏闻者，须就院申发。敢有违戾，当重作行遣。"从之。②

12.监司亲选。淳熙六年（1179）六月一日，大理少卿梁總言："近来狱多翻异，有至类推经涉数年者。州郡厌于供须，干连困于追逮。望申严置推差官之令，必监司亲自依法选差，其乾道七年（1171）行下知州选差指挥乞更不施行。仍令大理寺左断刑自今狱案如置推鞫狱官，罪有出入，合收坐者，若所差违法，并监司贴说取旨。"从之。③

13.不得滥拘干连人。九年九月十三月，明堂赦："刑狱翻异，自有条法，不得于词外推鞫。其干连人虽有罪，而于出入翻异称冤情节元不相干者，录讫先断。近来州郡恐勘官到来，临期勾追迟缓，却将干证人尽行拘系，破家失业，或至死亡。可令释放，著家知在。如远，许被拘留人经监司陈诉。"④

五、"一案推结"法

推勘刑事案件，不管是因为犯人当时翻异，或者是因为贪官案后事发，最合理想的审判，当然是把所有参加过这件案子的官吏证人，全都聚合在一起，当庭对质。这个办法，在宋人术语里，叫作"一案推结"（或"一按追究"）。⑤

这个制度，在理论上，固然是再好没有，但是要付诸实施，却不免困

① 《宋会要辑稿·刑法》三之八三、八四，第8438页。
② 《宋会要辑稿·刑法》三之八七，第8442页。
③ 《宋会要辑稿·职官》五之四九，第3145页。
④ 《宋会要辑稿·职官》五之五〇、五一，第3145页。
⑤ 《宋会要辑稿·刑法》三之四〇，第8413页。

难重重。例如元勘官司，有"住居江浙而守官在福建，其事发却在湖广，亦有干连数十人者，必欲一一取责，方得圆结，遂致经隔数年，纷纷无已"①。宋人解决这个问题，是一步一步进行的。

1. 孝宗绍熙元年（1190）十二月三日指挥："检断、录问之官，如辞状隐伏，无以验知者，不在一案推结之数。"②这是因为检法官、录问官，都是根据文书办事，和推鞫无直接关系。辞状隐伏，无以验知情节，难以教他们负责。（参拙著《鞫谳分司考》③）

2. 绍兴九年（1139）有一项指挥，内容有似"诸鞫狱，前推及录问官吏有不当者，仍合一案推结"之类。这是根据下面二十八年刑部奏的推论。

3. 二十八年五月七日刑部言："今后应中外翻异、驳勘及别推公事，若前勘有不当，依条合一案推结者，其官吏未有替移事故，即依绍兴九年（1139）指挥施行。如委有替移事故、难以追会者，候供证尽实，先次结案。其不当官吏虽遇恩、去官，仍取伏辨。依条施行。合一案推结者，其检断、签书、录问官包括在内，除无'勿原'指挥外，依指挥虽遇赦、去官亦合取责伏辨。"从之。④

这里规定，如果，"供证尽实"，就可以"先次结案"。那些已经离任的不当官吏，不妨在结案后，另行追究。

4. 《庆元条法事类》卷七三《出入罪·断狱令》：

> 诸鞫狱，若前推及录问官吏有不当者，一案推结（入死罪者，检断、签书官吏准此）。入流以下罪而已替移事故，即将犯人先次结断，其不当官吏并于案后收坐，虽遇恩，亦取伏辨（签书官吏遇恩，依去官法）。即大情已正而小节不圆，或虽有不同而刑名决罚不异者，

①《宋会要辑稿·刑法》三之八六，第8440页。
②《宋会要辑稿·职官》五之五八，第3149页。
③《东方杂志》第5卷第5期，第44页。
④《宋会要辑稿·刑法》三之八三，第8437页。

并免。①

这就是后来所称的"乾道法"（1165—1173）。其中"案后收坐"的办法，也就是绍兴二十八年（1158）所定"先次结案"的另一面。不过是把原来的〔指挥〕改为〔令〕文行之罢了。

5.《宋会要·刑法三》：

> 孝宗乾道六年六月三日，权刑部侍郎汪大猷言："大理寺拟断案后收坐者不一，其间多有去官及经恩赦者。缘法有具事因申寺之文，故有司不敢但已，必候元勘官司取责逐官脚色、犯由申寺，方敢结绝。缘法有住居江浙而守官在福建，其事发却在湖广，亦有干连数十人者，必欲一一取责，方得圆结，遂致经隔数年，纷纷无已。今乞将案后收坐除不该赦及非自首、去官之人，及虽该赦亦合候结案取旨伏辨，自依本法外，其他所犯，令元勘官司于结案之后开具干连名衔定断。兼所具事因即是犯由，既真案已到，则所犯轻重亦可概见，不必一一取责。"诏刑部看详申尚书省。已而刑部看详，乞于《断狱令》"命官、将校犯罪自首、遇恩、去官，开具事因"令文下，添入"若因事干连者，元勘官司于正犯人结案后，限五日取干连官名衔，声说所犯因依，随案供申。如不见得名衔，即具因依及所犯处地分、月日申刑部"。从之。②

这是"乾道法"的补充规定。

6.《宋会要·职官五》：

> 淳熙五年十月九日，敕令所言："鞫狱，绍兴旧法拘以一案推结，正恐鞫狱之官推勘不得其实，故有不当者一案坐之。乾道法又恐替移

---

① 〔宋〕谢深甫撰，戴建国点校：《庆元条法事类》卷七三《出入罪·断狱令》，杨一凡主编：《中国珍稀法律典籍续编》，第1册，哈尔滨：黑龙江人民出版社，2002年，第754页；《宋会要辑稿·职官》五之四九，第3144页。

② 《宋会要辑稿·刑法》三之八六，第8440—8441页。

事故，却致淹延，故将犯人先次结断，不当官吏案后收坐，仍取伏辨。今欲参酌绍兴、乾道法意，以取适中之制，将鞫狱前推及录问官吏有不当者，如已替移事，元犯系死罪，遵依绍兴旧法，一案推结外，余罪遵依乾道旧法施行。"从之。因刑部言"命官有陈诉前勘不当，乞改正过名，照绍兴、乾道法各有不同"，是以令所看详上之。①

故这是规定绍兴法（一案推结）和乾道法（案后收坐）的适用问题：死罪用绍兴法，其他刑名用乾道法。

7.同书有宁宗庆元四年（1198）一项记载，对于"一案推结"的讨论，十分详尽。现在抄录如下：

> 四年九月十二日，臣僚言："比年以来，推勘之法未尽，是致多有冤滥。推原其故，则法有所谓一案推结者，实病之也。谓如前勘官吏或有失实，于法须并行追勘。关涉人数既多，追逮繁扰。彼冤者既不能得直，而后勘官吏已与前勘官吏自相争讼，故后勘官吏悉皆视成于前勘。及至州狱翻异，则提刑司差官推勘。提刑司复翻异，则以次至转运、提举、安抚司。本路所差既遍，则又差邻路。关涉之人愈多，则愈难一案推结。臣以为今宜令州县诸司推勘大辟，各不得过百日。如所差官迁延不行，或诸司迁延不差，各与坐罪，庶几不致淹延刑狱。如已经本路差官俱遍，犹翻异不已者，仰家属径经朝省陈诉，结立愿加一等之罪，追人赴天狱推勘。如二广、四川去朝廷既远，亦结加一等罪，赴经略司及制置司陈诉。其经略司、制置司申朝省取旨，差官于邻路追摄根勘。如或妄诉，即坐以所加立之罪。如委是冤抑，即将前推勘失当官吏并与照条坐罪。至于检断签书及录问官，止据一时成款，初不知情，免与同罪。如此，则人知一案推结之法必行，而检断、签书、录问之官既不与罪，则关涉亦省，而民冤得以自直。"诏令刑寺看详闻奏。刑寺看详："若将犯人已经本路差官俱遍犹

①《宋会要辑稿·职官》五之四九，第3144—3145页。

翻异者，便许家属经朝省陈诉，愿加一等之罪，追人赴天狱推勘。如二广、四川，许经经略、制置司陈诉，朝廷取旨，差官邻路根勘。照得在法罪人翻异或家属声冤，皆移司别推。已经五推，提刑亲勘、转运指定之后复行翻异，已有淳熙十一年七月六日指挥，具录翻词闻奏，听候指挥施行外，所是乞将检断、签书、录问止据一时成款，初不知情，免与同罪一节。照得淳熙十一年十一月二十五日指挥、绍熙元年十二月三日两项指挥，检断、录问之官，如辞状隐伏，无以验知者，不在一案推结之数。缘敕令所参修条法之时申明朝廷，乞将签书与检断、录问一体修立为法。续奉旨，依旧法施行，致有臣僚今来奏请。本寺照得检断、录问、签书不问有无当驳之情，并与推勘官一案推结，委是轻重不伦。今来臣僚奏请，即与敕令所前来申请颇同。今看详，送敕令所参酌，看详施行。"①

8.同书有下列一条：

庆元六年五月六日，都省言："雨泽稍愆，见行祈祷。照得淳熙十四年、绍熙四年曾降指挥，审勘翻异之狱，从宜结断。今来又及八年，尚虑翻异并驳勘公事稍多，淹延刑禁。"诏诸路提刑自今降指挥到日，疾速躬亲同本州守臣比照昨来所降指挥，将翻异及驳勘之狱详情审勘。如有未尽或事涉可疑，与从轻结断。其失当官吏，特免一案推结一次。②

免予"一案推结"，在这里变成了一项求雨的措施了。

结　论

推勘制的用意，在平反冤狱。但其缺点，则拖时太久，牵连人太多。例如仁宗天圣二年（1024）刘宁打折母手一案，前后推勘，拖延了五年之

---

① 《宋会要辑稿·职官》五之五六至五八，第3148—3149页。
② 《宋会要辑稿·职官》五之五八、五九，第3149页。

久。①嘉祐五年（1060），曾均打杀阿黄一案，在禁在狱，病患到家身死者，乃至一十八人。②高宗绍兴六年（1136）七月，右司谏王缙说，当时"诸处推勘奸贼之吏，干连追禁有至一二百人者"。③而那一年"见勘命官公事"，不下二百二十四件之多。④

绍兴六年（1136），各路未结绝公事有二百八十九件，当时已嫌其多。⑤但是我们要知道，1772年在维茨拉（Wetzlar）的德国最高法院（Reichskammergericht），未办结的积案，是一万六千件。不但如此，在一七六七年，约瑟夫二世指派了一个二十四人的调查法庭，到维茨拉去查办这个高等法院的法官。前后四年之久，只逮捕了三位贵族法官，而这二十四位调查官——即"制勘官"——彼此大闹意见，以致调查法庭，结果不了了之。⑥这样子的现象，在宋朝是很难想象的。那就是因为我们有优良的推勘制度的缘故。

[原载徐道邻：《中国法制史论集》，（台北）志文出版社1975年版]

---

① 《宋会要辑稿·刑法》三之六〇，第8425页。
② 《宋会要辑稿·刑法》三之六四，第8427页。
③ 《宋会要辑稿·刑法》三之七七，第8434页。
④ 《宋会要辑稿·刑法》三之七七，第8434页。
⑤ 《宋会要辑稿·刑法》三之七七，第8434页。
⑥ Albert Bielschowsky. *The Life of Goethe*, Trans. William Cooper, New York: Putman, 1905, pp.153-154.

宋代刑事审判制度研究

戴建国

宋代在总结前代司法经验的基础上，制定出一套较为完整的刑事审判制度，包括审判管辖、审判机构的组成、法官回避、法律起诉、审判程序、审判期限、上诉覆审和死刑覆核制度等方面，在中国法制史上颇具特色，对于维持和巩固宋代专制主义集权统治发挥了重要作用。本文试就这项制度作一探讨。

一、刑事审判

（一）审判管辖

宋代的审判管辖大致可分为级别管辖、专门管辖和地区管辖三种。

1. 级别管辖

县级审判权限为杖以下罪（包括杖罪）。只能对杖以下案件的判决发生法律效力。"杖罪以下县长吏决遣"。①南宋胡太初说："县无甚重之刑，小则讯，大则决，又大则止于杖一百而已。"②徒以上案件，须将案情审理清楚，写出初步处理意见，送州，由州作正式判决。《庆元条法事类》卷七三《决遣·断狱令》："杖以下，县决之，徒以上……及应奏者，并须追

---

① 〔清〕徐松辑，刘琳等校点：《宋会要辑稿·刑法》三之一一，上海：上海古籍出版社，2014年，第8398页。
② 〔宋〕胡太初：《昼帘绪论·用刑篇第十二》，《丛书集成初编》本。

证勘结圆备，方得送州。"①宋代谓之"结解"。南宋洪适在一篇奏笺中说："臣伏见诸县徒以上罪，虽有结解期限，而吏胥利于追逮求觅，或一年，或数月，始以解州。"②

宋县属有镇，五代时，镇将可擅权处理狱事。宋太祖加强中央集权，以朝官出任县官，收镇将司法大权。于是，"镇将所主，不及乡村，但郭内而已"。③且只能决杖以下罪。《庆元条法事类》卷七三《决遣·断狱令》载："诸镇寨官，差亲民文臣者，听决城内杖以下罪。"④

州级有权判决县报呈的徒以上案，同时，本身也受理诉状，审讯刑案。元丰改制以前，州可以对包括死刑在内的大小案件进行判决，并具有死刑执行权力。元丰改制以后，州判决的死刑案必须报提刑司核准，才能执行。

路级设有转运司、提刑司等机构。朝廷规定转运司、提刑司有定期巡历制度，负有审查本路州县刑案、平反冤狱之责。这是一种监督性的措施，以弥补州县诉讼制度的不足。元丰改制前，地方刑案并无一定要报监司核准才能执行的规定。太宗时，淮南转运使乔维岳"尝按部至泗州，虑狱，法掾误断囚至死，维岳诘之，法掾俯伏泣曰：'有母八十余，今获罪，则母不能活矣。'维岳闵之，因谓曰：'他日朝制按问，第云转运使令处兹罪。'法掾如其言，获免，维岳坐赎金百二十斤，罢使职"。⑤又仁宗时，包拯曾奏曰："臣昨任端州日，狱中重囚七人，具案已就，适会提刑司巡历，将至，闻其未断，即迁延引避。又邻近春州，禁勘罪人，追捕甚众，缧系二百余日，凡该大辟罪者四、五人，徒罪不少，亦不闻提刑司推究延淹之状。洎转运司取公案委官定夺，果有失入死罪等。虽官吏悉行重典，

① 〔宋〕谢深甫撰，戴建国点校：《庆元条法事类》卷七三《决遣·断狱令》，杨一凡主编：《中国珍稀法律典籍续编》，第1册，哈尔滨：黑龙江出版社，2002年，第744页。
② 〔宋〕洪适：《盘洲文集》卷四一《乞勿禁系大狱干证人札子》，曾枣庄、刘琳主编：《全宋文》，第213册，上海：上海辞书出版社，合肥：安徽教育出版社，2006年，第27页。
③ 〔宋〕李焘撰，上海师范大学古籍整理研究所、华东师范大学古籍整理研究所点校：《续资治通鉴长编》卷三，"建隆三年十二月癸巳"，北京：中华书局，2004年，第76页。
④ 《庆元条法事类》卷七三《决遣·断狱令》，第745页。
⑤ 《续资治通鉴长编》卷二五，"雍熙元年二月壬午"，第574页。

而死者不可复生。"①以上两条材料说明，当时州府判决的大小刑案，无须报监司审核，州拥有死刑终审权；监司覆审，是在案子执行以后进行的。元丰改制，朝廷规定提刑司必须在死刑执行以前进行审核。

宋代监司不治狱，无刑狱机构，仅负责审查地方案件，平反冤案，监督地方官吏，使之依法审判。南宋黄震云："古者帝王亲行巡狩，以察四方诸侯。至汉遣六百石吏察郡国二千石长吏，以代亲行，谓之刺史，至本朝谓之监司，故世称外台为天子耳目之官。但择州县官不奉法为民者去之，则百姓自然安迹，非代州县受词诉，为一路聚讼之委也。"②

宋代京师，为皇族、达官贵人居住地，同时又是全国政治和文化中心，"狱讼之间，尤为繁剧"。治狱机构有开封府院（南宋为临安府院）、左右军巡院、御史台狱、大理寺狱、三司及各寺、监刑狱，共二十余所。北宋初至大中祥符二年（1009），京师案件，通常由开封府和各寺、监的刑狱机构审判。审判后的案件，无论大小须报大理寺审核，再送刑部覆审。淳化二年（991）二月，太宗诏"大理寺杖罪以下，并须经刑部详覆"。③当时大理寺不治狱（元丰元年始设刑狱机构），负责裁决地方呈报死刑疑案。于此可知京城的案件，开封府等审理后，还得送大理寺审核。

大中祥符二年（1009）设置纠察在京刑狱司，规定"御史台、开封府应在京刑禁之处，并仰纠察。其逐处断遣徒已上罪人，旋具供报"。④然御史台为皇帝耳目，其判决的案件送纠察司审查，不合体统，至天圣八年（1030）规定免于供报审差。

熙宁三年（1070）以京朝官任开封府新旧城左右厢官，"凡斗讼，杖

---

① 〔宋〕包拯撰，杨国宜整理：《包拯集编年校补》卷一《请令提刑亲案罪人》，安徽：黄山书社，1989年，第9页。

② 〔宋〕黄震：《黄氏日抄》卷七九《公移·词诉约束》，《黄震全集》，杭州：浙江大学出版社，2013年，第2235页。

③ 〔宋〕杨仲良撰，李之亮校点：《皇宋通鉴长编纪事本末》卷一四《听断》，哈尔滨：黑龙江人民出版社，2006年，第197页。

④ 《宋会要辑稿·职官》一五之四四，第3432页。

六十已下情轻者得专决"。①这与北宋初相比，审判权限已有所变化。

元丰改制，罢纠察在京刑狱司归刑部，纠察审核在京狱案之责遂委御史台掌管。御史台狱，则由尚书省右司纠察审核。②

北宋后期，大理寺狱亦审判京师刑案。宋初，"大理寺漱天下奏案而不治狱"，本身无刑狱机构，不审讯犯人。③元丰元年（1078）因开封府狱事繁多，神宗诏置大理寺狱，恢复唐制，京师百司之狱归于大理。于是，大理寺分左右两部：左断刑，掌断天下疑案及命官、将校犯罪案；右治狱，掌判决京师刑案，"应三司及寺监等公事，除本司公人杖笞非追究者随处裁决，余并送大理狱结断"。④《建炎以来朝野杂记·甲集》卷五《大理狱非得旨不许送理官宅》云："自神宗置大理寺狱，著令专一承受内降朝旨、重密公事，及推究内外诸司库务侵盗官物。余民事，送开封府。"⑤大理寺狱掌管京师诸司刑案，而开封府负责处理京城居民的诉讼案件。不过，此就一般情况而言，如遇特殊情况，开封府也可审理居民以外刑案；而居民案，大理寺狱也能审理。开封府、大理寺和御史台是宋代京都最主要的司法机构，京师刑案常移审于三者之间。大理寺狱，流以下罪可专决，死刑报御史台差官审核。元丰二年二月知大理卿崔台符言："流以下罪，长贰亲录问决遣。其大辟罪，乞牒御史台，选差曾任亲民常差官一员审问。即特旨推勘，罪至大辟或命官，即临时取旨差官。"宋神宗诏："大辟罪牒御史台差官，赴纠察司审覆，余如所请。"⑥此外，大理寺和开封府狱有重大案件还可"上殿奏裁"。⑦

凡紧要案件，如诈欺赃数过五十匹者，窃盗至死及罪人情涉巨蠹者并

---

① 《续资治通鉴长编》卷二一一，"熙宁三年五月庚戌"，第5135页。
② 〔元〕脱脱等撰：《宋史》卷一六三《职官三》，北京：中华书局，1985，第3858页。
③ 《宋史》卷一六五《职官五》，第3900页。
④ 《宋会要辑稿·职官》二四之六，第3658页。
⑤ 〔宋〕李心传撰，徐规点校：《建炎以来朝野杂记·甲集》卷五《大理狱非得旨不许送理官宅》，北京：中华书局，2000年，第129页。
⑥ 《宋会要辑稿·职官》二四之七至八，第3659页。
⑦ 《宋会要辑稿·职官》二四之七，第3659页。

奏裁。①奏裁的重大案件，由皇帝直接委官审理，谓之"诏狱"。诏狱不受常法限制。

宋代还有"便宜从事"的特殊规定。镇压农民造反的宋军指挥官或边远州军重镇的长官在处理军政事务时，允许先斩后奏。王小波、李顺起义后，宋太宗命王继恩为剑南西川招安使，"军中事委其制置，不从中覆。管内诸州系囚，除十恶及官典犯枉法赃外，悉得以便宜决遣"。②除十恶及官典犯枉法赃外，其他大小案犯，包括那些法不至死的犯人，都可先行处决，事后申奏。

2.专门管辖

专门管辖指宋代对朝廷命官、皇族宗室人员及军人案件的管辖。

朝廷命官犯法，地方无权处置。司马光《涑水记闻》卷三云："凡天下狱事有涉命官者，皆以具狱上请。"③苏颂说："凡州郡重辟之疑可矜，若一命私犯罪笞以上之罚……，皆先由大理论定，然后院官参议。"④不过允许地方司法机构进行初审，然后报呈朝廷。地方初审亦须经朝廷允准。熙宁七年（1074）诏："品官犯罪，按察之官并奏劾听旨，毋得擅捕系，罢其职奉。"⑤在朝廷看来，品官身份高于平民百姓，对他们的处理便不能依常法。宋徽宗在一条诏书中说，如果品官依常法审理，"将使人有轻吾爵禄之心"。⑥犯法官员有荫身的特权，可免杖、黥之刑。品官死刑案，司法机构判决后，有时还要经朝廷百官集议才能定判。如太平兴国八年（983）判颍州曹翰一案，"狱具，法当弃市。百官集议，翰林学士承旨李

---

① 〔宋〕窦仪等详定，岳纯之校证：《宋刑统校证》卷二五《诈伪律》，"臣等参详"，北京：北京大学出版社，2015年，第337页；《续资治通鉴长编》卷一一，"开宝三年七月丙辰"，第247页。

② 《宋会要辑稿·兵》一四之一，第8879页。

③ 〔宋〕司马光：《涑水记闻》卷三，北京：中华书局，1989年，第57页。

④ 〔宋〕苏颂：《苏魏公文集》卷六四《审刑院题名石柱记》，第979页。

⑤ 《宋史》卷一九九《刑法志》，第4980页。

⑥ 《宋史》卷一九九《刑法志》，第4981页。

昉等议，如有司所定"。①

皇族宗室人员犯法，杖以下刑归大宗正司掌管，"微罪则先勃以闻，即法例有疑不能决者，同上殿取裁"。②徒以上罪由皇帝下旨裁决。崇宁元年（1102）又设外宗正司，"凡外任宗室事不干州县者，外宗正受理"。③政和七年（1117）徽宗诏曰："宗室犯罪与常人同法，有司承例奏请，不候三问未承，即加讯问，非朕所以笃亲亲之恩也。自今有犯，除涉情理重害别被处分外，余止以众证为定，仍取伏辩，无得辄加捶考。若罪至徒以上，方许依条置勘。其合庭训者，并送大宗正司，以副朕敦睦九族之意。"④既不能捶拷，黥面也必不允许。

宋代军人案件的管辖也有专法，真宗曾告诫军校说："犯法者须以军法治之。"⑤禁军军士犯法，在京者，杖以下罪归三衙审理；徒以上案奏裁。景德二年（1005），"殿前、侍卫司上言：'开封府追取禁兵证事，皆直诣营所，事颇非便。'上曰：'……军人自犯杖罪以下，本司决遣，至徒者奏裁。'"⑥奏裁案送大理寺判决，报审刑院和刑部覆审。禁军戍守在外者，真宗认为"戍兵颇有上军，若诸校获罪而州郡裁之，非便也"，乃规定"禁军军使已下犯罪，徒以下（上）禁系奏裁；杖以下具犯由申本路提点刑狱司，委详所犯，准法决罪。虽杖罪而情重者，亦具款以闻"。⑦

地方厢军犯法，其审判权限依案件轻重及案犯职务大小而有所区别，或本部决断，或录案闻奏。⑧

军人死刑案须经枢密院审核才能执行。大中祥符二年（1009）先规

① 《续资治通鉴长编》卷二四，"太平兴国八年五月庚午"，第546页。
② 《宋会要辑稿·职官》二〇之一七，第3572页。
③ 《宋会要辑稿·职官》二〇之三三，第3581页。
④ 〔宋〕马端临：《文献通考》卷一六七《刑考六》，北京：中华书局，2011年，第5009页。
⑤ 《续资治通鉴长编》卷六〇，"景德二年六月壬寅"，第1348页。
⑥ 《续资治通鉴长编》卷六〇，"景德二年六月壬寅"，第1348页。
⑦ 《续资治通鉴长编》卷七一，"大中祥符二年六月壬子"，第1617页。
⑧ 《宋会要辑稿·刑法》七之四，第8577页。

定，三衙奏断死刑案报枢密院"参酌审定"。①其后三年又令天下诸路部署司，科断军人大辟案，"自今具犯名上枢密院，覆奏以闻"。②"诸军犯罪事理重害，难依常法而不可待奏报者，许申本路经略或安抚司，酌情断遣讫以闻"。③

3.地区管辖

宋沿唐制，"诸犯罪，皆于事发之所推断"。④即案件由犯罪地审判机构审理。如犯人作案后逃往他处，则由犯罪地审判机构派人追逮归案，依法判决。《名公书判清明集》卷十三《惩恶门·妄诉类·以女死事诬告》载，一个叫赵崇的诈骗犯，骗得钱财后，逃往临安，案发后，犯罪地审判机构"备申刑部，乞行下临安追押，发下本军穷竟其罪"。⑤

凡遇一案涉及他处同案犯者，宋代的处理方式与唐制同，"诸鞫狱官，囚徒伴在他所者，听移送先系处并论之。注云：谓轻从重。若轻重等，少从多；多少等，后从先。若禁处相去百里外者，各从事发处断之"。⑥

宋代地区管辖遵循由犯罪地审判机构审判原则，但案件有涉及他处他人者，犯罪地审判机构须将案情通报所在地区官府。杨万里《诚斋集》卷一一九《张栻行状》记载了一件案例，孝宗时，衢州有一占卜者害眼病，其同行用漆弄瞎其双目，窃其妻逃走。占卜者疑奴仆所为，向官府起诉，奴仆遂屈打成招。"未几，其妻与为乱者自相诉于武昌，移文至（衢州）"，才真相大白。

（二）审判机构的组成

在宋代，州级审判机构是地方最主要的机构，本文所谓审判机构的组成，主要指州一级而言。宋代的刑事审判分为鞫与谳两大步骤。鞫，谓审

---

① 《续资治通鉴长编》卷七一，"大中祥符二年正月戊辰"，第1588页。
② 《续资治通鉴长编》卷七七，"大中祥符五年五月己丑"，第1766页。
③ 《庆元条法事类》卷七三《决遣·断狱敕》，第744页。
④ 《庆元条法事类》卷七三《决遣·断狱令》，第744页。
⑤ 中国社会科学院历史研究所隋唐五代宋辽金史研究室点校：《名公书判清明集》卷十三《惩恶门·妄诉类·以女死事诬告》，北京：中华书局，2002年，第498页。
⑥ 《宋刑统校证》卷二九《断狱律·不合拷讯者取众证为定》，第401页。

理犯罪事实；谳，谓检法议刑。依据这两大步骤，审判机构也相应地分成两大部分：鞫司（亦称狱司）和谳司（亦称法司）。审判过程中，鞫谳分司，各自独立活动，不得相互商议，"狱司推鞫，法司检断，各有司存，所以防奸也"。①那么鞫司和谳司如何组成呢？《宋史》卷二〇一《刑法志》云："官司之狱，在开封，有府司、左右军巡院……外则三京府司、左右军巡院，诸州军院、司理院，下至诸县皆有狱。"②这些狱即鞫司。据《宋史·职官志》云，鞫司分别由司录参军、左右军巡使、左右军巡判官、录事参军、司理参军、知县（县令）等组成。谳司，由司法参军（在府为法曹参军）组成。③据此，鞫司和谳司的组成似乎没有问题。然而宋代的实际情况并非如此简单。已故中国台湾地区学者徐道邻先生和日本宫崎市定先生就忽略了这个问题。两位先生经过考证，精辟地指出宋代刑事审判实施鞫谳分司制。徐先生提出了这样一个论点：既然鞫谳分司制是一条基本原则，那么鞫司官就不能兼任谳司官。宫崎先生举出一条司理参军兼司法参军的事例，认为在仁宗时期，分司制度的实行可能不太彻底；徐先生认为鞫官兼任谳官，"这也许是一项极短期的临时措施，恐怕也是极稀有的例外"。④然从文献记载来看，两位先生的观点值得商榷。

在宋代，鞫谳分司制始终是实行的，而鞫司官兼任谳司官现象也普遍存在，不能把二者截然对立起来，不能因鞫司官兼任谳司官现象的存在而怀疑鞫谳分司制实行的彻底性；也不能因鞫谳分司制而否定鞫司官兼谳司官现象的普遍存在。宋代州官，"自通判而下，州小事简或不备置"，"非繁剧而不领县务者，量减官属"。⑤诸官不备置则多兼职，因兼职而产生鞫

①〔明〕黄淮、杨士奇：《历代名臣奏议》卷二一七《慎刑》周林疏，上海：上海古籍出版社，1989年，第2853页。
②《宋史》卷二〇一《刑法志》，第5021页。
③《宋史》卷一六六《职官志》、卷一六七《职官志》，第3942页、第3944页、第3977页。
④〔日〕宫崎市定《宋元時期の法制と審判機構》，《東方學報》24号，1954年；徐道邻：《鞫谳分司考》，载《中国法制史论集》，台北：志文出版社，1975年，第114—128页。按："分司"一词易与宋代分司官混淆，当区别开来。
⑤《宋会要辑稿·职官》四七之一，第4265页。

官兼任谳官的状况。除了两位先生所举鞫司官兼任谳司官例子外，在宋代文献里，还可找出许多此类事例。《续资治通鉴长编》卷十一"开宝三年七月壬子"条云：

> 诏曰："……西川管内州县官，宜以户口为率，差减其员，旧奉月增给五千。诸州凡二万户者，依旧设曹官三员；户不满二万，止置录事参军、司法参军各一员，司法兼司户；不满万，止置司法、司户各一员，司户兼录事参军；不满五千，止置司户一员，兼司法及录事参军事。"①

司户参军兼司法及录事参军事，即把谳职和鞫职集于一身了。如果说这条材料仅指西川而言，那么再看西川以外地区的实例。《宋会要辑稿·职官》四八之七云：

> （天圣五年十二月）流内铨言："自来高州置司户参军一员，兼录参、司法事；融州置司理、司户参军二员，兼录参、司法事。"②

高、融二州属广南西路。可见西川以外地区也有司户参军兼司法、录事参军的例子。又南宋《吏部条法》云："诸司户兼录事、司法参军，或录事参军兼司户、司法参军阙，许合入人互注。"③《吏部条法》制定于南宋，由此可知南宋录事参军兼司法参军现象十分普遍，以至成为吏部差注法的一项内容。

鞫司官既然能兼任谳司官，这与鞫谳分司制岂不矛盾？这怎么解释呢？

鞫谳分司是宋代刑事审判制的一项重要原则，是说在案件的实际审判过程中，审讯犯人者不能同时又是检法议刑者，二者不能兼任。换言之，

---

① 《续资治通鉴长编》卷十一，"开宝三年七月壬子"，第247页。

② 《宋会要辑稿·职官》四八之七，第4312页。

③ 佚名：《吏部条法·差注门·侍郎左选令》，杨一凡等总主编：《中国珍稀法律典籍续编》，第2册，哈尔滨：黑龙江人民出版社，2002年，第83页。

某位官员被任命为某州的录事参军，并兼司法参军，这位官员的职责除了主持州院事务外，也可担任案件的检法议刑工作；但在实际审判中，如果这位官员被派去审讯犯人，依据鞫谳分司原则，这位官员便不能同时再担任同一案的检法议刑工作。如果这位官员没有参与这件案子的审讯活动，那么这件案子的检法议刑一事，便可视实际需要由他来主持。某官究竟是鞫司官还是谳司官，要看他在司法活动中担任的具体工作而言，即他的身份以他的具体执掌为转移：兼职代表了某官在一般情况下的职权范围，具体执掌是指因审判活动的需要而实际担任的职务。

鞫司官兼任谳司官，这是发挥一官多能，以裁减冗员，提高司法和行政办事效率的积极措施。宋代审理案件十分谨慎乃至烦琐，一件案子，犯人如不服审判而翻供，宋代谓之"翻异"，须由另外一个不相干的机构重审。有时一件案子往往推翻三至五次，假如因之而一州常设三至五个专门的司法机构来审理这些翻异案，那么宋代的官僚队伍势必更加臃肿不堪。

州级审判机构，由知州委派官员组成，无知州委任批示，各级官员无权审讯犯人。"郡之狱事，则有两院治狱之官，若某当追，若某当讯，若某当被五木，率俱检以禀，郡守曰可，则行。"①司理院和州院通常为一州的法定审讯机构，诉讼案件，大都由知州委任这两个机构的长官——司理参军和录事参军（在府则为司录参军）主持审理。司理院审理的案件，犯人不服，则移送州院重审；州院审理的案件，犯人不服，则移送司理院重审。《朱文公文集》卷九三《黄洧墓碣铭》载：黄洧为兴化军司理参军，"军院官（按：即录事参军）谓公曰：'两狱，一也，即有移鞫，幸勿为异，吾亦不敢自异于公也。'公愀然曰：'事惟其是而已，况司狱人命所系，吾固不敢以徇公，公亦安得以徇我乎？自今理院所移有不当者，幸公

---

① 〔宋〕刘一止著，蔡一平点校：《刘一止集》卷一二《乞令县丞兼治狱事》，杭州：浙江古籍出版社，2012年，第154页。

改之，勿以为嫌也。"①可知，这两个司法机构的职能相同，有申诉不服案，互移重审。

如果知州认为案件与司理参军、录事参军有妨嫌，或者案件已经他们审理而翻异，或无结果，仍需进一步审理的，还可委派州里的其他官员如司户参军等组成审判机构审讯，宋代谓之"置司"。②张邦基《墨庄漫录》卷八云："熙宁五年，杭州民裴氏妾夏沉香浣衣井旁，裴之嫡子戏，误堕井而死。其妻诉于州，必以谓沉香挤之而堕也。州委录参杜子方、司户陈珪、司理戚秉道三易狱，皆同。"③杭州为大州，所设官员较为齐备，司户参军不兼他职，况司理、录理参军均设置。此案，除录事参军、司理参军外，司户参军也作为鞫司参与了审讯。有关司户参军鞫狱之例，还可找出许多。④因司户参军可审讯犯人，宋代文献也有把司户参军归于鞫司官列的记载。《宋会要辑稿·职官》四七之一二云："录事、司理、司户参军，掌分典狱讼……皆以职事从其长而后行焉。"⑤司法参军本职掌检法，属谳（法）司，但在宋代司法活动中有时也被指派作为鞫司审讯犯人。《宋大诏令集》卷二〇〇《淳化元年正月乙巳诫约州郡刑狱诏》记载了一条司法参军审讯犯人的事例。此外，宋代监当官亦可任鞫司官审理案件。如南宋时监建康府粮料院赵师龙就曾"兼领狱掾"。⑥早在雍熙三年（986），宋太宗就曾下诏："应朝臣、京官及幕职州县官等，今后并须习读法，庶资从政之方，以副恤刑之意。其知州、通判及幕职、州县官等……秩满至京，当

① 〔宋〕朱熹：《晦庵先生朱文公文集》卷九三《转运判官黄公墓碣铭》，朱杰人、严佐之、刘永翔主编：《朱子全书》，第25册，上海：上海古籍出版社，合肥：安徽教育出版社，2002年，第4279页。

② 见《庆元条法事类》卷七三《推驳·断狱令》，第756页；张方平：《乐全集》卷二五《陈州奏监司官多起刑狱》，景印文渊阁《四库全书》，台北：台湾商务印书馆，1986年，第1104册，第257页。

③ 〔宋〕张邦基撰，孔凡礼点校：《墨庄漫录》卷八《陈睦屈死夏沉香遭报应》，北京：中华书局，2002年，第217页。

④ 《宋史》卷二九六《杨澈传》，第9869—9870页。

⑤ 《宋会要辑稿·职官》四七之一二，第4271页。

⑥ 〔宋〕楼钥：《知婺州赵公墓志铭》，《全宋文》，第266册，第53页。

令于法书内试问，如全不知者，量加殿罚。"①官员习读法律，知法，懂法，为正确执法审判奠定了必备的司法素养基础。

县级审判机构，主要由知县或县令组成，因其只具杖以下轻罪案的审判执行权限，所以鞫谳不分司。

州县司法事务，除了幕职州县官主持外，还有许多具体的办事机构协助审理，如款司、推司等，"每有狱事，则推、款司主行之"。②这些机构里有许多"胥吏"。雍熙四年（987），范正辞知饶州，某一次决狱，"胥吏坐淹延停职者六十三人"。③可见一州参与司法事务的胥吏人数很多。胥吏把持刑狱，往往颠倒是非，诬陷平民百姓："人之死生，悉命于此辈。"④为此，宋规定州县官必须亲自审讯犯人，不得专委胥吏。⑤宋代路无常设审判机构，如需审理案件，通常由监司临时差官组成，事毕即罢。北宋时由转运使、提刑使、安抚使差官审理案件。至南宋，提举常平亦可差官审理。乾道六年（1170）权刑部侍郎汪大猷言："契勘诸路推勘公事，在法于提刑、转运、安抚司以次差官。窃详近制，提举常平亦系监司，乃于法特不许差，委有未当。乞自今诸路遇有推勘翻（异）公事，许提举常平依诸司差官。"⑥这一建议得到了孝宗批准。

以上论述了宋代地方审判机构的组成，有两点值得注意：其一，审判机构分为鞫谳两部分，由知州委官组成；鞫谳两司的人员组成并无严格的界限划分，鞫司官可任谳司官，谳司官也可任鞫司官，其他行政官亦可组成审判机构审理案件。其二，所谓鞫谳分司，仅指实际审判活动而言，即一个官员审理某件案子时，不能既是鞫司官，同时又是谳司官，二者只能

---

① 《宋会要辑稿·选举》一三之一一，第5520页。
② 《宋会要辑稿·职官》四八之一〇五，第4379页。
③ 《续资治通鉴长编》卷二八，"雍熙四年九月庚辰"，第639页。
④ 〔宋〕李心传撰，胡坤点校：《建炎以来系年要录》卷一六二，"绍兴二十一年十二月庚寅"，北京：中华书局，2013年，第3086页。
⑤ 《宋大诏令集》卷二〇二《令纠察刑狱提转及州县长吏凡勘断公事并须躬亲阅实诏》，北京：中华书局，1962年，第750页。
⑥ 《宋会要辑稿·刑法》三之八五，第8440页。

任其一。

（三）法官回避

宋承唐制，法官有回避制度。宋初制定的《宋刑统》卷二九《断狱律》云："诸鞫狱官与被鞫人有五服内亲，及大功以上婚姻之家，并受业师，经为本部都督①、刺史、县令及有仇嫌者，皆须听换。"随着宋代社会政治和经济的不断发展，法官回避制亦日趋严密。

第一，法官与被审人有同年同科目关系的须回避。景德二年（1005），真宗诏令："应差推勘录问官，除同年同科目及第依元敕回避外，其同年不同科目者不得更有辞避。"②

第二，奏劾按发机构人员与被奏劾按发人须回避，不得参与原案件的审理活动。孝宗淳熙四年（1177）规定，案犯申诉不服达五次以上，由本路提刑将案件审理情况呈报中央朝廷，如系提刑按发之案，则须回避，由转运使呈报。③绍熙元年（1190）孝宗又下令，按发案件之审讯，"如系本州按发，须申提刑司，差别州官；本路按发，须申朝廷，差邻路官前来推勘"。④

第三，司法官之间亦有回避规定。《庆元条法事类》卷八《亲嫌·职制令》："诸职事相干或统摄有亲戚者，并回避（原注：虽非命官而任使臣差遣者亦是），其转运司帐计官于诸州造帐官，提点刑狱司检法官于知州、通判、签判、幕职官、司理司法参军亦避。"⑤这是法官上下级之间的回避。又同书还规定法官同级之间如录问、检法官与审讯官之间，检法官与录问官之间有亲嫌也得回避。

第四，一件案件的后审官吏与前审官吏有亲嫌关系者须回避。宋代

---

① 按：以上句，《唐六典》卷六刑部郎中员外郎作"并授业经师为本部都督"。见《唐六典》，北京：中华书局，1992年，第191页。
② 《宋会要辑稿·刑法》三之五五，第8422页。
③ 《宋会要辑稿·职官》五之四八，第3144页。
④ 《宋会要辑稿·职官》五之五三，第3147页。
⑤ 《庆元条法事类》卷八《亲嫌·职制令》，第149页。

"防闲曲尽"，于法律审判慎之又慎，规定犯人移司重审，"后来承勘司狱与前来司狱有无亲戚，令自陈回避"。①

（四）法律起诉

宋无专门的检察机构提起公诉，刑事诉讼一般由当事人直接向官府提出。此外，各级官府也纠举犯罪。宋代对起诉有若干规定。②

对起诉人年龄和性别有限制。宋初沿用唐制，起诉人年龄在八十以下，十岁以上，谋反等大案不受此年龄限制。③至乾德四年（966），起诉人年龄上限减为七十岁以下④，身患重病及有孕之妇不得起诉。⑤到南宋，又进一步规定妇女通常无起诉权，"非单独无子孙孤孀，辄以妇女出名，（官府）不受"。⑥如是女户，不受此限制。

起诉案必须与起诉人有关，无关者不得起诉。"讼不干己事，即决杖枷项，令众十日"。⑦这是为防止不法之徒诬告，扰乱正常司法活动而制定的法规。人命案则由死者亲属起诉。⑧

---

① 《宋会要辑稿·刑法》三之七〇，第8431页。
② 徐道邻先生云："宋人习惯，称民事诉讼为'讼'，或'词讼'；称刑事诉讼为'狱'，或'公事'。'狱讼'则包括一切民刑官事而言。"（见徐道邻：《宋朝的县级司法》注十三，收入《中国法制史论集》）。杨廷福先生也持此说（见杨廷福、钱元凯：《宋朝民事诉讼制度述略》，《宋史论集》，郑州：中州书画社，1983年）。然而，检点宋代文献，所谓"讼"，既可指民事诉讼，也可指刑事诉讼。《续资治通鉴长编》卷八九"天禧元年二月癸巳"曰："婺州氏黄衮伐登闻鼓，讼州民袁象家藏禁书，课视星纬，妖妄惑众。"《长编》卷九五"天禧四年四月丙申"："（麻士瑶）遣家僮张正等率民夫伺（张）珪于途中殴杀，弃其尸。顷之，珪复苏，讼于州。"这两条材料所说"讼"，显然是指刑事诉讼。此外，所谓"公事"，有时可指刑事诉讼，有时亦指民事诉讼。如《宋会要辑稿·刑法》三之一七所载诏书中有"婚田公事"之语（第8401页）。同书三之六五所载有"打杀阿黄公事"之说（第8427页）。综上所述，宋代的"讼""公事"，泛指一切民、刑诉讼。一般来讲，民事案件不一定与刑狱发生联系，而刑事案件往往与刑狱有关。因此，刑事诉讼又称"狱讼"。宋代的民事诉讼与刑事诉讼往往交叉在一起，有时不是分得很清。
③ 《宋刑统校证》卷二四《斗讼律·投匿名书告人罪》，第319页。
④ 《宋会要辑稿·刑法》三之一〇，第8397页。
⑤ 〔宋〕李元弼：《作邑自箴》卷八《写状钞书铺户约束》，《四部丛刊续编》本。
⑥ 《黄氏日抄》卷七八《公移·词诉约束》，《黄震全集》，第2214页。
⑦ 《宋会要辑稿·刑法》三之一二，第8398页。
⑧ 《宋会要辑稿·刑法》三之三八，第8412页。

起诉状的书写有一定格式，李元弼《作邑自箴》载起诉状格式如下：

> 某乡某村，耆长某人，耆分，第几等人户，姓某，见住处至县衙几里〔原注：如系客户，即去（云）系某人客户〕，所论人系某乡村居住，至县衙几里。
>
> 右某，年若干，在身有无疾、荫（原注：妇人，即云有无娠孕及有无疾、荫），今为某事，伏乞县司施行。谨状。
>
> 年 月 日 姓某 押状①

一件起诉状只能诉一事，字数不得过二百。一人不能同时投递二件起诉状。严禁匿名投诉。

关于起诉状的书写，宋初袭用后周之制，"所陈文状，或自己书，只于状后具言自书，或雇倩人书，亦于状后具写状人姓名、居住去处。如不识文字及无人雇倩，亦许通过白纸"。②当时起诉状的书写手续比较简单，也不须具保识人姓名，甚至一张白纸亦可起诉。这对起诉人来说，十分方便。伴随着宋代社会政治经济的进一步发展，诉讼活动日渐频繁，简便的起诉状不再相适应，容易产生错告、诬告等现象，于是起诉状的书写手续严格起来，规定平民百姓的诉状由书铺统一书写。《作邑自箴》卷八《写状钞书铺户约束》云："据人户到铺写状，先须子细审问……"《作邑自箴》成书于徽宗政和七年（1117），从而可知北宋时就有书铺书写诉状的规定。又《朱文公文集》卷一〇〇《公移·约束榜》云："官人、进士、僧道、公人……听亲书状，自余民户并各就书铺写状投陈。"③书铺，由官府登记入册，称"系籍"，未入册者不得替人书写状词，"不系籍人不得书写状钞"。④书铺书写诉状，必须钤用官府颁给的印子（按：即印记），"书铺如敢违犯本州约束，或与人户写状不用印子，便令经陈，紊烦官司，除

---

① 〔宋〕李元弼：《作邑自箴》卷六。
② 《宋刑统校证》卷二四《斗讼律·越诉》，第325页。
③ 〔宋〕朱熹：《朱文公文集》卷一〇〇《公移·约束榜》，《朱子全书》，第25册，第4630页。
④ 〔宋〕李元弼：《作邑自箴》卷六《劝谕民庶榜》。

科罪外，并追毁所给印子"。①

诉状不仅由书铺书写，还须由人保识才能投呈，法官开庭审讯，据此传呼起诉人，以防诬告。《朱文公文集》卷一〇〇《约束榜》云："人户陈状，本州给印子，面付茶食人开雕，并经茶食人保识，方听下状，以备追呼。"

官府纠举犯罪，须经一定的起诉程序，《五朝名臣言行录》载宋仁宗初即位，"明肃太后临朝，一日，问宰相曰：'福州陈绛赃污狼籍，卿等闻否？'王沂公对曰：'亦颇闻之。'太后曰：'即闻而不劾，何也？'沂公曰：'外方之事，须本路监司发摘；不然台谏有言，中书方可施行'"。②据此可知无纠举机构的告发，单凭传闻，不能成为案件审理的依据。

（五）审判程序

宋代的刑事审判十分周密细致，大抵可分七道程序。

1. 诉状的受理

官府受理一般刑事诉状有特定的日期，称"词状日"③。黄震《黄氏日抄》卷七八《公移·词诉约束》云："自六月为始，每月初三日受在城坊厢状……初八日受临川县管下乡都状，十三日受崇仁县郭及乡都状……自后月分，周而复始。其有不测紧急事，自不拘此限，但常事不许挟紧急为名。"④宋还设有开拆司专收受起诉状。《名公书判清明集》有条判词曰："应今后投状人不许作两名，如作两名者，开拆司并不许收受。"⑤开拆司负有审查诉状之责，凡不合规则的诉状不受，这是提高司法办事效率的一种必要措施，法官可免受细小琐微之事的干扰。收受的诉状"立号，以月日比次之"⑥，不至混乱无章，大概再交词状司保管。《名公书判清明集》

① 〔宋〕朱熹：《晦庵先生朱文公文集》卷一〇〇《约束榜》，《朱子全书》，第25册，第4631页。
② 〔宋〕朱熹：《五朝名臣言行录》卷六之一《丞相许国吕文靖公》，《四部丛刊续编》本。
③ 《名公书判清明集》卷一三《妄诉者断罪枷项令众候犯人替》，第497页；《宋会要辑稿·刑法》三之三二，第8409页。
④ 《黄氏日抄》卷七八《公移·词诉约束》，《黄震全集》，第2215页。
⑤ 《名公书判清明集》卷一四《一状两名》，第525页。
⑥ 《宋史》卷三〇〇《周湛传》，第9967页。

卷十三《假为弟命继为词欲诬赖其堂弟财物》载提举司判语曰："王方妄讼……仍关词状司，再词留呈。"①表明官府是有词状司的，其职能可能是保管诉状。

起诉状由州县长官审阅，长官认为可审理的，便签押交有关机构，或逮捕，或审讯。未经长官审阅签押的原始起诉状称"白状"。宋规定："非长官而受白状，非所司而取草款，俱为违法。"②

受理案件，根据起诉人的不同职业，有先后受理的区别。按职业，宋人被划分为士、农、工、商、杂五类。有诉状，先受理士人，次农人，次手工业者，再次商贾，最后为"杂人"，如师巫、游手、末作、僮仆等。③案件受理的先后规定，反映了宋代各类人的不同社会地位。受理诉状，须及时出给告示，"不受理者，亦于告示内明具因依，庶使人户凭此得经台省陈理"。④

2.审讯

凡审讯犯人，"必先以情，审察辞理，反复参验"。⑤审讯方式，主要沿用历代所常用的"五听法"，即所谓辞听、色听、气听、耳听、目听。开宝八年（975）十二月，宋太祖曾"诏有司重详定推状条样，颁于天下，凡三十三条"。⑥惜此推状之具体内容已无可考。法官通常只能审讯诉状所告范围内的事情，状外之事不得追究，事关劫盗、杀人者例外。哲宗绍圣三年（1096）诏曰："鞫狱非本章所指而蔓求他罪者论如律。"⑦为防冤滥，审讯法还规定，审讯犯人"不得以元奏事状抑令招伏"。⑧

---

① 《名公书判清明集》卷一三《假为弟命继为词欲诬赖其堂弟财物》，第515页。
② 《名公书判清明集》卷一二《因奸射射》，第449页。
③ 《黄氏日抄》卷七八《公移·词诉约束》，《黄震全集》，第2214页。
④ 《宋会要辑稿·刑法》三之四一，第8414页。
⑤ 《宋刑统校证》卷二九《断狱律·不合拷讯者取众证为定》，第397页。
⑥ 《续资治通鉴长编》卷一六，"开宝八年十二月丁卯"，第355页。
⑦ 《宋史》卷一八《哲宗纪二》，第344页。
⑧ 《宋大诏令集》卷二〇一《诫约勘鞫官不得以元奏事状抑令招伏诏》，第748页；《续资治通鉴长编》卷八三，"大中祥符七年八月壬申"，第1892页。

审讯过程中，犯人不肯招供，法官可用刑逼供，宋自县至大理寺都把刑讯作为逼迫犯人招供的必要手段。建隆三年（962）敕书规定："如是勘到宿食行止与元通词款异同，或即支证分明及赃验见在，公然拒抗，不招情款者，方得依法拷掠，仍须先申取本处长吏指挥。"①这里规定刑讯是允许的，但亦有限制，不得随便施行。刑讯法，据《庆元条法事类》卷七三《决遣·断狱令》云："诸讯囚，听于臀部及两足底分受。非当行典狱，不得至讯所。其考讯及行决之人皆不得中易。"拷讯杖数每次一般三十而止。②刑讯，按犯人罪之轻重分成若干等级。《夷坚三志》记载一条故事，谈到拷讯说："狱吏用大辟法，加杻锁绷讯。"③死刑罪的刑讯恐怕为最重的了。依法刑讯，数满，犯人不招而不得其情，则放之。④凡病、老、幼囚及怀孕女囚不得用刑。法官非法拷掠犯人致死者，则将追究责任。

审讯中，如罪证俱在，犯人不肯招供而于法又不能用刑时，可以众证定罪法定其罪。哲宗时，权江淮等路发运使吕温卿犯法，大理正张近受诏审讯，"温卿谩不肯置对，（张）近言：'温卿所坐明白，倘听其蔓词，惧为株连者累。'诏以众证定其罪"。⑤

有关刑讯工具，也有具体规定，不得随意为之，"狱具并大小杖，称量如法，用火印，仍令秤子自书姓名于其上，以金漆漆定。不能书，则吏代之，止令花押"。⑥

然而，在实际审讯中，法官多违法用刑。为此，朝廷多次下诏禁止之，并于太平兴国六年（981）规定："囚当讯掠，则集官属同问，勿委胥吏榜决。"⑦大概这项法则在具体实施中颇感不便，至雍熙三年（986）改

① 《宋刑统校证》卷二九《断狱律·不合拷讯者取众证为定》，第400页。
② 《庆元条法事类》卷七三《决遣·断狱令》，第744页。
③ 〔宋〕洪迈：《夷坚三志己》卷第六《赵氏馨奴》，《全宋笔记》第九编，第6册，郑州：大象出版社，2018年，第248页。
④ 《宋史》卷三〇二《何中立传》，第10029页。
⑤ 《宋史》卷三五三《张近传》，第11145页。
⑥ 〔宋〕李元弼：《作邑自箴》卷三《处事》。
⑦ 《续资治通鉴长编》卷二二，"太平兴国六年三月己未"，第492页。

为"诸州讯囚不须众官共视，但申长吏，得判而后讯之"。①尽管如此，滥讯之风并不能杜绝，在宋代文献里，有关滥施刑讯，威迫取供的事例，不胜枚举。滥讯是宋代冤假案产生的一大原因。

宋代审讯程序还有几项重要活动：第一，检验。宋极重视对被害者的人体检验，以此作为定罪的重要依据。宋在总结前代经验的基础上，制定了一套相当完备的检验法，对检验官吏的派遣、检验官吏的职责、检验方法、检验注意事项等作了详细的规定。②凡杀伤人案并须委官检验。不经检验，不得结案。如系杀人无证据及无法验尸的案子，地方无权审判，得呈报朝廷处理。

第二，传集证人及本贯会问。审讯对象，除被告外，还包括原告、证人及与案件有关之人。一件案子如涉及他人，按规定可传讯至审判之所一并审讯③，遇证人居地遥远等特殊情况例外。"诸州勘劾公事，干连女口当为证左者，千里外勿追摄，牒所在区断"。④"牒所在区断"，就是将公文发往证人所在地，委托当地官府代为审讯。传讯证人，极易骚扰乡里民居，不法之吏因缘为奸，故宋规定，非紧要证人不得滥追证。宣和六年（1124）又规定审讯案件，"如大情已正，小节未圆，并仰疾速结绝，应干证人并先次疏放"。⑤

如外州人在本地作案，法官还得进行一项"本贯会问"的调查工作。《宋会要辑稿·刑法》三之八四："（乾道元年）五月十四日，刑部言：'据舒州申：本州诸县犴狱淹延，动涉岁月，盖由淮南之人多自浙江迁徙，在法合于本贯会问三代有无官荫，及祖父母、父母有无年老应留侍丁，及非犯罪事发见行追捕之人。'"⑥此所云"官荫"，谓品官依据自己的官职

① 《皇宋通鉴长编纪事本末》卷一四《听断》，第195页。
② 详见〔宋〕宋慈编，贾静涛点校：《洗冤集录》，上海：上海科学技术出版社，1981年。
③ 《宋刑统校证》卷二九《断狱律·不合拷讯者取众证为定》，第400页。
④ 《续资治通鉴长编》卷八二，"大中祥符七年正月己亥"，第1862页。
⑤ 《宋会要辑稿·刑法》五之三一，第8520页。
⑥ 《宋会要辑稿·刑法》三之八四，第8439页。

为亲属赎罪的权利；"应留侍丁"，是指犯人的祖父母或父母年老无人料理，需留家照料者。这二者于法可减、赎罪行。此类事情不能凭犯人口说为据，得由官府派人到犯人原籍了解才能判定。

第三，书写供状。案子审讯完毕，即书写供状，"囚辞，皆狱官亲听，令自通状，不能书者，典为书之。书讫读示，辞已穷尽，即官典同以辞（辞）状类合成款。唯具要切事情，不得漫录出语。仍示囚，详认书字，能书者，亲书结款"。①犯人的原始供状，多零乱无章，称"碎款"，是审判的第一手材料，一般不上呈，另由法官据碎款，仔细整理抄录出一份条理清楚的供状，由犯人画押，作为定罪的正式依据。此项活动，十分重要，亦易出错，不法官吏多借此高下其手，或改重为轻，或改轻为重，从中渔利。

送呈上级审核的案状，通常据正式供状抄出，称"录本"。南宋刘克庄在审核饶州一案的书判中说："（初）提刑司亦只见录本，所以蔡提刑信为狱成，当职初亦信之。今索到州县狱款，兰亭真本，然后知狱未尝成。"②这是说案件录本与犯人供状有出入，法官先据错误的录本定罪，几成冤案，后取原始供款覆查，才搞清楚真相。录本有时只写案情概要，叫"节状"，但朝廷规定，死刑案则须呈交完整的案状。雍熙三年（986），诏"诸州所奏大辟案，多钞略疑辨之辞，或至愆误，自今并全录以闻"。③

3.录问

徒刑以上案，犯人供状写好后，还得由审讯官以外的人核实，才能检法议刑，作出判决。"每狱具则请官录问，得手状伏辨，乃议条决罚"。④这道程序叫"录问"，亦称"虑问"。推其原意，在于防止审讯官作弊，保

---

① 〔宋〕谢维新：《古今合璧事类备要·外集》卷二三《刑法门·款辨·刑法总论》，景印文渊阁《四库全书》，第941册，第571页。

② 〔宋〕刘克庄撰，王蓉贵、向以鲜校点：《后村先生大全集》卷一九二《饶州州院推勘朱超等为趱死程七五事》，成都：四川大学出版社，2008年，第7521—7525页。

③ 《皇宋通鉴长编纪事本末》卷一四《听断》，第195—196页。

④ 《续资治通鉴长编》卷七七，"大中祥符五年四月辛酉"，第1763页。

证司法审判的准确性。录问时，录问官先审查案状，事无可疑，乃"引囚于前，读示款状，令实则书实，虚则陈冤"。①在县，录问是由令佐聚厅进行的。《宋会要辑稿·职官》五之四八云："其徒罪以上囚，令、佐聚问无异，方得结解赴州。"②在州，录问由邻近州府选派官员为之。大中祥符九年（1016），"秘书丞韩庶言：'诸州鞫狱，多以勘官所部僚属录问，虑有冤溢，不能明辨。望于邻州选官。'从之"。③京师刑案的录问，宋初通常由御史台委官进行，而御史台徒罪以上案，差丞郎、谏议以上官录问。④大中祥符二年，宋设立纠察在京刑狱司，在京之狱，"凡大辟，皆录问"⑤。元丰改制，罢纠察司，录问官遂由御史台派遣。京师刑狱的录问官委派事宜较为复杂，时有特例，如南宋大理寺狱，由刑部和御史台差官共同录问。

宋对死刑案的录问十分谨慎。咸平五年（1002）宋规定大辟案，须知州、通判、幕职官集体录问，宋人谓之"聚录"。⑥如系涉及多人的重大死刑案，聚录之后，还得由其他不相干的机构派人再录问一次。《续资治通鉴长编》卷七三"大中祥符三年六月庚午"条云："诸州大辟罪及五人以上，狱具，请邻州通判、幕职官一人再录问讫，决之。"邻州官录问，来往颇费时间，因此到大中祥符六年改为令"本处不干碍官若三班使臣录问"。⑦

录问官负有法律责任，审讯不当，犯人有冤，录问官不能及时驳正者则受罚，"诸置司鞫狱不当，案有当驳之情而录问官司不能驳正，致罪有出入者，减推司罪一等"。⑧相反，能驳正者有赏。录问官录问，如犯人推

---

① 《续资治通鉴长编》卷二八九，"元丰元年四月乙巳"，第7060页。

② 《宋会要辑稿·职官》五之四八，第3144页。

③ 《续资治通鉴长编》卷八七，"大中祥符九年八月丙戌"，第2006页。

④ 《宋会要辑稿·职官》五五之二，第4497页。

⑤ 《宋史》卷一六三《职官志三》，第3858页。

⑥ 《文献通考》卷一六七《刑考六》，第5016—5017页。

⑦ 《续资治通鉴长编》卷八〇，"大中祥符六年三月戊午"，第1821页。

⑧ 《庆元条法事类》卷七三《推驳·断狱敕》，第756页。

翻供状，案子便立即移送其他机构重审。

4.检法

录问后，即为法司检法议刑程序，法司依据犯罪情节，检出适用的法律条款，供长官判决。法司检法，案情有误，有权驳正。《宋史》卷三五五《杨汲传》曰：北宋杨汲任赵州司法参军，"州民曹浔者，兄遇之不善，兄子亦加侮焉。浔持刀逐兄子，兄挟之以走，浔曰：'兄勿避，自为侄尔。'既就吏，兄子云：'叔欲给吾父，止而杀之。'吏当浔谋杀兄。汲曰：'浔呼兄使勿避，何谓谋？若以意为狱，民无所措手足矣。'州用其言，谳上，浔得不死。"①这是司法参军检法时驳正案情的一件实例。又真宗时，西门允为莱州司法参军，"莱州守苛深，尝有强盗，欲置之死，使高赃估。公阅案，请估依犯时，持议甚坚。……二囚遂不死"。②知州要司法参军检法时，高价计赃，但司法参军认为当以罪犯作案时的价格来计赃，据理驳正，从而救了两条人命。司法参军的权力和责任仅限于审案检法。至于检法后案子的判决，则不得参与意见。南宋绍兴十七年（1147），大理少卿许大英"乞令诸州法司吏人，只许检出事状，不得辄言予夺"。高宗诏"申严行下"。③为防司法参军玩忽职守，或与鞫司官沆瀣一气，营私舞弊，检法后，通常录事参军还得核实一遍，与司法参军"连书"。④狱案有误，当驳正而不驳正，录事、司法参军均将受罚。例如仁宗景祐三年（1036），知蕲州王蒙正等坐故入林宗言死罪，"录事参军尹化南、司法参军胡揆不驳公案，各罚铜五斤"。⑤

5.拟判

法司检出适用的法律条款后，再由其他官员依据条款写出案子的初步

---

① 《宋史》卷三五五《杨汲传》，第11187页。

② 〔宋〕刘挚撰，裴汝诚、陈晓平点校：《忠肃集》卷一三《西门允墓志铭》，北京：中华书局，2002年，第262页。

③ 《建炎以来系年要录》卷一五六，"绍兴十七年十二月己亥"，第2975页。《庆元条法事类》卷七三《检断》（第742页）亦有同样规定。

④ 《庆元条法事类》卷八《亲嫌·断狱令》，第151页。

⑤ 《宋会要辑稿·刑法》四之七三，第8485页。

审判意见，这一程序称"拟判"，亦称"书拟"。拟判通常由推官或签书判官厅公事执笔。《攻媿集》卷九八《陈希点神道碑》曰：孝宗时陈希点为平江府观察推官，"枢密丘公崈为守，屡以职事争辩，丘公或凭怒折之，公退立屏息，俟其少霁，执论如初，至于再三，竟不能夺。自尔，公所书拟，望而许之"。①陈希点"所书拟"即是拟判。又《名公书判清明集》卷十一《假宗室冒官爵》载签厅对一案件的拟判曰："……欲将林伸决脊杖十五，编管五百里；叶佑决脊杖十五，加配一千里，林庆勘杖一百，牒州照断。"②"金厅"，即"签厅"，"金"同"签"，有时指州一级的签书判官厅公事，有时却是指宋代路一级政府的属官。例如黄震《申诸司乞禁社会状》就记载有"提举司金厅书拟""提刑司金厅书拟""安抚司金厅书拟"。③可见，监司所属诸签厅及检法官亦可执笔拟判。

县徒以上案亦有拟判程序，然后送州覆审定判。例如南宋时鄱阳县申勘余干县的一件案子，县书拟官拟判不当，结果"书拟官夺俸一月"，受到了处罚。④至于天下所上疑案，由大理寺详断，刑部详覆拟判，然后送"门下省省审"。⑤

6.议刑——集体审核

案子拟判后，在作出正式判决前，还得经同级官员议刑，即集体审核，签署书押。北宋蔡襄说："……狱具，文谍于从事，谋于监郡，上于太守，而又质于掌法者。若文不比，囚不直，则移而谳之。众皆可焉，班而署之，然后乃得已矣。"⑥"文谍于从事"，即集体审核案件拟判意见。《宋会要辑稿·职官》五之五七："（庆元）四年九月十二日臣僚言：

① 《攻媿集》卷九八《陈希点神道碑》，景印文渊阁《四库全书》，第1153册，第512页。

② 《名公书判清明集》卷十一《假宗室冒官爵》，第402页。

③ 《黄氏日抄》卷七四《申明五·申诸司乞禁社会状》，《黄震全集》，第2149—2153页。

④ 《后村先生大全集》卷一九三《鄱阳县申勘余干县许珏为殴叔及妄诉弟妇堕胎惊死弟许十八事》。

⑤ 《续资治通鉴长编》卷三五九，"元丰八年八月癸酉"，第8583—8584页。

⑥ 〔宋〕蔡襄：《蔡襄集》卷二九《送张总之温州司理序》，上海：上海古籍出版社，1996年，第513页。

'……至于检断签书及录问官，止据一时成款，初不知情，免于同罪。'①签书官，即为参加审核活动，签押意见的官员。官员审核后须依次签押。《朱文公文集》卷一〇〇《公移·州县官牒》云："又仰诸案呈复，已得判押，并须以次经由通判、职官签押，方得行遣文字；并须先经职官，次诣通判，方得呈知州，取押用印行下。"②狱案的集体审核，是一项极慎重的措施。首先，签署画押之人，可认真审核，一道道把关。认为案有疑问，或对拟判有不同看法，即可提出意见，充分发挥集体审核作用。宋徽宗时，陈侁任和州司户参军，"和州有狱不应死，守欲杀，久论不从。一日同寮大集，抱牍与辨于座，守怒，以辞气相加，座上直者愤，弱者慑，错立引却，公色平言庄，徐理前语，卒得要领。"③陈侁显然是在集体审核中提出异议，纠正了错案。如系人命案，众有异议，不能定判，就作为疑案申报朝廷裁决。孝宗时，史浚权通判婺州，在审核一死刑案时有异议，州不能决，于是"交谳以上棘寺，卒从君议"。④其次，作为以后上级覆审时的奖惩依据，俾官吏得尽心职事。宋规定，凡参与审判活动的官员都负有连带的法律责任。熙宁三年（1070），明州错判的裴士尧贪污案件，上级覆审核正，"于是，尝签书士尧狱事者，虽去官皆罚铜二十斤"。⑤

7.判决

案件经集体审核后，呈知州作正式判决。知州审阅，认为无误，便书写判语定判。定判后，知州必须对犯人宣读判词。⑥如张咏，"初知益州，斩一猾吏前后郡守所倚任者，吏称无罪，公封判，令至市曹读示之，既闻断辞，告市人曰："尔辈得好知府矣。"⑦南宋刘克庄在一份案件的书判中

---

① 《宋会要辑稿·职官》五之五七，第3148页。
② 〔宋〕朱熹：《晦庵先生朱文公文集》卷一〇〇《公移·州县官牒》，《朱子全书》，第4614页。
③ 〔宋〕陈长方：《唯室集》卷三《先豫章公墓铭》，景印文渊阁《四库全书》，第1139册，第647页。
④ 《攻媿集》卷一〇五《史浚墓志铭》，第1153册，第607页。
⑤ 《续资治通鉴长编》卷二一四，"熙宁三年八月辛酉"，第5199页。
⑥ 《后村先生大全集》卷一九三《乐平县汪茂元等互诉立继》。
⑦ 〔宋〕张咏：《乖崖集》卷十二《语录》，景印文渊阁《四库全书》，第1085册，第650页。

云："汪伯仁押下司理院勘问，……及读判，汪伯仁不到奉判，此必是本司见役公人有与之相为表里者……两词人并仰押在厅前听候书判。"①读判后，犯人无申诉不服，整个案件的审判方算终结，宋代谓之"结绝"。接下来即可执行刑罚。《宋会要辑稿·刑法》三之三一云："近来健讼之人，多不候官司结绝，辄敢隔越陈诉，理合征革。"②这是说犯人不待案件定判，便越级申诉，故属违法之举。

宋代还有一项"封案法"值得注意。《韩魏王遗事》载："公判大名府日，有案吏请假娶妻，继有讼其不法及参假，送狱勘正，将引断，乃令封起公案。及半年后，一日，令取前案送签厅行遣。二倅乃白公曰：'此人自封案后，颇谨愿，不为非法，乞恕罪，如何？'公乃问二倅曰：'二公知某封案之意乎？'曰：'不知。'公乃云：'此人缘请假娶妻，继而至讼，当时若便断遣，必伤三家人情……所以封起案卷。今已半年矣，无可疑者，请一面行之。'"③"引断"，即执行。于此得知，知府在定判后，可根据因犯犯罪情节和实际情况宣判缓刑，延期执行。此外，据二倅（即通判）之言，似乎缓刑期满，依犯人表现，可重行判决，以便于缓刑期内给犯人以赎罪的机会。封案法一般仅施用于较轻的案件。

（六）审判期限

宋代十分重视司法办事效率，制定了许多有关措施，审判期限的规定即是其中的一个部分。

1.地方机构审判期限

太平兴国六年（981），针对"胥吏旁缘为奸，逮捕证左，滋蔓逾年而狱未具"现象，太宗下诏规定了州级审判期限："大事四十日，中事二十日，小事十日，不须追捕而易决者无过三日。"谓之"三限之制"。④宋代

---

① 《后村先生大全集》卷一九三《乐平县汪茂元等互诉立继事》，第4876页。

② 《宋会要辑稿·刑法》三之三一，第8409页。

③ 〔宋〕韩琦撰，李之亮，徐正英笺注：《安阳集编年笺注》附录五《忠献韩魏王遗事》，成都：巴蜀书社，2000年，第1887页。

④ 《续资治通鉴长编》卷二二，"太平兴国六年三月己未"，第491页。

案件的大小是以案状纸张多寡来计算的，通常二百张以上为大事，十张以上为中事，不满十张为小事。①监司或州指派下级审理者，小事十五日，大事三十日，"有故不能如限，具事因申所委官司量展，并不得过元限之半"。②绍兴八年（1138）宋规定州县审判案件，遇特殊情况，期限可延长至一年，一年仍不能决者，申报提刑司处理。③

2.中央机构审判期限

至道二年（996）规定大理寺决天下奏案，大事二十五日，中事二十日，小事十日；审刑院详覆，大事十五日，中事十日，小事五日。④此后，明道二年（1033）、元祐元年（1086）先后又作过一些更改。元祐二年定大理寺审判期限为大事二十四日，中事十七日，小事七日；刑部详议，大事十一日，中事八日，小事三日。⑤

宋还制定了专门措施来监督地方官员按期审判。太平兴国九年（984）太宗诏令"自今天下系囚。依旧例十日一具所犯事因、收禁月日申奏"，由刑部检查纠举。⑥县申州，州申监司及刑部。咸平三年（1000）真宗诏改由审刑院纠举。⑦法官如"决狱违限，准律官文书稽程论其罪"。⑧真宗时，眉州大姓孙延世伪造证券，侵占族人田产，九陇知县章频按治，逾期不能结案，结果被责降监庆州酒。⑨

为提高办事效率，宋规定非死刑案，证据分明者，可即时判决，不必拘禁待审。雍熙元年（984）太宗始令"诸州笞、杖罪不须证逮者，长吏即决之，勿复付所司"，简化了审判手续。⑩但有些知州任情枉断。至道元

---

① 《续资治通鉴长编》卷四〇五，"元祐二年九月庚戌"，第9861页。

② 《庆元条法事类》卷八《定存体量·职制令》，第143页。

③ 《宋会要辑稿·刑法》三之七八至七九，第8435页。

④ 《皇宋通鉴长编纪事本末》卷一四《听断》，第192页。

⑤ 《续资治通鉴长编》卷四〇五，"元祐二年九月庚戌"，第9861页。

⑥ 《宋会要辑稿·刑法》六之五一，第8558页。

⑦ 《宋会要辑稿·职官》一五之三九，第3430页。

⑧ 《皇宋通鉴长编纪事本末》卷一四《听断》，第192页。

⑨ 《宋史》卷三〇一《章频传》，第9992页。

⑩ 《续资治通鉴长编》卷二五，"雍熙元年八月戊寅"，第582页。

年（995）朝廷又下了条补充规定："应勘鞫罪人，如情理别无枝蔓，杖罪以下，长史（吏）与通判量罪区分，徒以上结正行遣。"①知州即时决断，须与通判商议，从而有所约束。此外，徒、流罪也可即时决断。真宗时，知杭州薛映奏："请诏天下，凡徒流罪人，于长吏前对辨无异，听遣决之。"朝廷从其言而行之。②

宋还规定知州须十日一录囚，定期审查梳理审理中的刑案。③

虽然宋朝廷制定了不少法规，防止案件拖延不决，但事实上，各地审判违期现象时常发生，有的甚至经涉八九年才结绝。④究其原因，首先，宋代审判法规定，案有申诉不服，则须移司重审，有的案件移审达六七次之多，从而拖延了审判时间。其次，审判手续十分烦琐，如手续不全，案情不详，则批驳等待，亦颇费时间。熙宁三年（1070），张方平知陈州，属下有一兵士冒请粮米，仅开庭审讯前的准备事宜就花了四个月时间。⑤再次，有些官吏玩忽职守，因缘为奸，也妨碍了审判活动的正常进行。

二、上诉、覆审和死刑覆核制度

上诉、覆审制度是用来减少错假案发生，准确量刑的必不可少措施之一。宋代也有这么一套详尽周密的制度。

（一）上诉

宋代犯人如不服判决，除了在录问或行刑时称冤，提出申诉外，还可向上级司法机构提出上诉。

宋初，州县审判的案犯有冤，可不经监司而直赴京师，击登闻鼓或邀车驾向皇帝申诉。后来，事无大小，动辄进京直诉的人增多，皇帝应接不

① 《宋会要辑稿·刑法》三之五二，第8420页。
② 《续资治通鉴长编》卷六四，"景德三年十月癸巳"，第1431页。
③ 《宋大诏令集》卷二〇〇《先令诸州狱五日一录问今后宜十日一录问诏》，第741页。
④ 《宋会要辑稿·刑法》三之八七，第8442页。
⑤ 〔宋〕张方平：《乐全集》卷二五《陈州奏监司官多起刑狱》，景印文渊阁《四库全书》，第1104册，第257页。

暇，太宗遂于至道元年（995）下诏："应诸路禁民不得越诉。"①规定上诉须逐级进行。其后又规定："诸州吏民诣鼓司、登闻院诉事者，须经本属州县、转运司，不为理者乃得受。"②至咸平六年（1003）又具体修改为："其越诉状，官司不得与理。若论县许经州，论州经转运使，或论长吏及转运使、在京臣僚，并言机密事，并许诣鼓司、登闻院进状。若夹带合经州、县、转运论诉事件，不得收接。"③犯人上诉须按此规定的程序逐级进行。

宋初，中央设有鼓司、登闻院受理地方上诉案，案状上呈皇帝，由皇帝亲自审理。景德四年（1007）改鼓司为登闻鼓院，登闻院为登闻检院，上诉案，如鼓院、检院不受，犯人可向御史台乃至皇帝申诉。此外，还设有理检使，"其称冤滥枉屈而检院、鼓院不为进者，并许诣理检使审问以闻"。④京师狱案有冤，先向纠察在京刑狱司申诉，如不受或受理不当，方可依次向鼓院、检院和理检使申诉。

上诉有一定期限，北宋天圣九年（1031）规定："鞫劾盗贼，如实枉抑者，许于虑问时披诉。若不受理，听断讫半年次第申诉。限内不能翻诉者，勿更受理。"⑤上诉期限为半年，但也有为一年者。皇祐二年（1050）规定刺配罪人有冤，限一年内"经逐处理诉"。⑥南宋规定上诉期限是一年⑦，这是对于百姓而言的。宋代朝廷官员的上诉期限比平民百姓长，为三年。庆历七年（1047）仁宗诏："今后命官犯罪，经断后如有理雪者，在三年外更不施行。"⑧如遇大赦等特殊情况，还可延长至五年。⑨

---

① 《宋会要辑稿·刑法》三之一一，第8398页。
② 《宋会要辑稿·职官》三之六三，第3080页。
③ 《宋会要辑稿·刑法》三之一二，第8398页。
④ 《续资治通鉴长编》卷一〇七，"天圣七年闰二月癸丑"，第2501页。
⑤ 《宋会要辑稿·刑法》三之一七，第8401页。
⑥ 《宋会要辑稿·刑法》四之二二至二三，第8458页。
⑦ 《宋会要辑稿·刑法》三之七五，第8433页。
⑧ 《宋会要辑稿·刑法》三之一九，第8402页。
⑨ 《宋会要辑稿·刑法》三之二五，第8405页。按：徐道邻先生在他的《翻异别勘考》（收入《中国法制史论集》）一文中，将平民的上诉期限同命官的上诉期限混淆了，其实两者是有区别的。

（二）覆审

覆审可分为对申诉不服的狱案覆审和对申报上级的狱案覆审。

1. 对申诉不服的狱案覆审

犯人在录问或行刑时推翻供状，申诉称冤，宋人谓之"翻异"，原审判机构必须将案件移到同级的另一司法机构重新审理。《文献通考》卷一六六《刑考》云："（淳化三年）令诸州决死刑有号呼不伏及亲属称冤者，即以白长吏，移司推鞫。"①开封府判决的案子，犯人不服，移司重审，"左军（巡院）则移右军（巡院），右军巡院，则移左军（巡院），府司亦然"。②

宋代对申诉不服案的覆审，先采取同级异司覆审法，称"别推"。如犯人仍申诉不止，再交上级机构审，称"移推"。③"在法，诸录囚有翻异者，听别推然后移推"。④《续资治通鉴长编》卷一二〇"景祐四年正月丙戌"条载："诏天下狱有大辟，长吏以下并聚厅虑问，有翻异或其家诉冤者，听本处移司；又不服，即申转运司，或提点刑狱司，差官别讯之。"⑤大理寺狱"有翻异即左移右推，右移左推"，仍不服，即申朝廷，委官审理，或送御史台。⑥

为防冤案发生，切实发挥覆审作用，宋先后作出三条重要补充规定：

第一，捕盗官及参与初审的法官不得再参与覆审活动。《续资治通鉴长编》卷七二"大中祥符二年七月辛巳"条载："光化军民曹兴为盗，将刑称冤，军遣县尉覆按。刑部言尉本捕盗，复令鞫案，虑其避收逮平民之罪，或致枉滥。乃诏：'自今大辟案具，临刑称冤者，并委不干碍官覆推之。如阙官，即白转运、提点刑狱使者，就邻州遣官按之。'"⑦

---

① 《文献通考》卷一六六《刑考五》，第4979页。
② 《续资治通鉴长编》卷一九〇，"嘉祐四年七月庚申"，第4581页。
③ 参见徐道邻：《翻异别勘考》，载《中国法制史论集》，第155—177页。
④ 《宋会要辑稿·刑法》三之八四，第8439页。参见徐道邻：《翻异别勘考》。
⑤ 《续资治通鉴长编》卷一二〇，"景祐四年正月丙戌"，第2819页。
⑥ 《宋会要辑稿·职官》二四之一二，第3662页。
⑦ 《续资治通鉴长编》卷七二，"大中祥符二年七月辛巳"，第1626页。

第二，犯人不服，本州覆勘，照例由知州委官进行，假使知州有私，仍免不了有冤滥的可能。大中祥符九年（1016）规定，死刑覆审权一律交由转运司、提点刑狱司掌管，"就州选官覆勘"。①

第三，移司重审，仍不服者，再审，每次重审，都有录问官录问。宋法，录问官不能驳正冤假案者将受罚。一些录问官生怕承担责任，录问时，犯人一有不服，不问底细，便草率了事，移司重审，而"后勘官见累勘不承，虑其翻诉不已，狱情一变，或坐失人之罪。故为脱免"。为此朝廷规定，覆审录问官遇有申诉不服，"当厅令罪人供具实情，却以前案并翻词送后勘官参互推鞫，不得更于翻词之外别生情节，增减罪名。其累勘不承者，依条选官审勘"。②

移司重审，并非无限制，北宋原则上规定为三次，三次覆审结果相同，司法机构便不再予以审理。南宋杨万里说："国朝之法，狱成而罪人以冤告者，则改命他郡之有司而鞫焉。鞫止于三而同焉，而罪人犹以冤告也，亦不听。"③但长官认为虽经三审，案件仍有不实之嫌，也可继续差官覆审。《墨庄漫录》卷八所载夏沉香一案，即是经过四审才结案的。又《范太史集》卷四二《郭子皋墓志铭》记载神宗时，泸州一军卒"因博戏杀人，狱五徙辄变"，至第六次覆审才告完结。逮至南宋，覆审次数较北宋有所增加。乾道七年（1171）孝宗诏云："诸路见勘公事内，有五次以上翻异人，仰提刑司躬亲前去审，具案闻奏。如仍前翻异，即根勘着实情节，取旨施行。内有合移送大理寺者，即差人管押赴阙。"④移司别推五次，再加提刑司和皇帝的覆审，实际一案经七审才能终结。

犯人向上级司法机构提出申诉的狱案覆审，朝廷规定，凡县判决之案，犯人不服，向州申诉，州覆审，如确属判决不当，县法官受罚。向监

① 《宋会要辑稿·刑法》三之五八，第8424页。
② 《宋会要辑稿·刑法》三之八五，第8440页。
③ 〔宋〕杨万里著，辛更儒笺校：《杨万里集笺校》卷八九《千虑册·刑法上》，北京：中华书局，2007年，第3515页。
④ 《宋会要辑稿·刑法》三之八六，第8441页。

司告州判决不当者，由监司差官员或长官亲往覆审，属大案者，申报朝廷，由邻路监司差官审理，如系原审错误的，原审法官受罚，流罪以下犯人先行决放，死刑案报朝廷裁决。①向转运使陈告州县判决不当者，转运使须及时审理，"如合候务开，及别有违碍格敕、不合施行者，亦当面告示，取索知委结罪状"。②"务开"系宋代务限法规定的每年十月至次年三月的农闲时节，受理民事案件，其中也包括一般的刑事案件。③

上诉案，上级收接后不得送被告官司覆审。南宋《绍兴令》规定："诸州诉县理断事不当者，州委官定夺；若诣监司诉本州者，送邻州委官。"④如系告本路监司者，"即下别路施行"。⑤这些规定有利于覆审活动的正常进行。有违反者，允许当事人越诉。绍兴十二年（1142）高宗诏："帅臣、诸司、州郡自今受理词诉，辄委送所讼官司，许人户越诉。"⑥

上诉案获准受理，上诉人须及时至受理机构候审。南宋黄震云："某每见朝省台部以及所在诸司，凡送下州县词诉，必待词主出官而后施行，门示三日，词主不到，则缴回元牒，此定格也。"⑦换言之，上诉状批转覆审，自受理机构收到案状起，给予上诉人三天期限，如上诉人不出厅，便不再受理。

2.对申报上级的狱案覆审

宋制，县徒以上案，拟判后送州覆审定判。州覆审县所上案，如需重新审理者，原案不再返送本县而改由其他机构重审。《庆元条法事类》卷八《定夺体量·断狱令》："诸县公事理断不当，州取案审详应别推者，不

① 《宋会要辑稿·刑法》三之一二，第8398页。
② 《宋会要辑稿·刑法》三之一三，第8399页。
③ 《宋刑统校证》卷一三《名例律·婚田入务》"臣等参详"载："所有论竞田宅、婚姻、债负之类，取十月一日以后，许官司受理，至正月三十日住接词状，三月三十日以前断遣须毕。如未毕，具停滞刑狱事由闻奏。"第176页。其中涉及"刑狱事由"，当包括刑事案件。
④ 《宋会要辑稿·刑法》三之二六，第8406页。
⑤ 《宋会要辑稿·刑法》三之一六，第8401页。
⑥ 《宋会要辑稿·刑法》三之二六，第8406页。
⑦ 《黄氏日抄》卷七五《申明·申诸监司乞给照由付词人赴所属官司投到理对公事》，《黄震全集》，第2172页。

得却送本县。"①这可以防止原审法官变换情节，弄虚作假。如属情节不详，手续不全，则令原审机构补呈。宋法规定"若本州见得所勘情节未圆，事碍大情，委合取会事件，仰行下所属取会，断结施行"。②

纠察在京刑狱司覆审京师诸司案件，"如所犯稍重及情理涉疑，禁系稍多，淹延未断，即仰暂勾罪人及碎状，就本司审问"。③属死刑等要案，则派纠察官前往审问。如有不服者，即移司重审。纠察在京刑狱司覆审不当，下级机构可上诉。神宗时，王安石纠察在京刑狱，一次审核开封府狱，劾开封府失判，开封府不服，上诉朝廷，"事下审刑、大理，皆以府断为是"。④

（三）死刑覆核

死刑为刑罚中最重之处罚，其判决适当与否，对社会影响甚大。宋统治者对死刑的审判十分慎重，其制定的死刑覆核制不同于以往朝代而别具特色。

许多学者认为宋代的地方死刑案必须呈报中央刑部核准，才能执行。⑤这种说法并不符合史实。

为缩短审判时间，提高司法办事效率，但又不致草率行事，宋代将死刑的覆核分成两种：凡属有证有据，不难判决的死刑案，其判决执行权交地方掌管，执行前，无须报中央刑部核准，地方只是在死刑执行后将案情申报刑部，刑部进行事后覆审；如属证据不足或有疑难的死刑案则申报中央裁决。这就改变了以往朝代死刑案不问有无疑难，一律报中央核准才能执行的做法。这种覆核制在历史上还是第一次出现，是宋代的一个创举。

---

① 《庆元条法事类》卷八《定夺体量·断狱令》，第144页。
② 《宋会要辑稿·刑法》三之八二，第8437页。
③ 《宋会要辑稿·职官》一五之四五，第3433页。
④ 《宋史》卷三二七《王安石传》，第10542页。
⑤ 〔清〕赵翼撰，王树民校证：《廿二史札记》卷二五《定罪归刑部》，北京：中华书局，2013年，第570页；徐道邻：《宋朝刑事审判中的覆核制》，收入《中国法制史论集》，第240页；关履权：《宋代专制主义中央集权》，收入《两宋史论》，郑州：中州书画社，1983年，第64页。

在宋代文献中，有许多大辟案申报中央审判的记载，使今人很容易误解为凡是死刑案都得报中央审批才能执行，其实，这些申报的死刑案都是地方不能解决的疑案。这项制度比较复杂，就连一些宋代的人也搞不清。例如王栐的《燕翼诒谋录》一书就把死刑疑案奏裁制同一般死刑案执行后报刑部覆审之制混淆起来了。①

1.无疑难的死刑案覆核

《宋史·太祖纪三》云："（太祖）谓宰相曰：'五代诸侯跋扈，有枉法杀人者，朝廷置而不问。人命至重，姑息藩镇，当若是耶？自今诸州决大辟，录案闻奏，付刑部覆视之。'遂著为令。"②据此，似乎可以理解为死刑案报刑部核准才能执行。然考《续资治通鉴长编》卷三建隆三年（962）三月丁卯条作："……乃令诸州自今决大辟讫，录案闻奏，委刑部详覆之。"③这里，"决大辟"后有一"讫"字，《宋史》无。有无"讫"字，意思不同。"决"，谓执行，"决大辟讫，录案闻奏"，是说死刑执行后，把案件审理情况上报朝廷。死刑执行前的覆核同执行后的覆审，有着质的区别，前者剥夺了地方死刑终审权，而后者则承认这种权力。关于这条诏令，《宋朝事实》卷十六、元泰定元年（1324）西湖书院刻本《文献通考》卷一七〇《刑考》记载与《续资治通鉴长编》同，《皇朝编年纲目备要》《宋史·刑法志》所载过略，语焉不详。

刑部覆审究竟是在死刑执行前还是执行后？这个问题不能不辨。《宋会要·职官》一五之一云："刑部主覆天下大辟已决公案、旬奏狱状。"④《宋史·职官志》："（刑部）审覆京都辟囚，在外已论决者，摘案检

---

① 〔宋〕王栐撰，诚刚点校：《燕翼诒谋录》卷三："至建隆三年三月己巳降诏，郡国断大辟，录案朱书格律断词、收禁月日、官典姓名以闻，取旨行之。自后生杀之权出于上矣。"北京：中华书局，1979年，第48页。

② 按：此即《宋史》卷一《太祖纪》建隆三年三月己巳条"大雨。诏申律文谕郡国，犯大辟者，刑部审覆"一文之注解。第11页。

③ 按："丁卯"，《宋史》卷一《太祖纪》作"己巳"，相隔仅两天，两书所云实即同一诏。第11页。

④ 《宋会要辑稿·职官》一五之一，第3407页。

察。"①至道二年（996）祠部员外郎、主判都省郎官事王炳上言："刑部详覆诸州已决大辟案牍及旬禁奏状。"②这三条材料皆云刑部覆审是在死刑执行后。

北宋范镇曰："祖宗之规模在于州县，州委之生杀，县委之赋役，虑其或失于中也，为之转运使、提点刑狱，以按察而纠举之。"③在宋代文献中还有很多关于地方判决执行死刑的记载：

太平兴国六年（981），"相州民有张姓者，杀一家六人，诣县自陈，县以上州。知州张泊诘之。……泊曰：'吾将言闻上，免汝之死。'曰：'杀人一家而苟活，且先王以杀止杀，若杀人不诛，是杀人终无已。岂愿以一身乱天下法哉？速死为幸。'泊嗟叹数四，卒案诛之。"④这是知州不经朝廷覆核执行死刑案的实例。

《宋会要·刑法》四之六九载："雍熙三年（986）五月，刑部言：'果州、达州、密州、徐州官吏枉断死罪，虽已举驳，而人命至重，死者不可复生，非少峻条贯，何以表其明慎？'"⑤这说得很明白，刑部的覆审是在犯人处决后，枉法官吏虽受到了处分。但死者已不可复生。

《包孝肃公奏议》卷四《请令提刑亲案罪人》："……又邻近春州，禁勘罪人，追捕甚众，缧系二百余日，凡该大辟罪者四、五人，徒罪不少，亦不闻提刑司推究淹延之状。泊转运司取公案，委官定夺，果有失人死罪等，虽官吏悉行重典，而死者不可复生。"⑥包拯的这份奏状乃仁宗时所上，从中可知当时州拥有死刑终审权。

---

① 《宋史》卷一六三《职官三》，第3857页。
② 《续资治通鉴长编》卷三九，"至道二年二月壬申"，第829页。按："勾禁奏状"原误为"旬禁奏状"，据龚延明《宋史职官志补正（增订本）》改。见龚延明：《宋史职官志补正（增订本）》，北京：中华书局，2009年，第527—528页。
③ 〔宋〕范镇：《上神宗论新法》，〔宋〕赵汝愚：《宋朝诸臣奏议》卷一十一，上海：上海古籍出版社，1999年，第1208页。
④ 《续资治通鉴长编》卷二二，"太平兴国六年十二月"，第509页。
⑤ 《宋会要辑稿·刑法》四之六九，第8482页。
⑥ 《包拯集编年校补》卷一《请令提刑亲案罪人》，第9页。

神宗元丰六年（1083），有人"引唐覆奏，欲令天下庶狱悉从奏决"。大理少卿韩晋卿驳曰："法在天下，而可疑可矜者上请，此祖宗制也。今四海万里，一欲械系待朝命，恐罪人之死于狱，多于伏辜者。"①"法在天下"，就是说，除疑案必须奏裁外，其他案件，包括死刑案，地方都可依照法律审判程序判决执行。

哲宗元祐元年（1086），范纯仁奏曰："自前年十一月二十三日至去年十一月二十三日，一年之内，四方奏到大辟案共计一百四十六人，内只有二十五人处死，其余并蒙贷配，所活将及九分。"②范纯仁所说"前年十一月二十三日至去年十一月二十三日"，即元丰七年（1084）十一月至元丰八年十一月。考《长编》卷三六三元丰八年十二月条云："是岁，……断大辟二千六十六人"，与范所云"只有二十五人处死"，数字相差极其悬殊，原因何在？原来，范纯仁所说大辟奏到数乃死刑疑案上奏数，经朝廷裁决，只二十五人判死刑；而正常的死刑案，地方并不报朝廷覆核。如果说无疑难的死刑案也要报朝廷覆核，那么，元丰八年这一年四方奏到死刑案断不止像范纯仁所说的才一百余人，真正处死刑的也不可能仅二十多人。

徽宗宣和六年（1124）："诏今后大辟已经提刑司详覆，临赴刑时翻异，令本路不干碍监司别推。"③这条诏令说的也是死刑不必报刑部覆核，但是提到必须经提刑司覆核后方可执行，这是一个十分重要的变化。那么死刑案何时规定要报提刑司覆核呢？前引仁宗时包拯《请令提刑亲案罪人》奏议中没有谈到这项规定。考《文献通考》卷一六七《刑考》曰："国朝旧制，刑部、审刑院、大理寺主断内外所上刑狱与凡法律之事，……官制既行，审刑院、纠察司皆省，而归其职于刑部，四方之狱，非奏谳者，则提点刑狱主焉。"④"非奏谳者，则提点刑狱主焉"是说，除

---

① 《续资治通鉴长编》卷三二五，"元丰六年六月丁巳"，第8082页。
② 《续资治通鉴长编》卷三七〇，"元祐元年闰二月壬子"，第8941页。
③ 《宋会要辑稿·刑法》三之七二，第8432页。
④ 《文献通考》卷一六七《刑考六》，第5001—5002页。

了疑案奏裁外，提刑司可以主宰地方一切刑案。于此可知，是从元丰改制起，规定州死刑案由提刑司审核后执行。

提刑司审核州死刑案，表明中央对地方的监督、控制严密了。提刑司代表中央政府审核地方死刑案，一旦发现错误，即可驳正，较之上报朝廷审核及时得多，不至于批报往还，久拖不决。朝廷还规定提刑司每季度向刑部申报一次死刑审核情况。《续资治通鉴长编》卷三四九"元丰七年十月丁卯"条载："御史蹇序辰乞令诸路提点刑狱司，每季具以论决详覆大辟事状以闻，付刑部注籍点检，案治失误。诏提点刑狱司季申刑部。"[1]这是朝廷对各路监司进行监督的措施，自此，遂成定制。

《建炎以来系年要录》卷一七二"绍兴二十六年（1156）四月戊戌"条云：时天下以疑案奏请者，多得贷死，"右正言凌哲言：'欲特望降睿旨，应今后诸州军大辟，若情犯委实疑虑，方得具奏。其情法相当，实无可悯者，自合依法申本路宪司详覆施行，不得一例奏裁……'从之"。[2]又朱熹言："今天下之狱，死刑当决者皆自县而达之州，自州而达之使者。其有疑者，又自州而上之朝廷，自朝廷而下之棘寺，棘寺谳议而后致辟焉。"[3]凌哲和朱熹说得都很清楚，地方死刑，除疑案外，提刑司核准即可执行。

综上所述，关于宋代地方一般死刑案的覆核问题，结论应当是：元丰改制前，州即可判决执行死刑；改制后，死刑报提刑司核准才能执行。刑部的覆审，在死刑案执行后进行，对案件本身不再起直接的判决效能，仅仅对执法官吏发生监督作用，是朝廷用来监督地方官员依法审判，以防止滥杀的一种补救措施。

现在反过来再看建隆三年（962）三月丁卯诏令，显然，元人修纂的《宋史·太祖纪三》所云"自今诸州决大辟"后脱一"讫"字，从而使诏

---

① 《续资治通鉴长编》卷三四九，"元丰七年十月丁卯"，第8365页。
② 《建炎以来系年要录》卷一七二，"绍兴二十六年四月戊戌"，第3293页。
③ 〔宋〕朱熹：《晦庵先生朱文公文集》卷十四《奏札·延和奏札二》，《朱子全书》，第20册，第658页。

令的意思变了样。

2.死刑疑案的奏谳

"狱疑者谳"，狱有疑难不能判决者，报朝廷议决。西汉时规定，地方疑案"所不能决者，皆移廷尉，……廷尉所不能决，谨具为奏"。①此后，历朝多沿用其制。宋代疑狱奏谳，通常专指死刑疑案的奏谳，大致分为五种情况。南宋楼钥云："臣窃见在法，大辟情法相当之人，合申提刑司详覆，依法断遣；其有刑名疑虑、情理可悯、尸不经验、杀人无证见四者，皆许奏裁。"②此外，审判官或审议官意见不统一，案子也作为疑案奏谳。

宋初，州之疑案直报朝廷裁决而不经监司，但地方官把一些不该奏谳的案件也呈报给朝廷，故至道二年（996）规定，死刑案有疑问，必须先报转运司，经转运司审查，"须奏者乃奏"。③疑案亦可先报提刑司审查。大中祥符五年（1012）以前，州之死刑疑案规定十日一报监司，这样做，容易导致刑狱的淹延，大中祥符五年真宗遂诏"诸路大辟罪，或有情款疑互，承前旨俟旬终报转运、提点刑狱司，以致审察淹缓，自今即日报之"。④大概朝廷觉得这还不够，天圣四年（1026）又"诏自今大辟案情理可悯。而刑名疑虑者，更不申提点刑狱官，并具案闻奏"。⑤这项规定实行了一百余年，至南宋绍兴三年（1133），高宗诏"诸州大辟应奏者，从提刑司具因依缴奏"。⑥恢复至道二年之制，疑案由本州长官与提刑司合奏。绍兴十八年，朝廷又下令，提刑司在审查诸州上报案件时，如有疑案应奏者，可径行申报中央，不再转下本州，以免耽搁时间。⑦

奏谳的死刑案由大理寺详断，刑部详覆。乾德二年（964）诏："自今

---

① 《汉书》卷二三《刑法志》，北京：中华书局，1988年，第1106页。
② 《攻媿集》卷二七《缴刑部札子》，景印文渊阁《四库全书》，第1152册，第551页。
③ 《续资治通鉴长编纪事本末》卷一四《听断》，第192页。
④ 《续资治通鉴长编》卷七九，"大中祥符五年十二月庚寅"，第1810页。
⑤ 《攻媿集》卷二七《缴刑部札子》，第1152册，第553页。
⑥ 《建炎以来系年要录》卷七〇，"绍兴三年十一月庚辰"，第1370页。
⑦ 《建炎以来系年要录》卷一五八，"绍兴十八年九月壬辰"，第3000页。

诸道奏案，并下大理寺检断，刑部详覆，如旧制焉。"①淳化二年（991）八月，朝廷"虑大理、刑部吏舞文巧诋"，又设审刑院，"凡狱具上奏者，先申审刑院印讫，以付大理寺、刑部，断覆以闻，乃下审刑院详议，中覆裁决讫，以付中书，当者即下之；其未允者，宰相复以闻，始命论决"。②神宗改革官制，中书审核后，还得经门下省审查，如有不当可驳奏。疑案的判决、详覆和详议，皆以公牒形式往来进行，严格遵守鞫谳分司原则。③大理寺、审刑院不能决之疑案，则由皇帝诏内、外制等大臣集议而定。《宋史·刑法志》曰："天下疑狱，谳有不能决，则下两制与大臣若台谏杂议，视其事之大小，无常法，而有司建请论驳者，亦时有焉。"④元丰三年（1080），废审刑院，其官属归刑部，疑案奏谳程序遂恢复淳化以前之制。⑤刑部不能决的案子，还可送御史台定断。元丰六年，监察御史黄降言："事之最难者，莫如疑狱，夫以州郡不能决，而付之大理，大理不能决，而付刑部，刑部不能决而后付之御史台。"⑥

奏谳的疑案，朝廷审查，"如情理无可悯，其刑名无疑虑，即仰刑部退回本州，令依法施行"。⑦朝廷裁决后的案子，地方认为判决不当，还可再奏。《絮斋集》卷一七《赵善待墓志铭》载：孝宗时，赵善待知岳州，有盗，"法当贷命，奏裁，乃以死报。吏请奉行，公不可，再为奏谳，卒免死"。⑧

疑案奏谳，原是一项防止滥刑的谨慎措施，但许多地方官由此而推诿责任，把一些地方可以判决的案子一齐报给中央裁决，耽误了审判时间，

---

① 《续资治通鉴长编》卷五，"乾德二年正月甲辰"，第120页。

② 《宋史》卷一九九《刑法志》，第4972页。

③ 《宋会要辑稿·职官》一五之一，第3407页。

④ 《宋史》卷二〇一《刑法三》，第5005页。

⑤ 元丰元年因置大理寺狱，原大理寺判天下疑案的职责一度归刑部，旋复旧制。

⑥ 《宋会要辑稿·职官》一七之一二，第3455页。

⑦ 《续资治通鉴长编》卷三五九，"元丰八年八月癸酉"，第8583页。

⑧ 〔宋〕袁燮：《絮斋集》卷一七《赵善待墓志铭》，景印文渊阁《四库全书》，第1157册，第234页。

损害了许多无辜者的利益，不利于社会安定。建隆三年（962）、雍熙元年（984）朝廷曾两次下诏严禁地方胡乱奏谳，滥奏者负法律责任。然随之却出现了另一种倾向，李元纲《厚德录》卷二云："故事，州郡之狱有疑及情可悯者，虽许上请，而法寺多举驳，则官吏当不应奏之罪。故皆移情就法，不以上请。燕肃判刑部，奏：'天圣三年天下断大辟二千四百三十六，岂无法疑、情可悯者？而州郡无所奏谳，盖畏罪也。请自今奏而不应奏者，不科以罪。'自是左谳者，岁不减千人。"①燕肃的建议被采纳后，逮元丰末，胡乱奏谳现象又严重起来，朝廷只得重申旧法。

三、宋代刑事审判制度的特点

宋代刑事审判制度是唐中叶以来社会经济、政治发展的产物，是伴随着宋代社会发展而逐步建立健全起来的。综观宋代刑事审判制度，可以概括出以下几个特点：

第一，地方死刑终审权，除疑案外，始终没有收归中央。这与唐、元、明、清诸朝相比，明显不同，值得探讨。地方拥有死刑终审权，似乎与五代藩镇专杀没有什么区别，好像宋太祖仍在重蹈五代覆辙。然而，其间实际上已经发生了变化。五代亲民官多武夫悍将，全不知法，视人命如草芥，而宋太祖任命文臣儒士为亲民官。他们较之不知法的武人，对百姓的危害相对小些。宋太祖曾说："五代方镇残虐，民受其祸，朕令选儒臣干事者百余，分治大藩，纵皆贪浊，亦未及武臣一人也。"②以文人任亲民官，从根本上改变了五代以来武将滥刑的状况。此外，宋朝还制定有其他有关措施防止地方可能出现的滥刑，如集体负责的审判制、严格的覆审制、死刑疑案奏谳制以及刑部于案件执行后的覆审制。

基于上述原因，宋太祖建国伊始，就没有把地方死刑终审权收归中

---

① 〔宋〕李元纲：《厚德录》卷二，《全宋笔记》第六编，第2册，郑州：大象出版社，2013年，第250页。
② 《续资治通鉴长编》卷一三，"开宝五年十二月乙卯"，第293页。

央，在司法制度方面，采取了"放"的形式来配合消除藩镇割据势力，加强中央集权总方针的贯彻执行。宋太祖的继任者后来稍加改革，从而形成了宋代特有的死刑覆核制。

第二，法官回避制度日趋严密。唐代的法官回避，仅局限于法官与犯人之间，范围小，回避对象也只涉及亲、仇、业师。宋代法官的回避范围进一步扩大到法官的上下级、同级之间，甚至承办案件的前后官员之间也有回避规定。回避的对象亦扩大到同榜登科者。应当承认，宋代的回避制度是相当严密的，这与当时的仕宦制度有着密切关系。唐末以后，门阀士族遭到毁灭性打击。至宋，门阀士族已消亡，入仕之途向庶族地主及平民中的知识分子广泛开放。统治阶级通过科举考试、恩荫、进纳钱粟买官等方式大量吸收中小地方阶级、富民、工商子弟做官。尤其是作为主要入仕之途的科举考试范围大大扩展，应试者不讲门第身份，家不尚谱牒，身不重乡贯，使得官僚阶层的成分发生变化，彻底打破了以往官僚队伍成分单一化、世袭化的倾向。于是，法官与法官之间属亲、仇、业师、同年关系的可能性增加了，为防止徇情枉法现象发生，回避制自然逐渐严密完善起来。

第三，起诉法完善化。与唐相比，宋代起诉法更臻完备。宋规定起诉状要由书铺书写，一状诉一事，一人不能同时投两件相同诉状，诉状须具保识人姓名。这些规定都是唐代诉讼法没有的，是宋代新的历史背景下诉讼活动日趋频繁的反映。宋不立田制，不抑兼并，土地买卖盛行，土地私有权迅速发展，"贫富无定势，田宅无定主，有钱则买，无钱则卖"[1]，所谓"千年田换八百主"之说，正是土地所有权频繁转换的写照。新的租佃制逐步形成，租佃契约大量出现，劳动者的人身依附关系削弱了，人们不再长久地被束缚在一块土地上，迁徙相对自由，或做工，或经商，参与商品生产和流通的人数增加了，商品经济更加发展。加之对外贸易的兴旺、交通事业的发达、纸币的发明使用，人们的社会交往和活动范围远远超过

---

[1] 〔宋〕袁采：《袁氏世范》卷三《富家置产当存仁心》，《丛书集成初编》本。

了前代。随着经济、政治生活的多样化、复杂化，刑事纠纷不可避免地增多。为保证诉讼活动的正常开展，宋朝不断颁布新的起诉法，使之完善。

第四，审判制度周密细致。宋代审判以鞫谳分司为原则，唐代审判法无鞫谳分司的规定，司法参军既管审讯又掌议刑。五代时，诸州有马步院掌刑法。宋将马步院改为司理院，其长官司理参军专掌审讯，又规定司录参军也掌审讯，而以司法参军专掌检法议刑。宋代自乾德元年（963）逮南宋末，几乎每朝都进行过较大规模的法律编修工作，法律形式十分繁杂，有律、敕、令、格、式、断例、申明等，甚至一司、一路、一州、一县也别有敕。各种法律条款，可谓浩如烟海，不可胜数。如此繁多的法律条款，法官在审判检法时不能不感到困难，因此有必要设专人执掌检法议刑，从而成为一项独立的审判程序。宋代统治者把原来一人掌管的司法大权分别交予多人，分散司法权力，不致某一人独揽大权而造成大的危害。因之审判活动分成了审讯与定罪两大步骤。这两大步骤各自又分为两个程序，前者分成审讯和录问，即审讯后还有一录问过程，对审讯结果进行核实；后者分成检法议刑和判决，法司检法议刑，将适用的法律条款检出，再经判决过程，由另外的州官拟判，写出初步处理意见，交其他州官审议，最后呈知州定判，发布审判结果。这样，一件案子的审判实际分成了四大程序。审判中发挥集体作用，集思广益。人人都有权参与意见，但又不能某一人说了算，这是一种集体负责的审判制。审判中知州的权力受到了限制，虽说知州是案子的最终主判官，但知州的终判是在依法进行的诸道审判程序的基础上做出的，知州不能随心所欲违背审判法判决。审判法还规定，凡参与审判活动的官员都负有法律责任，如果错判案件，那么所有官员将按审判活动的主次受到不同程度的处罚。如此周密细致的审判制度在中国古代社会可以说是独一无二的。南宋汪应辰说："本朝比之前世，刑狱号为平者，盖其并建官师，所以防闲考核，有此具也。"①

宋统治阶级惩唐末五代之乱，充分认识到法制的重要性，制定了一套

---

① 《建炎以来系年要录》卷一七五，"绍兴二十六年闰十月辛亥"，第3353页。

比唐更为详备、周密的法律制度。叶适曰："吾祖宗之治天下也，事无小大，一听于法。"①以至于"细者愈细，密者愈密，摇手举足，辄有法禁"。②成为古代社会注重法制的典型。真宗时，判刑部柴成务因下属小吏傲慢无礼而鞭笞之，结果该吏"击登闻鼓诉冤，有诏问状"，柴成务叹曰："吾为长官，挟一胥吏而被劾，何面目据堂决事耶？"遂求解职，"诏不许。"③可见即使像判刑部这样的高级司法官员，也不能随便违法鞭笞小吏。

第五，覆审制度严格化。唐代前期，虽有覆审规定，却较简单，覆审由原审机构进行，亦无覆审次限的规定。④这种覆审不容易纠正原审法官的错误。唐穆宗时，始有覆审以三次为限的规定。宋代的覆审制与唐相比，要严格得多，各级刑狱机构，除县以外，通常设有两个，州有州院、司理院。大州的司理院又有左右两个之设。开封府有左右军巡院、司录司。大理寺狱分左右两推。犯人一有申诉不服，原审机构的审讯就失去效力，由另外的司法机构重新审讯。覆审可反复进行多次，乃至上达朝廷，由皇帝裁决。这就比唐代的覆审制进了一大步，对于发现和纠正错假案，提供了较多的机会。

第六，法官之权分割过细，审判法过于烦琐。宋代治国，"事为之防，曲为之制"，采用设官分职，分散各级官吏事权方式来加强中央集权统治，在法律审判方面也深深打上了这种指导思想的烙印。司法权被分割成若干部分，分别交与多人掌管，由此产生了不少弊病，不利于办事效率的提高，法官积极性被束缚，动辄受牵制。

第七，县一级审判活动比较简单。宋代审判重州轻县，无论设官分职，还是审判活动，县都过于简略。统治者认为县只判决轻微案件，大案由州把关，故轻视县的审判活动。然而，"狱之初情，实在于县，自县而

---

① 〔宋〕叶适：《叶适集·水心别集》卷三《官法上》，北京：中华书局，2010年，第666页。
② 《叶适集·水心别集》卷一二《法度总论二》，第789页。
③ 《续资治通鉴长编》卷五六，"景德元年五月癸丑"，第1238页。
④ 〔唐〕长孙无忌：《唐律疏议》卷三十《断狱律》，北京：中华书局，1983年，第573页。

达之州，虽有异同，要之，以县狱所鞫为祖，利害不轻"。[1] "狱贵初情"，县为第一审，州之覆审乃在县审判的基础上进行，第一审不重视，则第二审、第三审往往不能保证无枉滥的可能。南宋有人指出："窃见外郡大辟翻异，邻州邻路差官别勘，多至六七次，远至八九年，未尝不因县狱初勘失实。"[2]县级负责审判的官员也不多，大都委派胥吏审讯，极易发生冤假错案。县一级的审判活动，无疑是宋代审判制度的一个薄弱环节。

（原载《文史》1988年第31辑）

---

① 《历代名臣奏议》卷二一七《慎刑·刘行简奏议》，第2851页。
② 《宋会要辑稿·刑法》三之八七，第8442页。

宋代中央司法机构鞫、谳、议分司探析

戴建国

宋代的司法审判实行"鞫谳分司"，鞫司审讯，谳司检断，在司法制度中是最值得称道的。然而迄今为止，相关研究成果主要集中在地方州府一级①，至于中央层面的司法机构，如大理寺在元丰改制设立左断刑和右治狱两司后，其审判机制是否也实行"鞫谳分司"，由于相关历史文献在叙述大理寺官员职守时并无清晰的交代，因此，学界已有研究成果尚未有明确的结论。②如果我们再深入一步细究的话，可以发现宋代的审判分司制度实际上不止于"鞫、谳"，此外还有一个"议"司"详议"的程序，对鞫、谳结果进行覆核，这一程序鞫司和谳司都不能参与，从而形成一个鞫、谳、议分司，独立进行审判的机制。对这两个问题的探讨有助于我们全面认识宋代的司法制度，值得深入研究。为此，本文以大理寺、审刑院职权为中心就上述议题试作一考述。

一、右治狱、左断刑：大理寺的鞫谳分司

北宋前期，大理寺并不设审讯机构，只负责详断天下奏报的案件。神宗元丰改制，大理寺设立左断刑，并恢复设立审讯机构，即设右治狱，掌

---

① 参见［日］宫崎市定『宋元時期の法制と審判機構』，《東方學報》24号，1954年；徐道邻：《鞫谳分司考》，《中国法制史论集》，台北：志文出版社，1975年，第114—128页。

② 有关大理寺研究的代表性成果，参见田志光：《宋代大理寺诸职能论析》，《保定学院学报》2014年第1期；田志光：《宋代大理寺职能研究》，河北大学，2008年；杨爱华：《宋代大理寺制度研究》，河南大学，2007年。

审讯案件。关于大理寺设左断刑、右治狱两司后，审判是否也实行"鞫谳分司"，有进一步探讨的必要。《神宗正史·职官志》是这么说的：

> 大理寺置卿一人，少卿二人，正二人，推丞四人，断丞六人，司直六人，评事十有二人，主簿二人。卿掌刑狱、断谳、推鞫之事。凡职务分左右，奏劾命官、将校及大辟囚以下以疑请谳者，〔隶〕左断刑，则司直、评事详断，丞议而正审之；若在京百司事当推治，或时旨委勘及系官之物应追究者，隶右治狱，则丞专推鞫，少卿分领其事，而卿总焉。凡刑狱应禀议者，请尚书省，即被旨推鞫及情犯重者，卿同所隶官上殿奏裁。①

《职官志》所载左断刑"司直、评事详断"与右治狱"丞专推鞫"的案件类型不同，"左断刑"系负责各地文武官员犯罪被奏劾的案件，以及各地报呈的疑罪上奏案件的详断。所谓奏劾命官、将校，通常是置诏狱审讯，然后由大理寺左断刑断。"右治狱"系负责京城百官犯罪案件、皇帝特别委派审讯的案件、涉及官物应追究归公的案件的审讯。这两个部门一个负责谳，一个负责鞫，因涉及的案件来源于不同系统，两个部门之间会发生职务上的联系吗？换言之，"右治狱"审讯的案件只是完成了鞫的程序，还有待于"谳"，会转到同属大理寺的"左断刑"部门去检法断罪吗？这个问题关乎大理寺内部两个部门之间是否也实行"鞫谳分司"制。

《宋史》卷一六五《职官志》大理寺条载："建隆二年，以工部尚书窦仪判寺事。凡狱讼之事，随官司决劾，本寺不复听讯，但掌断天下奏狱，送审刑院详讫，同署以上于朝。"②即不再受理审讯案件的事务，专门负责天下奏案的详断。不过，此史料略去了送刑部详覆的职能，事实上当时还有刑部参与覆核。

---

① 〔清〕徐松辑，刘琳等校点：《宋会要辑稿·职官》二四之四，上海：上海古籍出版社，2014年，第3657页。

② 〔元〕脱脱等撰：《宋史》卷一六五《职官志》，北京：中华书局，1985年，第3899页。

太宗淳化二年（991）曾诏令"大理寺杖罪以下，并须经刑部详覆。寻又诏大理寺所驳天下案牍未具者，亦令刑部详覆以闻"。①大理寺当时并不负责审讯，因此所言"大理寺杖罪以下"，是指包括官员案件在内的天下上奏案件，都须经过刑部详覆，此详覆即详议程序。同一年，判刑部李昌龄上言：

> 自来大理详断，刑部详覆，并连署以闻。此设两司为之钤键，贵于议谳，克正刑章。既列奏以佥同，乃职分之无别。案制：大理定刑讫，送省部详覆官入法状，主判官下断语，然后具状奏闻。至开宝六年，阙法直官，致两司共断定覆词。今若悉备旧规，虑成烦滞。欲望今大理所断案牍，令寺官书判印书讫，送省部详覆。如其允当，即刑部官吏印书，送寺共奏。或刑名未允，即驳疏以闻。诏从其请。②

按照李昌龄的说法，大理详断，刑部详覆，使案件谳、议分开进行，是设置这两司的关键所在。太祖开宝六年（973）时因缺大理法直官，致两司共同断、覆案件，则失去了分司的意义。太宗淳化二年采取了新的措施，设立审刑院，以防大理、刑部官员徇情舞弊。《续资治通鉴长编》载：

> （淳化二年）置审刑院于禁中，以枢密直学士李昌龄知院事，兼置详议官六员。凡狱具上奏者，先由审刑院印讫，以付大理寺、刑部断覆以闻，乃下审刑院详议，中覆裁决讫，以付中书，当者即下之。其未允者，宰相复以闻，始命论决。盖重谨之至也。③

宋代在大理寺和刑部断、覆（议）程序之外，又增加了一个由审刑院负责的详议程序。审刑院置详议官六员，专门详议经大理寺和刑部断、覆过的

---

① 〔宋〕杨仲良撰，李之亮点校：《皇宋通鉴长编纪事本末》卷十四《太宗皇帝·听断》，哈尔滨：黑龙江人民出版社，2006年，第197页。

② 《皇宋通鉴长编纪事本末》卷十四《太宗皇帝·听断》，第197页。

③ 〔宋〕李焘撰，上海师范大学古籍整理研究所、华东师范大学古籍整理研究所点校：《续资治通鉴长编》卷三二，"淳化二年八月己卯"，中华书局，2004年，第718页。

案件，再申报皇帝裁决，皇帝裁决的命令下付中书省，如无不当，即颁下执行；其有不当，由宰相再次奏报皇帝，得旨执行，以求司法公正无差错。值得注意的是，这里的"中覆裁决"和"宰相复以闻"，都是围绕皇帝而言的，这一制度加强和凸显了皇帝的最高司法权。关于此程序，我们再看真宗时的规定。《续资治通鉴长编》载：

> （景德四年秋七月）诏自今官吏犯赃及情理惨酷有害于民、刑名疑误者，审刑院依旧升殿奏裁，自余拟定用刑，封进付中书门下施行（原注：《会要》云，诏审刑院，凡有法寺奏断公案，皆具详议奏覆，今后宜令本院，除官吏赃私逾滥、为事惨酷及有刑名疑误者，依旧奏覆，其余刑名已得允当，即具封进，仍以黄贴子拟云："刑名委得允当，乞付中书门下施行"）。①

"升殿奏裁"，是指向皇帝奏报取旨。宋代司法审判之谨慎，于此可见一斑。上奏案件由此形成了四道司法审判程序：州府审讯、大理寺断刑、刑部覆核、审刑院详议。不过既然有了审刑院详议，案子再送刑部覆核似乎没有必要了。因此到了淳化四年（993），太宗下诏大理寺详决的案子"勿复经刑部详覆"。②大理寺详决案停止送刑部详覆，背后其实还有原因。刑部本身还承担天下已执行死刑案的事后详覆重任。

宋制将死刑分成疑难案和无疑难案两类。疑难案，须奏报中央，称"奏案"，由大理寺判决；无疑难案，地方有判决和执行权，在执行死刑后报刑部覆查，"刑部主覆天下大辟已决公按案"。③宋代的死刑案件随着宋代社会政治经济的发展，数量增长相当快。《续资治通鉴长编》载，咸平四年（1001）真宗"览囚簿，自正月至三月，天下断死罪八百人，怃然动容"。④三个月断死罪800人，平均每月266人，照此比例，一年死刑犯约

① 《续资治通鉴长编》卷六六，"景德四年秋七月戊辰"，第1469—1470页。
② 《续资治通鉴长编》卷三四，"淳化四年三月壬子"，第748页。
③ 《宋会要辑稿·职官》一五之一，第3407页。
④ 《续资治通鉴长编》卷四八，"咸平四年五月甲申"，第1060页。

达3000人。此时距淳化四年（993）只不过8年时间。这些死刑案，都需要刑部详覆。天圣四年（1026），判刑部燕肃上奏曰："贞观四年断死罪二十九，开元二十五年才五十八。今天下生齿未加于唐，而天圣三年断大辟二千四百三十六，视唐几至百倍。"①这些数字表明当时刑部详覆天下死刑案的工作量非常大，为集中精力做好详覆，才不得不停止将大理寺案送刑部详覆。

元丰元年（1078）对大理寺职责作了调整，恢复设立右治狱，同时也恢复了刑部详覆之制。《续资治通鉴长编》载：

> 先是，上以国初废大理狱非是，以问孙洙，洙对合旨。于是中书言："奉诏开封府司左右军巡院刑狱，皆本府公事，而三司诸寺监等，凡有禁系，并送三院，系囚猥多，难以隔讯。又盛暑疾气熏染，多致死亡。官司各执所见，吏属苦于咨禀，因缘留滞，动涉岁时，深为未便。参稽故事，宜属理官。今请复置大理狱，应三司及寺监等公事，除本司公人杖笞罪非追究者随处裁决，余并送大理狱结断。其应奏者并天下奏案，并令刑部、审刑院详断。大理寺置卿一人，少卿二人，丞四人，专主推鞫，检法官二人，余悉罢。"从之。②

右治狱主要是因随着王安石变法的推广，开封府承受的案子逐渐增多，不堪重负，为分解开封府负担而设。最初设立时，可能考虑大理寺本身已有的掌断天下奏案任务繁重，除置寺丞四人"专主推鞫"外，又置"检法官二人"。但四年后元丰改官制，左断刑不再设专门的检法官。③右治狱虽设有检法案，"掌检断左右推狱案并供检应用条法"④，负责检出左、右推审

---

① 《续资治通鉴长编》卷一〇四，"天圣四年五月己卯"，第2406—2407页。
② 《续资治通鉴长编》卷二九五，"元丰元年十二月丁巳"，第7185—7186页。
③ 《宋史》卷二〇一《刑法志》所言"断刑则评事、检法详断"之"检法"应作动词解，"检法"前之顿号不当用。孙逢吉于元祐时成书的《职官分纪》卷十九《大理》作"按法评断"。参见景印文渊阁《四库全书》，第923册，第462页。《咸淳临安志》卷六《大理寺》作"按法详断"，《宋元方志丛刊》，北京：中华书局，1990年，第4册，第3413页。
④ 《宋会要辑稿·职官》二四之二，第3655页。

讯的狱案法条，但其人员是胥吏，不是官员，并无正式的审判量刑权。绍兴三十年（1160），高宗诏："大理寺治狱合置检法使臣一员，许本寺踏逐外路州军曾充法司、出职补摄诸州助教名目人充，候到寺满二年，依推、法司人吏体例，通理入仕迁补以来至年劳补摄助教及八年以上，与补进武副尉酬赏。"①据诏令所言，右治狱所设检法使臣是无官品的流外胥吏。关于此，之前徽宗时的法典《政和都官格》载："大理寺右治狱推司、法司胥佐，并为内外差到有出职人吏充者，满三年不曾犯私罪情重及赃罪，无失出入徒以上罪，通元差处入仕未及八年，补守阙进武副尉；及八年，补进武副尉。"②所定法规与高宗诏令意同。由推丞负责的左、右推审讯后的案子，检法案的吏胥只能检出法条，无量刑权，因此还需送左断刑科断。左断刑的科断程序是由具有品级的官员大理评事、大理司直、大理寺丞、大理正负责的。

换言之，大理寺右治狱审讯的案子，只走完司法程序的二分之一，接下来引条判决应属左断刑的职责。《续资治通鉴长编》卷四〇一载：

> 刑部言，大理寺右治狱，应命官犯罪并将校犯徒以上或赃罚，余人罪至死，请依旧具案以闻，并下左断刑详断；非品官者，仍断定刑名，应流以下罪人、刑名疑虑或情法不相当，亦拟定，先上刑部裁度。如所拟平允，即具钞或检拟取旨。应刑名疑虑，仍听赴左断刑评议，并比附取裁。从之。③

此条史料对于了解和认识大理寺右治狱与左断刑之间的关系十分重要，却未能引起研究大理寺的学者注意。刑部奏请采取的措施是针对大理寺右治狱的，其一，"应命官犯罪并将校犯徒以上或赃罚，余人罪至死"的案件，送左断刑详断。其二，"非品官者"也要由左断刑"断定刑名"。这是右治

---

① 《宋会要辑稿·职官》二四之二四，第3669页。
② 《宋会要辑稿·职官》二四之三六，第3675页。
③ 《续资治通鉴长编》卷四〇一，"哲宗元祐二年五月戊寅"，第9773页。按，原标点有误，现据文意作了修改。

狱推鞫的案子送左断刑详断，即由左断刑量刑定罪的例证之一。

值得指出的是，元祐三年（1088）罢大理寺右治狱，至绍圣二年（1095）又恢复了右治狱，曾"置司直一员"。①南宋建炎三年（1129），因抗金形势艰险，财政匮乏，不得不裁减官员，规定"断刑司直兼治狱司直，其寺簿并治狱司直并罢"。②右治狱司直废罢后，左断刑司直参与右治狱的检法。应该说这是抗金战争时期的一个非常态，是一时的权宜之计。据汪应辰的说法，南宋"中兴以来，务从简省，大理少卿止于一员"③，也是由于这个原因造成的，故汪应辰要求恢复元丰官制，设置少卿二员，分领治狱和断刑，以便充分贯彻"鞫谳分司"制度。到了绍兴十二年（1142）有臣僚上言：

> "近睹关报，大理寺丞叶庭珪除大理正。庭珪前日为丞，乃治狱之丞，今日为正，实断刑之正。断刑职事与治狱异，祖宗旧制，必以试中人为之。庭珪资历颇深，初无他过，徒以不闲三尺，于格有碍。"诏别与差遣。④

这里明确谈到大理寺丞（推丞）为治狱之推丞，大理寺正为断刑之官，"断刑职事与治狱异"，两者分掌不同的职事，实行与州府同样的鞫谳分司制度。可以看出汪应辰强调的"鞫谳分司"制是得到了贯彻的。我们再看一件司法实例：

> （绍兴）七年五月五日，诏大理寺丞勘吏部人吏种永和等公事，行遣迁枉，故作注滞，其当行官吏理合惩戒。少卿张汇、正赵公权各特罚铜十斤，丞林悫、都辖张昭亮各降一官，职级、推司并令临安府

①《宋会要辑稿·职官》二四之一二，第3662页。
②《宋会要辑稿·职官》二四之一六，第3664页。
③〔宋〕李心传撰，胡坤点校：《建炎以来系年要录》卷一七五，"绍兴二十六年闰十月辛亥"，北京：中华书局，2013年，第3353页。
④《宋会要辑稿·职官》二四之二二，第3667页。

从杖一百科断。①

此案例言及大理寺审判的吏部种永和狱因违慢超出时限，官员遭处罚。大理寺丞林宪负责右治狱，是鞫司第一责任人，都辖张昭亮的官职全称为治狱都辖使臣②，为主典，是以两人处罚最重。其次，大理少卿张汇、大理正赵公权是断刑官，罚铜十斤；再其次是职级、推司，杖一百。此案遭处罚的官员包括断刑官，表明右治狱审讯的案件是要经左断刑详断的，贯彻了鞫谳分司的精神。又如绍兴十一年（1141）岳飞一案，岳飞被诬陷谋反，经大理寺右治狱审讯，检法量刑后，"法寺称：律，临军征讨，稽期三日者，斩。及指斥乘舆，情理切害者，斩。其兵飞合于斩刑私罪上定断，合决重杖处死。"③这里的法寺就是大理寺左断刑。这是右治狱推鞫的案子送左断刑详断的例证之二。

南宋乾道二年（1166），孝宗诏：

> 今后狱案到寺，满一百五十张为大案，一百五十张以下为中案，不满二十张为小案。断、议限并依绍兴三十一年八月十六日指挥，主（立）定日限。内外路并右治狱，大案断、议限三十日；……临安府大案，断、议限二十五日。④

诏令规定大理寺断案时限，内右治狱大案，详断、详议的时限为三十日。至乾道二年宋对此断案时限又作了调整："大理寺左断刑，丞受狱案，检准程限尚宽，今欲拟定下项：外路及右治狱大案，元限三十日，今减作二十日，……缘本寺承受诸路并临安府、右治狱申奏到案状，并系断、议官

---

① 《宋会要辑稿·职官》二四之二一，第3667页。
② 《宋会要辑稿·职官》二四之一载右治狱有"都辖使臣"，第3655页；〔宋〕潜说友：《咸淳临安志》卷六《大理寺·寺官廨宇》载大理寺有"治狱都辖"，《宋元方志丛刊》，第4册，中华书局，1990年，第3412—3413页。二书所云实即治狱都辖使臣。
③ 《建炎以来系年要录》卷一四三，"绍兴十一年十二月癸巳"，第2697—2698页。
④ 《宋会要辑稿·职官》二四之二八，第3670—3671页。

躬亲书断。"①右治狱推鞫的大案，送左断刑详断的时限减为二十日。这是右治狱推鞫的案子送左断刑详断的例证之三。

综上所述，大理寺左断刑除了负责详断各地文武官员犯罪被奏劾的案件，以及各地报呈的疑罪上奏案件外，还承担着详断右治狱审理的京城百官犯罪案件、皇帝特别委派审讯的案件、官物应追究归公的案件。大理寺右治狱、左断刑审判活动毫无例外也遵循着"鞫谳分司"精神。

二、"决平"以纠偏：审刑院的详议

"鞫谳分司"之"司"，即"职"也，其精髓在于设官分职，各自独立审讯、断案量刑。宋右司郎中汪应辰对"鞫谳分司"制度有过很好的表述：

> 国家累圣相授，民之犯于有司者，常恐不得其情，故特致详于听断之初；罚之施于有罪者，常恐未当于理，故复加察于赦宥之际。是以参酌古义，并建官师，上下相维，内外相制，所以防闲考核者，纤悉曲备，无所不至也。盖在京之狱，曰开封，曰御史，又置纠察司，以几其失；断其刑者，曰大理，曰刑部，又置审刑院，以决其平。鞫之与谳，各司其局，初不相关，是非可否，有以相济，无偏听、独任之失。

> ……迨元丰中更定官制，始以大理兼治狱事，而刑部如故。然而大理少卿二人，一以治狱，一以断刑；刑部郎官四人，分为左右，左以详覆，右以叙雪，虽同僚而异事，犹不失祖宗所以分职之意。本朝比之前世，狱刑号为平者，盖其并建官师，所以防闲考核，有此具也。中兴以来，百司庶府，务从简省。大理少卿往往止于一员，则治狱、断刑皆出于一，然则狱之有不得其情者，谁复为之平反乎？刑部郎官或二员，或三员，而关掌职事，初无分异，然则罚之有不当于理

---

① 《宋会要辑稿·职官》二四之二九，第3671页。

者，又将使谁为之追改乎？①

汪应辰强调，"鞫谳分司"要解决的是"是非可否，有以相济，无偏听、独任之失"，以达到"内外相制，所以防闲考核"。然而在"鞫谳分司"之外，宋代其实还设立了一个"详议"程序，用以"决平"纠偏，所要解决的是"罚之有不当于理者，又将使谁为之追改"的问题。宋代鞫司审讯后的案子，后续因有录问、检法程序，一旦有误，比较容易被发现。然而法司检法量刑，发生错讹，如果后续没有程序加以纠正的话，最终将导致案件审判失误，因此宋代设计了"详议"程序予以把关。这个"详议"，在中央层面，就是审刑院详议（其间有一段时间经刑部详覆）。《宋会要辑稿·职官》"审刑院"载：

> 掌详谳大理寺系囚案牍而奏之。以朝官一人或二人知院事。有详议官六人，以朝官充，书令史十二人。先是天下案牍先定于大理，覆之于刑部，太宗虑法吏舞文，因置审刑院于中书门之西。凡具狱案牍，先经大理断谳，既定，关报审刑，知院与详议官定成文草奏[裁?]讫，下丞相府；丞相又以闻，始命论决，盖重慎之至也。②

审刑院详议，是保证减少案件失误而采取的必要措施，故谓之"决其平"。详议是建立在鞫、谳分司基础上的一个更深层次的制度设计，即地方奏案（已鞫）报大理寺、刑部断，再经审刑院详议。正如汪应辰所说的，"断其刑者曰大理，曰刑部，又置审刑院以决其平"。③史载："本朝开封、御史有狱，又置纠察司以裁其失；刑部、大理断刑，又置审刑院以决其平，鞫与谳各司其局，元丰始以大理兼狱事。"④大理寺右治狱设立后，其所鞫

---

① 《宋会要辑稿·职官》一五之二〇至二一，第3418页。
② 《宋会要辑稿·职官》一五之二八至二九，第3423页。按，所云"奏讫"，当指奏报皇帝裁决，疑脱一"裁"字。
③ 《宋会要辑稿·职官》一五之二〇，第3418页。
④ 〔宋〕王应麟：《玉海》卷六七《元丰大理寺》，南京：江苏古籍出版社；上海：上海书店，1987年，第1276页。

案，由左断刑谳，刑部详议。在地方上，这个"详议"程序就是在州府推司鞠狱、司法参军检法后的州府长官、幕职官集体审核制。这样，就形成了鞠、谳、议分司进行的审判机制。

由于大理寺谳后还存在一个审刑院详议程序，学界有人把负责天下奏案断覆的大理寺和刑部视作鞠司，把审刑院视为谳司。这一看法忽略了北宋前期大理寺不治狱和元丰改制后设立的左断刑的史实。既然大理寺不负责审讯案件，怎么就成了鞠司呢？我们已知，"奏案"指的是有疑难的刑事案件上奏朝廷裁决，通常专指死刑疑案的奏谳，凡案件"情轻法重，情重法轻，事有疑虑，理可矜悯，宪司具因依缴奏朝廷，将上取旨，率多从贷，是谓'奏案'，著在令典"。①其实各地在上报奏案之前，就已经完成了案件的审讯程序，只是有疑问不能最后裁决，按规定报大理寺详断而已。奏案报到大理寺，由大理寺予以详断，大理寺扮演的显然是谳司的角色②，审刑院的详议起的是"决其平"以纠偏的作用。元丰三年（1080）审刑院撤销后，审刑院并归刑部，"以知院官判刑部，掌详议、详覆司事，其刑部主判官二员为同判刑部，掌详断司事。详议官为刑部详议官。"③原先审刑院详议功能由刑部继续担负。

《宋会要辑稿》载南宋大理寺专法云：

> 寺正领评事、司直为详断司，少卿领寺丞为详议司，卿总之。诸路奏到狱案，满二百张以上为大案，断限三十日；二百张以下为中案，断限二十日，议司各减半；不满十张为小案，断限七日，议司三日。并开封府、御史台申奏案状，如系大案，断限二十日，议司减半。④

大理寺专法所言"寺正领评事、司直为详断司"，指的正是大理寺"左断

---

① 《宋会要辑稿·刑法》四之五七，第8477页。
② 杨爱华：《宋代大理寺制度研究》，河南大学，2007年，第37页。
③ 《宋会要辑稿·职官》一五之一一，第3413页。
④ 《宋会要辑稿·职官》二四之二八，第3671页。

刑"。元丰官制改革后的设置为"推丞四人，断丞六人"，推丞属右治狱，"专推鞫"；断丞属左断刑，左断刑"则司直、评事详断，丞议之，正审之，……少卿分领其事，而卿总焉"。①大理寺专法规定说"寺正领评事、司直为详断司，少卿领寺丞为详议司"，这在审刑院设置时期是不见记载的。少卿领寺丞组成的详议司，实际也隶属于左断刑，从中得知，左断刑在详断案件时，在其内部也分设有一个详议的程序。大理少卿领寺丞为详议司，只是将原先的左断刑内的"丞议之"程序分离出来，单独设置。与审刑院设置时期相比，大理寺内多了一个详议司详议程序。案件经详断司谳后再经详议司详议，这一制度，正是审刑院设置时期形成的鞫、谳、议分司审判机制的延续。

绍兴三年（1133）发生一案，"中军统领官张识冒请逃亡军人米，刑寺元断公罪，待致朝廷疏问，却将盗米赃罪杖断作赃罪流"，显断罪不当，"其刑部、大理寺事属失职，寺丞胥介、评事许绛、权刑部郎官刘藻各特降一官，章谊、元衮各罚铜十斤"②。此案当事人为中军统领官，案子不归右治狱审理，属左断刑管的奏劾命官、将校案。奏劾命官、将校，通常是置诏狱审讯，然后报大理寺详断。大理评事许绛为详断司，元衮为大理少卿③，领寺丞胥介为详议司，履职有误；章谊当时为权刑部侍郎，④与权刑部郎官刘藻亦未能履行好刑部详覆之职，皆受到处罚。从此案例可看出宋代鞫（有司审讯完成的中军统领官张识奏案）、谳（大理寺详断司详断）、议（大理寺详议司详议）、覆议（刑部详覆）整个司法作业程序相当完善。

审刑院（或刑部）覆议，发现有误断之处，当驳正大理寺。如果大理寺不服驳正，双方有争论，可奏请皇帝，举行更高层面的详议，宋代谓之"集议"。《天圣令》卷二十七《狱官令》宋令第46条：

① 《宋史》卷一六五《职官志》，第3900页。
② 《宋会要辑稿·刑法》四之八〇，第8489页。
③ 佚名：《中兴两朝圣政》卷十四"绍兴三年十月"，嘉庆宛委别藏本。
④ 佚名：《中兴两朝圣政》卷十三"绍兴三年四月"。

> 诸州有疑狱不决者，奏谳刑法之司。仍疑者，亦奏下尚书省议。①

以下我们看真宗咸平五年（1002）发生的一件尚书省集议案实例：

> 国子博士、知荣州褚德臻坐与判官郑蒙共盗官银，德臻杖死，蒙决杖、配流。先是，本州勾押官赵文海、勾有忠知德臻等事，因讽王（主）典曰："官帑之物，辄以入己，一旦败露，必累吾辈。"德臻等闻之，即与之银一铤以灭口。至是，事发议罪。判大理寺朱搏言文海等恐喝赃满合处死。审刑院以为蒙盗官银，尚从流配，文海等只因扬言，安可极法！乃下其状尚书都省集议。既而翰林学士承旨宋白等议请如审刑院所定，从之。②

此案是在大理寺、审刑院断、议相互有争议而不能定的局面下，开启尚书省集议程序后才解决问题的。尚书省集议实际上亦属于"鞫、谳、议"之"议"司法程序。

即使是赦书的草拟制定，也充分体现出宋代"鞫谳分司""防闲考核"的精神。汪应辰奏云：

> 祖宗时治狱，则有开封府、御史台，又置纠察刑狱司，断狱则有大理寺、刑部，又置审刑院。自元丰改官制，大理寺兼治狱事，然犹置少卿两员，一以治狱，一以断刑。今则止置少卿一员，治狱、断刑皆出于一。然则狱之有当平反者，当责之谁乎？又如祖宗时，虽有刑部、大理与审刑院，然每至赦宥，必别置详定罪犯一司，以侍从、馆阁领之，刑部、大理、审刑皆无预焉。盖所谓罪犯者议法之初，皆更其手，今若又使之详定，谁肯自以为非乎？至于梓、益、夔、利，去

---

① 天一阁博物馆、中国社会科学院历史研究所《天圣令》整理课题组：《天一阁藏明抄本〈天圣令〉校证》卷二七《狱官令》，北京：中华书局，2006年，第418页。
② 《续资治通鉴长编》卷五二，"咸平五年五月壬寅"，第1131页。

朝廷远，每赦，则委转运、钤辖司详定，而不委提刑，亦此意也。今刑部昔之议法，今之详定，皆出一手，其能使民不冤乎？[①]

汪应辰提到宋朝每于赦宥之际，设立专门的详定罪犯司，对国家将要赦免减刑的对象予以审查，并负责起草制定赦书，由侍从、馆阁之臣负责，四川地区由转运、钤辖司负责，刑部、大理司、审刑院和地方的提刑司都不能参与。因这四个机构都是法定司法机构，是案件的曾经鞫、谳者或详议者，与朝廷将要赦免减刑的当事人有着各种利益关联。赦免减刑对象的审核和赦书的起草制定由与司法无关的其他机构执掌，这可以消除潜在的营私舞弊的风险，此分职之意，实际上也属于决平纠偏机制。这一制度设计完全贯彻了宋朝祖宗家法"事为之防，曲为之制"的宗旨。

结　语

随着社会政治经济的发展，案件的日趋增多，宋代在"防弊"治国理念的指导下，不断对司法制度予以完善，其创立的"鞫、谳、议"审判机制，完满地构筑起一道司法防线。除了以上论述的中央层面的制度外，在地方上，这一审判机制也毫无疑问得到了落实。苏轼在任凤翔府签书判官厅公事时，有一次"为中元节假，不过知府厅"，结果被"罚铜八斤"。[②]宋代地方审判制，在"鞫、谳"程序后实行集体审议制，州的幕职官要一起会聚，对先前的鞫、谳结果进行详议审核，这一制度叫"过厅"。朱熹曾云："在法，属官自合每日到官长处共理会事，如有不至者，自有罪。"[③]苏轼因不"过厅"，缺席本该参加的"共理会事"的"详议"制，故受到了处罚。这一案例表明"鞫、谳、议"审判机制在地方上也已形成。这一审判机制对于减少冤假错案，缓和阶级矛盾，巩固宋代的中央集

---

① 〔宋〕汪应辰：《文定集》卷一六《答张侍郎》，景印文渊阁《四库全书》，第1138册，第742页。

② 〔宋〕朋九万：《东坡乌台诗案》，《丛书集成初编》本。

③ 〔宋〕黎靖德：《朱子语类》卷一〇六《漳州》，《朱子全书》，北京：中华书局，1994年，第17册，第3472页。

权统治，起到了积极作用，在中国法制史上独具特色，为源远流长的中华法律文化增添了精彩的篇章，值得我们深入探讨。

（原载《江西社会科学》2018年第1期，原题为《宋代鞫、谳、议审判机制研究——以大理寺审刑院职权为中心》）

宋代的民事诉讼法

郭东旭

宋代封建商品经济的发展，不仅使社会经济关系复杂化，而且刺激了人们对财利的追求，引发了追财夺利、好利忘义、喜争好讼之风的盛行。以产权、财权、债权、继承权为内容的民事纠纷的活跃，冲击了儒家的"重义轻利"观念，破坏了传统的道德标准和社会风俗。宋代统治者为了调控社会秩序，解决编户齐民间的争讼纠纷，保护私有权人的利益，从"宁人息讼"的原则出发，制定了详备的民事诉讼法。

一、民诉法概说

宋代的民事诉讼虽然没有严格的程序，司法官吏在民事审判中具有很大的自由裁量权，但是宋代规定的一些原则精神还是很有特色的。

（一）民事诉讼管辖

宋代民诉的管辖没有严格的审级限制，一般原告就被告居所地告诉，县对田宅、户婚、继承、债负等纠纷，具有决定性的审断权。州可以接受县未受理的民诉案，县审不平的上诉案，县司不决的上请案，由录事参军主管的"州院"根据情况，或自审，或将案件送往所属县"从公理断"[1]，或派官到县协同解决；如果当事人不服判决，可以逐级上诉，也可以向其他州县提出诉讼请求，或请求原审机关复审。发生在相邻州县交接地区的

---

[1] 中国社会科学院历史研究所宋辽金元史研究室点校：《名公书判清明集》卷五《物业垂尽卖人故作交加》，北京：中华书局，1987年，第152页。

民事纠纷，可以由双方辖区的司法官吏协同审理。地方民事诉讼的管辖并不十分严格。

宋代中央民事案件的审决权属于户部。宋初，三司各部分设推官、判官，受理"在京官司应干钱谷公事"①，应诏审理民间财产争讼案件；元丰改制后，户部置推勘检法官，凡"在京诸司事干钱谷当追究者，从杖已下即定断"②。南宋时户部职权扩大，其左曹设户口、农田、检法三案，负责天下"田务券责之理直民讼"。凡"郡县监司不能直者，受其讼焉"③。即受理地方审断不直的民事上诉案件，或由本部推勘检法官直接审理，或转由监司州县更审，皆由户部决定。可以说宋代户部是民事案件的最高终审机关。

（二）民事诉讼"务限"

为使民事诉讼不影响农业生产，宋代亦对受理和审断民事诉讼的时间作了限定，称为"务限"。《宋刑统·户婚律》"臣等参详"条规定："所有论竞田宅、婚姻、债负之类，取十月一日以后，许官司受理，至正月三十日住接词状，三月三十日以前断遣须毕，如未毕，俱停滞刑狱事由闻奏。如是交相侵夺及诸般词讼，但不干田农人户者，所在官司随时受理断遣，不拘上件月日之限。"④这是宋代针对民事诉讼时间限定的最早立法。宋仁宗景祐五年（1038）五月诏："诸色人论田土诣阙进状，朝廷下转运、提刑差官推勘者，并依令十月一日以后施行。"⑤可见北宋对此规定一直遵行不变。

南宋由于偏安江南，气候温暖，春耕生产较早，为不废农时，又制定了《绍兴务限条法》。据宋高宗绍兴二年（1132）颁发的《绍兴令》规定："诸乡村以二月一日后为入务，应诉田宅、婚姻、负债者勿受理。十月一

---

① 〔清〕徐松辑，刘琳等点校：《宋会要辑稿·刑法》三之六八，上海：上海古籍出版社，2014年，第8429页。
② 《宋史》卷二〇一《刑法志三》，北京：中华书局，1985年，第5023页。
③ 《宋史》卷一六三《职官志三》，第3848页。
④ 《宋刑统》卷一三《户婚律·婚田入务》，北京：中华书局，1984年，第207页。
⑤ 《宋会要辑稿·刑法》三之四五，第8416页。

日后为务开。"①即将"入务"时间由原来的三月三十日改为二月一日,使民讼的时间减少了两个月。"务限"的缩短,使一些豪右形势之家倚仗权势,对民户当赎田宅故意拖延至入务,借机贪取一年租课,细民受害。因此,朝廷又诏:"应人户典过田产,如于入务限内年限已满,备到元钱收赎,别无交互不明,并许收赎。如有词诉,亦许官司受理。"②这项诏令规定得非常明确,凡是典产限满,因收赎发生的词诉,不受"务限"的限制。但由于豪右兼并势力的发展,此项规定并没有能很好地执行,所以宋孝宗隆兴元年(1163)再次明饬州县,"应婚田之讼,有下户为豪强侵夺者,不得以务限为拘。如违,许人户越诉"。③

南宋朝廷规定了受理民事诉讼的统一务限,但一些地方官员也往往根据当地的具体情况自己决定开务时间。如朱熹知潭州时,因当地"多是禹田,只有早稻,收成之后农家便自无事",因此下令"诸县争论田地词诉,可以承行理对,不必须候十月"。④即不必受原来开务时间的限制。黄震知抚州时规定得更具体,"合受民词","自六月为始"。⑤宋代民事诉讼"务限"的规定,既是"国以民为本,民以食为天"传统原则的体现,也是宋代封建诉讼制度成熟的一个重要标志。

(三)民事诉讼时效

宋代的民事诉讼中,以产权纠纷最为突出。为防止因产权纠纷无限期地兴讼,对不同形式的产权纠纷规定了不同的诉讼时效。如"分财产满三年而诉不平,又遗嘱满十年而诉者,不得受理"⑥,即因分家析产引起的

---

① 《宋会要辑稿·刑法》三之四六,第8417页。
② 《宋会要辑稿·刑法》三之四六,第8417页。
③ 《宋会要辑稿·刑法》三之四八,第8418页。
④ 〔宋〕朱熹:《晦庵先生朱文公文集》卷一〇〇《约束榜》,朱杰人、严佐之、刘永翔主编:《朱子全书(修订本)》,第25册,上海:上海古籍出版社,合肥:安徽教育出版社,2010年,第4639页。
⑤ 黄震撰,王廷洽等整理:《黄氏日抄》卷七八《词诉约束》,《黄震全集》,第7册,杭州:浙江大学出版社,2013年,第2214—2215页。
⑥ 《名公书判清明集》卷五《侄与出继叔争业》,第135页。

产权纠纷，三年之后诉讼者不受理；因遗嘱继承所发生的产权纠纷，如满十年再诉，亦不受理。而对田宅典卖中的诉讼时效，随着产权流转的加快而不断地缩短。北宋初规定，典及倚当庄宅物业与人，"如是典当限外经三十年后，并无文契，及虽执文契，难辨真虚者，不在论理收赎之限"。①北宋一直遵行了这项规定。南宋时田宅典卖的时效进一步缩短，其规定："诸理诉田宅而契约不明，过二十年钱主或业主死者，官司不得受理"；若私自典卖众分田宅，"过十年典卖人死，或已二十年，各不在论理之限"②；如果"卖田宅依法满三年"而发生利息债负准折及亲邻先买纠纷，"各不得受理"；如典卖田宅中发生墓田、邻里纠纷，限定在"一年内陈诉，出限不得受理"③。南宋典卖田宅诉讼时效的缩短，适应了所有权转移加快的形势，更有利于豪强侵吞小民田产。

（四）民诉结案程限

宋代民事诉讼的结案程限已有明确规定。据李元弼讲："耆镇判状事已了毕，限十日交连赴县，先取知委告示应在县公人并耆镇等。凡判状帖引之类有朱印火急字者，违限一日，急字者，违限两日，其余违五日，并勘决，仍出榜发放司前。"如是"判索钱物状，量多寡宽与日限，却须逐限要还及分数于状上用印子"④。南宋时，由于官吏不以民事为急务，"稽违程限，率以为常"，至有累年。因此，宋孝宗乾道二年（1166）规定："在州县半年以上不为结绝者，悉许监司受理"。⑤朱熹知潭州时规定：民讼"婚田之类，限两月须管结绝"。⑥《庆元令》中的规定更详细，"诸受理词诉，限当日结绝；若事须追证者，不得过五日，州郡十日，监司限半

---

① 《宋刑统》卷一三《户婚律·典卖指当论竞物业》，第206页。
② 《名公书判清明集》卷四《漕司送许德裕等争田事》，第118页。
③ 《宋会要辑稿·刑法》三之四七，第8417页。
④ 李元弼等撰，闫建飞等点校：《作邑自箴》卷三《处事》，收入《宋代官箴书五种》，北京：中华书局，2019年，第19页。
⑤ 《宋会要辑稿·刑法》三之三二，第8409页。
⑥ 《晦庵先生朱文公文集》卷一〇〇《约束榜》，《朱子全书（修订本）》，第25册，第4630页。

月。有故者除之，无故而违限者，听越诉"。①嘉定五年（1212）又规定："如受理词诉，即时出给告示，不受理者，亦于告示内明具因依，庶使人户凭此得经台省陈理。"②南宋虽然有不少比较合理的规定，但在州县官吏"以狱为市"，"以贿为胜负"的情况下，稽违程限，淹延岁时，成为非常突出的弊端。

（五）结绝官给"断由"

宋代民诉结案后，由官府给当事人结绝"断由"，作为结案凭证和上诉证据，这是宋代民诉中的一个创举。南宋绍兴二十二年（1152）规定："今后所讼如婚田差役之类曾经结绝，官司须具情与法叙述定夺因依，谓之断由，人给一本。厥有翻异，仰缴所给断由于状首，不然不受理。使官司得以参照批判，不失轻重。"③由此不难看出，强调给当事人"断由"的目的有二：一是防止民户日后任意翻异，烦扰官厅；二是通过"断由"叙述定夺因依，可以作为后审官的参考，亦可发现前断官的曲直。但在司法实务中，有些官吏为掩盖诉讼中的玩法不公，不肯出给"断由"，上司则"以谓无断由而不肯受理"，而造成被冤之人无处申诉。因此宋孝宗乾道七年（1171）十二月又规定："今后遇有理断，并仰出给断由。如违，官吏取旨行遣。"④对此宋光宗绍熙元年（1190）规定得更详细："自今后，人户应有争讼结绝，仰当厅出给断由，付两争人收执，以为将来凭据。如元官司不肯出给断由，许令人户径诣上司陈理；其上司即不得以无断由不为受理，仍就状判索元处断由；如元官司不肯缴纳，即是显有情弊，自合追上承行人吏重行断决。"⑤宋宁宗庆元三年（1197）再次申严旧法，并规定"过限不给，许人户陈诉"。⑥宋代强调官司出给诉讼当事人"断由"的立

---

① 《宋会要辑稿·刑法》三之四〇、四一，第8414页。
② 《宋会要辑稿·刑法》三之四一，第8414页。
③ 李心传编撰，胡坤点校：《建炎以来系年要录》卷一六三，"绍兴二十二年五月辛丑"，北京·中华书局，2013年，第3098页。
④ 《宋会要辑稿·刑法》三之三四，第8410页。
⑤ 《宋会要辑稿·刑法》三之三七，第8412页。
⑥ 《宋会要辑稿·刑法》三之三八，第8412页。

法，从《名公书判清明集》及其他判例中看，基本上是得到执行了。

宋代民诉中的受理"务限"，审断"程限"，诉讼"时效"及结绝官给"断由"的立法，在当时社会历史条件下，是比较合理和有积极意义的。这是宋代民诉法发展变化的突出表现。

（六）书证在民诉中的作用

宋代的民事诉讼中，书证是判断是非曲直的重要证据。主要有各类契约、遗嘱、定婚帖、证人的陈述笔录、书铺对书证真伪做的鉴定报告、官府的图册、帐籍等档案文书。

书证最能反映民事法律关系当时的具体情况，所以自宋初就强调"官厅财物勾加之讼，考察虚实，则凭文书"[①]；"交易有争，官司定夺，止凭契约"[②]；争田之讼，如界至不明，契书不存，难以决断者，"税籍可以为证；分财之讼，丁籍可以为证。虽隐匿而健讼者，亦耸惧而屈服矣"[③]。显然书证在宋代民事争讼中的效力是很高的，作用也是很大的。在宋代的司法实践中，司法官员依据契约等书证直接做出判决的实例很多。

随着书证在民事争讼中作用的增强，一些奸猾之徒利用伪造书证谋取非法之利的行为不断发生。因此，辨验书证的真伪又成为审断正确与否的关键一环。吴恕斋讲："官司理断典卖田地之讼，法当以契书为主，而所执契书又当明辨其真伪，则无遁情。"[④]所以宋代法律一直强调搜集、调查、运用、鉴别契照。在这一方面，宋代积累了丰富的经验。

1.笔迹鉴定。

宋法规定，诉讼当事人所提供的契书、遗嘱等证据，在使用前都要进行辨验。其方法有二：一是审断官吏用证据相关人的其他笔迹与之进行比较，以判定真伪；二是官吏不能判定真伪时，则"唤上书铺，当厅辨

---

① 《名公书判清明集》卷九《质库利息与私债不同》，第336页。
② 《名公书判清明集》卷五《物业垂尽卖人故作交加》，第153页。
③ 〔宋〕郑克编，刘俊文译注：《折狱龟鉴》卷六《王曾判田》，上海：上海古籍出版社，1988年，第374页。
④ 《名公书判清明集》卷九《孤女赎父田》，第315页。

验"。①《名公书判清明集》中有关令书铺辨验的事例很多，如翁浩堂审理徐应辰"揩擦关书包占山地"案；吴恕斋断典卖契书真伪案；刘后村断定亲帖子诬赖案；宋自牧断伪造"告身、批书"案等，都是经过书铺辨验确定真伪后判决的。为使书铺对自己的辨验行为负法律责任，并将辨验结论"保明责罪状入案"。②

2.旁求证左。

在无法对书证本身判定真伪，或书证已经遗失时，则要通过相关人的证言进行旁证。郑克讲："卖田问邻，成券会邻，古法也。"③因为邻人最了解真实情况，所以对争讼案具有重要的证明力。但"旁求证左，或有伪也；直取证验，斯为实也"。④由于旁证容易出现伪证，所以旁证的效力比不上物证的效力强。为确保证言的真实性，证人在作证前亦要立下"责罪状"，以表明愿对自己作的证言承担法律责任。同时官府的丁税籍等文书档案，亦是财产争讼中有力的佐证。

3.实地勘查。

在田土争讼中，为了判定争讼当事人提供证据的真伪，司法官员还经常亲自或派人到争讼双方所争执的田地进行实地勘查。如龚敷与游伯熙互争田一案，虽将两家所执干照与本厅出产图簿参对，"并无豪发差舛"，但仍"押两争人到地头"，集邻保从公指定标迁⑤；又如聂忠敏与车言可所争之田，虽然"车言可所收干照，得见图簿之中"，但仍"躬亲前去定验，得见其地头田段，疆画翼翼，殊不淆杂，仍与多方询访，得之众论"⑥。再如刘后村审断俞行父、傅三七争山之讼时，"委县尉定验，及县尉亲至地头"。⑦对所争讼的田地进行实地勘查，以验证所执干照的真伪，广泛听

---

① 《名公书判清明集》卷九《孤女赎父田》，第315页。
② 《名公书判清明集》卷九《伪作坟墓取赎》，第319页。
③ 《折狱龟鉴》卷六《刘沆问邻》，第334页。
④ 《折狱龟鉴》卷六《程颢辨钱》，第378页。
⑤ 《名公书判清明集》卷五《揩改文字》，第154页。
⑥ 《名公书判清明集》卷五《田邻侵界》，第155页。
⑦ 《名公书判清明集》卷五《争山妄指界至》，第158页。

取众论，以便做出正确的判定。

二、越诉法的制定和民诉权的扩大

中国封建诉讼法中规定的诉讼程序，一般是按诉讼管辖和审级自下而上逐级进行的，越级诉讼是诉讼中的特别程序，历来为统治者所禁止。如唐律规定："诸越诉及受者，各笞四十。"①宋代的刑诉中亦承袭了这条诉讼原则。在民事诉讼中，北宋末之后的统治者却一反传统旧制，不仅大开越诉之禁，而且增立了越诉之法。宋代民诉权的扩大，也正是从越诉权的变化上表现出来的，这是中国封建诉讼法史上的一个突出变化。

（一）越诉法的制定

从宋代越级诉讼的法律变化看，北宋统治者为维护封建诉讼秩序，限制百姓的诉讼权利，对越诉一直是严加禁止的。北宋初制定的《刑统》中，不仅规定了逐级上诉的程序，而且规定了越级诉讼的处罚。其后又屡降诏敕加以限制，而且越来越严格。但到北宋末，严禁越诉的规定发生了变化。

1.北宋末始开越诉之禁。

宋徽宗即位之后，蔡京集团当国，打着"绍述"熙丰新法的旗号，大肆搜刮民财，以满足荒淫无度的挥霍。上不正则下不良。内自公卿大夫，外自监司守令，无不"托公徇私，诛求百姓，公然窃取，略无畏惮"；"玩法贪污，遂致小大循习，货赂公行，莫之能禁"。②即使"监司守令，皆赴寄居之家酒食，甚者杂以婢妾，深夜方散。交通所部，驰废职事"。③致使"轻重与夺之权，乃归胥吏"④，而吏则辄立名目，须索榜克，"讬法自便"。吏治的腐败，官吏的聚敛，民不堪命，农民起义在全国各地相继爆发，严重威胁到赵宋的腐朽统治。在这种形势下，宋徽宗为标榜"革弊恤

---

① 岳纯之点校：《唐律疏议》卷二四《越诉》，上海：上海古籍出版社，2013年，第384页。
②《宋会要辑稿·刑法》二之九二，第8332页。
③《宋会要辑稿·刑法》二之九二，第8332页。
④《宋会要辑稿·刑法》三之二四，第8405页。

民之意"，在政和之后，相继颁降了许人越诉的诏敕。

政和三年（1113），宋徽宗针对州县官司"辄置柜坊，收禁罪人，乞取钱物，害及无辜"①的情况，降下御笔：凡"官司辄紊常宪，置杖不如法，决罚多过数，伤肌肤，害钦恤之政"者，"许赴尚书省越诉"。②

宣和三年（1121）又规定："诸路州军公吏人，违条顾觅私身发放文字及勾追百姓"，"擅置绳锁，以威力取乞钱物"，而"监司守令坐视漫不省察"者，亦许"民户诣监司越诉"。③

宣和六年（1124），又针对在外现任官员私置机杼，"令机户织造匹帛"的情况，令尚书省立法严行禁止。其规定：如有违犯者"各徒二年，计所利赃重者，以自盗论。仍并许越诉"。④

宣和七年（1125）又规定：凡催税公人，不等人户输纳而"强牵耕牛典质，或以代纳为名拘留折欠更不给还，致妨废耕种"者，许人越诉。⑤

北宋末准许越诉的敕令虽然不多，范围也很小，但毕竟是开放了越诉的禁门，为南宋广开越诉之禁，增立越诉之法奠定了基础。

2.南宋增立越诉之法。

南宋初，金兵南侵，烧杀劫掠，所至残破；官兵"游寇"，恣为剽夺，抢粮掠物，洗劫一空；而赵构集团却以抗金为名，租税猛增，巧取豪夺，更胜于兵寇。贫民百姓，或亡于兵火，或逃奔流离，或强征充军，民力极度穷困，生产遭到严重破坏，农民反抗纷纷而起。民族矛盾、阶级矛盾的冲击，使赵宋江南小朝廷处于风雨飘摇之中。而"州郡官吏，歌乐自若，殊无忧国念民之心"。⑥他们既无宽恤爱民之意，反而"以惨刻聚敛为

---

① 《宋会要辑稿·刑法》二之九一，第8332页。
② 《宋大诏令集》卷二○二《置杖不如法决罚过多许越诉御笔》，北京：中华书局，1962年，第752页。
③ 《宋会要辑稿·刑法》二之八二，第8327页。
④ 《宋会要辑稿·刑法》二之九一，第8332页。
⑤ 《宋会要辑稿·食货》七○之二九，第8116页。
⑥ 《宋会要辑稿·刑法》二之九七，第8335页。

务"。①尤其是州县之吏，以"自食而办公事"②，"非私下盗领官物，则背理欺取民财"③。残破的经济，贿败的官吏，在内忧外患的局势下，直接动摇着赵宋统治者的"中兴大业"。

南宋初的统治者非常明白，"民心之向背，即天心之向背"，如果"权臣之末，货赂公行，诛求既广，民不堪命"④，必然带来灭顶之灾。欲中兴赵宋统治，必须把恢复和发展生产放在首位；欲恢复和发展生产，必须以宽恤民力为大计；欲宽恤民力，必须"使为政者皆知民事为急"。⑤在这一思想指导下，确定了以中兴之功为大业，以民事为急务，以宽恤民力为大计的治道方针。为实现这个治道方针，采取了如下的几项措施。

（1）增定民事被罪之法。南宋初规定，凡"监司守臣代还入见，并令以民事奏陈"。为加强对"视民政为不切之务"官吏的处罚，在官吏已有的"公、私、赃三等之罪"外，"又标立民事一罪，以戒惧之"。⑥其规定：凡因"民事被罪者，并不得注知州军、通判、知县差遣"⑦，以此使亲民官"皆知民事为急"。

（2）强化监司的监督责任。为整饬吏治，钳制州县官吏违法害民，加强了监司的法律责任。宋高宗曾诏："委诸路监司，询访民间利病以闻，详为法禁。"⑧并规定：凡是官吏横敛细民、额外诛求、肆意科配、贪赃枉法等不法行为，如果"监司不即按治者，重行黜责"。⑨若"监司隐庇而不

① 《建炎以来系年要录》卷一七一，"绍兴二十六年二月甲戌"，第3266—3267页。
② 陆九渊撰，钟哲点校：《象山集》卷八《与赵推书》，北京：中华书局，2012年，第112页。
③ 胡太初撰，闫建飞等点校：《昼帘绪论·御吏篇第五》，收入《宋代官箴书五种》，北京：中华书局，2019年，第171页。
④ 佚名撰，王瑞来笺证：《宋季三朝政要》卷一，"端平元年九月"，北京：中华书局，2010年，第78页。
⑤ 《宋会要辑稿·刑法》三之四一，第8414页。
⑥ 《建炎以来系年要录》卷一五九，"绍兴二十九年三月庚戌"，第3014页。
⑦ 《建炎以来系年要录》卷一七一，"绍兴二十六年春正月戊辰"，第3263页。
⑧ 《宋会要辑稿·刑法》二之一五三，第8381页。
⑨ 佚名撰，孔学辑校：《皇宋中兴两朝圣政辑校》卷十，"绍兴元年十一月乙巳"，北京：中华书局，2019年，第317页。

举发者，同罪"。①以此强化监司对地方官吏不法害民的监督责任。但是南宋时的监司"不以法治，不以义举之权付之"，致使监司之不法不义反甚于州县。②因此，监司不法成为吏弊不治的重要原因。

（3）增立越诉之法。南宋初，"朝廷虑猾吏之为民害，故开冒役越诉之门"。③而民间词诉"苟情理大有屈抑，官司敢为容隐，乃设为越诉之法"。④即主要是为了利用民众力量，加强对州县官吏非法害民行为的监督和钳制，借以达到宽恤民力、恢复生产、巩固中央集权的目的。绍兴二十七年（1157）侍御史周方崇讲：越诉之法"敕令该载者止十数条，比年以来一时越诉指挥亡虑百余件"。⑤此仅是南宋初期的情况，可见数量之多。《庆元条法事类》中规定："诸奉行手诏及宽恤事件违戾者，许人越诉。"⑥即官吏不奉行诏令、不依法办事、不重视民事、不宽恤民力等行为，都准许越级上诉，可见准许越诉的范围是相当广泛的。正是由于越诉法条多，准许越诉范围广泛，才突出表现了宋代民诉权的扩大。

（二）越诉权的扩大

南宋越诉权的扩大，是通过准许被害人越诉范围表现出来的，是通过准许越诉的形式实现的，要了解越诉权扩大程度，必须对准许越诉的内容和范围加以探讨。

1.非法侵人物业，许人户越诉。

南宋初年，因兵火寇劫，百姓多弃产逃移，奸豪公吏，趁机冒占。兵息火灭之后，业主多思复业，而豪强大户，不许耕凿；更有"形势之家，

---

① 《宋会要辑稿·食货》六九之二一，第8058页。
② 〔宋〕叶适著，李公纯、王孝鱼、李哲夫点校：《叶适集》卷一四《监司》，北京：中华书局，2010年，第810页。
③ 《宋会要辑稿·刑法》三之三三，第8410页。
④ 《宋会要辑稿·刑法》三之二九，第8408页。
⑤ 《宋会要辑稿·刑法》三之二九，第8408页。
⑥ 戴建国点校：《庆元条法事类》卷一六《文书门一》，哈尔滨：黑龙江人民出版社，2002年，第336页。

专以贪图人户田业致富"。①使小民贫困，抑害生民，对此立定越诉之法。

2.典卖田产不即割税，听人户越诉。

南宋初，户籍破坏，赋税无据，豪强形势之家兼并土地，县司徇豪民之意不予割税，使贫民下户无田抱税，虽累经披诉，亦未蒙蠲改，致"使贫乏下户多有逃移"。②为此，制定了产去即时割税之法，如有违戾，许民户越诉。南宋虽有典卖田产即时割税之法，违者准许越诉，但在豪强官吏相互勾结的情况下，"产去税存""不田而税"，始终是大量存在的。

3.官吏受纳税租不依法，许人户越诉。

南宋官府所立税目已经繁多，在二税之中，有加耗、斗面、预借；二税之外更是不可胜数，使广大贫民下户无法生活。而官吏在受纳之际，又于常赋之外"别立名色于民户，至有纳一二倍才及正额者"。而官吏的"侵欺盗隐，无补用度"。③因此，对官吏的法外聚敛亦准许人户越诉。

4.籴买官物、非理科配，听人户越诉。

南宋时，"和籴"已变成了一种硬性摊派的附加税，同时又以均籴、对籴、借籴、补籴等名目，反复向农民讹取；和买、预买也变成了按户等征收的科配，而且又以折变的办法对农民进行榨取。由于折科"利不归于公上，却害切于生民"。因此，对官吏在和籴、和买中的欺讹行为，亦采取了准许受害人越诉的办法。南宋"州县为民害者，莫如科配，巧立名字，行之自如"④；虽立越诉之法，终宋未能革除。

5.私置税场，邀阻贩运，许商客越诉。

南宋商税是封建财政的主要来源。为保证商税收入，在全国各地建立了严密的征收商税网，苛征暴敛，"酷如杀人"。而"知州以税务为鹰犬"，"县令以税务为肘腋"，暗中私增税场，法外敲诈勒索，更加严重地阻碍了

---

① 〔宋〕黄榦：《勉斋集》卷三三《陈安节论陈安国盗卖田地事》，景印文渊阁《四库全书》，第
　　1168册，第376页。
② 《宋会要辑稿·食货》六九之二五，第8060页。
③ 《建炎以来系年要录》卷一六三，"绍兴二十二年春正月丁巳"，第3091页。
④ 《宋会要辑稿·食货》七〇之四五，第8125页。

商业的发展。对此，南宋朝廷亦立越诉之法进行钳制。南宋商事越诉法的增定，主要是保护商品经济的发展，但其最终目的，还是为了确保官府的商税收入。

6.官司私自科敛百姓，许人户越诉。

南宋州县官吏私自科取百姓财物，无偿役使百姓，是极为普遍的现象。对此，亦立法准许人户越诉。南宋州县科取百姓的名目之多，实属少见。朝廷从稳定统治大局出发，对此不能不加以限制。

7.官吏受理词讼违法，许人越诉。

南宋官吏受理民间词讼，往往"不问理之曲直，惟视钱之多寡"；"以贿为胜负"，"视多寡为曲直"，致使"富者重费而得胜，贫者衔冤而被罚"[①]；甚至"以狱为市，淹延岁时"，累年而不决；有的辄相收禁，泛滥追证，逼求贿赂，渔夺细民。南宋统治者为限制司法官吏舞文弄墨，非法残民，亦准许被冤之民越诉。

南宋统治者虽然广立越诉之法，但在吏治腐败、官官相护、官吏为奸的官僚政治下，并没有能改变南宋司法黑暗的状况，反而愈演愈烈，最后在全国造成了"官司人户亦交相敌仇"[②]的局面。

（三）越诉法的社会作用

越诉作为诉讼法中的一种特别程序在宋代的广泛使用，是史无前例的。从越诉法规定的越诉内容看，基本上是属于民事法律关系范围内的；从享受越诉权的人员看，主要是广大的小生产者和客商；从被越诉的对象看，主要是路州县的官司和官吏在民事方面的不法行为。由此可以看出，南宋统治者增创越诉法的目的，试图通过细民的越诉，加强对不法官吏的监督，达到宽恤民力，恢复生产，稳定统治，强化专制主义中央集权。

宋朝的封建政权是建立在大地主和广大小生产者共同的经济基础之上的。虽说大地主是赵宋政权的核心力量，而广大小生产者则是宋代政权赖

---

① 《宋会要辑稿·刑法》三之三八，第8412页。
② 《黄氏日抄》卷七〇《再申提刑司乞将理索归本县状》，《黄震全集》，第7册，第2080页。

以存在的社会基础，是发展生产、创造社会财富的主力军，但是广大小生产者又是豪强兼并势力侵吞和官吏科敛欺凌的主要对象。尤其在南宋初期，几经兵火之后，民力极度穷困，豪强兼并的侵剥，贪官奸吏的科敛，使广大小生产者无法生活下去。而飘摇在江南的赵宋小朝廷要恢复生产，稳定统治，成就中兴之功，就不能不维护小私有生产者的权益。在这种局势下，南宋统治者采取准许广大小生产者用越诉的方法保护其自身利益、限制豪强的非法侵吞、钳制官吏的法外聚敛是可取的。对调整生产关系、缓和阶级矛盾、促进生产的恢复和发展，都起了一定的积极作用。

由于越诉法主要以维护广大小生产者的利益为对象，以调整民事法律关系为内容，以宽恤民力为宗旨，因此进一步扩大了法的社会性。南宋越诉法的增定，不仅丰富了民事诉讼的内容，也使南宋的法律具有更广泛的社会意义。但是越诉禁门的开放，也引发了词诉的滋长，尤其是豪宗强姓，持越诉敢于凌乱而不顾阶级；奸猾顽民，凭恃凶狡，饰词越诉，变乱是非，欺惑朝政，甚至持越诉以为"胁持县道之计"。[1]因此，一些官僚士大夫要求将越诉法"重加删除，以省讼牒"。[2]特别是"百姓得诉长吏而去之，则守令得诉观察使而废之，藩镇得诉宰相而黜之"。[3]更是他们不能接受的，认为这是"上侵不已"的根源。宋理宗宝祐时，胡致堂在《论越诉》中说："自古善为治者，必禁越诉。"他认为，贵治世者，必须是"上下之分严而民志定"。而朝廷立越诉之法，开越诉之禁，"是天子以一人之聪明而兼千百州县之职"，"以越诉说百姓之心"；是"不恤其乱名犯分而无所顾忌之为大害也"。[4]胡致堂从维护封建等级名分出发，对造成"不顾阶级""上侵不已"的越诉法自然是否定的。胡致堂对越诉的议论与朱熹

---

① 《宋会要辑稿·刑法》三之三三，第8410页。

② 《宋会要辑稿·刑法》三之二九，第8408页。

③ 《古今合璧事类备要外集》卷二六《胡致堂论越诉》，景印文渊阁《四库全书》，台北：台湾商务印书馆，1986年，第941册，第585页。

④ 《古今合璧事类备要外集》卷二六《胡致堂论越诉》，"千百"，景印文渊阁《四库全书》作"十百"，第941册，第585页。

的听讼思想是一致的。朱熹曾说："凡有狱讼，必先论其尊卑、上下、长幼、亲疏之分，而后听其曲直之辞。凡以下犯上，以卑凌尊者，虽直不右；其不直者，罪加凡人之坐。"①由此不难看出，南宋后期人对越诉法的评价深受程朱理学的影响。

尽管有些封建士大夫对越诉法持否定态度，尽管统治者把越诉法作为加强皇权的一种手段，但南宋广大小生产者在当时的历史条件下能够依法享有更广泛的诉讼权，这是封建诉讼史上的一个进步，也是越诉法的一个很重要的社会效果，在中国封建法律发展史上具有独特的历史地位。

三、民诉状的书写与起诉权的限制

在宋代的民事诉讼中，由于越诉法的增定，民事诉讼权确实扩大了。但在司法实务中，官府又通过各种渠道对民户的起诉权加以限制，尤其是对词状书写的要求越来越严格，实际上是不断加强对民事起诉权的控制。

（一）诉状的书写

宋初，诉状的书写及格式袭用后周之制。"所陈文状，或自己书，只于状后具言自书；或雇请人书，亦于状后具写状人姓名，居住去处。如不识文字及无人雇请，亦许通过白纸。"②此方法对广大起诉人来说是非常方便的。随着诉讼活动的日渐活跃，在民间出现了专以佣笔为业的写状代书人，在江南称为"珥笔之人"，为民户书写诉状提供了方便。但佣笔之人在代写诉状过程中，有的"借词买状"，有的设谋造计、虚构情节教唆妄讼，严重地干扰了官府的正常理断，因此受到官府的禁约。宋真宗景德四年（1007）五月降诏："如是令人代笔为状，即不得增添情理，别入言词。并元陈状人本无枝蔓论奏，事被代笔人诱引妄有规求者，以代笔人为首科罪。"③官府对佣笔之人虽有法禁，但对广泛存在于民间的自由佣笔人的活

---

① 《晦庵先生朱文公文集》卷一四《戊申延和奏札一》，《朱子全书（修订本）》，第20册，第657页。
② 《宋刑统》卷二四《斗讼律·越诉》，第380页。
③ 《宋会要辑稿·刑法》三之一四，第8399页。

动是难以控制的。为加强对代写诉状的控制，在北宋后期产生了"写状钞书铺户"，并规定百姓诉状必须由"写状钞书铺户"按照官府规定的统一诉状格式书写，否则官府不予受理。"写状钞书铺户"虽是民间经营写状钞书的个体专业户，但是经官府批准"系籍"，受官府严格控制的。写状书铺的产生，是官府强化诉状书写管理的表现，也是官府控制民诉权的产物。

（二）写状的控制

宋代的"写状钞书铺户"何时出现，已无从可考，但从成书于宋徽宗政和七年（1117）的《作邑自箴》的"写状钞书铺户约束"①中可以清楚了解到，宋代对写状书铺的规定已经很详备了。这说明写状书铺已经走过了一个发展完善的里程。

宋代的书铺大致有两类：一类是专以刊印售卖书籍为业的书铺；另一类是在官府"系籍"的具有"公职"性的民办书铺。而在"系籍"书铺中，按其职能又有两种：一种是设在京师的专为参加礼部试的举人和到吏部参选应考者办理验审手续的书铺；另一种是分布在各地专以代人书写诉状和协助官府鉴定书证真伪的书铺。我们所谈的书铺，是指地方上的"写状钞书铺户"。

从李元弼《作邑自箴》中记载来看，写状书铺必须是"自来有行止，不曾犯徒刑，即不是吏人勒停、配军、拣放、老疾不任科决及有荫赎之人，与本县典史不是亲戚"的人户。而且要由三名当地人担保，经官府"勘会得实，置簿并保人姓名籍定，各用木牌书状式并约束事件挂门首。仍给小木印印于所写状钞诸般文字年月前"，始许开业。即必须经官府审查批准，"籍定"入册，发给营业执照和木印后，才能挂牌开张。如果写状铺户主人改业或死亡，要将"木牌、印子赴官送纳，亦行毁弃，他人不得冒名行使"。②这说明写状书铺虽非官设机构，但是经官府批准认可的，

---

① 《作邑自箴》卷八《写状钞书铺户约束》，第48页。
② 《作邑自箴》卷三《处事》，第19页。

而且写状书铺的业务活动是受官府严格控制，书写词状必须遵循法定格式及官府指挥进行的。李元弼《作邑自箴》卷八"写状钞书铺户约束"中，对书铺的写状活动有具体详细的记载：

1.词状前要朱书事目；

2.状钞中的紧切处不得揩改；

3.写状"不得添借语言，多入闲辞及论诉不干己事"。若实有合诉之事，"不得称疑及虚立证见"；

4.不得为非本籍人写词状，以此"邀难人户，多要钱物"；

5.不得为已经判决或正在审理中的人户再写诉状；

6.百姓年七十或笃疾及有孕妇人，不得为状头。

如果写状书铺违犯县司约束指挥，定要"毁劈木牌、印子，更不得开张"。①在约束书铺写状活动的同时，又规定"不系籍人不得书写状钞"；人户"不得令无木牌、印子人书写状钞之类"。②从对写状书铺的约束看，北宋时已经对书铺的写状活动控制很严格了。

南宋时，民事诉讼活动更加活跃，书铺代写词状的任务更加繁重，而官府对书铺的控制也更加严格。从朱熹知潭州时的《约束榜》中，能够充分看出这一点。③其规定：

1."官人、进士、僧道、公人（诉己事）听亲书状，自余民户，并各就书铺写状投陈。如书铺不写本情，或非理饰说，及当厅执复不同听词，定行根究书铺"。

2."状词并直述事情，不得繁词带论二事，仍言词不得过二百字，一名不得听两状"。即一状只能诉一事，字数不得过二百，一人不能同时投两件诉状。

3.凡人户状告"不干己事"及"理涉虚妄"者，"写状书铺与民户一

---

① 《作邑自箴》卷三《处事》，第19页。

② 《作邑自箴》卷六《劝谕民庶榜》，第41页。

③ 《晦庵先生朱文公文集》卷一〇〇《约束榜》，《朱子全书（修订本）》，第25册，第4630—4641页。

等科罪"。

4.凡因书铺趁人户写状之机邀求，致使人户投白纸者，"唤上断治施行"。

5."书铺如敢违犯本州约束，或与人户写状不用印子，便令经陈，紊烦官司，除科罪外，并追毁所给印子"，不准继续营业。

南宋官府对写状书铺的约束比北宋时更严格，而且突出表现通过对书铺的控制，进一步加强了对民户诉权的限制，黄震多次的榜谕《词诉约束》中更有明显表露。

（三）起诉的限制

宋代对民事诉讼权的限制，在北宋末之前并不严格，主要对无行为能力和限制行为能力人的诉讼权加以限制，及严格禁止论诉不干己事。北宋末至南宋时，对民诉权限制逐渐加强，其限制的方式主要是扩大了"不受理"范围。这一变化，与南宋诉讼活动的活跃是分不开的。

1.诉讼人年龄限制。

宋太祖乾德三年（965）六月规定："自今应年七十以上，不得论讼，须令以次家人陈状。如实无他丁而孤老茕独者，不在此限。"[1]这是宋代立国之后第一个限制诉讼人年龄的立法，原因是依法七十岁以上即使诉事不实，也不负法律责任。宋太宗太平兴国二年（977）九月又规定："自今应论讼人有笃疾及年七十以上，所诉事不实，当坐其罪而不任者，望移于家人之次长。"[2]宋真宗大中祥符四年（1011）九月再次诏申这一原则："自今诉讼，民年七十已上及废疾者，不得投牒，并令以次家长代之。"[3]但是家中无丁男而孤独无依者则不受此项规定的限制。这一原则直至南宋无变化。

2.严禁论讼不干己事。

---

① 《宋会要辑稿·刑法》三之一〇，第8397页。
② 《宋会要辑稿·刑法》三之一〇，第8397页。
③ 《续资治通鉴长编》卷七六，"大中祥符四年九月庚辰"，第1734页。

宋代基于息讼宁人的原则，为维护诉讼活动的正常进行，对论讼不干己事的行为严加限制。宋真宗景德二年（1005）六月诏："诸色人自今讼不干己事，即决杖、枷项、令众十日。情理蠹害，屡诉人者，具名以闻，当从决配。"①宋仁宗庆历七年（1047）又规定：今后"妄论他人或带不干己事者，令逐处分明声说，勘罪依法施行"。②北宋末再次申严写状不得"论诉不干己事"③，并规定，如有无图之辈"教唆良民论诉不干己事"，县司"察探追捉到官，必无轻恕"④。南宋绍兴二十一年（1151）亦规定："其诉事不干己，并理曲或诬告及教令词诉之人依法断讫，本州县将犯由、乡贯、姓名籍讫，县申州，州申监司照会。若日后再有违犯，即具情犯申奏断遣。"⑤其后的敕文中又多次规定："诸事不干己辄告论者，杖一百，其所告之事，各不得受理。"⑥尤其对健讼人替人论诉不干己事控制更严。《名公书判清明集》中有不少因代人词讼而受处罚的案例。禁止论诉不干己事，实际上是对民事诉讼中的代诉权加强了限制。

宋代对起诉权的限制，在北宋末已有扩大。如规定："有孕妇人，并不得为状头"；"州城下居住人户，不得诣县中陈状"⑦；"勘会官司承受诸色人词诉，状内称'上命'及'与民作主'之类"言语者，"并勿受理"⑧等，都是在此时出现的。南宋时则进一步扩大，而且更加明确、规范。

3.南宋对诉权限制的加强。

南宋对诉权限制的加强，是通过扩大"不受理"范围表现出来的。南宋中前期对民诉权的控制，主要是采取了强化对写状书铺控制的形式。而

---

① 《宋会要辑稿·刑法》三之一二，第8398页。

② 《宋会要辑稿·刑法》三之一八、一九，第8402页。

③ 《作邑自箴》卷八《写状钞书铺户约束》，第48页。

④ 《作邑自箴》卷六《劝谕民庶榜》，第38页。

⑤ 《宋会要辑稿·刑法》三之二八，第8407页。

⑥ 〔宋〕陈傅良著，周梦江点校：《陈傅良先生文集》卷四四《桂阳军告谕百姓榜文》，杭州：浙江大学出版社，1999年，第560页。

⑦ 《作邑自箴》卷六《劝谕民庶榜》，第41页。

⑧ 《宋会要辑稿·刑法》三之二二，第8404页。

到南宋后期，则明确规定了不受理词状的条件，限制民诉权更加明朗化。在诸多限制民诉权的约束中，最能反映当时情况和最具有代表性的词诉约束，是黄震知抚州时的《词诉约束》和他在江西提刑司任上所颁发的《引放词状榜》中的规定。黄震讲："非事属本司，已经州县而所断不平者，决不受理。"①即使"有不能小忍而必欲讼者，亦择而后受"。②为此，黄震明确规定了不受词诉的具体条款：

（1）非经州县次第官司不受；

（2）非已断不平不受；

（3）不经书铺不受；

（4）状无保认不受；

（5）状过二百字不受；

（6）一状诉两事不受；

（7）事不干己不受；

（8）状注年月、姓名不实不受；

（9）投白纸状不受；

（10）拦轿状词不受；

（11）事不属本司不受；

（12）着布、枷纸、枷状不受；

（13）非户绝孤孀而以妇人出名不受；

（14）自刑自害状不受；

（15）匿名状不受。

如此众多的"不受"，又有受理次第和"务限、日分"的限制，使南宋后期的民事诉权大大缩小了。

（原载郭东旭：《宋代法制研究》，河北大学出版社2000年版）

---

① 《黄氏日抄》卷七九《词诉约束》，《黄震全集》，第7册，第2228页。
② 《黄氏日抄》卷八〇《引放词状榜》，《黄震全集》，第7册，第2252页。

宋代检验制度探微

郭东旭　黄道诚

宋代是一个商品经济发达、科学技术进步、社会矛盾复杂、阶级斗争激烈的朝代。在这样一个特殊的历史环境下，不仅成就了世界上第一部法医学专著《洗冤集录》，而且促使检验制度得以充分发展。宋朝建国之初制定的《宋刑统》完整地继承了《唐律》中有关检验的法律规定。为了解决司法实践中不断出现的新问题，又以敕、令、格、式的形式颁布了一系列与检验有关的法律、法令。从真宗咸平三年（1000）开始，其后历代都有关于司法检验的补充规定，使宋代的检验制度日臻完善。

一、宋代检验的主体与客体

所谓"检验的主、客体"是现代的法律概念，检验主体是指有权参与检验的组织和人员，而检验客体则是指检验行为的对象，即须经检验的案件。宋代法律详细规定了参与检验的组织和人员的范围与案件的范围，并对检验组织和人员的职责进行了明确的分工。

宋朝法律规定："检验之官，州差司理；县差县尉；以次差丞、簿、监当。若皆缺，须县令自行。"①可见，担负检验职责的官员主要是司理参军和县尉。除此之外，人吏和仵作等人要随同或配合官员进行检验。②仵

----

① 〔清〕徐松辑，刘琳等校点：《宋会要辑稿·刑法》六之四，上海：上海古籍出版社，2014年第8532页。

② 谢深甫等撰，戴建国点校：《庆元条法事类》卷七五《验尸·杂式》，哈尔滨：黑龙江人民出版社，2002年，第801—802页。

作又称"仵作行人"，是专门从事验尸送葬行业的人，因为他们长年与尸体打交道，积累了丰富的处理尸体的经验。所以，宋代官府在尸体检验活动中，都请仵作帮助整理、验看尸首，最终其发展成为法定必到的检验人员。他们在检验中的任务是在检验官的指挥下，洗罨尸首，喝报伤痕，处理尸体等。人吏是供官府和官员奔走驱使的差役人员，他们的主要任务是负责维护现场秩序，召集在场人员，进行有关记录，从事调查访问等。①为了保证检验的公开、公正，宋代法律要求，"所差官须集干连人，分明检验"。②这里所谓的"干连人"包括耆老，保正、副，死者家属，行凶人等，都要在场见证。

由于宋代仍然实行行政兼理司法的制度，因此，司法检验任务主要由地方行政人员承担，但亦有例外，据《宋会要辑稿》记载，南宋时规定，百里内无县者，委之巡检或都巡检进行覆检。另外，御史台在行使监察权时，也可差官覆检。

宋代司法检验除仵作参加外，官府还根据案件的实际需要聘请具有相关知识的人参加。从《洗冤集录》卷二《妇人》和卷四《病死》的内容来看，可以推断宋代配合检验官进行检验的人员还包括稳婆、医生等相关人员。

宋代关于检验的职责规定很细。初检时，以案发地受理为原则，案发在州治所地，由州差官检验；案发在县，由县委官检验；如验本院（州司理院）囚或本县囚，则由别州、县差官。③覆检时，根据不同情况，分别由州、邻县或本县差官。真宗咸平三年（1000）诏："若是非理致命，及有他故，即检验毕，画时申州差官覆检。其远处县分，先委本县尉检验毕，取邻近相去一程以下县分内，牒请令、尉或主簿。一程以上，只报本

① 〔宋〕宋慈撰：《洗冤集录》卷一《检覆总说》，北京：法律出版社，1958年，第6页。
② 〔清〕徐松辑，刘琳等校点：《宋会要辑稿·刑法》六之二，上海：上海古籍出版社，2014年，第8531页。
③ 《庆元条法事类》卷七五《验尸·职制令》，第799页。

县令、佐覆检，独员处亦取邻州县最近者覆检。"①

宋代法律对何种案件在什么情况下应当检验，何种案件在什么情况下可以免检都作了详细的规定。凡杀伤公事（因斗殴、贼盗导致的死伤）、非理致命（如投水、自缢、自刑、火死、服毒、跌死、塌压死、雷震死、牛马踏死等）、病死（无医生证明及猝死者）、囚禁或部送的犯人死亡均需初检。②不仅民户死亡须经检验，而且奴婢非理致命者，也要即时检验。③这从另一个角度反映了宋代奴婢法律地位的提升。

由于宋代检验分为初检和覆检两个阶段，所以免检也分为免初检和免覆检两种情形。根据《庆元条法事类》卷七五《验尸·杂令》规定及《宋会要辑稿》记载，以下四种情形可以免予检验：其一，"诸因病死应验尸，而同居缌麻以上亲，或异居大功以上亲至死所而愿免者"。其二，"若僧、道有法眷，童行有本师，未死前在死所，而寺观主首保明各无他故者"或者"其僧道虽无法眷，但有主首或徒众保明者"。其三，"诸命官因病亡，若经责口词，或因卒病而所居处有寺观主首，或店户及邻居并地分合干人保明无他故者"。④其四，"公私家婢仆疾病，三申官者，死日不须检验"。⑤为了加强对初检的监督，保障检验的客观、公正，宋代法律规定，初检后，原则上要进行覆检，只在特殊情况下，方可免除。一是"炎暑"之际，尸体"多致伤坏，因有异同，枉兴词讼。"可免覆检，对此，朝廷多次下诏，允许暑月免除覆检。如大中祥符六年（1013）二月真宗下诏："宜令开封府自四月至八月死亡者，不须覆检，余月仍旧施行。"⑥天圣二年（1024）四月仁宗诏："外州缺官处，……自四月一日至九月更不覆检，

① 《宋会要辑稿·刑法》六之一，第8531页。
② 王云海主编：《宋代司法制度》，开封：河南大学出版社，1992年，第218—219页。
③ 〔宋〕李焘撰，上海师范大学古籍整理研究所、华东师范大学古籍整理研究所点校：《续资治通鉴长编》卷一〇，"开宝二年八月巳卯"，北京：中华书局，2004年，第230页。
④ 《庆元条法事类》卷七五《验尸·杂令》，第800页。
⑤ 《宋会要辑稿·刑法》六之二，第8532页。
⑥ 《宋会要辑稿·刑法》六之一，第8531页。

春冬依旧施行。"①二是初检事理分明者，可免予覆检。天圣三年（1025）十一月诏"今后春冬月在京及畿内县镇，除非理致命，事有不明，两争并干碍勘照死刑须合覆检者，应差官覆检外，其余自缢、（自）割、投水、病患诸般致死，事理分明者，检验后，尸首主别无词说，即给付埋瘗，更不覆检。"②

二、宋代的检验程序

为了保证公正检验，宋代制定了严密的检验程序。按照检验的进程，宋代将检验活动分为初检和覆检两个阶段，而每一个阶段又分为若干步骤，而且对每个阶段和每个步骤的活动都提出了具体的要求。

初检是指州、县接到报检后，差官对案发现场及尸体状况进行的初次检验，分为报检、差官、检验、申牒四个步骤。

（一）报检

在发生杀伤案件或非理死亡事件后，当地邻保、家属必须申报州县官府差官检验。"凡有杀伤去处，如邻保不即申官，……有家属受财私合，许诸色人告首，并合条究治。"③如果被害人家属趁机妄报以嫁祸于人，要追究其刑事责任。如亲属因病死，"辄以他故诬人"或者"亲属之间自相诬告"，"人力、女使病死，其亲辄以他故诬告主家"，"妄指他尸告论"等，都"依诬告法"论处，"被诬人在禁致死者，加三等"。④

（二）差官

值班人吏接到报检后，要及时报告行政长官差官检验。从宋代《验尸格目》可以看出，差官须履行法律手续，在法律文书上签字。行政长官差官时，要遵循法定的差官次序："州差司理参军，县差尉，县尉缺，即以次差薄、丞、监当官。皆缺者，县令前去。"检验人员出城验尸，可以带

---

① 《宋会要辑稿·刑法》六之二，第8531页。
② 《宋会要辑稿·刑法》六之二，第8531—8532页。
③ 《宋会要辑稿·刑法》六之七，第8534页。
④ 《洗冤集录》卷一《条令》，第5页。

协助工作的随从人员："县差手力伍人当直。"①宋代法律亦对差官做出了严格的限制："诸检覆之类应差官者，差无亲嫌干碍之人"；"检验之官，自合依法差文臣，如边远小县，委的缺文臣处，覆检官权差识字武臣"②；"诸命官所住处，有住满赏者，不得差出"；"诸县令、丞、簿应差出，须当留一员在县"；"县丞不得出本县界。"③

南宋法律又规定："若过十里，或验本县囚，牒最近县。其郭下县，皆申州。"④这说明，遇有特殊案件，本地官府无权差官，须于邻县请官检验或申州差官，"诸请官验尸者，不得越黄河江湖，及牒独员县"⑤。

（三）检验

为使检验官公正执法，宋朝法律要求，应由检验官和相关人员集体到场进行检验，"所差官须集干连人，分明检验"。⑥也就是说，在检验开始前，召集耆老，保正、副，苦主等到场，这是法定的必经程序。宋代的检验大致包括三项工作，即现场勘验、尸体检验和调查访问。检验人员到达现场后，首先进行现场勘验，观察现场痕迹并收集尸体周围的物品，为尸检做准备。接下来的尸检由仵作配合检验官进行。宋代法律规定官员应亲自验检伤痕，仵作应对验出的伤痕逐一喝报，对杀伤公事应检出"要害致命之处"。对病死、非理致命者，要检出"有无他故"。在进行上述活动的同时，检验官往往差委一人担任"体究"（即调查员），进行现场访问，了解案发过程，搜集案件线索。⑦整个检验过程应记入笔录，宋代检验应制作的法律文书有《验尸格目》《验状》。到了南宋时期，在制作《验状》时，还需要附上《正背人形图》。

---

① 《庆元条法事类》卷七五《验尸·职制令》，第799页。
② 《洗冤集录》卷一《条令》，第5页。
③ 《庆元条法事类》卷七五《验尸·职制令》，第799页。
④ 《庆元条法事类》卷七五《验尸·职制令》，第799页。
⑤ 《洗冤集录》卷一《条令》，第2页。
⑥ 《宋会要辑稿·刑法》六之二，第8531页。
⑦ 《庆元条法事类》卷七五《验尸·杂式》，第801页。

（四）申牒

"牒"是宋代官府同级之间或下级对上级传送的法律文书。初检时，有两次申牒：一是于检验日申牒差官覆检，二是检验完毕，申牒报告检验的情况及结论。根据《庆元条法事类》的规定，检验结束后，检验人员应将《验尸格目》"并验状，一本发赴州县，一本给付血属，一本具日时字号状入急递，经申发赴本司（提点刑狱司）"①，以备上级监督、检查。

覆检是对初检的覆核程序，目的是监督、检查初检有无情弊和检验失误。但是，并非发现初检徇私或不实才进行覆检。除法律规定可免予覆检的案件外，一般初检完毕的案件均需例行覆检。关于覆检的次数，法律未加以限制，必要时，可进行多次覆检。覆检的步骤与初检大致相同，在此不作赘述。

覆检程序依初检官的差官申牒而启动。宋代法律规定："应覆检者，并于差初验官日，先次申牒差官。"②为防止覆检官员先入为主，照搬初检结论，宋代的覆检原则上要由上级或其他州县派官进行，特殊情况才允许本州县覆检。这里所谓的特殊情况包括：第一，路途遥远。真宗咸平三年（1000）十月诏："一程以上，只报本县令佐覆检。"③南宋时，"若百里之内无县，然后不得已而委之巡检或都巡检"。④第二，天气炎暑，天禧三年（1019）九月十六日诏："今后三月以后，八月以前，应有非理致命公事，只本州县差官覆检。九月以后一依元敕施行。"⑤

如果尸体腐败，就会影响覆检的质量，甚至使覆检无法进行。因此，宋代法律对覆检的及时性提出了严格的要求。各级地方机关在接到覆检文书后，必须立即起程。若"受差过两时不发"，以违制论。除非有法定免责情形，不得无故推辞。"诸验尸……，若牒至应受，不受"，"有官可那

---

① 《庆元条法事类》卷七五《验尸 · 职制令》，第799页。
② 《宋会要辑稿 · 刑法》六之一，第8531页。
③ 《宋会要辑稿 · 刑法》六之一，第8531页。
④ 《宋会要辑稿 · 刑法》六之四，第8532页。
⑤ 《宋会要辑稿 · 刑法》六之二，第8531页。

［挪］而称缺，或缺官而不具事因申牒，或探伺牒至而托故在假避免者，各以违制论"。①

三、宋代的检验文书

检验文书是记载检验过程、依据、结论的法律文件，它既是重要的定案证据，又是检查验尸官工作态度和成效的重要参考。宋代的检验文书包括实体性文书："验状"及"正背人形图"；还包括程序性文书："验尸格目"。这些项目齐全、内容详备、相互补充的文书，构成了一个科学、完备的体系。

（一）验状

验状是宋代刑事侦查中的重要证据，相当于现代的现场勘验笔录与尸检报告的集合体。一方面，它记录现场的位置、周围环境、尸体存在状况、物证痕迹以及现场勘验的过程；另一方面，它记录尸体检验的过程、依据、结论。这种文书既为研究案情，确定侦查方向、策略提供参照，又为判定致死原因、致死工具，有无犯罪及犯罪人的刑事责任提供证据。

在史料中，我们尚未发现某一个具体案件的验状，因此，只能从官方对验状写作的规范中来分析宋代验状的主要内容。《洗冤集录》卷五《验状说》中记载："凡验状须开具：死人尸首元在甚处、如何顿放彼处、四至、有何衣服在彼，逐一各检札名件。其尸首有无雕青、灸瘢，旧有何缺折肢体及佝偻、拳跛、秃头、青紫、黑色、红痣、肉瘤、蹄蹦诸般疾状，皆要一一于验状声载，以备证验诈伪。"由于"杀伤公事，有司推鞫，以验定致死之因为据"，因此，除上述现场勘验情况应录入验状外，有关尸检情况亦应载入验状。宋代法律要求尸检应按前、后、左、右四个方位，由上而下对尸体各部位进行全身普检。为防止检验时遗漏尸体上的伤痕，官方制定了应验部位的统一标准，即《四缝尸首》，从仰面、全身、左侧、右侧四面标注了应检部位的名称。为便于检验人员查找致命之因，又在应

---

① 《洗冤集录》卷一《条令》，第1页。

检部位中重点标注了要害之处。据此推断，宋代的验状的尸检内容是以尸检《四缝尸首》为标准写成的。

南宋嘉定四年（1211）十二月，江西提刑徐似道奏言："推鞫大辟之狱，自检验始。其间有因检验官指轻为重，以有为无，差讹交互，以故吏奸出入人罪，弊幸不一。人命所系，岂不利害。"①此言道出了仅有验状不足以防奸的现实状况。他建议推广湖广、广西提刑司刊印的"正背人形图"，在检验时令检验人员"于损伤去处依样朱红书画横斜曲直，仍仰检验之时唱喝伤痕，令众人同共观看。所画图本众无异词，然后著押"。②此建议得到朝廷认可。据季怀银先生考证，"检验正背人形图是中国最早的尸图，它标志着宋代检验文书制度的进一步完善"。③

检验正背人形图与"四缝尸首"的功能类似，但它是以图型标出尸体部位，更加形象、直观，即使是不识字者，也能识别。检验时，公开唱喝，允许众人观看，十分便于犯罪人及被害人家属辨别真伪，可以达到"吏奸难行，愚民易晓"的目的。④

多数学者将正背人形图归于独立于验状之外的一种检验文书，笔者不以为然。就像现代侦查中的尸体照片不能离开尸检报告独立存在一样，正背人形图也不能脱离验状而独立存在。正背人型图只能说明伤痕的部位，但不能说明伤势的深浅、宽窄及状态。因此，它只能作为验状的辅助性文书而存在，对验状起着补充、验证的作用，属于广义验状的一部分。

（二）检验格目

检验格目是南宋浙西提刑郑兴裔创制并经朝廷推广至全国的检验文书格式，分为"初验尸格目"和"覆验尸格目"。郑兴裔在推荐此格目的奏言中说："检验之制，自有成法。州县视为闲慢，不即差官；或所差官迟

---

① 《宋会要辑稿·刑法》六之七，第8534页。
② 王云海主编：《宋代司法制度》，开封：河南大学出版社，1992年，第218—219页。
③ 郭东旭：《宋代法制研究》，保定：河北大学出版社，2000年，第565—566页。
④ 《宋会要辑稿·刑法》六之五，第8533页。

延起发；或因道里隔远，惮于寒暑，却作不堪检覆；或承检官不肯亲临，合干人等情弊百端，遂使冤枉不明，狱讼滋繁，今措置格目，行下所属州县，……并依格目内所载事理施行。"①可见，创制格目的目的是为了督促检验官员恪尽职守，防止检验拖延、推诿。"验尸格目"主要内容有三：第一，与检验相关的时间。如报检时间、请官时间、出发时间、到现场时间、申牒时间等；第二，检验的工作程序。如报检、差官、出检、检验、签押、申牒等；第三，诸色人针对违法检验的举报方式和途径。从创制格目的目的和文书的主要内容看，"验尸格目"与"验状"明显不同。前者是杜绝检验人员违法的程序性文书，后者是查证死因和案情的实体性文书。

四、宋代的检验原则

宋代官员在司法实践中逐步认识到：检验是为刑事司法提供证据材料的活动，因此，检验过程应当合法，检验结论应当真实。为了保证检验的质量，防止检验过程中徇私舞弊，减少因此而滋生的词讼，宋代制定了一系列的检验原则。

（一）躬亲检验的原则

徽宗政和七年（1117）十月诏："访闻福建路州县、乡村委官检验、覆检，多不躬亲前去，只委公人同耆壮等。事干人命，虑有冤枉。仰提点刑狱申明条法，行下州县，违者奏劾，不以赦原。"②从此诏书可见，宋代各朝普遍存在官吏逃避检验职责的现象。为督促检验官恪尽职守，宋代法律将躬亲检验作为一项强制性的法定义务确定下来。凡发生杀伤公事和出现非理致命，官府接到报检后，被差遣的官员必须亲临检视，"不许以事辞免"，否则，应承担相应的法律责任。遇有法定情形，不能亲临检验，须由他人保明，且履行了相应的法律手续后，方能免责。③

---

① 《宋会要辑稿·刑法》六之五，第8533页。
② 《宋会要辑稿·刑法》六之三、四，第8532页。
③ 《洗冤集录》卷一《条令》，第4页。

据《庆元条法事类》卷七五《验尸·杂敕》规定："诸尸应验而不验"或"不亲临视"都以违制论；凡验尸"请官违法，或受请违法而不言，或牒至应受而不受，或初覆验官吏、行人相见而漏露所验事状者，各杖一百"①。

（二）公正检验的原则

宋代的检验制度体现了对检验结果客观、公正的追求。《验尸格目》要求：检验应查清"已死人痕损数内致命因依，的系要害致命身死分明。"②在司法实践中，若有数处致死伤痕，且不是一人所为，应检出最重伤痕作为致命伤痕。③宋代法律规定，不仅检验官漏检或错定致命之处，要承担刑事责任，而且对非致命要素之处检验有误，亦应予以相应处罚，只不过二者在量刑轻重上略有差别。《宋刑统》规定："诸有诈病及死伤，受使检验不实者，各依所欺减一等。若实病死及伤，不以实验者，以故入人罪论。"④《庆元条法事类》中亦规定：检验"不定要害致死之因，或定而不当，各以违制论。……其事状难明，定而失当者，杖一百"。⑤根据真宗天禧二年（1018）权知开封府乐黄目奏议推断，上述"定而不当"与"定而失当"以是否准确检出"要害致命之因"为区分标准。前者是"卤莽不切定夺，出入致命之处"，后者是"定夺得致命之处，大事得正，或有小可声说伤损去处不同，别无妨碍，不系要害致命去处者"。⑥

宋代还禁止检验官吏利用检验的职务之便受贿。如果检验人员在检验时受财，以赃罪处罚。《宋刑统》规定："诸监临主司受财而枉法者，一尺杖一百，一匹加一等，十五匹绞。不枉法者一尺杖九十，二匹加一等，三

---

① 《庆元条法事类》卷七五《验尸·杂敕》，第798页。
② 《庆元条法事类》卷七五《验尸·杂式》，第801页。
③ 〔宋〕窦仪等撰，薛梅卿点校：《宋刑统》卷二五《诈伪律》，北京：法律出版社，1998年，第456—458页。
④ 《宋刑统》卷二五《诈伪律》，北京：法律出版社，1998年，第456页。
⑤ 《庆元条法事类》卷七五《验尸·杂敕》，第798页。
⑥ 《宋会要辑稿·刑法》六之一，第8531页。

十匹加役流。"①《庆元条法事类》中亦规定:"诸行人因验尸受财,依公
人法。"②

(三)公开检验的原则

现代的尸体检验多在实验室内秘密进行。而宋代的尸体检验是在现场
公开进行。《庆元条法事类》卷七十五《验尸格目》要求:检验时,应
"集耆甲、保正副及已死人亲"到场③,必要时还要拘提行凶人。由于致命
伤一般在要害部位,因此,宋代法律要求检验应重点检视要害部位。如果
发现伤损在要害部位,即使不是致命伤,也应令仵作当众喝报。在验出致
命要害之处后,应押双方当事人和见证人等上前查看。检验完毕,应令仵
作对尸体的伤损情况进行全面喝报,然后填写法律文书。④根据《验尸格
目》文号,即时当众从实填写三本,一本申州县,一本给付血亲,一本具
日时字号状入急递,经申发赴本司,"如点检得申缴违时,计程迟滞,勘
验不实,仵作行人、公吏、耆保等辄有情弊及乞受骚扰,并仰诸色人除程
限三日,赴司(提点刑狱司)陈告"。⑤公开检验原则的确立,对于防止迟
滞检验和检验作弊起到了一定的制约作用。

(四)回避与保密原则

回避原则首先体现在覆检差官方面。如前所述,宋代的覆检禁止初检
机关参与,县级初检的案件,或申州差官或牒邻近县请官覆检,不得由原
机关覆检的案件,仍要别差官员或牒请巡检;另外"诸检履之类应差官
者,差无亲嫌干碍之人"。⑥

宋代非常重视检验的保密工作,严禁初、覆检官吏、仵作行人相见,
以避免泄漏所验事状。在请官覆检时,"状牒内各不得具致死之因"⑦。这

---

① 《宋刑统》卷十一《枉法赃不枉法赃》,第199页。
② 《庆元条法事类》卷七五《验尸·杂敕》,第798页。
③ 《庆元条法事类》卷七五《验尸·杂式》,第801页。
④ 《洗冤集录》卷一《检覆总说》。
⑤ 《庆元条法事类》卷七五《验尸·杂式》,第801页。
⑥ 《庆元条法事类》卷七五《验尸·职制令》,第799页。
⑦ 《庆元条法事类》卷七五《验尸·杂令》,第799页。

样，一方面可以防止覆检官先入为主，保证客观检验；另一方面，可以防止双方相互串通，徇私舞弊。《庆元条法事类》对泄露检验秘密者，规定了处罚的措施："初、覆检官吏、行人相见而漏露所验事状者，各杖一百。"①

（五）连带责任原则

在宋代，验官、吏人、仵作是一个检验的集体，若出现"应验而不验""应定而不定"或"定而失当"等违法情形时，三者要承担连带责任。《庆元条法事类》中规定："诸尸应验而不验，或受差过两时不发，或不亲临视，或不定要害致命之因，或定而不当，各以违制论。……其事状难明，定而失当者，杖一百。吏人、行人一等科罪。"②即使吏人、仵作徇私舞弊，官员亦承担相应责任。因此，宋慈在《洗冤集录》中十分强调检验官员应对吏人和行人加以约束、监督："仍约束行吏等人，不得不（稍）离官员，恐有乞觅。遇夜，行吏须要勒令供状，方可止宿。""仍须是躬亲诣尸首地头，监行人检喝，免致出脱重伤处。"检验尸体时，应"同人吏向前看验"。③

（六）及时检验原则

检验是时间性很强的一项侦查活动。如果初验不能及时赶赴现场，现场可能被破坏，尸体可能被毁损；如果覆检迟滞，尸体可能腐败，造成无法检验。

为了保证检验迅速及时地进行，宋代规定了详细的检验期限。第一，州县接到报检，应两时内请官，"过两时不请官，杖一百"。第二，检验官受差应两时内动身赶赴现场。"受差过两时不发"，以违制论。④第三，应覆检的案件，"并于差初检官日，先次申牒差官"。第四，检验完毕，应当日内申所属，并急递提点刑狱司照会。第五，为了便于计算检验期限，宋代法律要求各州县在《验尸格目》中如实填写报检、差官、到达现场、检验

① 《庆元条法事类》卷七五《验尸·杂敕》，第798页。
② 《庆元条法事类》卷七五《验尸·杂敕》，第798页。
③ 《洗冤集录》卷一《检覆总说》，第8页。
④ 《庆元条法事类》卷七五《验尸·杂敕》，第798页。

结束的时间，治所与现场间的距离。期限以时为计算单位。第六，如果检验人员"申缴违时，计程迟滞"，允许"诸色人除程限三日，赴司陈告"。①

五、结语

唐代司法检验制度，虽在继承前代立法、司法成果的基础上，有了长足发展，但尚不完备，仅停留在规则的层面。宋代在继承唐朝检验制度的同时，进行了大量的改革和创新。明确了检验的主体和职责分工，划分了检验的范围，详定了检验的程序，确立了检验的原则，细化了违法者的刑事责任，完善了检验的文书。这些新的立法成就是前代所未有，亦是后世未能企及的。说明宋代司法检验的规定已相当完备，同时，各项规则相互联系，相互补充，形成了一个完整的规则体系，完成了检验制度由规则化向制度化的过渡，而且，这些规则被法律所确认，实现了法律化。

宋代检验制度的特点除系统完备外，更突出了重视程序的功能和作用。其表现：一是在前朝仅有初检的基础上，增加了覆检程序，并且规定了初、覆检具体的操作步骤；二是详细规定了有关检验的法定期限及计算方法；三是规定了违反法定程序的制裁措施及举报途径；四是创制了制约检验官吏权力的程序性法律文书《验尸格目》。这说明宋代的检验不仅重视检验结论的正确性，同时也重视检验过程的合法性，体现了实体正义和程序正义并举的司法理念。这与其他朝代仅重实体而忽略程序的司法观念形成了鲜明的对比。

众所周知，法律制度的发展是社会历史环境的必然产物，当然，作为法制制度重要组成部分的司法检验制度的发展和完善同样如此。宋代司法检验制度的成就与宋代特定的历史背景息息相关，是当时政治、经济、科技、文化发展的必然产物。笔者以为，宋代司法检验的制度化、法律化的成因有以下几个方面：

1.宋代"以法为本"的理念为检验制度的发展和完善奠定了思想基础

---

① 《庆元条法事类》卷七五《验尸·杂式》，第801页。

宋代从皇帝到官僚士大夫，都非常重视明法、习法，加强法制建设。宋太祖曾讲："王者禁人为非，莫先于法令。"①宋太宗也曾说过："禁民为非者，莫大于法"②；"法律之书，甚资致理，人臣若不知法，举动是过，苟能读之，益人智识。"③宋代的官僚士大夫对法律在治国安邦中的重要作用认识更深刻。王安石曾说过："盖君子之为政，立善法于天下，则天下治，立善法于一国，则一国治，如其不能立法，而欲人人悦之，则曰亦不足矣。"④司马光虽然反对变更祖宗之法，但也认为："王者所以治天下，惟在法令。"⑤宋代统治者"以法为本""法随时变"的法律价值观的改变，对宋代法律制度建设产生了深远影响，也为司法检验制度的发展、完善奠定了坚定的思想基础。

2.宋代编敕的立法形式，为检验制度的发展和完善提供了良好的载体

体时立法，适时变法，使法律适应社会关系发展变化的需要，这是宋代法制建设的一个突出特点。宋初承袭《唐律》制定了《宋刑统》，但很快就不能适应急剧变化的政治、经济关系的要求。于是，开始大量运用敕令来补充律之末备，变通法之僵化。为了使皇帝临时发布的散敕成为相对稳定的具有普通效力的法律，宋代自太宗朝就开始了定期编敕的活动。此后，编敕成为宋代最重要、最频繁、最具特色的立法形式。南宋宁宗"以事分门"编修的《庆元条法事类》是宋代现有的编敕文献。该法律汇编的卷七十五《刑狱门·验尸》中保存了与检验有关的敕、令、申明和法律文书样式。如果没有"法随时变"的编敕，详尽、完备的检验规则就不可能形成制度化，并被纳入法律体系。因此，编敕为宋代司法检验制度的发展和完善搭建了一个平台。

---

① 《宋大诏令集》卷二〇〇《改盗窃赃计钱诏》，北京：中华书局，1962年，第739页。

② 《宋会要辑稿·选举》一二之二七，第4461页。

③ 〔宋〕李攸撰：《宋朝事实》卷十六《兵刑》，北京：中华书局，1955年，第241页。

④ 〔宋〕王安石撰，刘成国点校：《王安石文集》卷六十四《议论》，北京：中华书局，2021年，第1110页。

⑤ 〔宋〕司马光撰，李之亮笺注：《司马文公集编年笺注》卷四八《乞不贷故斗杀札子》，成都：巴蜀书社，2009年，第200页。

3.律学的兴盛为宋代司法检验制度的发展和完善储备了主体资源

宋代对司法考试和司法培训非常重视，不仅在科举考试中设有明法科，而且在官员的选拔任用中亦是以试判、试问、试刑法的方式进行的。特别是在王安石变法时期，不仅开设律学之科，招收生员，分科教授，而且加强了官吏法律知识和断案方法的培训。即使通过科举考试入仕人员，也必须在试律义、断案合格后，才允许出官。宋代对律学的重视，造就了一批既具人文素质，又有法律修养的司法官员。他们在司法实践中既重视调查研究和收集、运用证据，亦重视总结前人的办案经验，积极向朝廷提出立法建议，推动了检验制度的发展。如宋代重要的检验文书格式《验尸格目》，就是由浙西提刑郑兴裔创制，并经朝廷认可，推广至全国；对检验不实的处罚标准也是根据权知开封府乐冀目的奏言而确立；南宋的提刑官宋慈根据多年司法实践经验，撰写的《洗冤集录》，汇集了宋代各种法律文件中的有关检验的规定，为宋代检验制度的发展和中国古代《法医学》的诞生作出了重大的贡献。

4.宋代科学技术的发展，为检验制度的发展和完善创造了物质条件

宋代印刷技术的发展，医学水平的提高无疑对检验制度的发展和完善产生积极的影响。医药学方面宋朝成立了世界上最早的国家药局"熟药所"和国家卫生出版局"校正医书局"；编纂出版了许多医学著作和人体解剖图谱《欧希范五脏图》及《存其环中图》；铸成了针灸铜人，绘制了《铜人腧穴针灸图经》等，这些医学成就及临床技术，为宋代法医学的重大发展及检验文书"四缝尸首""正背人形图"的出现，"致命要害去处"的确定，《洗冤集录》的完成奠定了基础。

宋代印刷术发展，为法律文书样式在检验中的广泛应用提供了技术支持，如果没有先进印刷技术的普遍采用，宋代的司法检验制度也难以发展到如此的高度。所以说印刷技术的发展对检验制度的发展起到了积极的推动作用。

5.严峻的治安形势和司法腐败是检验制度创新和完善的现实动因

在阶级矛盾和民族矛盾不断激化的大环境中，宋代的社会治安也长期

处于混乱状态，杀伤案件的多发，使司法官员在侦破案件的司法实践中积累了丰富的检验经验。宋代许多检验规范都是司法官员根据司法实践的需要建议朝廷创制的。这说明严峻的治安形势催生了新的检验制度。

为防止官吏在检验中贪赃枉法，宋代还制定了严密的程序规则，以限制官吏检验权的滥用，保障司法检验的公正、合法。从宋代检验职权的划分、检验程序的界定，检验原则的确立，违法检验的法律责任的追究，可以清楚地看出，重视法律程序功能是宋代司法检验的最大特点。由此也可以透视出，宋代官吏的司法腐败亦是新检验规则创设的推动力。

（原载郭东旭：《宋代法律与社会》，人民出版社2008年版）

第二编

宋代基层社会的法律日常

本编选入的四篇文章揭示了宋代基层社会日常诉讼活动。

县衙的诉讼是宋代基层社会司法活动的起点，它涵盖了民事诉讼和刑事诉讼，如买卖、租赁、租佃、借贷、婚姻、立继、财产继承纠纷，以及偷逃税赋、刑事案件等。县衙日常如何运作，百姓如何诉讼，官府又是如何裁决的，其程序如何，涉及基层社会的方方面面，是维持日常社会秩序必不可少的政务活动。县衙有着许许多多专职化的吏人，各有职守，在县官的指挥下，承担大大小小的法务事宜，百姓日常法律活动与他们的一举一动息息相关。有些地区民间好讼之风盛行，给官府带来繁讼之苦。然而对于地方官府来说，亲族"和睦"与社会"和谐"是他们行政追求的目标，为了实现这一目标，官府采用多种形式不遗余力地劝诫民众"息讼"，对"教唆词讼"者，则予以严厉打击。

宋代县衙这一层级比较低，在司法制度设置上比较弱，只能审判杖罪及杖罪以下的案件，"县无甚重之刑，小则讯，大则决，又大则止于杖一百而已"。①官员不多，无法实行审判法中的鞫、谳、议分司制，案件纠纷都由躬亲狱讼的知县裁决，较大一点的案件，按规定要移送州府处理。这就给吏人权力寻租留下了空间。为了阻止吏人营私舞弊，侵害百姓，宋代制定了重禄法，吏人给厚禄，一旦违法，严惩不贷。地方官一方面劝农息

①〔宋〕胡太初：《昼帘绪论·用刑篇第十二》，《丛书集成初编》本。

讼，另一方面又要维护正义、打击犯罪。为提高司法效率，宋代强化了司法保人制度，百姓投状诉讼，须有保识人担保。案件进入审理程序后，往往也需要保人，其职责是安置被保人，关注被保人，不得让其走失逃亡。保人为保障基层司法秩序扮演了重要角色。

"讼师"在中国历史上作为一个正式的职业称谓，出现于南宋后期。知晓法律，能帮助百姓打官司的讼师适应了民众司法诉讼的需求。然而受抑讼、息讼理念的影响，官府对讼师始终是排斥的。尽管讼师的地位不合法，还时常发生坑害百姓事件，但在司法实践中，他们的活动在纠正法律不公、消减官民之间的紧张情绪、缓和阶级矛盾、维持地方社会秩序方面，客观上起到了一定的积极作用。

宋代底层妇女在日常生活中常发生财产纠纷，往往处于弱势地位，然而在不得已的维权官司中，妇女的合法权益也多能得到重视。本编收入的《宋代妇女查产纠纷》一文，通过妇女查产纠纷的剖析，可一窥宋代日常生活中，随着所有权观念不断深化，妇女是如何维护自己的合法权益，并使之得到一定程度保障的。

宋朝的县级司法

徐道邻

在中国的传统司法制度里，县衙门是很重要的一级。因为民间所有的民刑诉讼，全都是在这里开始，但它也是最脆弱的一环。因为有几项重要的司法原则，事实上是相互冲突的，因而严重影响到县司法的健全发展。这种情形，可能是在宋朝——就司法制度说，这是中国法制史上的黄金时代——才逐渐形成的，以后则每况愈下。现在试予分项叙述如下。

一、民事审判

过去有些学者，因为中国法典一向包括民事和刑事两部分，再则民间诉讼，不管民事或刑事，全都是到县太爷那里去告状，因而认为中国传统法律没有民法和刑法之分[1]，这是不对的。中国传统法中民刑之分，在诉讼法里表现得最为显露。

（一）务限

"务限"即起诉时间的限制。唐《杂令》有一条说：

> 诉田宅、婚姻、债负，起十月一日，至三月三十日检校，以外不合。若先有文案交相侵夺者，不在此例。[2]

---

[1] 到现在都还有人如此想。如宫崎市定. *The Administration of Justice during the Sung Dynasty*, 1969, p.7.

[2] 〔宋〕窦仪等撰，吴翊如点校：《宋刑统》卷一三《户婚律·婚田入务》，北京：中华书局，1984年，第207页。

《宋刑统》为之作了进一步的说明如下：

> 所有论竞田宅、婚姻、债负之类（原注：债负谓法许征理者），取十月一日以后，许官司受理，至正月三十日住接词状。三月三十日以前断遣须毕。如未毕，具停滞刑狱事由闻奏。如是交相侵夺及诸般词讼，但不干田农人户者，所在官司，随时受理断遣，不拘上件月日之限。①

《宋会要·刑法三·田讼》载有高宗绍兴二年（1132）两浙转运司所引的一条《绍兴令》说：

> 诸乡村以二月一日后为入务，应诉田宅、婚姻、负债者毋受理。十月一日后为务开。②

转运司并说，不受理者，为的是"恐追人理对，妨废农业"。但是有些"形势、豪右之家交易，故为拖延至务限，便引条文，又贪取一年租课"。③于是高宗下诏规定：

> 应人户典过田产，如于入务限内年限已满，备到元钱收赎，别无交互不明，并许收赎。如有词诉，亦许官司受理。④

孝宗隆兴元年（1163）更明饬州县：

> 应婚、田之讼，有下户为豪强侵夺者，不以务限为拘。如违，许人户越诉。⑤

---

① 《宋刑统》卷一三《户婚律·婚田入务》，第207页。
② 〔清〕徐松辑，刘琳等校点：《宋会要辑稿·刑法》三之四六，上海：上海古籍出版社，2014年，第8417页。
③ 《宋会要辑稿·刑法》三之四六，第8417页。
④ 《宋会要辑稿·刑法》三之四六，第8417页。
⑤ 《宋会要辑稿·刑法》三之四八，第8418页。

这些都是对民事诉讼而言，刑事诉讼，是随时都可以提出的。因为务限的规定只适用于民事也。

（二）完整管辖权

宋朝的县衙门，和唐朝一样，对于刑事案件，只管到杖罪为止。（对于流罪以上案件的处理，它只是执行一种预审。）但是对于民事案件——户婚、田宅、债负，县衙门是具有决定性的管辖权的。这是民刑诉讼不同的第二点。

（三）上诉由当事人提出

宋朝的司法制度，当事人对刑事裁判，只要表示不服，这件案子就自动被移送到另一个或高一级的机关去复审，这样子可以重复到五次之多（关于"五推"制度，将于另一篇文章里讨论）。但是民事案件的上诉，就得由当事人自己提出。《宋会要·刑法三·诉讼》有《绍兴令》一条：

> 诸州诉县理断事不当者，州委官定夺。若诣监司诉本州者，送邻州委官。诸受讼诉应取会与夺而辄送所讼官司者，听越诉。①

这是有关民事上诉的一条条文，在唐宋法令中，是很少见的。

（四）可禀承上级机关

县衙门在处理民事案件时，遇有疑难问题，可向上级机关请示。真宗大中祥符年间（1008—1016），咸平县民张赟妻卢氏和一个在张家做过养子的刘质迭次兴讼，"县闻于府，会（慎）从吉权知府事。命户曹参军吕楷就县推问"②，就是一个例子。刑事案件就不同了，《宋会要·刑法六·禁囚》载，徽宗宣和五年（1123）六月，刑部有一本奏折里说："州县鞫狱，在法不得具情节申监司，及不得听候指挥结断。"③民刑法之不同，这一点又是非常重要。

---

① 《宋会要辑稿·刑法》三之二六，第8406页。
② 《宋会要辑稿·刑法》四之七〇，第8483页。
③ 《宋会要辑稿·刑法》六之六一，第8564页。

现存《名公书判清明集》［景定辛酉（1261）残本］，内有一百三十一件判词，尽属民事，大多数是宋末几位有名的提刑司的笔墨。①其中有的是本司的判决，有的是回答县衙门的请示，有的是回答转运司或提举司的询问，可以略窥当时各机关公文往来的制度。可惜刑事案件的这一部分，全都佚失，不能作相互比较。

（五）户部终审

在民事审判程序里，终审机关是"以田务券责之理直民讼"的户部。②它的左曹下面，设有三个"案"（大约相当现在的一个司）：一、户口案：掌……民间立户分财……典卖屋业，陈告户绝，索取妻男之讼。二、农田案：掌……田讼务限……。三、检法案：掌凡本部检法之事。③宁宗嘉定六年（1213）十月，户部报告皇帝，说他们设置了一个登记簿——"籍"，专门用以查考诸路监司并州郡承受部里交办而尚未办结的诉讼案子。④可见户部的司法行动，是相当积极的。

户部也注意到有关民事诉讼的立法。《宋会要·刑法三·田讼》载有高宗绍兴五年（1135）闰十月和十三年六月户部的两项条谏，一是关于田宅诉讼的起诉时效，一是关于起诉人的年龄限制。⑤由此可见宋朝的司法制度，是把民事和刑事分别交给户部和刑部分开管理的。所以我们在宋朝有关狱讼的官文书里，常常看到"户、刑两司""户、刑部"等一类字样。⑥

---

① 《名公书判清明集》，日本古典研究会有1964年影印本。
② ［元］脱脱：《宋史》卷一六三《职官志三》，北京：中华书局，1985年，第3847页。注：宋人习惯，称民事诉讼为"讼"，或"词讼"；称刑事诉讼为"狱"，或"公事"。"狱讼"则包括一切民刑官事而言。
③ 《宋史》卷一六三《职官志三》，第3848页。
④ 《宋会要辑稿·刑法》三之四一，第8414页。
⑤ 《宋会要辑稿·刑法》三之四七，第8417页。
⑥ 例如《宋会要辑稿·刑法》三之四一，第8412页；《庆元条法事类》卷二九"绍熙二年三月二十五日敕"（谢深甫编撰，戴建国点校：《庆元条法事类》卷二九《榷禁门二·铜钱金银出界》，收入杨一凡、田涛主编：《中国珍稀法律典籍续编》，第1册，哈尔滨：黑龙江人民出版社，2002年，第414页等。

把民事诉讼的终审权交付给户部，似乎是宋朝的一项新猷。因为在唐朝文献中，我们还没有发现到类似的记载。而且就是有的话，在唐末几十年藩镇割据之下，也已经早就成为纸上的具文了。

二、刑事审判

（一）徒以上罪为预审

县官的刑事审判权，在汉朝是没有限制的。[1]到了唐朝，就只以笞杖罪为限。[2]宋朝沿袭了唐朝的制度。《庆元条法事类》卷七三《检断》，载有有关的一项条文如下：

> 断狱令：诸犯罪皆于事发之所推断。杖以下，县决之，徒以上（原注：编配之类应比徒者同。余条缘推断、录问称"徒以上"者，准此）及应奏者，并追证勘结圆备，方得送州。若重罪已明，不碍检断而本州非理驳退者，提点刑狱司觉察按治。[3]

但是宋朝对于笞杖罪的执行，实际上比名义上减轻了许多。《刑统》的规定是这样的：

笞杖（条文）	决臀杖（执行）
笞二十，一十	七下
四十，三十	八下
五十	十下
杖六十	十下
七十	十五下

---

① 〔清〕沈家本：《历代刑官考》（上），北京：商务印书馆，2011年，第498—499页。参见〔宋〕洪迈撰，孔凡礼点校：《容斋随笔·三笔》卷一五《秦汉重县令客》，北京：中华书局，2015年，第612页。

② 唐《狱官令》："杖罪以下，县决之"，见〔唐〕长孙无忌等撰，刘俊文笺解：《唐律疏议笺解》卷三〇《辄自决断》，北京：中华书局，1996年，第2065页。

③ 《庆元条法事类》卷七三《刑狱门三·决遣》，第744页。

八十	十七下
九十	十八下
一百	二十下①

照这样看来，宋朝县官所处理的罪犯，实际上都是些轻微的，类似违警法一类的过失——如国忌作乐、无故走车马、博戏赌财物之类——而不是什么穷凶极恶的大罪，也就等于一家家长对于他的子弟打几下手心而已。至于比较严重的罪行，他的责任，只是把案情审问明白，然后把文件、人犯全部解送到州（府）里去由他们决定如何处理。而他自己，则并没有作任何有决定性的行为。因之他在这一个阶段中的行动，在法律上应该负到哪一个程度的责任，自然成了问题。

关于县官对于徒以上罪应当负什么样的责任，《宋会要》里有下列三项记载：

A.仁宗宝元二年（1039）十二月二十五日，屯田郎中、知阆州张保之言："县司解送公事，若犯死罪只作徒以上或本犯徒却作死罪解送赴州，州司勘正，县司官吏乞申明合与不合成故失入罪论。"事下法寺，众官看详："诸县申解公事，州与县解罪名差互不同者，县司官吏依令文更不问罪；或解徒以上，到州推勘，却止杖罪及平人，即从违制失定□（罪）；如挟私故意增减，即以故入人罪论。从之。②这里说得很清楚：县官解案到州，对于案情的认定，如果和州里的不同，依当时通行的令文，他是不负任何责任的。现在大理寺（法寺）决议：县官把无罪人或杖罪当作徒以上罪解州，如果不是故意，就照"违判失错"定罪（《唐律》一一二《被制书施行违者》条：非故违而失错者杖一百）。反过来说，如果非故意而把重罪当轻罪送州，就不算过失。不过挟私故意增减罪名的县官，就以"故意出入人罪"的条文论罪（《唐律》四八七"官司出入人罪"条：官司入人罪者，若入全罪，以全罪论。从轻入重，以所剩论。其出罪各

---

① 《宋刑统》卷一《名例律·五刑》，第4—5页。
② 《宋会要辑稿·刑法》四之七四，第8486页。

如之）。

B.孝宗乾道九年（1173）十二月九日，臣僚言："狱贵初情，初情利害实在县狱。今大辟之囚，必先由本县勘鞫圆备，然后解州。州狱一成，奏案遂上，刑寺拟案，制之于法，则死者不可复生矣。窃见外郡大辟翻异，邻州邻路差官别勘，多至六七次，远至八九年，未尝不因县狱初勘失实。乞自今后，遇有重囚翻诉，委官根勘，见得当来县狱失实，将官吏并坐出入之罪。"诏刑部看详申尚书省。①照这一条的记载看来，宝元二年（1039）县官坐罪的规定，经过了一百三十多年，到了乾道九年（1173）的时候，已经不大被人注意了，所以臣僚们才有重新规定县官坐罪的请求。《庆元条法事类》卷七三《推驳》，载有《断狱敕》一条：

> 诸县以杖、笞及无罪人作徒、流罪，或以徒、流罪作死罪送州者，各杖一百。若以杖、笞及无罪人作死罪送州者，徒一年。其故增减情状者，各从出入法。②

这条敕文，也许就是上项臣僚请求的结果，可是才过了五六年，法律规定又有了以下变化：

C.淳熙六年（1179）六月，刑部言："昨乾道重修法，增立县以杖、笞及无罪人作徒、流罪，或以徒、流罪作死罪送州者，杖一百。若以杖、笞及无罪人作死罪送州者，科徒一年。缘县狱比之州狱，刑禁事体不同，止合结解送州，故县不坐出入之罪。今欲依乾道重修法科罪，如系故增减情状，合从出入法施行。"从之。③

这是刑部认为上项规定，对于县官的要求未免过多。所以它强调县狱之比州狱，"事体不同"，因为它只是"结解送州"，"故县不坐出入之罪"。因之刑部主张仍旧施行以前的"重修法"，而不再使用后来"增立"的条

---

① 《宋会要辑稿·刑法》三之八七，第8442页。
② 《庆元条法事类》卷七三《刑狱门三·推驳》，第759页。
③ 《宋会要辑稿·刑法》三之八七至八八，第8442页。

文。就是只有在故意增减情状之下，才把县官按出入法论罪。其余非故意而把轻罪当作重罪，或把重罪当作轻罪解州者，概不问罪。也就是说，县官对于审问徒流以上罪名所负的责任，大体上又恢复了一百四十年前宝元二年（1039）所定的制度。

（二）拷讯

县官之审问徒流死罪，虽然只是一种预审的性质，但也得"勘结圆备，方得送州"。因之有时候就免不得要用刑取供，即所谓"拷讯"是也。依照唐宋律的规定，官法之判决犯人，本来并不是一定要口供的。《唐律》四七六"讯囚察辞理"条的后半段说得很明白：

> 诸应讯囚者，……若贼状露验，理不可疑，虽不承引，即据状断之。

不过在习惯上，法官总是要设法取得口供的。但是有一点我们必须特别注意，就是用刑取供在唐宋时有许许多多的先决条件和限制，到后来都被忽略了。《唐律》四七六条上半段说：

> 诸应讯囚者，必先以情审察辞理，反复参验，犹未能决，事须讯问者，立案同判，然后拷讯。违者杖六十。

什么是"审察辞理"？唐《狱官令》有一条说：

> 诸察狱之官，先备五听。案《周礼》云："以五声听狱讼，求人情。一曰辞听，观其出言，不直则烦。二曰色听，观其颜色，不直则赧然。三曰气听，观其气息，不直则喘。四曰耳听，观其听聆，不直则惑。五曰目听，观其瞻视，不直则眊然。"[1]

上面这一段，引的是《周礼·小司寇》郑康成的注，正是汉律学的正宗。

什么是"立案同判"？《唐律》四七六条的疏文说：

---

[1]《宋刑统》卷二九《断狱律·不合拷讯者取众证为定》，第475页。

> 事须讯问者，取见在长官同判，然后拷讯。若充使推勘，及无官
> 同判者，得自别拷。

可见当时用刑取供，不但要问刑官立案说明，同时还需要得到他长官的许可，并约请另外官员来一同讯问。宋太宗在雍熙二年（985）下令："诸州讯囚，不须众官共视，申长吏得判乃讯囚。"①可见，在此以前是必在"众官共视"之下，才可以刑讯的。

再则拷讯的使用，主要是以贼盗重案为限。太祖建隆三年（962）十二月六日敕：

> 宜令诸道州府指挥推司官吏，凡有贼盗刑狱，并须用心推鞠，勘
> 问宿食行止，月日去处，如无差互，及未见为恶踪绪，即须别设法取
> 情，多方辩听，不得便行鞭拷。如是勘到宿食行止，与元通词款异
> 同，或即支证分明，及赃验见在，公然拒抗，不招情款者，方得依法
> 拷掠，仍须先申本处长吏指挥。②

到了明朝，则差不多所有的罪行，没有不可以施用刑讯的了。③

在唐朝，问刑官对于若干人，有"回避"的规定。《狱官令》：

> 诸鞠狱官与被鞠人有五服内亲，及大功以上婚姻之家，并受业
> 师，经为本部都督、刺史、县令，及有仇嫌者，皆须听换。推经为府
> 佐，国官于府主，亦同。④

刑讯有一定的限度，就是拷讯只许用杖——讯杖长三尺五寸，大头径三分

---

① 《宋史》卷一九九《刑法志一》，第4971页。
② 《宋刑统》卷二九《断狱律·不合拷讯者取众证为定》，第478页。
③ 《大明会典》（明万历内府刊本）卷一七一《刑部·断狱》"故禁故勘平人"条后面头一条 "例"说："内外问刑衙门，一应该问死罪，并窃盗抢夺重犯，须用严刑拷讯。其余止用鞭朴 常刑"。于是死罪、窃盗、抢夺等重犯之外，其他罪行，也无不可施以刑讯（鞭朴）。
④ 《宋刑统》卷二九《断狱律·不合拷讯者取众证为定》，第475页。

二厘，小头二分二厘①——不许用任何其他的工具。而且"不得过三度，总数不得过二百。杖罪以下，不得过所犯之数。……若拷过三度，及杖外以他法拷掠者，杖一百。数过者，反坐所剩"（《唐律》四七七"拷问不得过三度"条）。所谓"三度"者，《狱官令》规定：

> 每讯相去二十日，若讯未毕，更移他司，仍须拷鞫，即通计前数，以充三度（《唐律》同上条疏引）。

《狱官令》还有一条：

> 诸讯囚非亲典主司，皆不得至囚所听闻消息。其拷囚及行罚者，皆不得中易人。②

这和后来元朝杖刑和明朝廷杖"五杖一易人"③的规矩相比，相去何啻天渊！

从上面所说的一切，我们可以看出关于刑讯的滥用，唐朝人作了多么周密的防范。难怪在宋朝文献中，我们再也找不出多少改善的规定，唯《宋会要·刑法三·勘狱》：

> ［真宗大中祥符五年（1012）］十月二十五日，诏："……今后按鞫罪人，不得妄加逼迫，致有冤证。"④

此外，《宋会要》里有关刑讯的诏令恐怕很难发现出什么别的来了。

（三）录问

对于滥施刑讯的防范，宋朝有一项加强的措施，就是把犯人的口供，

---

① 〔宋〕欧阳修、宋祁：《新唐书》卷五六《刑法志四》，北京：中华书局，1975年，第1411页。
② 《宋刑统》卷二九《断狱律·不合拷讯者取众证为定》，第475页。
③ 元朝至元八年（1271），出现了"五杖子换一个人"的办法：挨了三十七下之后，就有人于五日内因杖疮身死（〔元〕佚名编，陈高华等点校：《元典章·刑部》卷一六《杂犯一·违杖》，北京：中华书局，2011年，第1801页）。后来明朝的太监们，就以"五杖易人"作为出门执行"廷杖"时的法定规矩（〔清〕沈家本：《刑法分考十四》，见《历代刑法考》，第338页）。
④ 《宋会要辑稿·刑法》三之五六至五七，第8423页。

由另外一人予以证实，即所谓"录问"是也。这个制度发展的经过，大约如下：

唐朝的《狱官令》中，有关于犯人口供的一条：

> 诸问囚皆判官亲问，辞定，令自书款。若不解书，主典依口写讫，对判官读示。①

可见唐人已把原始供词看得很重。到了后唐明宗的天成三年（928），有一道七月十一日的敕文说：

> 诸道州府凡有推鞫囚狱，案成后，逐处委观察、防御、团练、军事判官，引所勘囚人面前录问。如有异同，即移司别勘。若见本情，其前推官吏，量罪科责。如无异同，即于案后别连一状，云所录问囚人与案款同。转上本处观察团练使、刺史。如有案牍未经录问过，不得便令详断。②

这是说，州府审问官事完毕之后，要等上级机关派判官来提出犯人，问他们是否承认他们的口供（"录问"）。如若他们承认（"无异同"），案子的处理程序就继续进行。如若他们不承认——"有异同"，宋人谓之"翻异"，明清谓之"翻供"——这件案子就得送交另外一位官员或另外一个机关去重新审问。

宋朝继续沿用这个"录问"的制度，而予以更详密的规定，就是凡有徒以上的刑狱，在"推勘"（即包括刑讯的审问）完毕之后，必须经过"录问"，才能进行"检断"（检法断刑）。③如果犯人在录问时翻异，就得在原地方另外派一个人重审，这个叫作"别推"。别推的供词，到了第二

---

① 《宋刑统》卷二九《断狱律·不合拷讯者取众证为定》，第475页。

② 《宋刑统》卷二九《断狱律·不合拷讯者取众证为定》，第480—481页。

③ 真宗大中祥符五年（1012）诏："制勘官，每狱具则请官录问，得手状伏辨，乃议条决罪。如事有滥枉，许诣录问官陈诉，即选官覆按。如勘官委实偏曲，即劾罪同奏；如录问官不为申举，许诣转运、提刑司，即不得诣阙越诉。"（《宋会要辑稿·刑法》三之十五，第8400页）

次录问时又被翻异，这时候就得把案子移送到另一个机关去重审，这个叫作"移推"。①宋初对于移推的次数没有限制，因之有时一件案子，经过六七次移推而还得不到结论。②（后来才发展出"五推"为限的规定。这一点将另外讨论。）

在录问官和推勘官之间，有回避"同年同科目及第"的规定。③

录问官的责任，不只是对证，在相当程度下，他也负有纠正推勘错误的责任。《庆元条法事类》卷七三《推驳》：

> 断狱敕：诸置司鞫狱不当，案有当驳之情而录问官司不能驳正，致罪有出入者，减推司罪一等，即审问或本州录问者，减推司罪三等。④

《宋会要·刑法三·勘狱》有下列一条，我们从中可以略窥当时录问的实况：

> ［孝宗乾道六年（1170）三月二十六日］权刑部侍郎汪大猷言："窃见诸勘鞫公事，多是翻异别勘，录问官未尝诘问，才闻冤便取责短状以出。后勘官见累勘不承，虑其翻诉不已，狱情一变，或坐失入之罪，故为脱免。乞特降指挥，自今录问官遇有翻异，当厅令罪人供具实情，却以前案并翻词送后勘官参互推鞫，不得更于翻词之外别生情节，增减罪名。其累勘不承者，依条选官审勘。"从之。⑤

---

① 参见《宋会要辑稿·刑法》第8439页三之八四载："在法，诸录囚有翻异者听别推，然后移推。"
② 《宋会要辑稿·刑法》三之八四，第8439页。
③ 《宋会要辑稿·刑法》三之五五，第8423页。
④ 《庆元条法事类》卷七三《刑狱门三·推驳》，第756页。"置司"即"当直司"亦即各州推判官的衙门。"审问"可能是专指"重勘"——录问时有翻异因而重行推勘——的官事而言。"本州"指的是录事参军的衙门。
⑤ 《宋会要辑稿·刑法》三之八五，第8440页。

（四）聚录

宋朝的刑狱，推勘录问之后，最后还要对众宣判，叫作"聚录"，这是很重要的一幕。《文献通考》卷一六七：

> ［孝宗乾道四年（1168）］五月，臣僚言："民命莫重于大辟。方锻炼时，何可尽察。独在聚录之际，官吏聚于一堂，引囚而读示之。死生之分，决于顷刻。而狱吏惮于平反，摘纸疾读，离绝其文，嘈囋其语，故为不可晓解之音，造次而毕，呼囚书字，茫然引去，指日听刑。人命所干，轻忽若此。臣窃照聚录之法有曰：'入吏依句宣读，无得隐瞒。令囚自通重情，以合其款。'此法意盖不止于只读成案而已。臣谓当稽参'自通重情，以合其款'之文，于聚录时，委长贰点无干碍吏人先附囚口责状一通，覆视狱案，果无差殊，然后亦点无干碍吏人依句宣读。务要详明，令囚通晓。庶几伏辜者无憾，冤枉者获伸。"从之。①

这件条陈里所要求的，事实上能否全部办到，似乎不无问题。但是就制度论制度，我们不能不承认这是一项很成熟的立法。

三、县司法组织

宋朝司法制度的弱点，用我们现代的眼光来看，主要是县衙门的组织在司法方面太薄弱。现在让我们就这一点仔细看一下。

宋朝的县官，官称是"县令"，在比较重要的县份，照规定必须要具有"京官""朝官"，或"幕职官"身份的人去做的，叫作"知县"。②"平决狱讼"和"催理两院"，是县官们最重要的两项任务。

在唐朝，县令之下，原设有"司法佐""司法"等帮助县官处理狱讼

---

① 〔宋〕马端临：《文献通考》卷一六七《刑考六》，北京：中华书局，2011年，第5016—5017页。
② 《宋会要辑稿·职官》四八之二五，第4321—4322页。

的"佐职"。①可是到了宋朝——可能已经在五代时期——这些司法佐职就被废除了。县衙门里的"官",除了"县令"或"知县"之外,虽然有"丞"(掌山泽坑冶),"主簿"(掌出纳官物),"尉"(掌阅习弓手,戢奸禁暴)②,但是各人都自有他们繁重的任务,不能帮助县官审问官事。

但是一县的狱讼,总有相当的数目,绝非县官一个人所能负担。因之宋朝的县官,在处理狱讼方面,就不得不倚仗所谓"吏人""公人"③——后来被称为"胥吏""衙吏""书办"——没有"官"的身份的低级雇员。

宋朝的县衙门里,都有些什么样的"公吏人"?他们的职掌是什么?关于这些问题,我们在宋人文献中找不出有系统性的叙述。把现有的一些零碎数据兜起来看,似乎北宋初期,县里的"吏人",有"押司""录司""录事史""佐史"四种。④但是后面三种名称,后来很少出现。徽宗政和六年(1116),为近畿几县"狱空"(牢狱在一个长时期内没有羁囚),颁赏县级人吏,有"职级""推司""典书""副典书""手分""狱子"等六种名称。⑤不知这个"推司"是否就是早期的"押司"?政和七年四月三日诏:"州县有刑禁处,推司狱子最为急切。"⑥那么这个时期的县衙门,似乎应该都设有推司。

渡江以后,南宋初期的官吏名额,是尽力紧缩的。可能有一个时期,各县没有设推司。李心传《建炎以来朝野杂记·乙集》[嘉定九年(1216)]卷十四,"诸县推法司"一条里,载有下列三道敕文:

---

① 〔后晋〕刘昫:《旧唐书》卷四四《职官志三》,北京:中华书局,1975年,第1920页;〔宋〕欧阳修、宋祁:《新唐书》卷四九下《百官志四》,第1319页。

② 《宋史》一六七《职官志七》,第3977—3978页。

③ 名例敕:"诸称'公人'者,谓衙前,专副、库、称、拍子、杖直、狱子,兵级之类。称'吏人'者,谓职级至贴司,行案、不行案人并同。称'公吏'者,谓公人、吏人。"见《庆元条法事类》卷五二《公吏门·解试出职》,第737页。

④ 《宋会要辑稿·职官》四八之二五,第4321页。

⑤ 《宋会要辑稿·刑法》四之八八,第8496页。

⑥ 《宋会要辑稿·刑法》三之七〇,第8430页。

1.光宗绍熙元年（1190）："万户县以下，置刑案推吏两名，五千户县以下置一名，专一承勘公事。不许差出及兼他案，与免诸般科敷事件……推行重禄。"

2.绍熙四年（1193）："县刑案人吏，承勘公事……须勒令请领重禄。"

3.宁宗庆元元年（1195）五月："诸县编录司亦行重禄，仍令县主吏举有行止、不犯赃私罪小使三两人，就司习学。……著为令。"①

但是杂记最后说，"自（庆元元年）降旨及今，近二十年，未尝有行之者"。

这里所说的三敕一令，全文都收在《庆元条法事类》里。其令文一条，尤值得注意：

> 选试令：诸县典、押保举有行止不曾犯赃私罪手分、贴司三两人，就编录司习学。遇编录司有阙，县申州，州委官比试断案，取稍通者充。候及三年，检断无差失，升一等名次（谓元系贴司，即升手分；元系手分，即升上名之类）。若遇典、押阙，即先补试中编录司人。②

我们从这里可以看出，当时的县衙门，大多设有"编录司"。司里的"小使"，有"上名""手分""贴司"三种阶级。而县里的"主吏"，有"典押两种"，"押"大概就是"押司"，"典"可能就是"典书"。

李心传的这一段笔记，是在宁宗嘉定七年至八年间（1214—1215）写的。可是在嘉定十五年九月里，臣僚上奏，说到"民之犯罪至于重辟，勘结自有限日。而近之作县者委成于吏，枝蔓鬻弄，动淹岁月"。③那么是不是前几年还没有设置的推吏，这时候已经设置了呢？还是李心传所说的"未尝有行之者"一句话不合事实呢？

---

① 〔宋〕李心传撰，徐规点校：《建炎以来朝野杂记·乙集》卷一四《官制二·诸县推法司》，北京：中华书局，2000年，第765—766页。

② 《庆元条法事类》卷五二《公吏门·解试出职》，第734—735页。

③ 《宋会要辑稿·刑法》三之八八，第8443页。

胡太初在《昼帘绪论·治狱篇》里也说：

> 在法，勘鞫必长官亲临。今也令多惮烦，率令狱吏自行审问。但视成款佥署，便为一定，甚至有狱囚不得一见知县之面者。①

所以，南宋的县官，常常委托"推吏"（或"狱吏"）来代审官事，应该不成问题。

在高宗时（1127—1162），有一个叫刘行简的人，曾经向朝廷建议，要教各县的县丞兼管治狱。《历代名臣奏议》卷二一七载有他的一篇奏折如下：

> 臣窃惟治狱之官，号称难能。责任专一，俾得究心，犹不能保其不为奸吏所移，而况任之不专者乎？县狱是也。狱之初，情实在于县，自县而达之州，虽有异同，要之以县狱所鞫为祖，利害不轻。今所谓县令者，旦朝受牒诉，暮夜省按牍。牒诉之多，或至数百，少者不下数十。案牍之烦，堆几溢格。其间名为强敏者，随事剖决，不至滞淹，已不可多得。倘复责其余力，足办狱事，讯鞫得情，吏不敢欺，民不被害，诚恐百人之中，未必有一也。郡之狱事，则有两院治狱之官，若某当追，若某当讯，若某当被五木，率具检以禀。郡守曰可则行。至县则不然，令既不暇专察，佐官虽名通签，终以嫌疑，不敢侵预。其追呼讯鞫，具名以禀，悉出吏手，故其事与州郡不同。臣恭惟陛下躬好生之德，视民如伤。宽诏屡下，未尝不以哀矜庶狱为言。如此，利害较然明白，而人莫敢以县邑专置狱官为请者，诚恐增员太多故也。臣愚见以谓县狱之事，宜专委丞，如州郡两院之官，日入治狱。凡追呼枷讯等事，丞先以禀令，然后得行，其余悉如旧制。则丞无侵预之嫌，令有同心之助，相为可否，其得必多。借使为丞者未必皆能，其事不犹愈于付之黠吏之手乎？伏望圣慈特赐详酌

---

① 〔宋〕胡太初撰，闫建飞点校：《昼帘绪论·治狱篇第七》，收入《宋代官箴书五种》，北京：中华书局，2019年，第176—178页。

施行。①

可惜这项建议，当时未被采纳。未采纳的理由，可能是因为自唐以来，县官被认为是"民之父母"，因而必须"躬亲狱讼"。《唐六典》规定县令的职掌，所用的字眼，是："养鳏寡，恤孤穷，审察冤屈，躬亲狱讼，务知百姓之疾苦。"②所以徽宗宣和二年（1120）有诏：

> 州县官不亲听囚，而使吏鞫讯者，徒二年。③

淳熙年间令县置推吏，二十年未尝有行之者，可能也是这种心理的作用。

中国的县官，在宋朝就很难做。岳珂《愧郯录》〔嘉定甲戌（1214）〕卷九一"作邑之制"一条里说：

> 为邑有催科抚字之责，有版帐民讼之冗。间有赋入实窄，凿空取办，郡邑不相通融，鲜不受督趣。故士大夫每视为难，徒以不得已而为之。④

嘉定七年（1214）七月四日，臣僚论县政的一篇奏折，更是慨乎言之：

> ……二十年来，海内寖有不可为之县。未赴者有偿债之忧，已赴者有镬汤之叹。臣知其故矣，敢略陈之。如零细窠名，或岁纳苗米，旧来就县纳者，今乃取之于州。如批支驿券或寄居祠奉，旧来就州支者，今乃移之于县。赦文蠲放之赋，复令承认；居户逃阁之数，不与豁除。酒课无米曲之助，令自那融；起纲无般脚之资，令自措置。积年邑欠，前政已去而尚须带纳；征亭商税，差官监收而又令补解。官

---

① 〔明〕黄淮、杨士奇编：《历代名臣奏议》卷二一七《慎刑》，上海：上海古籍出版社，1989年，第2851页。

② 〔唐〕李林甫等撰，陈仲夫点校：《唐六典》卷三〇《三府督护州县官吏》，北京：中华书局，1992年，第753页。

③ 《文献通考》卷一六七《刑考六》，第5011页。

④ 〔宋〕岳珂撰，朗润点校：《愧郯录》卷九《作邑之制》，北京：中华书局，2016年，第116页。

有修造而欲献助，郡有迎送而欲贴陪。以至一邑之内，有县官、吏胥之请给，县兵、递铺之衣粮，乃科以不可催之钱，畀以未尝有之米。此皆强其所无者，至如阛郡官属，诸司幕客，每于职事，皆有干涉。年例馈遗，但可增添；嘱托夫马，惟当应副。上官到县排办之数，多者或至千余缗；差人下县需索之费，少者不下数十千。如此之类，日甚一日。当此之际，强敏者无所用其力，才智者无所施其巧，不取于民，将焉取之？于是因讼事而科罚，其初数十千，施至于数百千；用岁额而豫借，其初一二年，旋至于五六年。科取竹木，多折价钱，已输税租，抑令重纳。椎肌剥髓，以苟目前。朝暮凛凛，但思脱去。岂复于爱人利物之事少垂意哉。①

同时，做县官的，本身往往就是问题人物。《宋会要·职官四七·知州府军监》：

> （宁宗庆元元年（1195））十一月三日，右正言刘德秀言：“……今小官之入仕，……且以三十而仕，守阙历任必须七八年，有举主三人，而后得所谓关升者。又守阙历任六七年，求举主五人而后得所谓改官者，则盖几十五年矣。既已改官，然后作县。”②

这是说做县官的年纪太大。但是另一方面，《宋会要·职官四八·县官》：

> （宁宗嘉泰四年（1204））十月二十八日，臣僚言：“……京官任子皆自儿时奏补，多有虚增年数，冀速出仕。才更一任，凭借势力，干图荐举，二任即注知县而去。未尝更练，不习法令，轻狂妄作，无所不至。殊不知民社所寄，簿书之丛委，狱讼之曲直，财计之登耗，虽巧心敏手处之，犹恐力不暇给。今乃以年少未更事之人遽任剧繁，

---

① 《宋会要辑稿·职官》四八之二三至二四，第4320—4321页。
② 《宋会要辑稿·职官》四七之四七，第4290—4291页。

鲜不败事。"①

这是说有的又未免年纪太小，并且因为有不少县令"多是选人，未曾关升，或无举主，或昏缪无能，无所顾籍"。②因而只要能找到一些人，"稍通文学，粗谙民事，不至为民病"③，就觉着可以满意，说起来也够可怜的了。

因此，难怪当时人对于地方官之处理狱讼，常常不满意。孝宗乾道三年（1167）十二月二日，臣僚言：

> 窃见近岁以来，大理狱多取决于大臣，州县狱多取于太守。狱官不循三尺，专以上官私喜怒为轻重，求民无冤，不可得矣。④

宁宗嘉定五年（1212）十二月十四日的一篇臣僚的奏折，叙述当时州县刑狱之弊，说得更为详尽：

> 刑狱，民之大命，州县之间，其弊有可言。如勘死囚，难得其情，或惮于详覆之糜费而径用奏裁；如该徒、流，法所不宥，或畏于州县之疏驳而止从杖责。罪至死、徒者，法当录问，今不复差官，或出于私意而径从特判；狱有翻异者，法当别鞫，今被差之官或重于根勘而教令转款。寒暑必虑狱囚，法也，今监司按行之时，多是诡为知在；遇夜不得行杖，法也，今郡邑断遣之际，或至灯下行刑。狱许破常平钱米，亦皆法也，今守令不以经意，或从减克，或支不以时，遂至囚多瘐死。凡是数者，冤抑实多。乞行下诸路提刑司严行观察，照见行条法，或有违戾，罪在必刑。⑤

综括一切来说，宋朝的司法制度，虽然是很成熟的，但是在县衙门这一

---

① 《宋会要辑稿·职官》四八之四七，第4345页。
② 《宋会要辑稿·职官》四八之二二，第4320页。
③ 《宋会要辑稿·职官》四八之二二，第4320页。
④ 《宋会要辑稿·刑法》三之八五，第8439页。
⑤ 《宋会要辑稿·刑法》三之八八，第8442—8443页。

级，却不太理想。因为审判法里推鞫、录问、检断的分权精神，在县令躬亲狱讼的原则之下，在这里无法实施，此其一。县官审问徒以上罪，只是一种预审的性质，因之不免有时候马虎了一点。但是"狱贵初情，初情利害实在县狱。……外郡大辟翻异，邻州邻路差官别勘，多至六七次，远至八九年，未尝不因县狱初勘失实"①，此其二。譬如看病，不管轻重缓急及一切疑难险症，一律都得到区公所的卫生室里排队挂号，请那位年轻护士小姐去诊断治疗。然后由她根据个人判断，把她认为病情严重的人，分别转送到正式医院去重新检查诊断。这样子希望不耽误病人，怎么可能？第三个原因，是责任重，地位低，县官不好做，好县官不易得。这正是我们过去整个行政组织的致命伤。其影响所及，岂止司法而已哉！

四、优良传统

纵然如此，宋朝毕竟是中国传统司法的黄金时代，所以还是有不少有关县司法的良好制度，值得我们后人钦佩。兹略举数项如下。

（一）民事审判部分

1. 断由。这是高宗治下的良政。《宋会要·刑法三·诉讼》：

（绍兴）二十二年（1152）五月七日，臣僚言："今后民户所讼如有婚田、差役之类，曾经结绝，官司须具情与法叙述定夺因依，谓之断由，人给一本。如有翻异，仰缴所给断由于状首。不然不受理。使官司得以参照批判，或依违移索，不失轻重。将来事符前断，即痛与惩治。"上宣谕宰臣曰："自来应人户陈诉，自县结断不当，然后经州，由州经监司，以至经台，然后到省。今三吴人多是径至省。如此则朝廷多事。可依奏。"②

（孝宗）乾道七年（1171）十二月十四日，臣僚言："民间词讼多有翻论理断不当者，政缘所断官司不曾出给断由，致使健讼之人巧饰

---

① 《宋会要辑稿·刑法》三之八七，第8442页。
② 《宋会要辑稿·刑法》三之二八，第8407页。

偏词，紊烦朝省。欲望行下监司、州县，今后遇有理断，并仰出给断由。如违，官吏取旨行遣。"从之。①

（光宗）绍熙元年（1190）六月十四日，臣僚言："州县遇民讼之结绝，必给断由，非固为是文具，上以见听讼者之不苟简，下以使讼者之有所据，皆所以为无讼之道也。比年以来，州县或有不肯出给断由之处，盖其听讼之际不能公平，所以隐而不给。其被冤之人或经上司陈理，则上司以谓无断由而不肯受理，如此则下不能伸其理，上不为雪其冤，则下民抑郁之情皆无所而诉也。乞诸路监司郡邑自今后人户应有争讼结绝，仰当厅出给断由，付两争人收执，以为将来凭据。如元官司不肯出给断由，许令人户径诣上司陈理，其上司即不得以无断由不为受理，仍就状判索元处断由。如元官司不肯缴纳，即是显有情弊，自合追上承行人吏，重行断决。"从之。②

（宁宗）庆元三年（1197）三月二十七日臣僚言："乞申严旧法，行下诸路：应讼事照条限结绝，限三日内即与出给断由。如过限不给，许人户陈诉。"从之。③

这是四个皇帝维护一个制度的纪录。

2.词诉当日结绝。《宋会要·刑法三·诉讼》：

（宁宗）嘉定五年（1212）九月二日臣僚言："窃照庆元令，诸受理词诉限当日结绝，若事须追证者，不得过五日，州郡十日，监司限半月。有故者除之，无故而违限者听越诉。今州县、监司理对民讼，久者至累年，近者亦几一岁，稽违程限，率以为常。乞戒饬监司、州县，照应条法，应词诉稽程不为结绝者，即与次第受理，已结绝即与出给断由。仍下户、刑部，如受理词诉，实时出给告示。不受理者亦

① 《宋会要辑稿·刑法》三之三四，第8410页。
② 《宋会要辑稿·刑法》三之三六至三七，第8412页。
③ 《宋会要辑稿·刑法》三之三七至三八，第8412页。

于告示内明具因依。庶使人户凭此得经台省陈理，民情上达，冤枉获申。"从之。①

3.半年不决可上诉。《宋会要·刑法三·诉讼》：

（孝宗乾道）二年（1166）七月九日臣僚言："比来民讼至有一事经涉岁月而州县终无予决者，缘在法县结绝不当而后经州，州又不当而后经监司。乞自今词诉在州、县半年以上不为结绝者，悉许监司受理。"从之。②

（二）刑事审判部分

1.县尉许检验不许推鞫。《宋会要·职官三·诉理所》：

检验之官，州差司理参军，县差县尉，以次差丞、簿、监当。若皆阙，则须县令自行，至于覆验，乃于邻县差官。若百里之内无县，然后不得已而委之巡检。③

但是县尉不许推鞫。《宋会要·刑法三·断狱》：

（真宗）大中祥符二年（1009）七月二十九日，诏："大辟罪人案牍已具，临刑而诉冤者，并令不干碍明干官吏覆推。如本州官皆碍，则委转运、提点刑狱司就近差官。"时光化军断曹兴，将刑称冤，复命县尉鞫治，刑部上言县尉是元捕盗官，事正干碍。望颁制以防枉滥故也。④

《宋会要·职官五·三司推勘》说：

（孝宗淳熙）三年（1176）二月七日，诏："自今县狱有尉司解到

---

① 《宋会要辑稿·刑法》三之四〇至四一，第8414页。
② 《宋会要辑稿·刑法》三之三二，第8409页。
③ 《宋会要辑稿·职官》三之七七，第3094页。
④ 《宋会要辑稿·刑法》三之五五，第8422页。

公事在禁，若令、丞、簿全阙去处，即仰本县依条申州，于合差官内选差无干碍官权摄。其徒罪以上囚，令、佐聚问无异，方得结解赴州。"以大理评事张维言："县尉职在巡警，及其获盗解县，禁系推鞠，属之县令。若捕盗官或暂权县，自行鞠狱，既以元捕为当，又欲因以受赏，惟务狱成，而狱卒例是尉司弓手，往往迎合，逼令招承。"故有是诏。①

2.一年结绝。《宋会要·刑法三·勘狱》：

（高宗绍兴）八年（1138）六月八日，刑部言："今后诸路州县及推判官司勘鞠公事，虽有缘故，若经一年之外不决者，并具因依申本路提点刑狱司，备申刑部及御史台，看详有无冤滞，申取朝廷指挥施行。"从之。②

3.州县独立审判。《宋会要·刑法六·禁囚》：

（徽宗宣和）五年（1123）六月二十日，刑部奏："检会臣僚上言：'伏睹州县鞠狱，在法不得具情节申监司，及不得听候指挥结断。此盖朝廷欲使州县尽公据实，依〔法〕断遣，不得观望，且使狱刑无淹延之弊。而比年以来，诸路监司往往狭情偏见，每有公事，必使州县先具情节申禀，听候指挥，方得断遣。稍未如意，即再三问难，必快其欲而后已。臣愚欲乞特降睿旨，补完见行条法。应囚在禁，如监司指挥具情节及令听候指挥结断者，州县不得承受，一面依条施行。如监司见得果有情弊及情理未尽，即别行按劾。'"③

北宋皇帝，太宗、真宗、仁宗、神宗，四代祖孙，都是知道尊重法律和爱护法律的统治者。到了徽宗，在蔡京蛊惑之下，其独裁任性，胆大胡

---

① 《宋会要辑稿·职官》五之四八，第3144页。
② 《宋会要辑稿·刑法》三之七八至七九，第8435页。
③ 《宋会要辑稿·刑法》六之六一，第8564页。

为，①使宋朝的法治制度，大遭摧损。然而这时候仍然有一类维护审判独立精神的奏折进呈，足见一个半世纪的优良传统，到底是扎下了相当深厚的根基，不至于崩溃。所以南渡之后，经过高宗、孝宗两代的不断努力，这个传统，依然又继续健全发展，一直到元人渡江而止，实在不是偶然的。

[原载徐道邻：《中国法制史论集》，（台北）志文出版社1975年版]

---

① 他说过："出令制法，重轻予夺在上。比降特旨处分，而三省引用敕令，以为妨碍，阻抑不行，是以有司之常守，格人主之威福。夫擅杀之谓王，能利害之谓王，何格令之有？"见《宋史》卷二○○《刑法志二》，第4990页。

县衙的"狱讼"与南宋庶民社会

刘馨珺

　　洪迈记载了一件南宋初年发生在浙东婺州兰溪县的故事。距离县城三十里之远的富人祝家的水塘里发现了尸骨。当时邻保系统立即上报于里正，而里正因为民事田讼一向与祝家有怨结，于是向县令报告，并且推测命案应是祝家驱逐乞丐道士时所为。于是县衙进行一连串的逮捕、入狱、录问、检法，将"狱具"案牍呈送州衙：

> 里正夙与祝氏讼田有隙，遂称祝昔尝致人至死，今尸正在其塘内，以白县。县宰信以为然，逮下狱。凡证左、胥吏讼其冤者，宰悉以为受赇托，愈加绳治，笞掠无虚日。①

故事中，我们看到了县宰相信里正的口头证言，进一步对祝氏笞掠无虚日；并且认定替祝氏诉冤的县吏是受祝家之赇；祝母在无奈的情况下，乃至于有迎尸骨、立赏捕盗等等自立救济的活动。故事的后半段，虽然行丐的道士到事发县衙出面说明，但是县宰"犹谓其不然，疑未决"。最后，由于其他县邑捕获真盗后，从刑讯中推得案情，祝氏才得以获释。

　　上述故事不过是南宋约一百五十年间的沧海一粟，在狱讼的程序及许多官员们零散的事迹中，当时不少地方官致力于狱讼业务，实是有目共睹的历史。

---

① 〔宋〕洪迈：《夷坚丙志》卷五《兰溪狱》，台北：明文书局，1982年，第407—408页。

一、"狱讼"与县衙公吏的专职化

宋代县衙的胥吏中虽有公人、吏人之分，但合称"公吏"。①自北宋康定二年（1041）以后，因为"召有产业人投名，试书算，不足则抽差税户"②，所以投名应役的吏人有愈来愈普遍的趋势。③至于公吏的数目则视县衙所统辖的区域大小、人口多寡为准，大致而言，约一百人至一百二十人。县吏的职称有"人吏、贴司、手力、解子、医人、杂职、拦头、斗仓子、库斗子、秤子、所由、乡书手"等等。④

在南宋《琴川志》（淳祐辛丑，1241）中，有关"县役人"的名称多达二十四种。⑤而宋代县衙公吏专职化虽不及州衙明显⑥，不过与"狱讼"相关的公吏们，其职责有朝制度化发展的趋向，如李心传曾说：

> 旧制，诸县不置推法司，吏受赇鬻狱，得以自肆。绍熙间，议者始请万户以下县各置刑案推吏两名，五千户以下一名，专一承勘公事，不许差出及兼他案。仍免诸色科敷事件，月给视州推吏减三分

---

① 〔宋〕李元弼：《作邑自箴》卷二《处事》，《丛书集成初编》本，第7页；〔宋〕谢深甫：《庆元条法事类》卷五二《公吏门·解试出职》"名例敕"，台北：新文丰出版社，1976年，第495页。

② 〔宋〕陈耆卿：《嘉定赤城志》卷一七《吏役门》"县役人"，台北：大化书局，第5页。

③ 黄繁光：《宋代民户的职役负担》，中国文化大学，1980年，第42页。〔日〕周藤吉之：《宋代州县职役胥吏发展》，收入《宋代经济史研究》，东京：东京大学出版会，1962年，第765—813页。

④ 〔日〕梅原郁：《宋代官僚制度研究》，京都：同朋舍，1975年，第550—552页。根据梅原氏统计福州十二县的县役吏人数：闽（118）、侯官（113）、连江（98）、长溪（113）、长乐（75）、福清（121）、古田（107）、永福（94）、闽清（77）、宁德（101）、罗源（76）、怀安（114）。台州五县：临海（121）、黄岩（121）、天台（97）、仙居（100）、宁海（100）。

⑤ 〔宋〕孙应时、鲍廉：《琴川志》卷六《县役人》，台北：大化书局，第17—18页："押录（旧额二人，今以县事繁冗，增差不定）、手分（随手所分差，无定额）、贴司、引事、厅子、书司、手力（即厅子引事名字，请给于丞厅）、乡司、乡夔、当职人（据轮番、散番等请给于县库）、茶酒、帐设、邀喝请给于税务）、杂职、弓手（旧额一百六十五名）、牢子（弓手轮差，每月轮差一名充狱具）、市巡、所由、斗级、斗子、拦头、务司、酒匠、栅子、直司（在县承催苗税而已）、脚力（凡保正追会之事）、僧直司（承受寺院事件）。"

⑥ 《宋代官僚制研究》认为州衙吏人已经专业化，县衙的吏人专业化则不算多。见《宋代官僚制研究》第548—596页。

之一。①

他认为县衙没有设置"推勘"与"检法"单位时，吏人的职务混杂，导致县吏任意受贿而且拘监庶民。

迄光宗绍熙年间（1190—1194），朝廷为了改善县吏不法置狱推鞫的问题，于是设置一至两名的"刑案推吏"，专门承行"推勘"的职务，在狱中负责推勘的"推吏"不可以差出，亦不能够兼职其他"案"②，只能属于"刑"案吏人。由此可知，宋代大部分的县吏或多或少从狱讼得到好处，因而促成南宋县衙公吏"专职化"制度的形成。以下就若干公吏的工作、公吏的生计及罢吏役人的出路综观南宋县衙公吏的专职化。

（一）与狱讼有关的公吏工作

县衙有"县门子"当差守卫衙门，他们大多是一般的户等较低的"白直"差役人③，虽然只是看守门户，但不能随便放行闲杂人等进入衙内。细心的县官会下"知委状"给门子，特别留意影响狱讼的"形势户"及"司狱"吏人的进出情形。④所谓"形势户"就是指"州县及按察官司吏人、书手、保正。其户长之类，并品官之家，非贫弱者"。⑤

收禁人的家属送衣物到衙门时，也得通过"门子"这一关，送来的物品必须登录在簿历上，由门子押送到衙门的厅堂检验押印后，才可以送到监狱里：

> 禁囚家属送到衣被等物，置历抄上，仰门子先押来，当厅上历呈押讫，方得转入狱中。其给出者，责领状附案，仍批销文历。（其历

---

① 〔宋〕李心传《建炎以来朝野杂记·乙集》卷一四《诸县推法司》，台北：文海出版社，1980年，第21页。

② 《宋史》即以吏、户、礼、兵、刑、工分案。见〔元〕脱脱等：《宋史》卷二〇《徽宗·崇宁四年》，北京：中华书局，1985年，第373页。

③ 《作邑自箴》卷二《处事》，第7页。

④ 《作邑自箴》卷二《处事》，第9页。

⑤ 《庆元条法事类》卷四七《赋役门一·税租簿》"赋役令"，第432页。并参见〔日〕柳田节子『宋代形势户の构成』，收入『宋代乡村制の研究』，東京創文社，1986年。

押节级专掌）①

若有该物品送出牢房，要书写"领状"公据附在案牍上，至先前送来填写的簿历，也得标示注销的文字。

如果遇上有"公事入县门，门子不得阻节"，但是"或有酒醉并心恙，及持棒杖之类投衙，即不得放入""不得缚打"，向县令报告后，才可以有所行动。②由此可知，县衙门子的看门工作和县狱的管理、衙门的安全及投词报案的秩序等问题相关。

到了"引状日"，县衙才允许庶民投递一般"听讼"的诉状，为了管理秩序，有"排状之吏，吏略加检视"③，有的县令甚至派遣资深可靠的吏人把关，负责开拆词状的工作。职司开拆的吏人对于前来投状"有挟诈奸欺者，以忠言反复晓之。曰：公门不可容易入，所陈既失，空自贻悔，何益也"④。这一类的吏人在州衙及提刑司称作"开拆司"⑤，县衙则往往由"押录"担任，县衙的押录相当于"州衙的职级"，也掌管县衙法司"封锁"朝廷颁下的制书一职。⑥南宋法令对于押录的降黜相当严格，若犯罪而应勒停者，则"永不收叙"：

> 诸县吏人犯罪，应降等者，免降。其押录应勒停者，永不收叙。⑦

---

① 《作邑自箴》卷五《规矩》，第27页。
② 《作邑自箴》卷五《规矩》，第27页。
③ 佚名：《州县提纲》卷二"受状不出箱"，《丛书集成初编》本，第13页。
④ 《夷坚癸志》卷一《余杭何押录》，北京：中华书局，第1228页。亦参见〔宋〕潜说友：《咸淳临安志》卷九三《纪遗五·纪事》，台北：大化书局，第1页。
⑤ 宋代中央设有"三司开拆司"，参见《宋史》卷一六二《三司使》，第3810页。至于地方州衙设有"开拆司"则参见《朱子语类》卷一一二《论官》，第2726页。明代张四维《名公书判清明集》两例：（1）卷一一《人品门·公吏》宋自牧"办公吏摅亲随受略"，第429页。（2）卷一四《惩恶门·奸恶》蔡久轩"一状两名"，北京：中华书局，1987年，第525页。
⑥ 《庆元条法事类》卷一六《文书门一·诏敕条制》"职制令"，第225页。又参见刘馨珺：《明镜高悬——南宋县衙的狱讼》第五章第一节，台北：五南图书出版公司，2005年。
⑦ 《庆元条法事类》卷五二《公吏门·停降》"吏卒令"，第496页。

相较于其他县吏人应降等而可以免降处罚，押录的处罚似乎严重许多，可见押录是县吏人中的重要角色。

县衙对简单的案件采取"当厅果决勘状"的原则，只对当事人"面谕罪名"。审断的时候，未经呼唤的"厅子""典押"不得上厅。①不能一日结绝的案件，县官必须检查法令，仔细写下"书判"，所以往往需要一名吏人在案旁轮值：

> 逐日轮贴书一名于案侧，执笔抄节所判出状词，其判语则全录。②

"贴书"就是"贴司充书吏"③，是"贴司"的别称，乃指官衙编制名额内的私名书手。④成为县衙贴司的条件则是"召主户三人，保有行止、立籍"。⑤

北宋真宗景德二年（1005）以前，"诸县人吏正名外，不许更置贴司、抄状司。景德二年，诸官司私名书手，并量人数，立额"，到了南宋绍兴年间，县衙贴司的编制又有所增减，如绍兴五年（1135），"县贴司，每案不许过五人"；绍兴二十七年（1157），"增上县人吏三十人，贴司二十人，下县贴司同人吏"。⑥"贴司"主要的工作是与"手分"负责重新编排县衙内的架阁文书⑦，或是登录县内的租税产簿，是属于管理文书的吏人。⑧贴司是衙门里的基层人员，他们的阶级高于门子，次于手分。如果表现良好

---

① 《作邑自箴》卷五《规矩》，第23页。
② 《作邑自箴》卷二《处事》，第10页。
③ 〔清〕徐松辑：《宋会要辑稿·职官》一九之七。台北：新文丰出版公司，1976年。
④ 若非官府籍定编制内的贴司，其犯过的处置与私名书手相同，参见《庆元条法事类》卷五二《公吏门·停降》，第496页。
⑤ 《作邑自箴》卷三《处事》，第14页。
⑥ 〔宋〕梁克家：《淳熙三山志》卷一三《诸县人吏》，台北：大化书局，第10页。
⑦ 《作邑自箴》卷二《处事》，第8页。
⑧ 《庆元条法事类》卷四七《赋役门·匿免租税》"诈伪敕"，第430页。卷本门《赋役式》，第433页。可见贴司也负责租税等第产业簿的登录。而元代胡祗遹《紫山大全集》卷二三《吏治杂条》（京都：中文出版社，1985年，第24页），强调贴书的文书的速度。

者，就可以升等为手分。①

　　"手分"则是县衙吏人的基本资历之一②，他们每日有固定的工作量。北宋的"官箴"认为应该"手分各置逐日工课历子，分受公事，了即勾销，日下实不能了者，批凿行遣因依，呈押"③，以确实管理手分的工作进度。手分是必须在架阁簿书上签名的吏人④，所以可说是管理文书的主要典吏。宋代将"讼牍"归于为架阁文书之一类⑤，尤其是南宋视"狱囚案款"为重要的架阁文书，吏人若管理不当时，依"黏贴、印缝、藏匿、弃毁、拆换"等犯罪情节，处以徒一年至盗罪，若是遗失一般的听讼案牍，县吏人至少必须入狱"枷锢"推勘、断罪，若亡失已编号上架阁的狱讼文书，不仅要入狱枷刑问罪；断罪之后，限时追寻该件文书，若再限满百日尚未能寻获，又得受处杖八十。⑥

　　案件成立之后，若有追会查证的工作，指派县衙役人"脚力"督催⑦，或是县衙各厅的"厅子、吏贴"承行⑧，若是出城验尸，就差丞厅的厅子

---

① 宋代许多衙门都设有贴司与手分，如中央的"文思院"，而从迁转的方式可知贴司与手分的阶级高低。参见《宋会要》职官二九之五。至于被选入编录司的贴司，如果三年表现良好者，可以升等为手分，参见《庆元条法事类》卷五二《公吏门·解试出职》"选试令"，第493—494页。

② 《作邑自箴》卷三，第14页。从"公人家状式"的条件中，可知必须载明"投充某役"或"投充手分"，因此愚以为手分是最基本的资历。参见《作邑自箴》卷八"公人家状式"，第43页如下"《公人家状式》：某人乡贯系第几等户，三代（逐代开说，并年甲，母在亦具年甲）。某年几，在身有无疾患，别无籍荫亲戚。一、亲兄弟几人（某作某业，次如一人已以，各开说）。一、妻某氏系某人女。一、男几人（亦依兄弟开说）。一、女几人（长嫁某人，已次亦开说）。一、某于某年月日投充某役，或投充手分，某年月日行甚案，实及若干月日替罢，见行甚案。一、有无功过。一、祖父母、父母曾未迁葬。右所供并是谙实，如后异同，甘伏深罪不词，谨状。　　年　月　日"

③ 《作邑自箴》卷三《处事》，第15页。

④ 《庆元条法事类》卷一六《文书门一·文书》"职制式"，第236页。

⑤ 〔宋〕吴曾：《能改斋漫录》卷一《事始·立千丈架阁》，上海：上海古籍出版社，1979年，第11页。

⑥ 《庆元条法事类》卷一七《文书门·架阁》"杂敕"，第239页。

⑦ 《琴川志》卷六《县役人》，第18页："脚力（凡保正追会之事）。"

⑧ 从《名公书判清明集》卷一《官吏门·徽徇》"责罚巡尉下乡"（第28页），及"后据两尉回府具析"（第29页），并《朱文公文集》（《四部丛刊初编》本）卷九九《公移》"约束检旱"（第27页），推论"厅吏"可能是厅子与吏贴的合称。

称"手力"五名当班。①若是追捕罪人、押送重要公文匣上州衙时，就以防盗的"弓手""土军""寨兵"承引。②不论基于哪一种事由外出公差，必须在限定的时间内回衙门报告：

> 典押、诸色公人等，被差或随官员出外，归县并须画时公参，不得托故因循在外。③

典押④及诸色公人等县衙公吏因事差出，必须限时回衙门报到，不能无故在外逗留。此一管理原则广泛包含办理狱讼业务的各种公吏在内。

"狱卒例是尉司弓手"⑤，造成追捕、禁系、推鞫同出一批人之手，其实是不合法的安排，有的县衙乃规定"押狱节级"与"狱子"共同管理收禁罪人的入狱诸事宜⑥，所谓"押狱节级"是指狱子中的班头⑦，他们必须在收禁罪人的名单上系书签名，又得时时"不辍高声提举"狱子夜间看守工作⑧，若是系狱人数很多，狱子不可轻易请假，即使有要事告假，则需由位阶更高的"典押节级"担保说明请假事宜。⑨南宋的法令惩罚狱中有

---

① 《庆元条法事类》卷一一《职制门八·差破当直》"吏卒令"，第133页。卷七五《刑狱门五·验尸》"吏卒令"，第534页。又《琴川志》卷六《县役人》，第17页。

② 《朱文公文集》卷一〇〇《公移》"约束榜"，第19页："照对诸县弓手、土军系专一教阅，以备弹压捕盗。"又〔宋〕黄震：《黄氏日抄》卷八四《书》"钟运使季玉"，见曾枣庄、刘琳《全宋文》，上海：上海辞书出版社，合肥：安徽教育出版社，2006年，第348册，第142页。

③ 《作邑自箴》卷五《规矩》，第27页。

④ 愚以为押录主典某事时，称典押。兹举《名公书判清明集》三例：(1) 卷一《官吏门·儆饬》"因吏警令"，第20页。(2) 卷一一《人品门·公吏》蔡久轩"奸赃"，第416页。(3) 卷一一《人品门·公吏》蔡久轩"慢令"，第417页。

⑤ 《宋会要辑稿·职官》五之四八"淳熙三年大理事张维"奏言。

⑥ 《作邑自箴》卷三《处事》，第15页。

⑦ ［日］佐竹靖彦『作邑自箴译注稿（その一）』，『冈山大学法文学部学术纪要』第33号，1973年。"治家"第六条："衙役系统中的头名称节级。"有所谓手力节级、弓手节级、斗子节级、狱子节级。又据宋代谈钥《嘉泰吴兴志》卷七《归安县》（台北：大化书局，1980年，第5页），可见手力节级厂子七名，长行（即手力）四十三名的记载，所以归安县衙手力编制共五十名，分成七班，由七位节级分掌之。

⑧ 《作邑自箴》卷三《处事》，第15页。

⑨ 《作邑自箴》卷五《规矩》，第26页。

系囚，而狱吏不守宿者：

> 诸囚在禁，吏人、狱子不守宿，杖捌拾（吏人听分番），夜有死
> 失、杀伤之类。应下者，不坐。①

不论吏人或狱子皆一视同仁，夜不守宿重囚者，处罚杖八十。

徒罪以上的"狱"案或"由讼转狱"案，在县衙完成推鞫之后，由县吏解送"狱案"到上级衙门，上级衙门若将该案发还时，则仍由"原解人"继续"管押"。以一件"赌博"案为例②，虽然农业社会中赌博被视作如同盗贼重案，而有谓"始而赌博，终而盗贼"③"严赌博之禁，与禁盗同，盖以赌博不已，必至为盗故也"④。但是本案的词人、停赌人（经营赌场柜坊）、被告论人等累累解送到级衙门，知县显然有无能结绝公事的失职之处，所以一干人又原案押回县衙，上司警告负责解送管押的"承行人"，日后县衙若在时限内仍无法结案，承吏必须勾追至上司接受处罚。

公事出错的承行吏人之处罚与否，是由县衙的上司决定，如范应铃处理一件淮西蕲州蕲春县的"比并张世昌、明现、谢通等八名白脚差役"案⑤，当事人"展转供牵，淹延逾岁，讫无定说"，"及送狱司责据，呈上明现情愿承认，众户各有陪贴"，县衙才押送"案牍"呈给范应铃，他的判决文指出典押失职之处，主典此案的押录明知已有知县的书判，却未唤上当事人张世昌随案移赴上司，所以典押明显受嘱而失职，罪应"勘杖"。不过范应铃判决典押"且免追上"，也就是说典押不必赴上司，听任知县处理。

至于杖一百以下的"讼"案，县衙若无法在限期内完成听讼结绝，诉讼当事人径往州衙投诉，不算触犯越诉法条，若是上级衙门追究县衙的行

---

① 《庆元条法事类》卷七五《刑狱门·刑狱杂事》"断狱敕"，第537页。
② 《名公书判清明集》卷一《官吏门·儆饬》"贬知县"，第21页。
③ 《名公书判清明集》卷一四《惩恶门·赌博》方秋崖"禁赌博有理"，第533页。
④ 《名公书判清明集》卷一四《惩恶门·赌博》胡石壁"自首博人支给一半赏钱"，第533页。
⑤ 《名公书判清明集》卷三《赋役门·差役》范西堂"比并白脚之高产者差役"，第74页。

政责任，县衙必须先将"承行"人送往州衙推勘处罚，并且重新进行审理该案件，如果县衙又无法完成判决，县衙的"押录"就必须送上治罪，如朱熹的榜文规定：

> 应诸县有人户已诉未获，盗贼限一月，斗殴折伤连保辜通五十日，婚田之类限两月，须管结绝。行下诸县遵从外，如尚有似此民讼，亦照今来日限予决。若县道违期不行结绝，方许人户赴州陈诉，切待先追承行人勘断，再立限驱催，其县道又不了绝，致人户再有词诉，定追押录科断。①

这是朱熹知潭州时，对辖区内"长沙等一十二县"所颁下的约束榜②，类似地区机关的行政法规。"承行人"包括贴司在内的县吏③，而承行典押就是"押录"主典本案，所以朱熹强调押录必须负起比承行人更重的责任。在南宋"沈押录"的故事中，押录因为"公事"被追赴郡狱，关了"两个月"之久④，可见"押录"担负县衙狱讼结绝时限的职责。

宋代县吏的职务虽已有分工的趋势，但是县衙书吏经常因为"承行"而涉猎不同的业务，如绍兴年间，发生雷击江西南康军大庚县衙造成四人死吏的事件，其中有两名"录事"以及两名"治狱"，而他们又都曾经办理"经界"业务⑤。尤其是怠惰的县令更容易使县吏成为真正的狱讼判决者：

> 但自知县懒怠，多令吏人纳案，俟暇隙看阅，或呼吏人入与评议，或令吏人拟撰判稿，于是或者得以疑其受成吏手矣。⑥

---

① 《朱文公文集》卷一〇〇《公移》"约束榜"，第15页。
② 《宋史》卷八八《地理志四·荆湖南北路》"潭州"，第2199页："县十二：长沙、衡山、安化、醴陵、攸、湘乡、湘潭、益阳、浏阳、湘阴、宁乡、善化。"
③ 《名公书判清明集》卷一三《惩恶门·诬赖》"骗乞"，第519页。
④ 《夷坚丙志》卷七"沈押录"，第425页。
⑤ 《夷坚甲志》卷一一《大庚震吏》，台北：明文书局，1982年，第95—96页。
⑥ 〔宋〕胡太初：《昼帘绪论·远嫌篇第十五》，《丛书集成初编》本，第27页。

知县如何避免受制于胥吏，成了南宋地方官员的重要课题，一方面有赖官箴的自我教育，一方面则积极着手改进胥吏管理制度。

（二）罢役配吏的出路

虽然南宋的轮差职役的人户长年为了催督赋税、承受文引而奔命于道途，沉重的负担几乎形成农家惮畏受差的状况。①不过另一方面，高龄执役县吏亦有所闻者。②可见执役充吏似乎也有吸引人之处，若推究吏人长年执役的原因，或如范应铃所说："名有代役之苦，实滋舞弄之奸。"故而造就"霸役年深"的县吏向百姓索取高额钱物。蔡杭曾整肃一批曾经被断罪的铅山县"配吏"③，其中仅一名"民惧如虎"而号为"烧热大王"的徐浩，就是长期霸役为吏者④，才累计三件告论徐浩取乞金额，至少就高达官会八百贯以一千余缗，如此祸害地方的"霸役吏人"却仍可躲避监司的追捕，逍遥法外。

早在高宗朝，就有臣僚注意到配吏人影响地方狱讼的问题，如张嵲（1096—1148）的奏言及主张：

> 臣犹有言者，欲望陛下明敕监司，申严失按之科，遍委州县籍记放停之吏，遇其身与教其他人妄起讼诉者，重加之罪。此亦清刑之原，庶有裨乎！⑤

他希望朝廷能够加重"放停吏人"投讼或教令词讼的罪刑。孝宗淳熙四年（1177），前知常州晋陵县的叶元凯（绍兴十八年进士，1148）亦上奏言：

> 州县形势官户及豪右之家，多蓄停罢公吏，以为干人，恃其奸恶，持吏短长，官物抵赖不输，词诉则变白为黑，小民被害。乞立条

---

① 黄繁光：《宋代民户的职役负担》，中国文化大学，1980年，第436页。
② 《夷坚甲志》卷七《仁和县吏》，第60页。
③ "配"是指"流刑加配役"之刑，关于重禄吏人的"配刑"，参见刘馨珺：《明镜高悬——南宋县衙的狱讼》表6-2-1，吏人若犯"徒"刑以上罪，就必须"配邻州"或"配五百里"。
④ 《名公书判清明集》卷一一《人品门·公吏》蔡久轩"铅山赃吏"，第418页。
⑤ 〔宋〕张嵲：《紫微集》卷二六《八月一日视朝转对奏状》，《丛书集成初编》本，第4页。

制行下禁止。①

于是有诏："曾经编配吏人及见役吏人并不许充官民户干人，如违，许人陈告，依冒役法断罪、追赏。"②自宁宗庆元二年（1196）以后，明定刑律规范"编配吏人"及"罢役""见役人"充当民户干人者，处刑"徒贰年"，告获者给赏"十至三十贯"钱③，而"罢役弓手"及"放停土军"在当地涉犯贩榷货者，罪亦"加凡人壹等"。

由于充当吏人的好处无限，南宋民间还产生一批以代役为业的吏人④，这一批冒役者有更多的机会控制地方衙门，"所以行案贴写，半是黥徒，攫拿吞噬，本无厌足。既经徒配，愈无顾籍，吮民膏血，甚于豺虎"。⑤有时他们即使已被揭露犯罪事实，但因县官与他们形成犯罪一体，各级官府对他们的犯罪处罚往往从轻，或是"不欲穷究"，或是"名曰罢逐，暗行存留"，或是"念县道乏使"⑥，而未必会依"重禄吏人法"加以追究。

这一等霸役投充的县吏往往以其专长而受到县官的庇护，而且他们长年在官府行走，"出入案分，教新进以舞文，把持官司，诱愚民以健讼"⑦，加上熟悉狱讼的各种流程，进而左右知县的判决，其中又以推吏与狱讼最有直接关系，推吏受嘱而错失公事的惩罚较重，有时必须送到州狱别案推鞫。⑧但是受惩的吏人或许只占少数，所以有时士大夫也以"果报说"约

---

① 《宋会要辑稿·刑法》二之一一九。
② 《宋会要辑稿·刑法》二之一一九。
③ 《庆元条法事类》卷八〇《杂门·杂犯》"职制敕"，第615页及"赏格"，第616页。
④ 连保正副与户长也有代役之人。《勉斋集》卷二五《拟奏》"代抚州陈守"，第8页。
⑤ 《名公书判清明集》卷一一《人品门·公吏》蔡久轩"冒役"，第414页。
⑥ 兹举《名公书判清明集》三例：(1) 卷二《官吏门·澄汰》陈漕增"知县淫秽贪酷且与对移"，第43页。(2) 卷一一《人品门·公吏》蔡久轩"冒役"，第414页。(3) 卷一一《人品门·公吏》蔡久轩"铅山赃吏"，第419页。
⑦ 《名公书判清明集》卷一一《人品门·公吏》胡石壁"应经徒配及罢役人合尽行逐去"，第424页。
⑧ 〔宋〕刘克庄：《后村先生大全集》卷一九三《铅山县禁勘裴五四等为赖信溺死事》，《四部丛刊初编》本，第8页。

束审理狱讼的吏人，如洪迈记载绍兴十九年（1149）的"大庾疑讼"案①，县吏黄节之妻与人私通，携子离家，半途将幼子弃于路，为县手力李三拾回收养，后来黄节寻获李三与幼子，连同邻人捕执李三送县衙，县吏"穷鞫甚苦，李诬服"，后来一场雷电劈死重罚制造冤狱的推吏，李三获释。于是民间传说，雷电神迹是以摘吏巾警告参与狱讼的县吏，并显现长官坐青纱帐的图像，借以提醒县令适时使用职权放免无罪之人。

县吏以其专长而教导县官，并进而主导县政之外，现役或罢役吏人受嘱于诉讼当事人，利用"承行"之便，破坏诉讼程序，假造公文②，或是影响衙门间公事送匣的行程③，有些罢配县吏更将累积的人事资源"结党害民，流毒一县"，"甚至拆开文案，藏去县丞所申，假作缴案申状，伪称县丞差出"。④这使得南宋末年在地方人事行政管理中，必须妥善安顿配吏与罢役人，如知府胡颖的做法：

> 应经徒配吏，有老小三人以上，而有田宅在城十里外者，许指去处居住。城外无田宅，而有老小三人以上，而并老小无而及六十以上，容貌委是衰老者，许离城二十里外居住。其单独无行止人，并押出府界，罢役人准此。⑤

指定服刑完毕的配吏之居住地点，如果家有田宅在城十里外，又有老小三人以上者，可以住在离城十里外之田宅；而无田宅却有老小三人，或配吏本人容貌衰老者，则可以住在离城二十里以外的田宅；至于独身的吏人，则押出城外，以隔离其与人群的接触。

总之，宋代县衙公吏的人数与工作虽然未必固定，不过与狱讼业务相

① 《夷坚丁志》卷七《大庾疑讼》，台北：明文书局，1982年，第598—599页。

② 《后村先生大全集》卷一九三《乐平县汪茂元等互诉立继事》，第18页。

③ 《名公书判清明集》卷一《官吏门·儆伪》"慢令"，第21页。

④ 《名公书判清明集》卷一一《人品门·公吏》蔡久轩"受赃"，第421页。

⑤ 《名公书判清明集》卷一一《人品门·公吏》胡石壁"应经徒配及罢役人合尽行逐去"，第425页。

关的吏人则将受到特别法规的限制。自南宋高宗绍兴朝（1131—1162）之后，县衙狱吏可以领取较多的薪资，归属于"重禄吏人"的管理。自光宗、宁宗朝（1190—1224）之后，县衙的狱中"推吏"属于"刑案"吏人，不得兼任他案，亦不能任意差出，至于挑选到编录司的手分与贴司则可以学习并参与断案，因而取得较好的升迁机会。而南宋高宗朝，就开始注意配吏役人的约束，自孝宗淳熙四年（1177）以后，更颁下法规，遏止配吏役人充当民户的干人，以免这一类人协助形势豪强拒纳官物，或是进行变黑为白的官司诉讼。

二、"狱讼"与南宋庶民社会

宋元之间流传着教人勿兴讼的故事，甚至搬出了前世因缘与禅佛度化的宗教说理：

> 文光赞父，自少至老，每岁狱讼连绵。以宿因问昙相禅师，曰："汝父前生本写词状人，故令反受其报。"光赞恳求禳度。师教以纸黏竹篾为桎梏，令先自囚，三日后忏悔。今之世有教唆兴讼者，宁免乎此？姑录为戒，宜猛省焉。[①]

故事的主人翁文赞光的父亲是元初的平民百姓，每年都受到狱讼之苦，禅师的指点文赞光之父应该"桎梏自囚三日"才能还报，并告以因果，其父前生教人词讼，陷人于狱，才换来此生几乎都是在牢里度日的恶报。这类业报的形成反映出从南宋以来，常见到代笔写状替人兴讼的情形，乃至于平民年年打官司，亦大有人在。本节将从"保人制度""宗族组织""地方豪强"等方面检讨"狱讼"如何影响南宋庶民生活。

（一）保人的强化制度

南宋中期，真德秀所写的劝农、谕俗文中，总不免有一项"好讼终

---

① 佚名：《湖海新闻夷坚续志》卷二《警戒门·教唆词讼》，北京：中华书局，1986年，第103页。

凶""乐词讼者，破家之基"的劝谕。①连朗朗上口的劝农诗亦有云"莫入州衙与县衙，劝君勤理旧生涯"②，陈宓的劝农诗中，也有一首"劝息讼"：

> 田夫所入最为艰，终岁辛勤不得闲。劝尔小争须隐忍，破家只在片时间。③

要求父老教劝子弟必须隐忍小争，莫逞一时的斗讼，以免破家在片刻间。由是推想，在一个以农业为重的国度里，官僚们咸以劝诫息讼为劝农增产的大事，似乎意谓着当时"打官司"之事对于一介小农而言，亦属稀松平常。④

打官司固然不是件好事，但是总比变乱造反有理可通。所以有些官僚对于好讼之风，反能予以体会，而有谓"湖南之盗贼，多起于下户穷愁，抱怨无所伸"。⑤所以从打官司中留下一条疏通民怨的管道，或许也是南宋以来，传统中国的"治理"之道。如江右素称健讼，看在官府的眼里，是风俗强悍的表现：

> 江右之俗悍强，小辄尚气好胜，以珥笔为能，大或依险负固，以弄兵为常。吾有司小失牧驭，则易动为难安。⑥

---

① 《西山真文忠公文集》卷四〇（《四部丛刊初编》本），收集了多篇真德秀在福建地区劝农文与谕俗文，难免提及"狱讼"。以下兹举六篇：(1)《福州谕俗文》，第25—26页。(2)《泉州劝农文》，第28—29页。(3)《劝农文》，第29页。(4)《隆兴劝农文》，第30页。(5)《劝农文》，第32页。(6)《再守泉州劝农文》，第39页。

② 这是一首光宗朝（1190—1194）的劝农诗。见〔宋〕罗大经：《鹤林玉露》卷一六，《丛书集成初编》本，第174页。

③ 〔宋〕陈宓：《复斋先生龙图陈公文集》卷四《安溪劝农诗·右劝息讼》，日本静嘉堂藏覆宋楼本影照本。

④ 〔日〕宫泽知之『南宋劝农论——农民支配イデオロギ——』，收入中国史研究会编『中国史像の构成——国家と农民』，京都文理阁，1983年，第215—253页。从南宋的地方官诸多劝农论中，可见词讼损害生产所带来的社会问题。

⑤ 《名公书判清明集》卷一二《惩恶门·豪横》宋自牧"与贪令掯撼乡里私事用配军为爪牙丰殖归己"，第464页。并参见刘馨珺：《南宋荆湖南路的变乱之研究》第一章第二节。

⑥ 《后村先生大全集》卷六一《郑逢辰直宝章阁依旧江西提刑兼知赣州》，第5页。

若是形成动乱，也只能归咎于官司处理失当之罪。

一般农民所难以隐忍的"小争"，无非就是赖以为生的田土发生纠纷，地方官一面劝农息讼，一面又不能拒绝合于程序的诉讼，所以南宋县衙的滞讼情形愈来愈严重，乃至于"有田讼更数令不得辨枉直"。①况且南宋末年，一般人竞相争讼告罪，到县衙打官司取索佃租，又有些县衙听凭田主派遣干人到尉司告论，如黄震在浙西吴县申牒提刑司所言：

> 近年县道并不曾唤上两词对定监还，却听强干脱差尉司，用久例傍官行劫。人名狻猊之船，盛载军器，率五、七十人为群以追之。每一户被追，则一保被劫，生生之计悉为一空。既捕到解县，则断讫，再押下尉司，托名监租，强干遂阴嘱承监弓手，饥饥杀之，以立威乡落。以故乡落之被追者，但见百人往，不见一人还，其所以群起而拒捕者，非拒捕也，为必死之性命争也。②

官府基于征赋而出面催租，是不得不然的做法。③但是催租的过程中，造成地方上的不安，"每一户被追，则一保被劫"是何等严重的事态。

田土纠纷是南宋县衙很普遍的案件，其纠纷的类型也不仅止于租税问题而已，卫泾［淳熙十一年（1184）举进士第一］简分为"金钱借贷而相杀害""典卖""争田""放债"与"诱略人口"等类。④

在陈傅良（1137—1208）的桂阳军劝农文中，共条列八项，其中有五项规劝的内容与农民诉讼相关，可以看出诉讼之所以妨农不外是"争讼界至……因讼耗财自取狼狈""陂塘水利……甚者到官，期集邻保，追逮证佐，动经旬月，方得事明""生借种粮……富者贪婪已甚，日致兴讼，罪有所归"

---

① 《西山真文忠公文集》卷四四《叶安仁墓志铭》，第16页。

② 《黄氏日抄》卷七〇《再申提刑司乞将理索归本县状》，第5页。

③ ［日］高桥芳郎『宋代の抗租と公权力』，收入『宋代の社会と文化（宋代史研究会研究报告：第一集）』，汲古书院，1983年，第86页。并参见刘馨珺：《明镜高悬——南宋县衙的狱讼》第二章第三节。

④ 〔宋〕卫泾：《后乐集》卷一九《潭州劝农文》，《四库全书》本，第23—24页。其实农民之间的诉讼，如卫泾所说："其他讼事未能悉举。"

"此间典卖产业……比至到官，惟凭契约，往往得产之家，虽用见钱，反以违法失理遭罪""此间多有无籍之人告人绝产，及至到官……本知来由，须至行遣，甚者抄估，比至给还，动经年岁，以此失业"。①涉讼的农民，又可分成"主动"的争界、争水利、争典卖田业，与"被动"的无力还债而赖账、被人告绝产等等。从农民主动投诉官府之行为，可以认识南宋以来县衙力求狱讼制度化的成果。至于迫使农民被动涉讼者，往往被描写成豪强健讼的形象。

在"豪强"违法的案件中，有些人具有特殊身份的保障，平日作威于乡里，一旦被农民诉讼后，不见得有罪可惩，除非闹出人命，如"宁细乙自杀于揽户张景荣楼下"案②，张景荣平日不仅胆敢以揽户而行官称，甚至行下书判，或任意监禁讯决乡人，被害者不一，却没出什么纰漏，直到发生宁细乙命案，才受到法律的制裁。宁细乙虽不是直接死于揽户张景荣之手，但自杀于张景荣的楼下，而且张景荣还将尸首藏匿于初检官未检之时，这样的行为固然是出自心虚。

明清的律文规定"凡因户婚、田土、钱债之类的事情，威逼人致自尽者，必须先杖一百"，判决后，还得追埋葬银一十两。③这一条律文可以溯至《唐律》的"恐迫人致死伤"条，而找出"逼人自杀者的真凶"之特殊法律文化背景，及法律上对逼人自杀者的重罚，绝不自明清时期才始然④，如上述"揽户张景荣逼死细宁乙"案，张景荣就被判以"决脊杖、刺配邻州"，相当于重禄县吏违法的重刑。

---

① 〔宋〕陈傅良：《止斋先生文集》卷四四《桂阳军劝农文》，《四部丛刊初编》本，第6—8页。
② 《名公书判清明集》卷一二《惩恶门·豪横》吴雨岩"诈官作威迫人于死"，第459—460页。
③ 〔清〕吴坛注：《大清律例通考》卷二六《威逼人致死》。
④ 〔日〕高桥芳郎『明律"威逼人致死"条の渊源』，『東洋學報』第81-3期，1999年，第27—53页。反驳清末以来的法学家认为"威逼人致死"条是因为明清时期的经济发展形成之法律，如（1）薛允升：《唐明律合编》卷一八"威逼人致死"："虽为慎重人命起先，究非古法。"（2）沈家本：《寄簃文存》卷三"论威逼人致死"："恐迫而致死，非其人之自尽者也，唐律无甲自尽，而乙抵命之文，盖非亲手杀人，难科以罪。自明律威逼致死之条，嗣后条例日益加重，虽为豪强凶暴起见，然非古法也。"（3）日本学者滋贺秀三与中村茂夫等人也都认为从比较法制史而言，追究造成自杀者的刑责之法律，这是中国传统法律的特色，世界上绝无仅有。这些前辈学者着眼于"民事纷争"是明清时期的社会特色之一。

从南宋判决文书中，可以看出"在法，恐迫人畏惧致死，以斗杀论"已经适用于自缢的案件①，并且以案情解释《唐律疏议》中的"若因斗，恐迫而致死伤者，依斗杀伤法"的意义。②又从官府主动使用法律介入"自杀"案件中可以看出，一方面当时社会确实有豪强逼债的情况；另一方面则是民间最常进行的诬告就是人命案件，如丁南一（1197—1266）于宝祐元年（1253）以特奏名授福州怀安县尉，处理过"公族有偾居，以妇堕胎诬屋主者""民有负逋自经者，子讼债主""某家女奴溺死，父讼主家"等案件，都和诬告人命相关，考验着初任官员作为"清谈书生"的"吏事能力"。③

诬诉的风气绝非法制化过程所乐见的结果，但是制度中的理性原则却是不可以轻易放弃的，若是因为受词、追证、鞫狱等程序而影响结案的时间，官府只好采取非常手段加以处理。以"羊六与杨应龙因醉争道"案为例，"羊六素挟狡猾之资，遽兴罗织之讼，谓应龙等白昼行劫，夺去财物凡十余项，正经陈于本县，又越诉于宪台，牵连追呼，不一而足"。"正经陈于本县""兴罗织之讼"的羊六显然是位擅于诬诉者，当提刑司押羊六到府衙结绝时，羊六却中途逃脱，府衙为了追捕羊六以完成双方、干证人录供对证的手续，只好"将其父锢身"④，由于羊六逃避对证结案，导致府衙追缉经过四十余日，他才到衙门与证人对词。而在知府胡颖的眼里，

---

① 前引高桥氏的文章中，举出《清明集》《惩恶门》中的几例：（1）卷一二"结托州县蓄养罢吏配军夺人之产罪恶贯盈"，第465—466页。（2）卷一四《惩恶门·赌博》蔡久轩"因赌博自缢"，第532页。（3）卷一二《豪横》蔡久轩"豪横"，第457—458页。（4）《后村先生大全集》卷一九二《饶州州院申徐云二自刎身死》，第13页。

② 《名公书判清明集》卷一四《惩恶门·赌博》"因赌博自缢"，第532页。经过潘司理的检法断案之后，蔡久轩的判文也说："在法，恐迫人畏惧致死，以斗杀论。余济造谋恐迫陆震龙致死，正合上条。"此案例说明《唐律》卷一八《贼盗律》"以物置人耳"（总261条，中华书局1983年，第336页）的运用。如1.律文："恐迫人，使畏惧致死伤者，各随其状，以故、斗、戏杀伤论。"2.疏议："若因斗，恐迫而致死伤者，依斗杀伤法。"

③ 《后村先生大全集》卷一六四《丁宋杰墓志铭》，第5页。

④ 《名公书判清明集》卷一三《惩恶门·妄诉》胡石壁"以劫夺财物诬执平人不应末减"，第498页。

羊六不过是"蕞尔村夫",却不惜花费三年的时间"缠讼",此一案例除了证明羊六的妄诉狡猾之外,亦说明衙门虽一时被欺罔而留滞狱讼,但终使罪人伏罪。

宋代的狱讼讲究证据性,除了物证之外,人证亦不可忽略。所以上述案件中,羊六在尚未"对证"前逃脱,于是府衙就不惜拘留老父以诱其现身。南宋重视程序的司法制度影响社会上普通百姓作证的意愿,而即使发生命案,也可能视若无睹,以逃避做证人的负担。①然而官衙不可能放弃"证据"的调查与司法制度的发展,因此"保人"的制度也将日趋重要与完整。

保人在狱讼过程中除了具有证人的意义,在平时也有预防社会脱序的功能。强调"邻保"的作用,使得传统中国庶民社会中难以摆脱相互依存的关系,譬如地方官拿取人户的文状,查证文书时,必须呼及邻保当众供写文状内容,最后不只是书状人要签字,连邻保也得签字,当然保长等等承行人,也得签字以资证明。②而邻保对于乡间缉私或是人户动态,也有相互保申纠论的法律责任。③官衙与庶民间依靠着"保"人保证社会秩序的稳定,不只是在地方的强化邻保组织而已,就连买卖的契约上,也要有"保"人担保:

> 说谕客旅不得信凭牙人说作,高抬价钱,赊卖物色前去,拖坠不还,不若减价见钱交易,如是久例赊买者,须立壮保,分明邀约。④

一般的经营客店者必须留意店内的商业活动,要告诉买卖双方不可听信牙人的说辞,如果要用赊买的方式交易,则必须找有力的保人(壮保)。

乡村各种证明工作需要保人,商业行为也需要保人,各种契约文书必

---

① 参见刘馨珺:《明镜高悬——南宋县衙的狱讼》第二章第二节。
② 《名公书判清明集》卷四《户婚门·争业上》"缪渐三户诉祖产业",第105页。
③ 《庆元条法事类》卷二八《榷禁门·酒曲》"斗讼敕",第265页。
④ 《作邑自箴》卷七《榜著壮》"知县约束客店户如后",第38页。

须由"保识"人印押以防诈伪。①南宋时期，书铺、茶食、安停人的工作就愈来愈显重要，文书保证人倾向于专业化②，尤其是"书铺"的功能与地方衙门愈来愈密切，如在江西地区，书铺的茶食人不只下乡卖缴税的钞旁印纸③，也出现"茶食引保人"影响刑狱的处理，如黄震所说：

> 茶食引保人指定保正，通行打话，将来系人④，视货轻重，为操纵出入。⑤

茶食引保人指定保正，一起商量抓拿关系人，并且以带来关留人有无贿赂来操纵其日后有罪或无罪。

保人的法律责任由来已久，早在五代左右就已形成。不过南宋的"法令"出现许多周延的规定，尤其在"赔偿"的问题上⑥，如有亏欠官物时，保人必须均贴分担。若从南宋判决文中引用："交易诸盗及重之类，钱主知情者，钱没官，自首及不知情者，理还。犯人偿不足，知情牙保均备。"或是"盗典卖田业者，杖一百，赃重者准盗论，牙保知情与同罪"⑦。则可以补充说明官府与庶民之间需要"保人"分担各项行为风险。

南宋末年惯用的租佃契约"模板"中，除了规范租佃双方的权利与责任之外，往往也加上保人的法律责任之文字：

> 即不敢冒称水旱，以熟作荒，故行坐欠。如有此色，且保人自用

---

① 法令文书常见的保识人有时入仕身份保明有关。如《庆元条法事类》卷一五《选举门·试武艺》"诈伪敕"，第212页。又本卷有"将校职员保识武艺人状"，第214页。必须有保人具职次姓名书字，所以"保识"是一种为了"防伪"的措施。

② ［日］高桥芳郎『务限法と茶食人——宋代裁判制度研究（一）』，《史朋》第24期，1991年。并参见拙作《明镜高悬——南宋县衙的狱讼》第二章第一节。

③ 参见刘馨珺：《明镜高悬——南宋县衙的狱讼》第二章第一节，愚以为茶食人是书铺里的营业者。又参见〔宋〕周必大：《文忠集》卷一九三《又乞与王弱岳祠札子》，《四库全书》本，第2—3页："符帖付茶食人"。

④ 《四库全书》本的《黄氏日抄》则写成"将干系人"。

⑤ 《黄氏日抄》卷七九《江西提刑司·交割到任日镂榜约束》，第6页。

⑥ 《庆元条法事类》卷三二《财用门三·理欠》"理欠令"，第347—350页。

⑦ 《名公书判清明集》卷五《户婚门·争业下》建阳佐官"从兄盗卖已死弟田业"，第145页。

知当，甘伏代还不词。①

佃人不可以诓骗地主，倘若保人知道佃人的意图，还促成典当租佃契约的成立，则必须依规定代还欠租，不得有任何的怨言与词讼。虽然有些案件的保人是由官府下令"召保"指定②，大部分的保人还是出于自愿的，而他们成为社会上各种契约行为的保障，拥有某些领域的利益，如牙人的中介费，在某些领域上却也显得责任重大，如均赔制度。

对于县衙监狱管理人手不足的情况而言，将留狱或待审的诉讼当事人交给乡保与保人的知管制度，实乃回应日益众多的人户词讼的策略。南宋中期，县令黄榦曾说："人户词诉颇多，率是累月不肯出官，且疏枷召保案刷，具本户词诉来日唤上供，候理对毕日放。"③但是由官方指定负责承行"保识"的保正、保长，有时候也无法发挥作用，如黄榦在"豪民龚仪久追不出"案，写道：

> 今乡村豪民遇有词诉追逮，率是累月，以致年岁不肯出官，保正虚受杖责，使人户词诉无由结绝，官吏文移日见壅滞。④

即使保正受杖责，亦无法遏阻官府行政效率的壅滞情形。如何缩短从官府到庶民之间的距离，又能在合于官府作业程序中，使庶民纠纷得到合情、合法的处理，应当是南宋县衙的一大课题。

（二）宗族的公私分际

宗族组织的作用大致有三项：一是维护宗族的伦常关系，二是维护国家法纪和稳定社会秩序，三是维护族众的利益。⑤虽然男性是宗族制中祭

---

① 佚名：《新编事文类要启札青钱》外集卷一一《公私必用》"当何田地约式"，台北：大化书局，1980年，第1—2页。

② 有时官府以"取保知在"暂时释放系监人归家，参见刘馨珺：《明镜高悬——南宋县衙的狱讼》第三章第一节。又如《夷坚丁志》卷二〇《姚师文》，第704页。

③《勉斋集》卷三三《陈希点帅文先争田》，《四库全书》本，第26页。

④《勉斋集》卷三三《龚仪久追不出》，第28页。

⑤ 李文治、江太新：《中国宗法宗族制和族田义庄》，北京：社会科学文献出版社，2000年，第133—155页。

祀传承香火的主体，但是女性成员亦受到宗族法的保障。不过在南宋重要的训俗作品《袁氏世范》中，却有一条告诫，若收养女性亲戚，必须关防日后可能衍生的财物纠纷，袁采写道：

> 人之姑姨姊妹及亲戚妇人，年老而子孙不肖不能供养者，不可不收养，然又须关防。恐其身故之后，其不肖子孙却妄经官司，称其人因饥寒而死，或称其人有遗下囊箧之物。官中受其牒，必为追证，不免有扰。须于生前令白之于众，质之于官，称身外无余物，则免他患。大抵要为高义之事，须令无后患。①

袁采告诫，如果发生亲属纠纷，官府接受词状之后，"必为追证"，所以不免有扰。在实际案例中，也有"祖母生不养，死不葬，反诬诉族人"者，如"胡师琇论诉族人迁葬祖母"案②，方岳的判决是："迁葬者本自无罪可科，今所司既为将两人勘锢，监迁原处。"即使官员知道迁葬者是出自善意，仍无法免除他们被"狱讼"官司所累的灾难，迁葬者既被监锢狱中，又被强制命令迁葬族妇坟墓。由此略可看出南宋宗族狱讼案件的复杂性。

南宋将同姓之讼又分成立继、归宗、检校、孤幼、孤寡、女受分、遗腹子与义子③，在这类判别文书中，往往是肇因家族的身份继承，以及继承者所得到的实质利益，亦即家业的处置权力。"财产"可说是兄弟、同气、骨肉交争祸根，此等案件攸关地方风化。④即使是亲生的母子、兄弟，透过诉讼的过程，往往形成"外证愈急，而狱辞愈刻以深，于是不孝诬告之罪，上闻于省部"的丑事。⑤地方官鉴于"血缘亲情"不能化解这类争

---

① 〔宋〕袁采：《袁氏世范》卷一《睦亲》"收养亲戚当虑后患"，《知不足丛书》本，第28页。
② 《名公书判清明集》卷一〇《人伦门·不孝》方秋崖"祖母生不养死不葬反诬诉族人"，第386—387页。
③ 《名公书判清明集》卷七与卷八的"类"称。
④ 〔宋〕魏了翁：《鹤山先生大全集》卷一〇〇《绍定六年劳农文》，《四部丛刊初编》本，第4页。
⑤ 《名公书判清明集》卷一〇《人伦门·母子》吴雨岩"母子兄弟之讼当平心处断"，第361页。

讼的发生，一方面只能从种种的教化措施，进行委曲开谕①；一方面则积极宣扬同居的真义，袁采曾说：

> 兄弟义居，固世之美事，然其间有一人早亡，诸父与子侄其爱稍疏，其心未必均齐，为长而欺瞒其幼者有之，为幼而悖慢其长者有之，顾见义居而交争者，其相疾有甚于路人，前日之美事，乃甚不美矣。故兄弟当分，宜早有所定，兄弟相爱，虽异居异财，亦不害为孝义，一有交争，则孝义何在？②

初看此段文字，或许会惊异于地方官竟然不鼓励"义居"，反而讲述无争的异居异财之"孝义"。不过如果理解南宋的地方官案牍劳形于这类的讼牒中③，就不难了解宗族聚居的复杂人际关系，以及其所造成地方官维持地方秩序上的难处。

南宋时期，浙东庆元府鄞县汪大猷（1120—1200）出身四明的大家族。从乾道、淳熙年间以来，汪大猷、史浩与沈焕推动乡曲义庄的活动，这些社会公益事业，使得汪大猷被认为是"建立以民间为主，官方为辅的运作模式"之代表者。④事实上，汪大猷不仅于团结地方性的家族组织有如此的表现，他早年（绍兴十五年，1145）任浙东婺州金华县丞时，治讼的态度也颇值得注意⑤，他的处理要点，约有二大项：一是分业问题，长子与诸弟的田土的方位，有不公平；二是嫁姑问题，嫁资的准备，不得要

---

① 教化措施除了止于已然，若有所争讼，就当厅说教"折争"，或是颁下戒约，读孝经，榜县门，乃至于乡饮酒礼的活动。有的官员以"旌表"割股救母者，希望达到"闻者当知有所劝"。如《清明集》卷一〇《人伦门·孝》"割股救母"，第385页。还有透过"乡饮酒礼"的仪式，达到"风俗之劝"的积极目的。如《清明集》卷一〇《人伦门·乡里》胡石壁"勉寓公举行乡饮酒礼为乡闾倡"，第396页。

② 《袁氏世范》卷一《睦亲》"兄弟贵相爱"，第14页。

③ 《名公书判清明集》卷一〇《人伦门·兄弟》"兄弟能相推逊特示褒赏"，第368页。

④ 黄宽重：《人际网络、社会文化活动与领袖地位的建立——以宋代四明汪氏家族中心的观察》，《台大历史学报》第24期，2000年。

⑤ 〔宋〕楼钥：《攻媿集》卷八八《敷文阁学士宣奉大夫致仕赠特进汪公行状》，《四部丛刊初编》本，第3页。

法。这两件事是南宋人治家之难①，汪大猷的处理方法看似简单，不过陆氏官司“案牍纷积”，一定令他花费不少力气，而汪大猷最后以告诫当事人“若送有司”可想见的“破家后果”，才终于平息嚣讼。

宗族制度中的“宗法”思想如何伸展到平民阶层的家族组织中，需要更多家族制度的研究基础，并不是本文深论的重点。②本文反复思考的焦点是，这些具有实务经验的地方官提倡家族宗法，与其仕宦经历间的关联。如淳熙六年（1179），朱熹“比阅词诉，有建昌县刘琉兄弟、都昌县陈仁由兄弟，并系母亲在堂，擅将家产私下指拨分并，互相推脱，不纳赋税，争论到官，殊骇听闻”。所以榜贴“晓谕兄弟争财产事”于建昌县市及星子县门（南康军），既“照对礼经”又征引“律文”劝谕这一股“别籍异财”的兄弟争财风潮。③当时，地方上这类的诉讼是很常见的，并不是朱熹治理的江西较为特别。又如淳熙四年，新知绍兴府新昌县（浙东）的史浚，就受到朱熹的委任，到邻近的台州处理滞讼④，是一件中产之民“王乌头分析家产”案，拖延了三十六年。虽然“案牍山积”，但是史浚的处理方法，“尽召其党，谕之曰至亲终讼，未有不破家者”，不仅化解中产之民的家族官司，也成为日后朱熹审理此类案件的模式，而史浚的言论深入劝谕族党的内涵中，透露出县衙既耗时费力处理家族纷争，却又不忍以强制威迫的方法进行惩罪止讼。

以朱熹为首的理学家们若出仕任地方官，则将“孝悌之训”推广教化的重要项目之一，他们揭橥“讼庭所断，则必以人伦为重”的榜示。⑤若在地方讲学，则积极推动“民生秉彝，以人伦为重，治民听讼亦以人伦为本”的理念⑥，不仅影响当时，也成为明清审判类似宗族案件的处理依据

---

① 《后村先生大全集》卷一六五《陈光仲常卿墓志铭》，第8页。

② 李文治、江太新著《中国宗法宗族制和族田义庄》第二章指出，宋代是中国宗法宗族制向一般的士人和庶民户类型发展的过渡期。

③ 《朱文公文集》卷九九《晓谕兄弟争财产事》，第6—7页。

④ 《攻媿集》卷一〇五《朝请大夫史君墓志铭》，《四部丛刊初编》本，第4页。

⑤ 〔宋〕陈淳：《北溪大全集》卷一七《侍讲待制朱先生叙述》，《四库全书》本，第8—9页。

⑥ 《北溪大全集》卷四七《上傅寺丞论告讦》，第11页。

之一。①县令虽然必须遵守司法、行政的程序及规定，有时必须将延宕案件及当事人送往上级，不过一般人在面对这种家族纠纷时，由于牵连众多，多有恻隐与求情之心，何况是理学家任地方官，更是本于仁心而悉心治讼。如江西临川知县黄榦处理"王氏饶珉"案时②，致书监司转运使表达转运司要求将一干人等送往州衙审理的难处。就亲民第一线的县衙而言，这不只是加重县令的行政负担，而且县境内的百姓因此十数家辗转路途中，其中所必须忍受的痛苦，身为亲民的知县"不容不为百姓虑"。③

南宋以来，地方官的工作深受小民争讼案件所困，长年累月受词、追证、判决与相关司法行政业务，又有狱讼的考课压力，因此当事人若有"宗族亲戚、族长、尊长、房长、门长"④可以处理者，判决结果往往指定官府人员前往一同作业，并赋予族长们"公正"的合法性，以配合官吏达到"公论允协"⑤。以一件"江姓家族立继"案为例⑥，原本州衙拟笔："帖本县知县，请亲诣侍郎宅，禀白上项，仍与其族长折中，定为一说。回申本府，却与从公照会施行。"⑦但是知县拜访争讼人的外家游侍郎时，

---

① 参见李乔：《中国的师爷》，北京：商务印书馆，1995年，第95—96页，指出师爷断案的依据除了律例、成案以外，还有经史之书，即儒家经典和史书。李乔以汪辉祖断过一件"争继案"为例，汪辉祖根据宋儒陈淳《北溪字义》中的"系重同宗，同姓不宗，即与异姓无殊"做出最后的判决。

② 《勉斋集》卷七《上江西运使书》，第3—4页。

③ 衙门勾追民众，其对于农业社会的生产力之伤害，如《漫塘集》卷一八《泰兴县劝农文》（《四库全书》本），第2页，强调劝农是县令之职，而"农有三害"即"一曰夺其心；二曰夺其力；三曰夺其财"。第二项，"工役繁兴，狱讼滋炽，事虽微而追逮者众，理虽明而淹延弗决，一事未已而一事继之，吾民赴期会之时多，而治稼穑之时少，或耕而弗种，或种而弗耘，此之谓夺其力。"

④ 兹举《名公书判清明集》卷七、卷八《户婚门·立继》中四例：（1）卷七"先立已定不当以孽子易之"，第207页。（2）卷七吴恕斋"生前抱养外姓殁后难以摇动"，第203页。（3）卷七"官司干二女已拨之田与立继子奉祀"，第215页。（4）卷八"立继营葬嫁女并行"，第257页。

⑤ 《名公书判清明集》卷八《户婚门·立继类》李文溪"利其田产自为尊长欲以亲孙为人后"，第258—259页，为例。

⑥ 《名公书判清明集》卷八《户婚门·立继类》"命继与立继不同·再判"，第267页。

⑦ 《名公书判清明集》卷八《户婚门·立继类》拟笔"命继与立继不同"，第265页。由于游侍郎与当事人有"婿"及"外孙"关系，所以拟笔者希望有"官"身份，且侍郎素有"硕德雅望"，能够出面息党之纷诉。

并未取得定说，"今本县缴申侍郎之回札，族长之陈词，其说犹未一"，经过州衙几番检法与调查之后，察推再度拟判时，州衙基于"争诉日久"，如果再交由县尉检校，恐怕节外生枝，所以直接由府衙委托官员"集本族尊长"从公点对，完成财产清点与分配之后，相干人等在具备公正空间性质的"县厅"，由具备公正角色的"官"与"房长"抽签决定命继子。从此一案例可见官员的做法是，由官府带领着族长一起做出"公正"的判决，借以平息族党之纷诉。

（三）土豪的游走法治

绍兴二十一年（1151）刑部虽已颁下法令"籍记"曾犯"诉不干己""诬告"与"教唆词诉"的健讼之徒①，但是健讼之徒对于地方官的困扰，似乎没有减轻。从孝宗以后，可见看到地方官多少都有民众健讼、行政滞讼的问题。而有的官员甚至认为籍记做法并不太实际，如绍兴二十七年登进士、曾历知泰州的吴儆（1125—1183）②，他一向与朱熹、张栻和吕祖谦颇有往来，他的看法是：

> 今夫豪民患其为害于民而官之不能制也，则使之籍其好讼而数犯法者，重罪而迁徙之。其法非不善也，而未闻有以是罪而丽于法者。夫小人之为奸，其类何可以尽去，而其为罪，亦何可以籍按也。彼之武断于乡者，株连蔓结，非一日之故，而其为横也，目指气使，阴挤而阳善之，未尝以身自名于官也。夫惟其类不可以尽去，而其罪不可以籍按，故曰豪民之为横，莫若阴求主名而默识之，以待其犯而重置之法也。③

他认为籍记好讼者的法律并非不善，只是真正以此获罪者，实在是少数，因为健讼的豪强早在地方上是"株连蔓结"，往往是暗地里颐指气使手下排挤官吏，所以有经验的地方官应该找出健讼之徒背后的指使主人，这些

① 参见刘馨珺：《明镜高悬——南宋县衙的狱讼》第四章第三节。
② 〔明〕程敏政编：《新安文献志》卷六九，吴卓：《竹洲先生吴公行状》，《四库全书》本，第1—10页。
③ 〔宋〕吴儆：《竹洲集》卷三《豪民》，《四库全书》本，第9—11页。

人称得上是真正的"豪民"。

初以恩荫入官的赵必夫（1189—1256），于嘉定十年（1217）中第后，历利县（江陵监）县令，因擅长处理地方秩序问题，受到长官推荐而转知江西南丰县，据说他相当有办法对付善讼者：

> 里中哗而善讼，悍而梗化者，皆知姓名。他日听讼，摘语之曰："此非某人之笔乎？"皆顿首，愿改过，双方无翻诉者。①

熟知地方上一批专门代人写状者的笔法，这一类人才是"悍而梗化者"，如果他们不是直接与地方官对簿公堂，只是操纵别人打官司而已，爱民如子的县官是很难惩罪操纵者，亦不忍对上衙门打官司者过度科刑。如同赵必夫所面临的情形，在江西临川县早就"民有曰十虎者，持官吏短长，聚空舍，酢金钱为讼费"。②又如和赵必夫同年登科的赵希静（1194—1251）知福州时，也面临类似的问题，他的做法与赵必夫大同小异，"部内臣猾主民讼、持吏短长者，皆知姓名，捕治其尤，余皆扫迹"。③

即使地方官吏如此重视健讼之徒的处置，健讼之徒何以不畏法律的处罚，不断地困扰着官府？北宋以来民间学习讼学的风气很盛，而且时人也留下了诉讼教科书——《邓思贤》，在民间"村校"中流传着。④南宋士人有系统地开班授徒，成为求科举之路以外的谋生之道，导致朝廷颁布条令规范。如绍兴十三年（1143），礼部臣僚以江西教儿童"四言杂字"等词诉语而要求有关单位追查禁止，教育行政机关国子监还重申聚徒教授辞讼文书者"杖一百"、学习者"杖八十"的刑罚。⑤但是法令仍无法遏阻教习讼学的活动，推究其原因，宋代经济发展固然是要素之一，如果一般人学

---

① 《后村先生大全集》卷一四二《虚斋资政赵公神道碑》，第11页。
② 〔宋〕杨万里：《诚斋集》卷一一九《奉议郎临川知县刘君行状》，《四部丛刊初编》本，第22页。
③ 《后村先生大全集》卷一五五《安抚殿撰赵公墓志铭》，第11页。
④ 〔宋〕沈括：《梦溪笔谈》卷二五《杂志二》，台北：鼎文书局，1977年，第167页。
⑤ 《宋会要辑稿·刑法》三之二六。

习法律，当然有助于自身的官司胜诉，如"吴琛立异姓子的立继"案中①，他的长女嫁石高，次女嫁胡闿，虽然兴讼的是未嫁幼女，但是司法拟笔的判决文中，虽警告两位女婿不可"见利"忘义，但终究未对两位半子赘婿处刑。既然有利可图，所以在南宋的衙门诉讼中，不难看到诉讼当事人颇具法律知识，并且"摇五寸笔"扰乱官府。

事实上，一般人罕有能力分辨官府所能够接受诉理的案件，甚至长期受到某些困扰，却无法请求官方仲裁，如北宋末年"不孝子杜三"的故事②，母亲长期遭受酗酒长子的恶言拳脚，后来邻人看不过去，"导其母使讼"，只是还没告到官府里，杜三就中毒身亡。从故事中看来，若无"导讼"的邻人，这一位可怜的母亲大概很难知道有此一途。而这样热心导讼的乡人，未必是健讼之徒，大约是"知道"如何进行诉讼。

大多数的乡民可能都是"自幼之老，足未尝至官府，事切于己，尚且隐忍"，相对地，"健讼之民，朝夕出入官府，词熟而语顺，虽谂谂独辩庭下，走吏莫敢谁何"。③于是地方上对这种有能力的健讼人自然敬畏三分：

> 俞一公，字彦辅，徽州婺源人，使气陵铄乡里，小民畏法不敢与之竞者，必以术吞其赀，年益老，不改悔。④

这位俞一公算来是地方横行乡里的豪霸，他捉住"小民畏法"上衙门打官司的心理，所以以"术"侵吞他人之财产。豪家大姓显然比村民更有能力提起诉讼，进而与官府打交道，游刃于其间。⑤

若转换思考的角度，健讼之徒的技术亦顺应"法"的规定而发展，他们鼓扇"不晓理法"者进行官司⑥，虽然事后被视为钻营法律漏洞，或许

---

① 《名公书判清明集》卷七《户婚门·立继》司法拟"立继有据不为户绝"，第217页。
② 《夷坚乙志》卷七"杜三不孝"，第242页。
③ 《州县提纲》卷二"告讦必惩"，第7—8页；"通愚民之情"，第5页。
④ 《夷坚甲志》卷四"俞一公"，第31页。
⑤ 《夷坚丁志》卷一七《淳安民》，第681页。
⑥ 《名公书判清明集》卷八《户婚门·立继类》刘后村"继绝子孙止得财产四分之一"："通仕、刘氏皆缘不晓理法，为囚牙讼师所鼓扇，而不自知其为背理伤道。"见《清明集》第252页。

也表示当时法律有不周全之处，经过他们的教讼，百姓才知道如何打官司，官府才进一步合法化若干与诉讼相关的业务，譬如书铺、写状人、认证文书等等。不过，民间教唆词讼者总是承接官方所允许之外的业务，于是官方就将滞讼的责任归诸此辈之身，由其承担诉讼的后果，例如一件"十二岁小孩拦道控告"案①，从判决文中，得知有易百四者以教讼代笔为业的书铺，他犯了业务上的三项错误：一是状首年龄；二是被告者与状首的关系；三是投词时间。因而易某被当作惩一儆百的对象，官方还鼓励他改业。而综观此一判决文书，居然完全没有提及十二岁娃儿所越诉上告的案件内容，假设他所告之事是攸关自己与继父的财产权利，而且家里也没有合适的对象可作为状首，若不是易百四的教讼，岂不是永远无法获得让自身的权利得到官方认定的机会。

其实，官府更担心擅于打官司的无赖之辈以及替换罢役的公吏，以其熟悉县衙的行政业务向庶民勒索财物、教唆论诉、代写词状等等，普遍造成县城里的"公""私"祸害：

> 所在多有无图之辈，并得替公人之类，或规求财物，或夸逞凶狡，教唆良民，论诉不干己事，或借词写状，烦乱公私，县司不往察探，追捉到官，必无轻恕。②

于是地方行政效率的问题就弊病丛生。更令人忧心的社会问题是，当见役人吏、有力之家与健讼之人结合在一起，在县衙的司法行政里应外合，必然使庶民受害更深：

> 而见役人吏及虽横有力之家与健讼之人阴为援奥，致使善良之人深被其害。③

---

① 《名公书判清明集》卷一二《惩恶门·把持》方秋崖"惩教讼"，第479—480页。
② 《作邑作箴》卷六"劝谕民庶榜"，第30页。
③ 《宋会要辑稿·刑法》三之二七。

所以官府必须积极制定法令，遏止具有行政经验的人与地方势力的合流。

不过南宋法律内容的变化，却成为投机者"有利可图"的谋生之道，例如法律上许人告论"冒占逃绝户产""若匿牙税""逃漏酒课钱"之类，并且赐给赏钱，健讼者若知晓法律规定，就可以游走官、民之间，邀挟钱物。①再者，地方的监察制度中，监司每年巡行访察州县的行政失误，于是知晓法律者可以"挟官吏之短长"，向监司进行合理的冤讼越诉，更是造成县衙官吏们莫大压力的，如王方父子"以识字健讼为家学，每遇监司按部，则胁持公吏，欲以可过诬诉，吏辈恐其生事，皆以钱私与之""纵使有词，吏不敢承行"。②还有些土豪仿造衙门的牢狱，"私置惨酷牢房""杖直枷锁，色色有之""私行文引，捕人拷掠，囚之牢房，动经旬日"③，南宋的敕律有禁：

> 诸形势之家（豪民同）辄置狱具而关留人者，徒贰年。情理重者，奏裁，许彼关留人越诉。④

豪民、形势户若私置牢狱而关留人者，必须处刑"徒贰年"，受关留的庶民可以"越诉"。不过，南宋中晚期，还有地方官说："此邦僻在一隅，风俗悍戾，豪富之家率多不法，私置牢狱，擅用威刑，习以成风，恬不为怪。"⑤

更有甚者，豪猾恶少们长期威胁知县的治绩，所以有干吏之才的县令在上任之初，就会采取一些对付之术，如邵骥（1130—1193）知浙东衢州开化县时，"先是县有恶少年，比为十友，持吏长短，公摘其渠长前后所坐上之州，不为竟治，又上于监司、于台、于省，凡三置狱，卒论如法，

---

① 《州县提纲》卷二《禁告讦扰农》，第6—7页。
② 《名公书判清明集》卷一三《惩恶门·诬赖》，天水《王方再经提刑司钉锢押下县》，第517页。
③ 兹举《名公书判清明集》卷一二《惩恶门·豪横》中三例：（1）蔡久轩"豪横"，第152页。（2）胡石壁"不纳租赋擅作威福停藏通逃胁持官司"，第473页。（3）刘寺丞"母子不法同恶相济"，第472页。
④ 《庆元条法事类》卷七五《刑狱门五·刑狱杂事》"断狱敕"，第537页。
⑤ 《名公书判清明集》卷九《户婚门·库本钱》"背主赖库本钱"，第337页。

俗为之变"。①又如高崇（1173—1232）知成都府路汉州什邡县："县有猾胥，持吏短长，兄弟盘结，久不能去。公至，白诸刑狱使者，迁之远方，人谓非洁己者不能为县！"②而有号为难治的县邑，县令往往"鲜以善去"，地方官治理俗喜终讼地域时，若能"惩其发踪者，讼以是简"③，又要平心处之，"既不吐刚茹柔以自欺，亦不专抑扶强以自异"④。官员若未能锻炼本身的法治能力，则面对染珥笔之俗，逞强好讼之民时，可能"三省考满未得代，遭诬成狱，以囚服往"，仕宦前程毁于地方土豪飞语中伤。⑤

结　语

县衙的县官是一个工作团队，若在狱讼事务上有公事失错的情形时，诸县官也将受"连坐"处分。不过，相较于其他县官，身为一县之长的县令所承担的压力则更加复杂。有的县令在地方行政业务上，甚至会被擅于打官司的民众越诉监司论其苛刻暴政，以至考课不佳，于是县令不仅无法完成中央交派的新政令，还因考课得"否"而被降贬。

县令面对着日益增多的行政业务，以及朝廷对官僚敦修儒业，以免岁縻于廪粟的要求，因而宋代士大夫兢兢业业于官箴，并勤于著作成规矩、作县箴言，又鉴于庶民好兴狱讼，所以有以厚人伦而美习俗为目的，编纂训俗的《世范》劝谕群众。两宋朝廷重视"狱空"政绩，一方面县令不能无视其规定，努力做到"裁听健决，狱无系囚"，一方面当州、监司积极争取"全路狱空"的表现时，县令不仅必须隐寄来自州衙的系囚，还得受到限期结绝的压力，所以县令只有勤劳不可怠惰，毫无个人的休闲生活可言。何况宋人常说"治狱多阴德""治狱，人死生所系"，县令要有悲悯人

① 《鹤山先生大全文集》卷七五《知南安军宗丞都官邵公墓志铭》，第2页。
② 《鹤山先生大全文集》卷八八《知黎州兼管内安抚高公（崇）行状》，第9页。
③ 〔宋〕刘宰：《漫塘集》卷三三《故吏部梁侍郎行状》，《四库全书》本，第2页。
④ 〔宋〕袁燮：《絜斋集》卷一四《秘阁修撰黄公行状》，台北：新文丰出版社，1984年，第233页。
⑤ 〔宋〕洪适：《盘州文集》卷七五《郑宜人墓志铭》，《四部丛刊初编》本，第8页。

命的情怀，审理任何案件都可能攸关子孙的祸福。除此之外，狱讼的过程中，不论鞫狱或定案，县令都得时时刻刻防范吏人的作弊，他们既要仰赖县吏，又得加强对吏人的行政管理，负起县衙全体业务的行政责任。

虽说南宋县衙公吏役人的工作分工情形不如州吏，但与狱讼相关的公吏职务有若干值得重视的发展，譬如"县门子"必须留意影响狱讼的形势户与司狱吏人的进出，有的县衙会指派资深可靠的县吏职司诉状"开拆"的工作，或是县令书判时，只以一位轮职"贴司"书吏在旁写所判出状词，将判绝文归类架阁档案时，则委派"手分"编号上架，若需查对法条，则要由掌管编录司之锁的"押录"开启架柜。至于追会查证的工作，由"脚力""承行厅子、吏贴"督催，若是出城验尸，就差"手力"五名当班，若是追捕罪人或押送重要文件，以防盗的"弓手"役人承引。在监狱中，则由狱子与押狱节级共同管理。县吏役人因公事失误，若不属私罪者，则处以"杖六十"至"杖一百"的刑罚。而县官稍不自觉便易造成县吏犯罪，譬如县令轻易出示"判状"，顺理成章让县狱公吏握有向庶民邀索的公文，任意勾追词人、干证人上衙门，还有证人因事入狱乃向吏人行贿求出，可想见南宋以后的中国人不愿上衙门作证的历史原因。

自高宗、孝宗以来，县狱中的推吏就领有比照州衙狱吏的三分之二资薪（重禄），光宗绍熙元年（1190）更制定县衙"推吏法司"，除了行重禄法，又以一年为期，以及因公事而受财者以私罪论，法令规定只要受财四贯以上就是加役流的徒刑，除了决脊杖二十、配役三年，还得流配到广南险恶州军的牢城。由于重禄法不可谓不重，所以有些地方的推吏不愿支领薪水，于是朝廷更下令以"违制论"。法司是指编录司，南宋中期亦规定协助检法的书吏也有升迁的机会，被县令挑选的手分、贴司在编录司习学三年，可以升一等，若遇州衙编录司有阙，他们也可经由考试递补阙职。由于县衙公吏役人比一般人熟悉衙门的行政流程与其中人事，所以孝宗淳熙四年（1177）以后，有诏："曾经编配吏人及见役吏人，并不许充官民户干人。"宁宗庆元二年（1196）以后，则明定违者处刑"徒二年"之法条，避免这一类人与豪强形势户勾结，进行变黑为白的官司诉讼。

从南宋地方官的劝农文和谕俗文中，总不免有"好讼终凶""乐词讼者，破家之甚"的规劝，似乎意味着当时打官司之事对于一介小民而言，亦属稀松平常。由于农民一遇难以隐忍的小争便投诉官府，若合于程序的诉讼，县衙又不能拒绝审理，于是县衙滞讼的情形愈来愈严重，甚至有"田讼"更经数县令而无法结绝。而庶民的官司中，又有豪强逼债而自杀的案件，于是地方官引用《唐律》"恐逼致死伤者，依斗杀伤法"制裁逼债导致人命的债权人，如此对刑律的扩张解释影响明清律"凡因户婚、田土、钱债之类的事情，威逼人致尽者，必须先杖一百"的制定，并透露出南宋迄明清，以农立国的国度里，庶民的经济生活与法律文化的互动。

传统中国在狱讼制度中相当讲究"证据"，宋代的制度与执法的地方官亦不例外。不过在南宋的"狱讼"中，就连证人在过程中也得遭受如时间、入狱及精神等等的磨难，颇令人同情。然而官衙又不可能放弃证据的调查与司法制度的发展，因此"保人"制度日趋重要与完整。两人殴杀成命时，"邻保"要出面作证；投词人到衙门告重罪，必须找"投保"人为证；入狱鞫勘之后，亦需"取保"知在；地方官到乡村拿取文状或查证时，也必须呼及邻保当众供写、读示与系书（签字）；发生买卖交易的纠纷时，在契约上押印的"牙保"不只是作证人，还得与违法者均罪与赔偿；若是当事人无力找保人，却又贫病交迫不堪系狱，县衙还要指定"保识"的保正与保长。自此以后，乡村中的各类"保人"或许也成为一种保障社会秩序的机制。

南宋地方审判的户婚案类中，出现不少"立继"争讼及其相关问题。如果案件已告到官府处理，官府就要依法定程序加以判决，而有亲属血缘的双方对簿公堂，就儒家所提倡的亲亲相爱、长幼孝悌之社会伦理而言，实在是风教的大事。因此地方官往往在"公"与"私"之间折中一番，打官司者若有"宗族"组织，则可指定一名官员前往作业，并赋予族长们"公正"的合法性，以配合官府达到"公论允协"的要求。

宋代以降，庶民的好讼、健讼已造成地方衙门滞讼的行政问题，甚至有些豪强利用越诉陈雪控告县官的失职。土豪狱讼的案别，不论是县官推行中央的政令或是个人的恩怨，其经济能力足以长期打官司，或运用地方罢役配吏充作个人打官司的干人，洋洋得意于地方官衙，或于监司面前投词喊冤，致使县令遭受监察考课而降贬。而县官三年一次迁转，在处理地方狱讼、滞讼案件时，新兴土豪把持地方事务确实是一大障碍。

［原载刘馨珺：《明镜高悬——南宋县衙的狱讼》，

（台北）五南图书出版股份有限公司2005年版］

南宋基层社会的法律人

戴建国

  "法律人"是现代的称谓，泛指法律职业从业者。本文所言"南宋基层社会的法律人"主要是指州县参与司法审理的胥吏，为诉讼当事人提供咨询和助力的讼师，以及从事维持地方法律秩序的书铺户、茶食人、停保人，不包括政府的司法官员。这些法律人是基层社会司法活动的重要参与者。关于南宋基层社会法律人的相关研究，学界不乏精彩之作①，这些都为本文的写作提供了很好的借鉴和参考。

  宋代品官之外的胥吏地位低下，在传统的官僚士大夫笔下常被诟病，然而他们在宋代社会中的作用，特别是作为地方法律人角色并没有被充分发掘出来。在中国传统的息讼观指导下，官府对民间的教讼、助讼行为是严厉打压的，我们今天所见文献史料，绝大多数都是对讼师的负面记载。

---

① 参见［日］宫崎市定：《宋元时期的法制与审判机构——〈元典章〉的时代背景及社会背景》，《中国法制史考证·丙编》第三卷《宋辽西夏元卷》，北京：中国社会科学出版社，2003年，第1—121页；王曾瑜：《宋朝阶级结构》，河北教育出版社1996年版；郭东旭：《论宋代的讼学》，《河北学刊》1988年第2期；陈智超：《宋代的书铺与讼师》，《刘子健博士颂寿纪念宋史研究論集》，京都同朋舍，1989年；［日］高桥芳郎『宋代中国の法制と社会』第七章『务限の法と茶食人——宋代裁判制度の一側面』，汲古書院，2002年，第199—215页；祖慧：《宋代胥吏的选任与迁转制度研究》，《杭州大学学报》1997年第2期；《宋代胥吏溢员问题研究》，《中国史研究》1998年第3期；陈景良：《讼学、讼师与士大夫——宋代司法传统的转型及其意义》，原发表于《河南省政法管理干部学院学报》2002年第1期，后收入曾宪义主编《百年回眸：法律史研究在中国》第二卷《当代大陆卷》，北京：中国人民大学出版社，2009年，第215—226页；刘馨珺：《明镜高悬：南宋县衙的狱讼》，台北：五南图书出版公司，2005年。另尚有青木敦、翁育瑄、小川快之的研究成果，不一一备列。

正是由于司法活动中出现的一部分讼师扰乱司法秩序的现象，我们才得以看到南宋政府官员对这些讼师的抨击，从而给我们留下了关于南宋讼师的历史记载。学界在论述南宋地方司法制度时，通常也是从官僚士大夫视角看待平民百姓的诉讼行为，关注的是南宋如何息讼，对于民间的法律人角色并未充分注意。然而在南宋司法活动中，讼师究竟扮演了怎样的角色，有无积极的作用，如何从中国传统专制体制的文牍判例中解读出有益的信息，这是一个值得深入探讨的问题。下面主要围绕南宋州县狱吏和民间参与助讼的讼师以及茶食人、书铺户、停保人展开讨论，试图进一步解读被掩盖或被忽略的南宋基层社会的法律人。

一、狱吏的职业特色

在宋代，官和吏分属于两个不同的系统，宋代狱官通常指刑狱官员，而狱吏则是狱官以下的胥吏，泛指不同种职掌的吏，有推吏、狱卒、节级、狱级等。①宋法："诸称'公人'者，谓衙前，专副，库、称、掏子，杖直，狱子，兵级之类。称'吏人'者，谓职级至贴司，行案、不行案人并同。称'公吏'者，谓公人、吏人。"②胥吏大多来自社会底层，由不同阶层的人组成。③"自都孔目官至粮料押司官，凡十阶，谓之职级；其次曰前行，曰后行；又其次曰贴司。募有产而练于事者为之，或无人应募，则俾职级年满出职，其子侄继替。"④由于胥吏主要是招募或民户轮差而来的，实际上是一种役使，地位自然远低于官员，即使是州县的主要吏人如都孔目官也被视为"贱役"。⑤成书于宋亡不久的《吏学指南》云："吏人，

① 〔宋〕洪迈撰，何卓点校：《夷坚三志壬》卷六《信阳孙青》，北京：中华书局，2006年，第1509页。
② 〔宋〕谢深甫撰，戴建国点校：《庆元条法事类》卷五二《解试出职·旁照法·名例敕》，哈尔滨：黑龙江人民出版社，2002年，第737页。
③ 参见祖慧：《宋代胥吏的选任与迁转制度研究》，《杭州大学学报》1997年第2期。
④ 〔宋〕陈耆卿：《嘉定赤城志》卷十七《吏役门·州役人·人吏》，《宋元方志丛刊》，北京：中华书局，1990年，第7416页。
⑤ 《夷坚三志辛》卷一《吴琦事许真君》，第1388页。

谓请俸掌管文书者。人吏，谓无俸贴书之类。"①

案件虽然是由州县长官作最后裁决，但实际上案件的审理活动主要是由狱吏来具体操作的。胡太初指出："（县）令每遇决一事，案牍纷委，惮于遍阅，率令吏摘撮供具，谓之事目。不知吏受人嘱，其理长者不为具出，而理短者反为声说。以此断决多误。"②"（县）令多惮烦，率令狱吏自行审问，但视成款金署，便为一定。"③州县长官的判案书，都是基于鞫狱活动而制作的，不法之吏常常在此程序舞文弄笔，大做文章。因此狱吏人员的素质高低关系到司法审判的公正与否，在审判过程中起着重要的作用，倘若狱吏人员素质太差，导致鞫狱失实的话，接下来的检法议刑和判决都会发生偏误。

宋代吏人不能参加科考④，其通常的出路便是钻营吏务，以年劳或业绩升等。如淳熙年间，饶州吏人吴琦，"习熟刀笔，年二十三岁，即迁补职级"。⑤因此不少胥吏勤勉于职事，长期在州县衙门供职。甚至有兄与弟同为胥吏。《夷坚丙志》卷六"范子珉"条载，青田县吏留光有一弟留矩，"亦为吏"。有的父终子继。《夷坚志补》卷六"安仁佚狱"条载饶州安仁县有父子两人同在一县为吏。吕南公《灌园集》载袁州有一吏，"有年劳，应被优奖而将死者，临终乞以子自承。州通判欲与他吏"，推官李冕"争曰：优奖，所以待年劳，吏勤知为其家而已。今不幸死而子不得承，然则吏无事于勤矣，彼他吏独无年劳可俟乎？"于是通判同意了老吏的请求。⑥可见吏职可世袭。私名贴书也可因年劳和业绩升为编制内的正名人吏，再

---

① 〔元〕徐元瑞：《吏学指南》，杭州：浙江古籍出版社，1988年，第25页。
② 〔宋〕胡太初：《昼帘绪论·听讼篇第六》，《丛书集成初编》本，第7页。
③ 《昼帘绪论·治狱篇第七》，第9页。
④ 〔宋〕陈均编，许沛藻等点校：《皇朝编年纲目备要》卷四"太宗端拱二年三月"："时有中书吏人及第，上令夺所授敕牒，乃诏禁吏人应举。"见《皇朝编年纲目备要》，北京：中华书局，2007年，第82页。
⑤ 《夷坚三志辛》卷一《吴琦事许真君》，第1388页。
⑥ 〔宋〕吕南公：《灌园集》卷二十《故袁州李君墓志铭》，景印文渊阁《四库全书》，第1123册，第184页。参见祖慧《宋代的胥吏的选任与迁转》，《杭州大学学报》1997年第2期，第72—77页。

逐级升等，自然职业也可父终子袭。

宋代州县长官通常三年一任，处于经常性的更换替代之中，而吏却是可以长期任职于某一处的。庆元六年（1200），臣僚言："窃谓吏强官弱……盖居官者迁徙不拘岁月，而为吏者传袭及于子孙，以数易不常之官，御生长子孙之吏。"①官与吏的任职状况可以用"铁打的营盘，流水的兵"作比喻，吏的长期固化形成了盘根错节的固定营盘，而官员三年一任的频繁调动，如同流动的水。《夷坚志》记载了福州有一胥吏自英宗治平年间为吏，一直做到徽宗政和朝，前后长达四十多年。②久而久之，逐渐形成了一些胥吏世家。南宋的王栐说："旧吏长子孙为世业。"③胥吏为世家的例子并不少见。

宋代长期以来，禁止刊印出售国家法律文献。但是在基层服务的胥吏，由于职务关系，他们经常可以接触国家法律文献和判案成例，这些人长期供职于衙门，对于司法事务十分熟悉。北宋亡国后，大量法律文书遭洗劫，"自渡江以来，官司文籍散落，无从稽考。乃有司省记之说，凡所与夺，尽出胥吏"。为此，臣僚建议："望下省部诸司，各令合干人吏将所省记条例攒类成册，奏闻施行。"④南宋的法典体系最先是靠胥吏的记忆才得以逐步健全完善起来的。可见胥吏对国家典章制度的熟悉程度。

综上所述，胥吏任职的稳定性，加之狱讼业务知识的常年积累，极易形成专靠狱讼营生的胥吏阶层，甚或世代相传，包括私名贴书在内的宋代胥吏，逐渐趋于世袭化、专业化。

胥吏长期浸淫于州县狱讼事务，对法律规定、制度规则、狱讼审理的法律程序自然极为娴熟，甚至对于长官的品行性格和日常爱好无不洞察悉知，这些都影响了宋代地方司法审判的实际效果。北宋福州有一资深老胥夏铧，"尝言阅郡将多矣，无不为其党所欺"。知州罗畸好学，"每读书必

---

① 《宋会要辑稿·职官》六〇之三九，第8册，第4686页。
② 《夷坚甲志》卷六《滑吏为奸》，第52页。
③ 〔宋〕王栐撰，诚刚点校：《燕翼诒谋录》卷一，北京：中华书局，1981年，第5页。
④ 《宋会要辑稿·刑法》一之三四，第14册，第8247页。

研究意义，苟有得，则怡然长啸。或未会意，则搔首踟蹰。吏伺其长啸，虽包藏机械，略不问。或遇其搔首，虽小欺奸，无不发摘。以故得而欺之。(夏)铧曰：'彼好读书，尚见欺于吾曹，况于他哉！'"①

陆九渊曾撰文揭露县吏之豪横："县邑之间，贪饕矫诈之吏，方且用吾君禁非惩恶之具，以逞私济欲，置民于囹圄，械系鞭棰之间，残其支体，竭其膏血，头会箕敛，槌骨沥髓，与奸胥猾徒厌饫，咆哮其上，巧为文书，转移出没，以欺上府，操其奇赢，与上府之左右缔交，合党以蔽上府之耳目。田亩之人，劫于刑威，小吏下片纸，因累累如驱羊，劫于庭庑械系之威，心悸股栗，棰楚之惨，号呼吁天，隳家破产，质妻鬻子，近(仅)以身免。"②

欧阳修曾言："吾昔贬官夷陵，方壮年，未厌学，欲求《史》《汉》一观，公私无有也。无以遣日，因取架阁陈年公案，反复观之，见其枉直乖错，不可胜数，以无为有，以枉为直，违法徇情，灭亲害义，无所不有。且夷陵荒远褊小，尚如此，天下固可知也。"③夷陵即峡州，为偏远的荆湖北路之一小州，其所暴露的司法状况实是惊人。这与宋代基层法律职业从业人员素质低和监管缺位不无关联。周林云："狱司推鞫，法司检断，各有司存，所以防奸也。然而推鞫之吏，狱案未成，先与法吏议其曲折，若非款状显然如法吏之意，则谓难以出手，故于结案之时，不无高下迁就非本情去处。"④这种现象的发生与整个胥吏制度息息相关。

"束吏弗严，则以舞文害法。"⑤应该说，宋代是注意到了胥吏监管不严带来的后果，并采取了一些相应的治理措施。但是宋代的吏害，尤其是以州县私名贴书为代表的狱吏之害始终是宋代革除不尽的一大弊病。从整

①《夷坚甲志》卷六《滑吏为奸》，第52页。
②〔宋〕陆九渊：《象山先生文集》卷五《书·与辛幼安》，《四部丛刊初编》本。
③〔宋〕洪迈撰，孔凡礼整理：《容斋随笔》卷四《张浮休书》，上海师范大学古籍研究所编《全宋笔记》第五编，郑州：大象出版社，2012年，第52页。
④周林：《推司不得与法司议事札子》，〔明〕黄淮等：《历代名臣奏议》卷二一七《慎刑》，景印文渊阁《四库全书》，第439册，第222页。
⑤《宋会要辑稿·帝系》——之——，第1册，第244页。

个南宋历史看，宋代县级司法力量相对薄弱，地方自行招募不给俸禄的胥吏，加之监管的缺失，他们中的一部分人通常利用制度的缺漏，造成吏治的腐败，胥吏把持州县狱讼，营私舞弊，干扰了正常的司法秩序。地方司法胥吏问题始终困扰着宋政府，成为被士大夫诟病的一大顽症。这是我们在评价宋代法制时不能不关注的一个问题。

然而值得提出的是，当我们在审视宋代州县不法胥吏带来的司法问题时，还应注意由于政治运作的关系，官员们通常会对出现的不正常的问题大加渲染和抨击，相反，对于那些循规守法的胥吏则通常不会刻意揭示。这样就导致史书中自然很少有这些下层胥吏的工作业绩的记载，于是就给我们造成一种假象，似乎宋代基层社会胥吏世界完全一片黑暗。如果真是这样的话，宋代基层社会法律秩序还能维持下去吗？事实上，南宋基层社会整体还是稳定的，毕竟延续了一百五十多年。除了奸猾胥吏外，也有很本分的循规蹈矩的吏人，对正面的司法胥吏的文献记载也还是有的。如余杭县吏何某，"自壮岁为小胥，驯至押录，持心近恕，略无过愆，前后县宰，深所倚信。又兼领开拆之职，每遇受讼牒日，拂旦先坐于门，一一取阅之。有挟诈奸欺者，以忠言反复劝晓之……听其言而去者甚众。民犯罪，丽于徒刑，合解府，而顾其情理非重害，必委曲白宰，就县断治。其当杖者，又往往谏使宽释"。①此吏人从小胥做起，倾心于狱讼事务，最后担任主吏押录，终其一生，兢兢业业，不贪也不枉法，直至去世。

宋统治集团注意到存在的胥吏违法问题，为此采取了两项对策，其一，设有司法纠偏机制以防失误。司法审判制度的设计非常严密，规定了法官回避制度，法官与被审讯的犯人之间，以及审理同一案件的法官与法官之间，如有亲仇、业师、同年关系的须回避。"诸被差请鞫狱、录问、检法而与罪人若干系人有亲嫌应回避者，自陈改差，所属勘会，诣实保明，及具改差讫因依申刑部，仍报御史台。"②宋代审判以鞫谳分司为原

①《夷坚支癸》卷一《余杭何押录》，第1228页。
②《庆元条法事类》卷八《亲嫌·断狱令》，第151页。

则，审判活动分成审讯与定罪两大程序。"鞠之与谳，各司其局，初不相关，是非可否，有以相济"。[1]宋朝对审判活动实行"翻异别勘"制，一旦犯人翻供不伏，案子必须移至另一审讯机构重新审理。这些制度应该说是非常详备的，对于纠正县级审判之误发挥了积极作用。

其二，规范胥吏管理机制。实行民可以告吏的制度便是其中的一项重要内容。吴势卿曰："天下未闻有因诉吏而坐罪者，明知其带虚不坐，明知其健讼亦不坐，盖诉吏犹诉贼失物，终无反坐也。"[2]平民百姓即使所告不实，也不会获罪。通过民告吏制度来监督胥吏，对于减少胥吏的审案不公多少可以起到一些积极作用。除此之外，事实上，弥补因胥吏问题产生的失误的还有一个活跃在基层社会的讼师群体。

二、讼师职业队伍的出现

"讼师"在中国历史上作为一个正式的职业称谓出现于南宋后期，是南宋官员用来指称那些教讼、助讼之人。凡是收徒讲授讼学、教唆诉讼、协助诉讼，以及起司法调解作用的第三方人士，都可归为讼师之列。作为专有称谓，"讼师"在宋人文献中极少出现，《名公书判清明集》收载了许多涉及教讼、助讼活动的判词，但是明确提到"讼师"称谓的仅有两例。刘馨珺在此之外又引征了两例，并指出这些例子都出现在南宋末年。[3]笔者翻阅史料后，又得一例，为便于讨论，兹列此三例如下。

蔡杭《讼师官鬼》判曰："龙断小人，嚚讼成风。始则以钱借公吏，为把持公事之计；及所求不满，则又越经上司，为劫制立威之谋。何等讼师官鬼，乃敢如此！"[4]

---

① 《建炎以来系年要录》卷一七五，"绍兴二十六年闰十月辛亥"，第3册，第469页。

② 中国社会科学院历史研究所隋唐五代宋辽金史研究室点校：《名公书判清明集》卷十二《治豪横惩吏奸自是两事》，北京：中华书局，2002年，第460页。

③ 参见刘馨珺：《明镜高悬：南宋县衙的狱讼》，台北：五南图书出版公司，2005年，第295页，注205。

④ 《名公书判清明集》卷十二《讼师官鬼》，第473页。

蔡杭《哗鬼讼师》判曰："当职昨领州军，已闻婺州有金、钟二姓人，迭为唇齿，教唆哗徒，胁取财物，大为民害。……哗魁讼师之可畏如此哉！"①

刘克庄《建昌县刘氏诉立嗣事》判："通仕、刘氏皆缘不晓理法，为囚牙讼师之所鼓扇，而不自知其为背理伤道。……通仕名在仕版，岂可不体尊长之教诲、官司之劝谕，而忍以父祖之门户、亲兄之财产，餍足囚牙讼师无穷之溪壑哉！"②

景定二年（1261），洪天骥知广州香山县，"义俗哗健"，洪天骥"戡其尤桀黠者，曰'此囚牙讼师去，则吾民妥矣'。邑以大治"。③

黄蜕于咸淳五年（1269）所撰《象山县修学宫记》曰："今陈君之为政也，盗贼无不戢者，讼师无敢教人讼者，狱三年无一囚系者。"④

蔡杭和刘克庄都是活动于南宋后期的人，另外两条材料反映的时间都在宋末。我们再举洪迈的笔记小说《夷坚志》为例。洪迈的笔下素以人物丰富繁杂而著称，此书涉及北宋至南宋前期社会各个层面、各种身份的人物，但是竟没有一个被直接称作讼师的。又景定二年（1261）两浙东路《绍兴府建小学田记》载当地有一妇人许梅英占赖官田，受府城"哗徒"余四二教唆，"前后诬罔越诉"。此记称教唆人余四二为"哗徒"，未称"讼师"。⑤据这些史料，可以判断讼师作为一个正式的职业称谓当形成于南宋后期。讼师称谓的出现是南宋司法活动日趋频繁的产物。不过讼师的称谓在当时尚不流行。

讼师的称谓虽然出现于南宋，然为人助讼的群体事实上早在北宋就已出现。从宋人的记载来看，属于讼师的称呼有多种，诸如"哗徒""健讼

① 《名公书判清明集》卷十三《哗鬼讼师》，第481—482页。
② 〔宋〕刘克庄：《后村先生大全集》卷一九三《建昌县刘氏诉立嗣事》，《四部丛刊初编》本。
③ 〔宋〕文天祥：《文山先生全集》卷十一《知潮州寺丞东岩先生洪公行状》，《四部丛刊初编》本。
④ 《象山县志》卷三二，民国十六年铅印本，收入《全宋文》卷八一五三，第351—352册。
⑤ 国家图书馆善本金石组编：《宋代石刻文献全编（二）》，北京：北京图书馆出版社，2003年，第848页—849页。

人""主人头""佣笔之人""珥笔之民"等等，不一而足。其中尤以"健讼人"称呼最为普遍。其实宋人的"健讼"是个宽泛的指称，既指教讼者，如宋人云"健讼之人，在外则教唆词讼"①，也包括了好打官司者在内，这后一类人其实不属于讼师，只是为了达到自己的目的，不断缠讼而已。②

南宋的讼师通笔墨，知晓法律，熟悉衙门事务，也有些仅粗识文字，教人诉讼的。南宋的陈淳曾总结南宋讼师的特点为：

> 长于词理，熟公门事体浅深，识案分人物高下，专教人词讼，为料理公事，利于解贯头钱，为活家计。凡有词讼者，必倚之为盟主，谓之"主人头"。此其人或是贡士，或是国学生，或进士困于场屋者，或势家子弟宗族，或宗室之不羁者，或断罢公吏，或破落门户等人。③

这些讼师有的专以教讼、助人诉讼为业，有的一身兼有多种身份。④他们的行为影响有负面的，也有正面的，或"把持公事"，兴风作浪，或逐利营生，也不乏伸张正义者，整个群体良莠不齐。

中国古代传统的息讼观、惩讼观严重压抑了讼师群体的发展。现有的文献资料关于讼师的记载差不多都是负面的，我们几乎找不出宋代基层社会具有正面形象的讼师材料来，然讼师这一群体在宋代的存在却是不争的事实。

宋末的周密曰："江西人好讼，是以有簪笔之讥。往往有开讼学以教

---

① 〔宋〕陈襄：《州县提纲》卷三《健讼者独匦》，《丛书集成初编》本，第31页。
② 如《名公书判清明集》卷六《兄弟争业》所载吴革判的潘琮兄弟争田案，"反复嚣讼，首尾四年，何健讼如此"。刘馨珺曰："南宋的健讼之徒，既不完全等于讼师，其具体的形象就有待于依据各式各样的判决文书予以重建。"所言甚是。见《南宋狱讼判决文书中的"健讼之徒"》，收入《中西法律传统》（第八卷），北京：中国政法大学出版社，2008年，第167页。
③ 〔宋〕陈淳：《北溪大全集》卷四七《札·上傅寺丞论民间利病六条》，景印文渊阁《四库全书》，第1168册，第871页。
④ 参见陈智超：《宋代的书铺与讼师》，《刘子健博士颂寿纪念宋史研究论集》，京都同朋舍，1989年；后收入《陈智超自选集》，合肥：安徽大学出版社，2003年，第345—357页。

人者，如金科之法，出甲乙对答，及哗讦之语，盖专门于此。从之者常数百人，此亦可怪。又闻括之松阳有所谓业觜社者，亦专以辨捷给利口为能，如昔日张槐应，亦社中之琤琤者焉。"①这是专业教授讼学，其教学场景颇似当今的模拟法庭。有的讼师"以识字健讼为家传之学"②，有的专门开设场所，招引诉讼之人。如蔡杭判词中提到的成百四，本为茶食人，却违法"置局招引，威成势立，七邑之民，靡然趋之"③，相当有规模。又如饶州宗室赵若陋，"专置哗局，把持饶州一州公事"。④

绍兴二年（1132），权监察御史薛徽言奉命宣谕湖南，奏"本路不便于民者十事，乞委宪司觉察违戾"，其中第六事为"乡村聚徒教习律令"。⑤宋代文献中多言江西地区讼学发达，而此条材料反映出在江西之外的宋代基层区域讼师群体亦十分活跃，以至于"聚徒教习律令"，成为习见的现象，被政府官员视作不利于统治的一件要事。

洪迈《夷坚志》载，乐平士人李南金，绍兴十八年（1148）因事被械送狱。"同狱有重囚四人，坐劫富民财拘系，吏受民贿，欲纳诸大辟，锻炼弥月，求其所以死而未能得。（李）南金素善讼，为吏画策，命取具案及条令，反复寻索，且代吏作问目，以次推讯，四囚不得有所言。狱具，皆杖死，吏果得厚赂，即为南金作地道引赎出。"⑥所言李南金擅长于诉讼业务，为吏出谋划策，反复探研案情和法律条文，变易案款，并代吏拟定讯词，致犯人无法申辩，最终使狱吏达到了目的，自己也捞到了好处。观其所为，完全是一个对法律和司法程序十分熟悉、手法高明、地地道道的讼师。

① 〔宋〕周密撰，范荧点校：《癸辛杂识·续集》卷上《讼学业觜社》，《全宋笔记》第八编，第2册，大象出版社，2017年，第283页。
② 《名公书判清明集》卷十三《王方再经提刑司钉锢押下县》，第517页。
③ 《名公书判清明集》卷十二《教唆与吏为市》，第476页。
④ 《名公书判清明集》卷十一《宗室作过押送外司拘管爪牙并从编配》，第398页。
⑤ 〔宋〕薛季宣撰，张良权点校：《薛季宣集》卷三三《笺先大夫行状》，上海：上海社会科学院出版社，2003年，第492页。
⑥ 《夷坚乙志》卷十五《宣城冤梦》，第311页。按：同书卷五《李南金》（第227页）云李南金为乐平士人，绍兴二十七年登科。

《名公书判清明集》载胡颖的《妄诉田业》判曰:"今刘纬自是姓刘,乃出而为龚家论诉田地,可谓事不干己。想其平日在乡,专以健讼为能事。"①此刘纬显然也是一讼师,包揽了案件当事人龚孝恭的诉讼。黄震《申台并户部戴槐妄诉状》曰:

> 照对陈定甫有田二十六契,典在戴槐家。咸淳四年以后,经官取赎。初词在县,止乞勒戴槐照契领钱放赎。其后有马仲者,教以官会纽钱。……其后陈定甫无钱取赎,徒以会价之说,劫持官司,方运使遂将教唆人马仲断配讫。②

判词所言马仲教陈定甫以官会折算铜钱,显然有着丰富的法律知识和司法经验,善于教唆人钻法律空子。

值得注意的是,上述记载中刘克庄、洪天骥两人都将讼师与囚牙连在一起并提,称"囚牙讼师"。何谓"囚牙"?须作一探究。

宋代社会经济生活中有专门从事行业交易的中介人,为交易双方牵线搭桥,称作"牙人"。如有从事田宅交易的庄宅牙人③,有从事雇觅人力的引至牙人④,有从事粮食交易的米牙人⑤,有从事船只交易的船牙人⑥,以及从事板木交易的板木牙人⑦。"囚牙",顾名思义,似乎应是从事与囚犯业务相关的牙人。不过从刘克庄提到囚牙讼师的判词来看,案子涉及刘氏诉立嗣之事,说的是建昌县田县丞死后的遗产纠纷,乃一民事诉讼案件,

① 《名公书判清明集》卷四《妄诉田业》,第123页。
② 〔宋〕黄震:《黄氏日抄》卷七六《申明七》,景印文渊阁《四库全书》,第708册,第771页。
③ 《宋会要辑稿·食货》三七之一,第11册,第6805页。
④ 〔宋〕孟元老撰,伊永文笺注:《东京梦华录笺注》卷三《雇觅人力》,北京:中华书局,2007年,第338页。按,这种"引至牙人",又称"引领牙人"。见《庆元条法事类》卷八十《诸色犯奸·户婚敕》,第921页。
⑤ 《宋会要辑稿·刑法》二之一〇二,第14册,第8338页。
⑥ 〔宋〕黄庭坚著,郑永晓整理:《黄庭坚全集辑校编年》,南昌:江西人民出版社,2011年,第1473页。
⑦ 〔宋〕周必大:《文忠集》卷九五《掖垣类槁·承节郎于诚为健康府差监造床榻受板木牙人人情钱降一官》,景印文渊阁《四库全书》,第1148册,第17页。

自始至终不牵涉诬告、妄诉及刑事犯罪，争夺遗产的双方一为田县丞的妾刘氏，另一为田县丞胞弟田通仕。法官刘克庄判词曰"通仕、刘氏皆缘不晓理法，为囚牙讼师之所鼓扇"而致争讼。据此，则所谓囚牙讼师，与被囚的刑事罪犯的中介业务无关，但刘克庄在同一篇判词中两次言及"囚牙讼师"。无独有偶，香山知县洪天骥也有"囚牙讼师"之说。"囚牙讼师"应是一个固定的称谓。这些法官何以要将讼师与囚牙连在一起称呼呢？笔者认为讼师作为一种职业，最初应与刑事诉讼相关。刑事诉讼通常须将涉案的嫌疑人囚禁羁押，囚犯或囚犯家人为了减轻刑罚，或为洗刷囚犯冤情，寻求民间懂法的人为其出点子，提供咨询或申辩建议；或是代表囚犯一方与官府疏通，或是在诉讼的双方当事人之间斡旋调解。这应是囚牙讼师最先扮演的角色。后来随着社会的发展，诉讼人群的扩大，讼师的服务范围延伸到其他诉讼活动，为其他诉讼者提供咨询和助力。

讼师和私名贴书在司法审理程序上扮演着对立的角色，讼师对诉讼人发挥着持续的影响力，他们并不代表国家利益行事，与官府不沾边，往往与官府发生冲突；而以私名贴书为代表的地方胥吏则行使官府职能，为国家利益行事，两者似乎是一对矛盾的对立体。然而须强调的是，私名贴书和讼师之间除了对立，事实上还具有相通性，很容易互换角色。李元弼《作邑自箴》卷六《劝谕民俗榜》载："所在多有无图之辈并得替公人之类，或规求财物，或夸逞凶狡，教唆良民，论述不干己事，或借词写状，烦乱公私。"榜文抨击的是遭停罢的胥吏参与教讼活动。绍兴三十年（1160），大理评事蔡洸奏言：

> 伏睹绍兴二十八年郊祀大礼赦敕：契勘昨缘州县、监司公吏猥冗，已降指挥裁减，及犯罪停罢之人，访闻往往循习积弊，别作名目收系，既无吏禄，则取给百姓，至于教唆词讼，变乱曲直，扰害公私。并日下罢逐，与免科罪。①

---

① 《宋会要辑稿·职官》四八之一〇三，第7册，第4377页。

这些停罢之吏，在职时就教唆词讼，一旦失去胥吏身份后，有些就转而为讼师，活跃在乡间。如南宋理宗时，宝庆府"罢役吏人重为民害……此曹习与性成，怙终不改，出入案分，教新进以舞文，把持官司，诱愚民以健讼，淫朋比德，表里为奸"。①这些罢吏"人数颇多"，俨然成为讼师，教唆词讼，以至法官胡颖下令将他们押出府城外几十里居住，以免在城里生事，扰乱司法秩序。可见胥吏与讼师之间很容易转换角色，两者兼具相通性。许应龙所撰潮州《到任劝谕文》曰："此州风俗，本自淳厖，祇缘哗徒教唆，煽惑黠胥猾吏，并缘为奸，逮系诛求，椎肌剥髓，含冤负屈，宁免互调，展转相攻，遂成健讼。"②揭露了讼师与猾吏相互勾结的行径。又如《名公书判清明集》载曰"哗徒张梦高，乃吏人金眉之子，冒姓张氏，承吏奸之故习，专以哗评欺诈为生"。③张梦高从胥吏世家转为讼师，表明两者之间并无严格的界限，胥吏与讼师的法律人身份有时是相通的。

三、茶食人、停保人和书铺户

在宋人文献记载中，书铺户、茶食人和停保人亦有把持公事、教唆诉讼者，他们也常常参与助讼活动，是南宋法律人的组成部分。关于书铺，宋代有两类，一类是刻书卖书的，一类是承担公证业务的民间机构，这里所论为后者。④如何看待书铺户、茶食人、停保人与讼师的关系，这是下文要讨论的一个问题。⑤

《名公书判清明集》载有几件相关判词。南宋方岳《惩教讼》判词曰："袁自韩文公时，称为民安吏循，守理者多，则其风俗淳厚，盖已久矣。

---

① 《名公书判清明集》卷十一《应经徒配及罢役人合尽行逐去》，第424页。按，此判词中提到邵阳，即邵州，据《宋史》卷八八《地理志》载，宝庆元年（1225）升为宝庆府。

② 〔宋〕许应龙：《东涧集》卷十三《到任劝谕文》，《文渊阁四库全书》，第1176册，第550页。

③ 《名公书判清明集》卷十三《撰造公事》，第482页。

④ 关于宋代书铺，详见陈智超：《宋代的书铺与讼师》，《刘子健博士颂寿纪念宋史研究论集》，日本同朋舍，1989年；戴建国：《宋代的公证机构——书铺》，《中国史研究》1988年第4期。

⑤ 按，有学者将宋代书铺户、茶食人归入讼师之列，如党江舟：《中国讼师文化——古代律师现象解读》，北京：北京大学出版社，2005年，第51页、143页。

不知何时有此一等教讼之辈，不事生业，专为嚣嚣，遂使脑后插笔之谣，例受其谤。为长吏者，要当为尔袁一洗之。……有一髫者，试呼而问曰：'年几何?'曰：'十二。''能书乎?'曰：'不能。''则状谁所书也?'曰：'易百四郎。'心已知其为教讼之人，不可不追。问所以，则又有甚焉。盖易从[书]铺也，岂不知年尚幼，法不当为状首，而教之讼，其罪一。陈念三，后夫也，法不当干预前夫物业，而教之讼，其罪二。新知县方到，未给朱记，法不当为人写状，而教之讼，其罪三。"①判词提到书铺户违法而教唆词讼。

蔡杭的《教唆与吏为市》判词曰："成百四，特闾巷小夫耳。始充茶食人，接受词讼，乃敢兜揽教唆，出入官府，与吏为市，专一打话公事，过度赃贿。小民未有讼意，则诱之使讼；未知赇嘱，则胁使行赇。置局招引，威成势立。"②所言茶食人的职责是接受词讼，为诉讼者担任保识。从判词看，案犯成百四充任茶食人，却滥用职权，法官用"乃敢"二字道出了成百四的违法行径，即其超越了原本承担的角色，违法兜揽诉讼案件，置局招引，教唆词讼。

蔡杭还有件判词云，哗徒张梦高"专以哗讦欺诈为生。始则招诱诸县投词人户，停泊在家，撰造公事。中则行赇公吏，请嘱官员，或打话倡楼，或过度茶肆，一罅可入，百计经营，白昼攫金，略无忌惮。……其他如民户止是小争，则装架词语，唆令越诉。……官司方行追究，则与之入状和对，颠倒反复，尽出其手"。③此张梦高身份与成百四应是一样的，似乎也是一位茶食保识人。倡楼、茶肆皆人来人往之处，社会上的消息多在这些场所传播散布。"打话"，即对话④，有打探之意；"过度茶肆"，在此可作周转于茶肆搜集狱讼信息解。这两件判词从另一角度告诉我们，茶食人常驻足于倡楼、茶肆，通常有着较为丰富的社会信息资源，故能充任保

---

① 《名公书判清明集》卷十二《惩教讼》，第479—480页。

② 《名公书判清明集》卷十二《教唆与吏为市》，第476页。

③ 《名公书判清明集》卷十三《撰造公事》，第482页—483页。

④ 龙潜庵编著：《宋元语言词典》，上海：上海辞书出版社，1985年，第217页。

识人角色。但茶食人也常常因此而违规，超越职责范围，招揽词讼，或诱迫，或行贿当事人，以谋私利，无所不用其极，充当民间诉讼代理人，从事与其身份不符的司法业务，成为一名事实上的讼师。

关于茶食人，由于文献记载资料不多，其身份和形象颇为模糊，不少学者认为是书铺里专门负责开雕诉状的人，与书铺营业有关，是书铺里的人。①高桥芳郎认为茶食人与停保人是同一种职业的人。②在宋代，书铺户代人书写诉讼状词，笔者认为茶食人是独立于书铺之外的，是由政府籍定的专门为诉讼人承担保识业务的人，其与停保人的职能有相似之处，亦有差异，容易混淆。朱熹潭州《约束榜》有三条规定：

> 官人、进士、僧道、公人（谓诉己事，无以次人听自陈），听亲书状，自余民户并各就书铺写状投陈。如书铺不写本情，或非理邀阻，许当厅执覆。……
>
> 书铺如敢违犯本州约束，或与人户写状不用印子，便令经陈，恣烦官司，除科罪外，并追毁所给印子。
>
> 人户陈状，本州给印子，面付茶食人开雕，并经茶食人保识，方听下状，以备追呼。若人户理涉虚妄，其犯人并书铺、茶食人一例科罪。③

又黄震《交割到任日镂榜约束》载：

> 县吏……及追捕一行人回县诈钱，不即时于地头书填格目。及茶

---

① 陈景良：《讼学、讼师与士大夫——宋代司法传统的转型及其意义》，《河南省政法管理干部学院学报》2002年第1期；刘馨珺：《宋代衙门的放告与保人》，收入邓小南等主编《宋史研究论文集》，武汉：湖北人民出版社，2011年，第21页。

② ［日］高桥芳郎『宋代中国の法制と社会』第七章『务限の法と茶食人——宋代裁判制度の一侧面』，汲古书院，2002年，第199—215页。

③ ［宋］朱熹撰，刘永翔、朱幼文校点：《晦庵先生朱文公文集》卷一〇〇《公移·约束榜》，《朱子全书》，第4630—4631页。

食引保人指定保正通同打话，将干系人视货轻重，为操纵出入。①

分析这四条史料，可知并不是所有投诉状的人都要由书铺书写状词，但投状的人，却必须都得经茶食人保识。《约束榜》规定非常明确，只有当"人户陈状"时，才与茶食人发生联系。书铺与茶食人的职能区别在于：前者只承担为不识字的老百姓书写诉状，后者的职责是对陈状人承担"保识"：其一，承担初步审核诉状是否真实的责任，督查书铺是否如实书写诉状，如投状人"理涉虚妄"，茶食人未能核查出，因而投进官府，扰乱司法诉讼秩序，一旦发生此事，官府将其连同书铺"一例科罪"，此谓"保"；其二，知晓投诉状的人所在，居住何乡何里，以备官府随时传唤，此谓"识"。

由于潭州《约束榜》规定"若人户理涉虚妄，其犯人并书铺、茶食人一例科罪"，将书铺、茶食人连在一起叙述，易使人误以为茶食人隶属于书铺，书铺的印子似乎就是官府面付茶食人开雕的印子。其实不然，《约束榜》所言治书铺罪，是基于书铺在替人写状钞时，未能尽到应有的职责而定的。宋规定书铺替人写状，"不得添借语言，多入闲辞，及论述不干己事……及虚立证见"。②实际上，书铺与茶食人各自都有官府颁给的印子。《作邑自箴》卷六《劝谕民俗榜》载："应写状钞之人，县司已籍定姓名，各给木牌，于门首张挂，并有官押印子，与钞上印号，仰人户仔细讯问，即不得令无木牌、印子人书写状钞之类。"其所言书铺印子，就是潭州《约束榜》第二条规定提到的书铺写状用印子。这个印子，《作邑自箴》卷三《处事》是这样说的，凡经官府籍定开设书铺，"仍给小木印，印于所写状钞诸般文字年月前（原注：文曰某坊巷或乡村居住，写状钞人，某人官押）。如违县司约束指挥，断讫，毁劈木牌、印子，更不得开张。书铺内有改业者，仰赍木牌、印子赴官送纳，亦行毁弃"。其中所言印子是

① 〔宋〕黄震：《黄氏日钞》卷七九《交割到任日镂榜约束》，景印文渊阁《四库全书》，第708册，第819页。

② 《作邑自箴》卷八《写状钞书铺户约束》，《四部丛刊续编》本，史部，第48册。

给书铺的，未说木印由茶食人开雕。当然，茶食人担保制度形成于南宋，北宋时还未出现。不过从监督制度而言，宋政府不可能用隶属于书铺的茶食人来监督书铺，这不符合宋代一贯的分司监督制约理念。这一分司监督理念为："上下相维，内外相制，所以防闲考核者，纤悉曲备，无所不至也。"①茶食人与书铺户虽非官设机构从属人员，但相互监督之制却是一以贯之，不分官民身份的。

前述方岳《惩教讼》判："太守入境之初，犹未交印，纷然遮道，谕遣复前，已厌其为喜讼矣。……新知县方到，未给朱记，法不当为人写状，而教之讼，其罪三。"②此判云新知县刚上任，"还未给朱记，法不当为人写状"，说的是书铺为人写状，须有官府颁给的印记（印子）。官府颁给书铺的印子，是为了证明书铺的经营合法性，凭此才能为人写诉状；而颁给茶食人的印子，是为了证明茶食人作为官府允准的保识人的合法身份，两者不是一码事。

黄震任抚州知州时制定的《词诉约束》规定"不经书铺不受，状无保识不受"③，表明官府受理诉状，除了须经书铺书写之外，还要另有人保识，这是两个并列的要件，书铺书写诉状，并不具备自动保识效力。换言之，这是由两个不同身份的人办理的司法程序，而茶食人正是负责保识业务的。

接下来，我们再探讨停保人。所谓停保人又称"安停人"，也承担保任之责。托名陈襄所撰的《州县提纲》载："乡人之讼，其权皆在信听安停人，以为有理则争，以为无理则止。讼之初至，须取安停人委保，内有山谷愚民顽不识法，自执偏见，不可告语者，要须追停保人戒谕，庶或息讼。"④其中言"委保"用了"安停人""停保人"两个称谓，但没有提到茶食人。

---

① 〔清〕徐松辑：《宋会要辑稿·职官》一五之二〇，第6册，第3418页。
② 《名公书判清明集》卷十二《惩教讼》，479—480页。
③ 《黄氏日抄》卷七八《公移·词诉约束》，第708册，802页。
④ 《州县提纲》卷二《戒谕停保人》，《丛书集成初编》本，第19页。

又，《名公书判清明集》载宋慈《与贪令捃摭乡里私事用配军为爪牙丰殖归己》判云："陈瑛安停赵知县于替满之时，赵知县作意周旋陈瑛安（'安'字似为衍字）将安停之际。……赵知县科罚之案未出，今旁证已明。"此案的《检法书拟》曰："欲将陈瑛决脊杖二十，配一千里。……李三六系茶食人，行贿公事，受钱五十贯，欲决脊杖十三，配三百里。"①其中提到了从事安停之业的陈瑛，未言陈瑛是茶食人，但接下来所言行贿公事的李三六，却明确说其系茶食人。此例颇能说明安停人并不就是茶食人。

这里再举一例，《名公书判清明集》卷九《妄赎同姓亡殁田业》载武冈军黄主簿妻江氏诉江文辉、刘大乙案，法官判曰："帖县追两名，索砧基簿及元典契解来，词人召保听候。"所追两名，即江文辉、刘大乙，而词人为原告江氏。"召保听候"是当时的司法审理制度，当法官在初步审理原告诉状后，如需传唤被告或相关证人作进一步审理，而被告和证人如不在当地而在外州，势必有一段等待时间，这时就需要词状人找人办理担保手续，以防其逃窜，便于法官届时传唤，能及时出庭，提高司法效率。关于召保，陈襄《州县提纲》卷二《察监系人》说得很清楚："二竞干证俱至，即须剖决，干证未备，未免留人。承监人乞觅不如意，辄将对词人锁之空室，故为饥饿，不容人保。人或受竞主之赇，以无保走窜妄申，官司不明，辄将其人寄狱者多矣。凡承监，须令即召保，不测检察。如不容保，故为锁系，必惩治之。仍许亲属无时陈告，或果贫而无保，须度事之轻重，或押下所属，追未至人。"从这段史料所言来看，所谓"召保"与茶食人的保识应是两码事。

词状人在投陈诉状时，按当地官府的规定，须经茶食人保识才能投状。②亦即原告江氏的诉状事实上在最初投进的时候，已经由茶食人保识

---

① 《名公书判清明集》卷十二《与贪令捃摭乡里私事用配军为爪牙殖归己》，第462—464页。

② 按：武冈军与潭州同属荆湖南路，而朱熹的潭州《约束榜》云："人户陈状，本州给印子，面付茶食人开雕，并经茶食人保识，方听下状。"武冈军的诉讼程序也应与潭州相同，原告诉状需经茶食人保识，才能为官府受理。

了，为何法官在审理过程中还要"词人召保听候"？这个问题尚未引起关注。高桥芳郎把茶食人与停保人、召保人都归为保人一类而未加区分。茶食人与"词人召保听候"之保人显然是有区别的，这是两个不同程序的担保人，前者是案件审理程序前的担保责任人，后者是案件进入审理程序后的担保责任人。①茶食人职责与停保人的职责虽在担保上有相通之处，但茶食人主要是审核诉状有无虚妄，并知其所在；停保人职责主要是安置被保人，关注被保人，不得让其走失逃亡。

停保人负有常知诉讼人所在的责任，以备官府随时传唤。依据宋代保人法规定，保人有关注被保人不得让其走窜逃亡的义务。宋《天圣杂令》："诸以财物出举者，任依私契，官不为理。……如负债者逃，保人代偿。"②依照此理，如诉讼人因故走失逃亡，承担安保职责的安停人也将受罚。

从文献记载来看，茶食人始见于南宋。成书于北宋的《作邑自箴》是一部较为详细的县级官员理政指南，其中有关于书铺的详细记载，但未提到茶食人。笔者推测对诉状人的保识，最早是由书铺承担的。茶食人保识制度形成于南宋。宋文献中记载茶食人出现的地区有荆湖南路、江南西路、江南东路。我们可以判断用茶食人来为投状的诉讼人提供保识，应是南宋时较为普遍实行的司法制度。

值得指出的是，从狭义上来讲，无论是书铺户，还是茶食人、停保人，从他们本身的职业规定性来讲，是法律人，但都不是讼师。书铺、茶食人和停保人身份是官府认可而固定的，他们的本职是从事公证和保识业务，是协助官府维持地方司法秩序的，这是他们的主体身份。至于他们中的一部分人基于利益驱动，私下转换角色，利用业务之便参与民间助讼活

---

① 关于进入审理程序后的保人，可参考刘馨珺：《宋代衙门的放告与保人》，收入邓小南等主编《宋史研究论文集》，第14—40页；刘馨珺：《从"责保"论唐宋司法诉讼的保人制度》，《文史》2008年第4辑，第198页。

② 天一阁博物馆、中国社科院历史研究所天圣令整理课题组校证：《天一阁藏明抄本天圣令校证》，北京：中华书局，2006年，第430页。

动，实质是身份的异化，是不合法的。①

有的学者把书铺户纳入讼师之列，认为官府及士大夫与讼师并非全面对立，而是有所交融，宋代讼师活动"有限度合法化"。这种看法值得推敲。首先，官府承认书铺的合法性，但给书铺的职业定位仅是个公证机构："凡举子预试，并仕宦到部参堂，应干节次文书，并有书铺承干。"②代写诉状仅是其职责之一。书铺即使为人代写诉状，也只是从规范诉状格式，为没有文化的百姓提供方便出发，不得"添借语言，多入闲辞及论述不干己事"③，禁止"不写本情，或非理邀阻"④，不能作为诉讼代理人参与诉讼。如果说书铺户是讼师，那就等于说宋政府承认讼师的合法性了。正如夫马进所言，"如果承认了讼师，就不得不从根本上改变对诉讼本身的看法"，"也就不得不容忍'好讼之风'和'健讼之风'"。⑤这无异于将统治阶级长期以来的司法惩讼理念颠覆了。事实上，只有当书铺户违反规则私下里转变其角色，为民助讼时，才扮演讼师角色。然而这种角色转变是官府绝不允许的。⑥因此，书铺户并不属于严格意义上的讼师之列。

其次，官府对讼师，从文献记载来看，尚未发现有给予肯定的评价，有的尽是抨击和打压。基于传统的息讼、惩讼观，官府不可能与讼师交融。陈亮曰"民病则求之官"⑦，在官员看来，小民受到豪民恶霸的欺压，只能求助于官府，官府有责任为民作主，纾解民瘼，当好父母官，替他们摆脱困境，而绝不会允许讼师染指其间。

① 详见《名公书判清明集》卷十一《假作批朱》，第422页；《清明集》卷十二《惩教讼》，第479页；《清明集》卷十二《教唆与吏为市》，第476页。

② 〔宋〕赵升编，王瑞来点校：《朝野类要》卷五，北京：中华书局，2007年，第103页。

③ 《作邑自箴》卷八《写状钞书铺约束》，《四部丛刊续编》本，史部，第48册。

④ 《晦庵先生朱文公文集》卷一〇〇《公移·约束榜》，第4630—4631页。

⑤ 〔日〕夫马进：《明清时代的讼师与诉讼制度》，〔日〕滋贺秀三等著，王亚新等编：《明清时期的民事审判与民间契约》，北京：法律出版社，1998年，第419页。

⑥ 《名公书判清明集》卷十一《假作批朱》，第422页。

⑦ 〔宋〕陈亮著，邓广铭点校：《陈亮集（增订本）》卷十二《策·四弊》，北京：中华书局，1987年，第140页。

四、讼师产生的社会基础及其历史作用

处于传统司法文化背景下，由于宋代政府官员强烈的息讼、惩讼观影响，加之宋代讼师群体的良莠不齐，其中不乏唯利是图之徒，他们干扰了正常的司法秩序，败坏了讼师的名誉，故讼师始终处于名不正言不顺的尴尬地位。讼师作为一个特定的社会群体，通常被视作社会秩序的破坏者而备受政府的歧视和打压。宋人陈耆卿曾奏曰："臣闻民俗之不媺，非一端也，而健讼之祸为大。"①黄震曰："讼乃破家灭身之本，骨肉变为冤仇，邻里化为仇敌，贻祸无穷，虽胜亦负，不祥莫大焉。"②绍兴十三年（1143），度支员外郎林大声奏言："江西州县百姓好讼，教儿童之言有如四言杂字之类，皆词诉语。"他建议朝廷"不以赦前后编管邻州"，严加惩治。其建言被宋政府采纳。③因此，讼师不可能得到国家的认可，他们只能是一个不合法的隐性存在的群体。这一法律人群体事实上纳入了各种类别的人，有的雄擅一方，是乡间有势力的人；有的是科考不第的读书士子；有的是政府罢吏；有的是家道中落者，甚至也有宗室参与其间，形形色色，是一支流动的不固定的法律职业从业队伍。

尽管宋代官府对讼师百般打压，然而讼师群体却有着广泛的生存基础，他们迎合满足了百姓的诉讼需求："大抵田里农夫，足未尝一履守令之庭，目未尝一识胥吏之面，口不能辩，手不能书，自非平时出入官府之人，为之把持，则争讼何由而起。愚民无知，见其口大舌长，说条念贯，将谓其果可凭藉，遂倾身以听之，竭力以奉之。"④讼师为这些小民的诉讼出点子，如能维护他们的合法权益，自然受到小民的欢迎。宋代社会吏治腐败现象层出不穷，倪思曰："州县吏莫难于守令，而居官廉介公正者，多不免。盖狱讼亲决，吏不得而干与，则绝其衣食之源一也；庭无留事，

---

① 〔宋〕陈耆卿：《筼窗集》卷四《奏请罪健讼疏》，《文渊阁四库全书》，第1178册，第35页。
② 《黄氏日抄》卷七八《公移·词诉约束》，第802页。
③ 《建炎以来系年要录》卷一四九，"绍兴十三年八月丁未"，第3册，第88页。
④ 《名公书判清明集》卷十二《先治教唆之人》，第478—479页。

吏不得而屈滞，则绝其衣食之源二也；仓库出入，不容渗漏，则绝其衣食之源三也；二税正榷，不容多取，则绝其衣食之源四也。故廉介公正者为守令，吏或至困甚，日夜望其人之去，凡可以挤谤之者，无不为矣。"①宋代胥吏渔猎百姓，营私舞弊，中饱私囊的现象十分普遍，故廉明公正的官吏不可多得。由此平民百姓深受胥吏之害，导致民不信官府而信讼师，这就为讼师提供了生存和发展的空间。

南宋胡颖在一篇判词中曰：

> 词讼之兴，初非美事，荒废本业，破坏家财，胥吏诛求，卒徒斥辱，道涂奔走，犴狱拘囚。与宗族讼，则伤宗族之恩；与乡党讼，则损乡党之谊。幸而获胜，所损已多；不幸而输，虽悔何及。故必须果抱冤抑，或贫而为富所兼，或弱而为强所害，或愚而为智所败，横逆之来，逼人已甚，不容不一鸣其不平，如此而后与之为讼，则曲不在我矣。②

在胡颖看来，诉讼不是什么好事，只要不关涉当事人的家庭，就不应出头为人打官司，否则就是讼徒，理应受到惩处。只有到万不得已时，才可提起诉讼。然而当社会出现"果抱冤抑，或贫而为富所兼，或弱而为强所害，或愚而为智所败，横逆之来，逼人已甚"状况时，而当事的"小民生长田野，朝夕从事于犁锄，目不识字，安能知法？间有识字者，或误认法意，或道听涂说"时③，诉讼的结果往往丧财败家。在这种困局下，懂法而多少能为小民提供法律服务的讼师就显得很有用处了。

洪迈《夷坚志》载："南康士人潘谦叔，世居西湖钓鱼台下，为人刚介，颇涉猎书传，亦常入官府，与人料理公事。"④宋人所谓"公事"，通

---

① 〔宋〕倪思撰，朱旭强整理：《经鉏堂杂志》卷三《守令》，上海师范大学古籍研究所编：《全宋笔记》第六编，第4册，郑州：大象出版社，2013年，第373页。

② 《名公书判清明集》卷四《妄诉田业》，第123页。

③ 《州县提纲》卷二《示无理者以法》，《丛书集成初编》本，第12页。

④ 《夷坚支丁》卷九《潘谦叔》，第1042页。

常指的是诉讼案件①，而非仅如我们现代所言之公干。这位潘谦叔是位有文化的士人，经常出入官府，与狱吏沟通交涉，为当事人争利益，以求得案子的妥善解决，其身份无疑是一位讼师。在洪迈的笔下，此人完全是一个"刚介"的正面型人物。

《夷坚志》还载有一名叫王耕的人，"字乐道，宿预桃园人，读书不成，流而为驵侩，谙练世故，且长于谋画，乡人或有所款，则就而取法，颇著信闾里间。"②这位被人称作秀才的王耕，常替人解忧排难，在乡间很有威信，其间也不免为人助讼，故可列于讼师之属。

吴势卿曾曰："甚矣，豪与哗之为民害也。豪民肆行，良民受抑，未必能诉，必有哗者出而攻之，纠合呼嗾，并力角特，虽甚豪亦岂能免。"③细读这条史料，拨开表面现象，不难发现，对于受豪民欺压的平民来说，讼师的助讼，无疑有利于贫民百姓对抗豪民恶势力。

胡颖有一则判词曰："新化本在一隅，民淳事简，果不难治。只缘有数辈假儒衣冠，与一二无赖宗室，把持县道，接揽公事，所以官吏动辄掣肘，赵添监其一也。蝼蚁小官，初何足道，蕞尔之邑，他无显人，愚民无知，以为果可凭借，遂争趋之，以抗衡官府，其来非一日矣。"④这一判词完全是站在统治集团利益上抨击讼师的。如果我们从另一角度来看问题，其实讼师之中亦不乏有帮助平民百姓伸张正义、抗衡不良官吏的例子。有的讼师在地方上具有很高的威信，致使一些平时作威作福的胥吏不得不有所收敛。蔡杭在论及婺州讼师时说道："一郡哗徒之师，既追到狱，推、

---

① 〔宋〕赵抃：《清献集》卷六《奏状乞勘鞫潭州官员分买客人珠子》："所可骇者，亏价违条买珠，犯罪之人各已转官移任，即不委所司，将此一件公事拖延一年，如何至今尚未见根鞫结绝。"景印文渊阁《四库全书》，第1094册，第836页；《朱子语类》卷三《鬼神》："如漳州一件公事，妇杀夫，密埋之，后为祟，事旋发觉。"见〔宋〕黎靖德：《朱子语类》，第40册，上海：上海古籍出版社，2002年，第167页。《宋会要辑稿・刑法》三之六五："准诏，赴邵武军推勘院监勘曾均打杀阿黄公事。"第14册，第8427页。《夷坚支癸》卷一《薛湘潭》（第1223页）有"正为一件公事，连累无限平民，我儿子也遭囚禁"之语。
② 《夷坚支丁》卷九《清风桥妇人》，第1038页。
③ 《名公书判清明集》卷十一《豪与哗均为民害》，第485—486页。
④ 《名公书判清明集》卷十二《先治依凭声势人以为把持县道者之警》，第475页。

款以下，畏威怀饵，逐日置酒狱房，与之燕饮，更不敢推勘，其威力过于官府。"①此判词将讼师在当地的声望和地位揭示得淋漓尽致。

胡颖还有一则判词曰："当职采之舆论，咸谓涛本非善良，专以教唆词讼为生业，同恶相济，实繁有徒。把持县官，劫制胥吏，颐指气使，莫敢不从。以故阖邑之人，凡有争讼，无不并走其门，争纳贿赂，以求其庇己。"②所谓"把持县官，劫制胥吏"，是胡颖站在政府的立场上对讼师的抨击。但反过来看，这则判词一定程度上反映了讼师在运用法律知识维护贫民百姓利益时，与那些无所作为，抑或草菅人命的县官、胥吏发生的冲突。

平心而论，摒弃讼师消极的一面，我们应当看到这些法律人，在宋代日益繁杂的社会发展态势下，对于无法律知识的平民百姓来说，有其存在的现实必要性。在自耕自织的小农社会，官民常发生矛盾对抗，官吏鱼肉欺压百姓，而百姓通常没有良好的司法诉讼渠道，讼师有时能满足他们的利益诉求。日本学者佐立治人在研究《名公书判清明集》的案例后指出，诉讼当事人常常不能靠自身的能力援用、解释法律，很多情况下要借助掌握丰富法律知识的第三者的智慧。《名公书判清明集》有许多这样的例子。③这第三者，就是本书所要讨论的讼师。在法官断案层面，平民百姓需要能为他们伸冤的清官；在诉讼层面，他们同样需要能为他们出点子，帮助他们打官司的法律人。讼师是民间需求的产物，对于宋代地方社会秩序的构建和维持，从某种程度上说起到了重要的作用，应给予充分肯定。

宋代土地买卖盛行，租佃制和雇佣制普遍确立，社会流动加剧，多元化的社会因素使得诉讼案件大量增加。绍兴十二年（1142），李椿年说：

---

① 《名公书判清明集》卷一三《哗鬼讼师》，第482页。
② 《名公书判清明集》卷十二《士人教唆词讼把持县官》，第477—478页。
③ ［日］佐立治人：《〈清明集〉的"法意"与"人情"——由诉讼当事人进行法律解释的痕迹》，《中国法制史考证·丙编》第三卷《宋辽西夏元卷》，北京：中国社会科学出版社，2003年，第471页。

"兵火以来，税籍不足以取信于民，每遇农务假开之时，以税讼者，虽一小县，日不下千数，追呼搔扰，无有穷尽。"①知晓法律，能帮助百姓打官司的讼师适应了民众司法诉讼的需求，这是讼师出现和得以生存的历史条件；而宋代教育、文化的相对普及，科举制发展后产生的大量下第士人，社会对法律的重视，是乡间法律人大量涌现的时代背景。

结　语

在传统的抑讼、息讼理念的指导下，宋代始终没有能从正面采取扶持讼师的政策来纠正胥吏的违法现象。在传统中国，司法问题从属于行政管理问题，司法责任最终要归结为行政管理责任。基层司法官同时又是行政官，这种双重身份决定了对讼师的排斥。我们不能不承认，尽管讼师是不合法的，还时常坑害百姓，但在司法实践中，他们的活动在纠正法律不公，消减官民之间的紧张情绪，缓和阶级矛盾方面，客观上起到了良性的作用。

私名贴书和讼师是宋代基层社会法律人主要成分。他们游走于官民之间，具有广泛的民间性，既有坑害民众的一面，又有维护社会秩序的一面。他们中有为数众多的科考下第的士人，这些人进不了官僚队伍，于是乎利用平生所学，不为狱吏，便为讼师，这应是许多读书人的出路。无论是从谋生的角度，还是从传统儒学政治理念的实践角度来看，他们与书铺户、茶食人、停保人一起对地方社会弊病的矫治、法律秩序的维护，客观上都发挥了重要作用。对此，我们应给予足够的重视和充分的评价。南宋地方法律秩序正是在官员、胥吏、讼师的相互作用下维持了一百五十多年。这些法律人在宋代基层社会的法律秩序构建中扮演了不可或缺的角色，并对后世法律生活的走向产生了重要影响。元代延祐四年（1317），袁州路准江西廉访司牒："准吉赣分司牒：……当职于延祐三年内，依奉宪司委分巡吉、赣、南安三路，审理罪囚，所至人民执状满前，陈告差役

---

① 《宋会要辑稿·食货》六之三七，第10册，第6105页。

不公。盖因亲民各州司县……往往信凭罢闲公吏，久占贴书、安停、茶食之人，结构豪霸，把持官府，通同作弊。"①牒文提到的贴书、安停、茶食之人正是源自宋代的法律人。南宋的狱吏趋于专业化、世袭化。经过元明清历史演变，私募化的狱吏队伍日益壮大，极易成为地方官员竞相聘用的专职法律帮办，谓之"刑名幕友"。邱澎生引述明万历年间王肯堂的一段话："今之仕宦者……于原籍携带讼师、罢吏同至任所，用为主文，招权纳贿，无所不至。"②他指出"这似乎是'讼师'作为'刑名幕友'前身的一个证据，当然这不能作为后来幕友都由讼师起源的证据"。不过从王肯堂的这段话，我们至少可以得知明代的刑名幕友有一部分来源于罢吏，这与宋代州县所置私名贴书一部分来自罢吏是相同的。这些罢吏对"刑名"十分娴熟，很容易变身为官员的刑名幕友。邱澎生在同文中还参引了缪全吉的成果，认为幕友可能起源于明代外派京官出做地方督抚时"随带京吏"的官场习惯。明代幕友初兴时，多来自长期任官京城六部的胥吏。这些胥吏自明代即以原籍绍兴者居多，他们长期熟悉包含司法实务在内的各种政务，并时常由父子师弟间的同乡相承，接续在京师六部中的职位；日后应聘赴外协助地方任事，更成为代代相承、同乡相继的幕友养成团体。③可见这一群体后来逐渐发展成为中国传统社会后期地方司法审判的重要参与者。④而讼师也经过曲折的发展，最终正式进入国家法

---

① 《元典章·新集·户部》"差役验鼠尾粮数依次点差"，北京：中华书局；天津：天津古籍出版社，2011年，第2115页。

② 〔明〕王肯堂：《王仪部先生笺释·原序》，影印清顾鼎重辑刻本，收入杨一凡编：《中国律学文献》，第2辑，第3册，哈尔滨：黑龙江人民出版社，2006年，第9页。参见邱澎生：《以法为名——讼师与幕友对明清法律秩序的冲击》，《新史学》第15卷4期，2004年，第135—136页。

③ 参见缪全吉：《清代幕府人事制度》，台北：中国人事行政月刊社，1971年，第7—11页。

④ 关于刑名幕友，参见黄华均、刘玉屏：《刑名师爷与法律权威的建构》，收入朱志勇、李永鑫主编《绍兴师爷与中国幕府文化》，北京：人民出版社，2007年，第221—235页。

典的视野。①南宋的私名贴书和讼师应是明清时期刑名幕友和讼师的历史源头。

（原载《史学月刊》2014年第2期，
原题为《南宋基层社会的法律人——以私名贴书、讼师为中心的考察》）

---

① 《大清律例》卷三十《刑律·教唆词讼》有对讼师的法条规定："讼师教唆词讼，为害扰民，该地方官不能查拿禁缉者，如止系失于觉察，照例严处。"见张荣铮等点校：《大清律例》，天津：天津古籍出版社，1993年，第526页。

宋代妇女奁产纠纷析论

郭东旭　高　楠

奁产是指女子出嫁时由娘家陪送的所有物品和财产。在宋代，奁产是女家给男家的婚帖中必列内容之一。①奁产随嫁带到夫家后，就成为奠定女子在夫家地位的经济基础。由于奁产是妇女的重要财产和身份地位的象征，因此，无论是未嫁女子本人，还是已婚夫妻之间，或是对母亲的奁产拥有继承权的兄弟，甚至家庭中的其他成员，常因奁产而引发纠纷。

一

在中国封建社会传统中，父母无不把为女儿置办奁产视为自己的义务和责任，而女子也把获得奁产视为自己应享有的权利。在宋代法律中对此亦有明确规定："姑姊妹在室者，减男聘财之半。"②即未婚女子可以比照家中男子聘财减半作为妆奁。南宋法令中规定得更详细："未嫁均给有定法。诸分财产，未娶者与聘财，姑姊妹在室及归宗者给嫁资，未及嫁者则别给财产，不得过嫁资之数。"③又"在法，父母已亡，儿女分产，女合得男之半。"④以法令的形式规定了在室女享有奁产权和应得嫁资的数额。南

---

① 〔宋〕孟元老撰，邓之诚校注：《东京梦华录》卷五《娶妇》，北京：中华书局，1982年，第143页。
② 〔宋〕窦仪等撰，薛梅卿点校：《宋刑统》卷一二《户婚律·卑幼私用财》，北京：法律出版社，1998年，第222页。
③ 中国社会科学院历史研究所宋辽金元史研究室点校：《名公书判清明集》卷七《立继有据不为户绝》，北京：中华书局，1987年，第217页。
④ 《名公书判清明集》卷八《女婿不应中分妻家财产》，第277页。

宋法律并将归宗女扩大到应享受这种权利的范围之内。实际上在范仲淹所订《义庄规矩》中已有对再嫁女支钱"二十贯"的规定。①（此处的再嫁女应与南宋的归宗女同），这是缘于血缘同亲的古老情感和恤孤济贫的一种新的表现。而一般人家若有能力，也会给予再嫁女一定的嫁资。即使父母双亡或父死母嫁的孤女，也有获得随嫁奁产的权利。袁采曾讲："孤女有分，近随力厚嫁，合得田产，必依条分给。若吝于目前，必致嫁后有所陈诉。"②袁采既肯定了女子获取奁产权的合法性，又劝诫世人不要因侵吞族中孤女奁产而惹官司。

宋代法律虽然明文规定了在室女所应享有的奁产权，而且这种规定已为时人所认可。但在实际生活中，在室女的这种权利往往无由地被侵夺。因此女子往往被迫为此而争讼或由其法定监护人代为争讼。

宋朝有个富人生前未给儿孙分家，他死后，儿女们为争家产而兴讼，"其处女亦蒙首执牒，自讦于府庭，以争嫁资"。③即其女儿为争陪嫁奁产，也"蒙首执牒"走上法庭。在宋代的民事诉讼中，专门规定了民户的起诉权。南宋时，对民诉权的限制进一步加强，明确规定："非单独无子孙孤孀，辄以妇女出名不受。"④而上例中的富人之女为争奁产能够以原告的面目出现，这说明司法官不仅承认女子争奁产权的合法性，而且也展示出宋代女子在维权中已冲破了礼教之防，和正在克服种种心理障碍及心理上的道德压力，为维护自己的合法权益而求助于法律。

父母是未成年子女的法定监护人，因此在家产分割的纠纷中，父母成为幼女的法定保护人和争讼的代理人。遇有此类纠纷，法官一般遵循"女儿合得奁财"的法定原则处理。如刘后村在处理建昌县刘氏一案时明确指

① 〔宋〕范仲淹撰，李勇先等点校：《范文正公集》续补卷第二《义庄规矩》，成都：四川大学出版社，2007年，第798页。
② 〔宋〕袁采：《袁氏世范》卷一《睦亲·孤女财产随嫁分给》，北京：中华书局，2012年，第2420页。
③ 〔宋〕吕祖谦撰，陈金生、梁运华点校：《少仪外传》，收入《吕祖谦全集》，第6册，杭州：浙江古籍出版社，2017年，第49页。
④ 《名公书判清明集》附录五《黄氏日抄·词诉约束》，第638页。

出："此二女既是县丞亲女，使登仕尚存，合与珍郎均分，二女各合得男之半，今登仕既死，止得依诸子均分之法，县丞二女合与珍郎共承父分，十分之中，珍郎得五分，以五分均给二女。"田县丞的家庭关系较为复杂，在田县丞死时，其长男登仕已亡，留下婢女秋菊所生二幼女；次男珍郎和两个幼妹则是由田县丞的妾刘氏所生。而县丞之弟通世想以自己的儿子为登仕继嗣，分县丞的遗产。为维护女儿的合法权益，刘氏、秋菊诉官。此案既涉及正常家庭儿女的分产，又牵涉户绝之家在室女的继承权和立嗣问题。案中的田通世则是打着立继的旗号，欲吞并孤儿寡母的财产。而宋代立继的第一要件是昭穆相当，田通世欲以己子为登仕立嗣，是以堂弟为堂兄之子，昭穆不合；但宋代丧葬令中规定："若亡人在日，自有遗嘱处分，证验分明者，不用此令。"[1]因此田通世声称是奉登仕之遗命立嗣，但其所执遗嘱既未经族人签押，也没有经官府印押，所以刘后村斥责田通世不晓礼法。但念其所为是受"囚牙讼师所鼓扇"所致，最后判决"合将县丞浮财田产，并作三大份均分，登仕、珍郎，各得一分，二女（县丞之女）共得一分"。为使秋菊母女能得以安居，又以"诸已绝而立继绝子孙，于绝户财产，若只有在室诸女，即以全户四分之一给之"的法令为依据，允许通世之子为登仕立嗣。登仕二女得四分之三，立嗣子得四分之一。刘后村的这一判决，既满足了田通世的愿望，也使秋菊母女保有大部分财产，日后的生活得以安宁。[2]从此案的最后判决结果可以看出：一、宋代保护在室女财产权的法律基本上得到执行；二、身份卑微的妾或婢，也可以子女监护人的身份与夫族近亲对簿公堂，有独立的诉讼权利；三、"姑姊妹在室者"无嫡庶之分，均有权获得奁产，而且嫡女、庶女、养女拥有相同的权利。这一原则在《名公书判清明集》其他判例中亦得到了体现。[3]

---

[1]《宋刑统》卷一二《户婚律·户绝资产》，第223页。

[2]〔宋〕刘克庄撰，辛更儒笺校：《刘克庄集笺校》卷一九三《建昌县刘氏诉立嗣事》，北京：中华书局，2011年，第7538页。

[3]《名公书判清明集》卷八《处分孤遗田产》，第287—289页。

二

从父母与女儿的情感角度出发，父母总是想尽量多给女儿一些奁产。如赵鼎在《家训笔录》中讲："三十六娘，吾所终爱。他日吾百年之后，于绍兴府租课内，拨米二百石充嫁资。"①把对女儿的眷爱之情写入了家训中。但是"自古以来，好利者众，顾义者寡"。②往往父母去世后，其生前标拨于女儿的奁财成为家庭其他成员垂涎的目标。如吴革的养子吴锡，不仅肆意典卖养父的家业，甚至卖掉了"标拨于吴革之女"的奁田，因此被官府杖一百，并追回了陪嫁之产。③为避免养子与亲女在自己殁后兴讼，有些家长以遗嘱的形式预先为女儿指拨嫁资。如郑应辰在生前遗嘱于二女田各一百三十亩，库各一座。但在其死后，养子郑孝先欲掩有全部家业，侵占二女应得产业，引发了兄妹间的纠纷。④依宋代敕令规定："凡民有遗嘱并嫁女，承书令输钱，给印文凭。"⑤此案中郑应辰的遗嘱确实未经官府印押，但再审官范西堂却判决田归二女，并将养子郑孝先"勘杖一百"。他认为，"二女乃其父之所自出，族业悉不得以沾其润，而专以付之过房之人"是不合情理的。"若以他郡均分之例处之，二女与养子各合受其半"，而二女共得田二百六十亩，尚未达到法律规定与习俗认可的上限，所以对养子郑孝先的兴词不予支持，判决二女胜诉。⑥从上例可以看出，女儿所拥有的奁产权受到了法律保护。但社会生活中，自家兄弟违背父母遗愿，侵夺未嫁姐妹奁产现象普遍存在，由此引发的女儿走上公堂、求助

① 〔宋〕赵鼎撰，来可泓、刘强整理：《家训笔录》，《全宋笔记》，第31册，郑州：大象出版社，2019年，第8页。
② 〔宋〕邵伯温撰，查清华、潘超群整理：《邵氏闻见录》，《全宋笔记》，第21册，郑州：大象出版社，2019年，第256页。
③ 《名公书判清明集》卷四《吴盟诉吴锡卖田》，第100—101页。
④ 《名公书判清明集》卷八《女合承分》，第290—291页。
⑤ 〔宋〕马端临撰，上海师范大学古籍所、华东师范大学古籍所点校：《文献通考》卷一四《征榷一》，北京：中华书局，2014年，第409页。
⑥ 《名公书判清明集》卷八《女合承分》，第290—291页。

于法律援助的行为亦不少见。

宋代户绝之家以奁产陪嫁的方式立遗嘱与女儿资财，既是源于血亲原因，同时也是为避免日后嗣子与亲女的争执。有的户绝家长生前虽采用遗嘱方式确定了女儿的奁产权，并将遗嘱经官印押，但仍难免遭到养子或近亲属向合法遗嘱挑战。如曾千钧垂殁前，"亲书遗嘱，标拨税钱八百文与二女"，妻、弟、养子均已签字，且经县印押。但在曾千钧死后，养子的生父仍"指遗嘱为伪，县印为私"而兴词。[①]

宋代有些非户绝家庭的家长也曾以遗嘱形式指拨女儿的奁产。如钱居茂生前立遗嘱标拨山地"与女舍娘充嫁资"，居茂妻、子皆无异言，而舍娘堂兄钱孝良反而以众分之产入词兴讼。原因是钱孝良听说此山地是风水宝地，"始欲含糊阻挠"，欲以亲邻取赎而指伯父遗嘱为伪。官府经调查取证，认为钱居茂的遗嘱是合理合法的，故判钱孝良败诉。[②]此例中的舍娘虽然把随嫁田带至夫家，但近亲仍不放弃争夺，足见时人亲情的淡薄。

继母与夫家前妻子女之间的关系向来不好相处，若有子随嫁，家庭关系就更复杂。往往在男性家长亡后，家庭纠纷不断。如徐二后妻冯氏携子嫁来后，与其子陈百四共同把持徐氏家业。为免家业日后落入异姓之手，徐二将全部家业遗嘱与亲妹和女儿，并让她们负责冯氏以后的生活。徐二死后，冯氏却公然盗卖徐二家业，侵犯了受遗赠人的财产权，因此引起争讼。受理此案的翁浩堂依据"诸财产无承分人，愿遗嘱与内外缌麻以上亲者，听自陈，官给公凭"的法律规定，将"家业追还徐百二娘、六五娘同共管佃，别给断由，与之照应"。[③]此判决维护了立遗嘱人的意愿和遗嘱的合法性。宋代亦有亲生母亲私取女儿奁产者。如李介翁有婢生女良子，临终时"指拨良子应分之物产，……以待其嫁"，不料其生母却"分取良子之嫁资田业，而自为嫁资"，弃女改嫁他人，全无母女之情。[④]这都是女子

---

① 《名公书判清明集》卷七《遗嘱与亲生女》，第237页。
② 《名公书判清明集》卷六《争山》，第197—198页。
③ 《名公书判清明集》卷九《鼓诱寡妇盗卖夫家业》，第305页。
④ 《名公书判清明集》卷七《官为区分》，第231页。

的奁产权遭到直系或旁系血亲侵犯的事例。

综观宋代家庭中围绕女子的奁产而出现的纠纷，女子本人主动提出诉讼请求的并不多，即使女子被迫起而维权，官府在处理此类案件时，一般遵循"情法两得"的原则，但在一定程度上保护了女性的合法权。由此亦展现出女性维权观念的提高与维权行为的增加。

三

宋代义利观念的变化，"婚姻不问阀阅"的社会现实，使有些唯利是图之人专为获取女方丰厚的奁产而婚娶。而有些不肖男子婚娶不久，即持妻之资产亡去，使妻子陷于"不能自给"的境地。①按法律规定，妻子带来的妆奁属于夫妻二人的私房财物②，又规定"妇人财产，并同夫为主"③，从而为丈夫卷携妻子的奁产提供了方便。为了解决因丈夫逃亡给妻子造成的困境，宋真宗时曾降诏："不逞之民娶妻，给取其财而亡，妻不能自给者，自今即许改适。"④此诏虽然赋予了受害妇女离婚再嫁的权利，但其所受的经济损失是无法弥补的。

在宋代，不仅平民百姓中时有这种情况发生，士大夫中也不乏其人。如宋仁宗景祐年间进士韩元卿调于京师后，"绐称无妇，娶富室之女，资送良厚。洎挈之到任，则故妻在焉，有男女数人矣。"韩元卿为了得到丰厚的嫁妆，竟敢冒法而骗婚。富家女知道上当后，"欲以书诉于家"，但韩元卿为掩饰自己"有妻更娶妻"⑤的违法丑行和逃避法律的惩罚，"提防甚密"，使富家女的家书"无由而达"。富家女最终"悒抑而卒"。韩元卿为得财而骗婚虽然得逞，但他的行为遭到社会的唾弃：《括异志》中记载，

---

① 〔宋〕李焘撰，上海师范大学古籍整理研究所、华东师范大学古籍整理研究所点校：《续资治通鉴长编》卷八二，"真宗大中祥符七年春正月壬辰"，北京：中华书局，2004年，第1861页。

② 《宋刑统》卷一二《户婚律·卑幼私用财》，第221—222页。

③ 《名公书判清明集》卷五《妻财置业不系分》，第140页。

④ 《续资治通鉴长编》卷八二，"真宗大中祥符七年春正月壬辰"，第1861页。

⑤ 《宋刑统》卷一三《户婚律·婚嫁妄冒》，第240页。

韩元卿在社会压力下，最后"持刀自刭喉"而死，临死前索纸笔自书："赃滥分明，罪宜处斩。"①韩元卿明知自己的骗婚行为是违法的，又使富家女死亡，在其心理上形成了很大的压力，最后走向自取灭亡的道路。

此类事件在宋代并非个别，如神宗元丰年间，屯田郎中刘宗古，因"规媚妇李财产，与同居，而妾诉理钱物"，被放归田里。②又如周密《癸辛杂识》中载：横塘人褚生做扬州令时，本有妻，又赘于一宗姓之家，后来"携其资以逃"。③这些事件一方面反映了当时士风之恶劣，另一方面也反映出宋代嫁奁纠纷的普遍性。宋代有些恶少为获取女方奁财不择手段，如元祐名将康识之子康倬"游京师"，"诡其姓名曰李宣德"，与一个"橐中所有甚富"的娼妓交游，在骗取此娼的感情后，又称自己尚未娶亲，愿带娼女南下"为偕老之计"，并"指天誓日，不相弃背"，娼妓欣然从之。行至中途，康倬灌醉娼妓后，挟其橐中所有而独归，此娼无奈"仓皇还家"，重操旧业。④康倬骗取奁资的行为虽然为法律所不容，但它却真实存在于社会生活之中。

再如南宋宁宗开禧二年（1206），有周氏三嫁于京宣义，两月后，因京宣义溺于嬖妾，周氏遂逃归前夫子曾嚞叟家。自后，京宣义携妾赴任，对周氏四年不曾问及，但在周氏死后，又为周氏妆奁而兴讼。审理此案的官员认为，京宣义虽为周氏之夫，但未负担妻子的生活所需，没有尽到丈夫的责任。京宣义身为士大夫争讼妻子奁财，不应是士大夫所当为。依据"夫出外三年不归者，其妻听改嫁"的规定，判令周氏之丧听曾嚞叟安葬。⑤此案中，周氏已三次改嫁，但仍拥有自己的奁产，说明奁产作为妻

---

① 张师正撰，张剑光整理：《括异志》卷一〇《韩元卿》，《全宋笔记》，第10册，郑州：大象出版社，2019年，第200页。

② 《续资治通鉴长编》卷二百九十一，"神宗元丰元年八月丙寅"，第7124页。

③〔宋〕周密撰，杨瑞点校：《癸辛杂识》后集《方珠》，杭州：浙江古籍出版社，2015年，第103页。

④〔宋〕王明清撰，燕永成整理：《挥麈录》余话卷之二《康倬诡易姓名》，《全宋笔记》，第57册，郑州：大象出版社，2019年，第328页。

⑤ 《名公书判清明集》附录二《京宣义诉曾嚞叟取妻归葬》，第603页。

子私有财物，是归妻子本人掌管并具有独立性的。另外从"夫出外三年不归者，其妻听改嫁"的法令来看，既是对变化中的社会现实的回应，也反映了宋代法令赋予妇女的离婚自主权扩大的趋势。宋代士大夫争夺妻子奁产的行为在社会上造成了不良影响，如江滨叟既欲弃其妻虞氏，又想占有妻子奁产，甚至诬告妻子偷盗家中财物，"及勒令对辩，则又皆虞氏自随之物"。因此，法官在判决离婚的同时，杖诫了江滨叟。①从官府的判决来看，已婚女性仍具有奁产所有权。

四

在宋代家庭财产纠纷中，亦有夫族其他成员因垂涎妇女的奁产引发纠纷的事例。如陈仲龙把用妻子的妆奁购到的田业典与妻弟蔡仁，却被父亲陈圭以盗典众分田业的罪名告官。依宋代法令规定："妻家所得之财，不在分限。"陈仲龙以妻之妆奁所购田产明显不属于陈氏家庭的共有财产。②然而陈圭却不能容忍儿子、儿媳在同居共财的大家庭中拥有自己合法的私财而兴讼，从而折射出在同居共财家庭中，共财与私财的矛盾越来越突出。

又如北宋中期，洋州人李甲为占有寡嫂"奁橐之蓄"，诬兄长之子为他姓，"又醉其嫂而嫁之"，并贿赂胥吏，致使寡嫂幼侄之冤屡诉而不能直。十余年后，韩亿才以乳医为证，为其理冤③，李甲受到法律的制裁。由此可见，孤寡的诉讼成本是非常昂贵的。在十几年的诉讼过程中，当事人不仅备受奔波之苦，而且忍受精神压力。所以，许多妇女宁可破财，也不愿对簿公堂。但这种心理反倒助长了族人的贪婪，又迫使妇女不得不求助法律捍卫自己的利益。

再如南宋吴和中病故后，其续妻王氏带着自己的自随田和妆奁所置田

---

① 《名公书判清明集》卷一〇《夫欲弃妻诬以暧昧之事》，第380—381页。

② 《名公书判清明集》卷五《妻财置业不系分》，第140页。

③ 〔宋〕魏泰撰，燕永成整理：《东轩笔录》卷一一，《全宋笔记》，第20册，郑州：大象出版社，2019年，第291页。

产改嫁他人。吴和中之子吴汝求在破荡家产后，讼继母携父产改嫁。法官调查后认为：王氏改嫁时带走的田产中，既有本人的自随田，也有故夫以妆奁之名立券的田产，由此而论是合法的。但法官仍然劝王氏"以前夫为念"①，从情义出发，量拨财产给吴汝求。

又有陈氏嫁徐孟彝为妻，育有三女一子，夫死而弃子取奁田径自回归娘家，因此夫家讼官。法官认为，陈氏所为虽是父兄教唆所致，但这种行为于礼法不合，故判令陈氏回归徐家教子嫁女，奁田仍归陈氏收管。②但从陈氏径自取奁田自归娘家这一行为来看，妇女的奁田在夫家时，妻子也有支配权。

南宋宁宗嘉定间，罗柄妻赵氏悍妒，容不下已生子的女使邹来安。于是罗柄拨田令来安在外居住，后来幼子夭亡，来安缴还所拨田产，罗柄又典田与之，"有省簿可考"。嘉定十一年（1218），来安以自己的钱会典田置业，因依条不许起立女户，便以父亲邹明为户头。而被出的赵氏趁罗柄老且病之际，自己复归，据其生业，自主家事。罗柄死后，赵氏又唆使黄蕴入状于官，欲"归并邹明税钱，攘夺阿邹产业"。法官经过认真调查，最后判决田归阿邹，以后嫁人，"却听自随"。③此案中，女使邹来安是以独立的诉讼主体胜诉的，由此不难看出南宋女使地位的提高。同时已被休弃的赵氏为占据夫产而自己回归夫家，可见宋代礼法对这类妇女是没有约束力的。

在宋代，亦有为防身后纠纷，预先为爱妾作了周到安排的事例。如南宋高炳如的爱妾银花服侍高炳如十一年，"看承谨细"，颇是忠心。但他恐怕自己死后，子孙"势不容留"。于是预先指定"千缗"作为银花的"奁具"。又虑日后子孙"或有忌嫉之辈，妄有兴词"，遂作文以为证，使她日后有所凭据，可谓是深谋远虑而又用心良苦。这一事例亦反映了社会中此

① 《名公书判清明集》卷一〇《子与继母争业》，第366页。
② 《名公书判清明集》附录二《徐家论陈家取去媳妇及田产》，第604页。
③ 《名公书判清明集》卷四《罗柄女使来安诉主母夺去所拨田产》，第116页。

类纠纷的普遍存在。①

宋代围绕奁产所发生的纷争，展示出宋代妇女有随带奁产改嫁或携产归宗的权利。由此表明妇女把奁产带到夫家后，奁产仍属妇女的私房财产。在王巩所著的《甲申杂记》中有这样一个事例：阮逸要用妻子的房奁钱答谢媒人，却遭到妻子的拒绝。②宋代史籍中，有关妇女携产再嫁、用嫁资助夫求功名、为夫族建立义庄等方面多有记载，由此推断，宋代妇女的奁产即使在夫家也是由妇女本人掌管。这与儒家思想指导下的传统律令中规定的奁财"并同夫为主"③发生了矛盾。这一矛盾的出现，又反映了宋代妇女私有财产权观念的加强。但也不排除某些强横丈夫侵占懦弱妻子奁财所有权和支配权的存在。宋代妇女随着其家庭地位和社会地位的提高，在离婚或再嫁时，能够将自己的奁产携带而去，并受到当时律令的维护与社会的认可。这是宋代妇女法律地位变化的突出表现。

五

有关奁产继承的争讼，在宋代亦不乏其例。此类争讼多发生在奁产的所有者——母亲去世后，儿女在分配奁产时。《名公书判清明集》中载有一起亲生子与庶生子争奁产的案件。刘下班有子三人，长子刘拱辰为嫡妻郭氏所生，次子与三子均为妾母所生。"刘下班有本户税钱六贯文，又有郭氏自随田税钱六贯文"，兄弟分产，刘拱辰"只将本户六贯文税钱析为三分，以母自随之田为己所当得，遂专而有之，不以分其二弟"。为此，两个弟弟告官。因律令对母亲自随奁产的继承问题没有明确规定，所以本案历经六次判决，出现了三种不同的结果：第一、第三次审判官从直系血亲关系出发，认为二庶子非郭氏所生，"不当分郭自随之产，合全给与拱

---

① 〔清〕丁传靖辑：《宋人轶事汇编》卷一八《高文虎子似孙》，北京：中华书局，1981年，第978页。

② 〔宋〕王巩撰，戴建国、陈雷整理：《甲申杂记》，《全宋笔记》，第20册，郑州：大象出版社，2019年，第93页。

③ 《名公书判清明集》卷五《妻财置业不系分》，第140页。

辰"；第二、第五次审判官从维护家族伦理出发，认为无论嫡子庶子本同气连枝，应视为一体，拱辰不当独占生母郭氏随嫁奁产，应该均分给二庶弟；第四、第六次审判官本着既照顾血亲关系，又照顾家族伦理的精神，采取了折中办法"合以郭氏六贯文税钱析为二分"，亲子得一分，二庶子共得一分。最终官府采纳了第三种意见。郭氏嫁到刘家数十年，死后其子仍能分清哪些产业是郭氏的奁产，这表明奁产在夫家仍然是独立存在的，亦反映出宋代奁产的专有性和独立性。①

宋代在此类案件的审理中，因当事人关系的多元化，案件情节的复杂化，多数案件并非简单地以法律条文为依据，而在审判中，更多地显示出天理、国法、人情综合运用的特征。

在宋代妇女的奁产纠纷中，相当多的妇女采取了诉诸官府，寻求法律援助的方法。这一现象展示出，在经济利益多元化、所有权观念不断深化、经济利益主导行为的宋代，围绕妇女奁产权发生的各种纠纷和诉讼活动，正是妇女维权观念深化的一种表现。

（原载郭东旭《宋代法律与社会》，人民出版社2008年版）

---

① 《名公书判清明集》附录二《郭氏刘拱礼诉刘仁谦等冒占产业》，第606—608页。

第三编

宋代司法裁判的价值理念

本编选入的五篇文章梳理了宋人司法裁判的价值取向。

围绕北宋阿云一案的反复争论和法律相关条款的修改，体现了宋代刑事司法体系包含的维护正义的目标，能够让不同法律意见之间的争议，得到全面而公正的反复讨论和考虑。为实现该目的，宋代建立了高度规范性的程序规则。

宋代官员在司法实践中形成了天理、国法、人情一体化理论，将情、理、法结合并用。"情理法"结构，反映了宋代统治阶级对传统法律和法秩序的看法。真德秀解读天理与国法的关系为："是非之不可易者，天理也；轻重之不可逾者，国法也。以是为非，以非为是，则逆乎天理矣！以轻为重，以重为轻，则逆乎国法矣。"①追求社会道德伦理与国法的平衡，是宋代官员裁判的价值取向。胡颖讲得很明确，他说："法意、人情，实同一体，徇人情而违法意，不可也；守法意而拂人情，亦不可也。权衡于二者之间，使上不违于法意，下不拂于人情，则通行而无弊矣。"②将"人情"与"天理"结合起来，使"人情"在司法中具有了审视是非曲直标准的价值，也拥有了平衡"国法"与"天理"关系的作用。

① 〔宋〕真德秀：《西山先生真文忠公文集》卷四〇《谕州县官僚》，《四部丛刊》本。
② 《名公书判清明集》卷九《典买田业合照当来交易或见钱或钱会中半收赎》，北京：中华书局，2002年，第311页。

以情理为目标的裁判，代表的是一种全面考虑、兼顾无偏的思维方式。如北宋的贾易，"调常州司法参军。自以儒者不闲法令，岁议狱，唯求合于人情，曰：'人情所在，法亦在焉。'讫去，郡中称平"。①又如陈太素，"尝为大理详断官，入审刑为详议官，权大理少卿，又判大理事，任刑法二十余年。朝廷有大狱疑，必召与议。太素为推原人情，以傅法意，众皆释然，自以为不及"。②如果法律有悖于其他原则而与情理相矛盾，执法官员可以通过法律解释、法律选择来加以协调。宋代优秀的审理官面对复杂的案情，注重事实认知，讲究明辨是非，积极寻求"法"与"理"的衔接，做到既重视依法判决，同时又兼顾天理人情，体现了宋代司法审判兼具事实求真与价值向善的诉求。

传世的《名公书判清明集》保存了珍贵的宋代判案实例，收入的几篇文章对此进行了详尽的研究，考察了宋代的审判理念和裁决取向。或从微观研究入手，梳理同一批法官的刑事和民事判决案例，论证了他们的民事判决与刑事判决的一致性，采用以符合民情的道理和经义辅助法律，依法而判；或以奸罪案件为例，论述南宋犯奸案件的证明困境与因应之道。审理官具有一套"罪证确凿"的证明体系，秉持"不欲以疑似之迹，而遽加罪于人"的办案精神，不轻易认定犯奸成立，裁决并不因涉及尊卑伦理而有所不同。

---

① 〔元〕脱脱等撰：《宋史》卷三五五《贾易传》，北京：中华书局，1985年，第11173页。
② 《宋史》卷三百《陈太素传》，第9972页。

法律正义与天道——神宗朝阿云案*

苏基朗

这一案件以及与之相关的论争已有众多知名学者详加讨论。居首位者当属清末法学家沈家本。[①]关注此案并作出实质性研究的其他法史学者包括：Hellmut Wilhelm、徐道邻、Albert Borowitz、John Langlois、郭成伟以及巨焕武。[②]由宫崎市定和 Brian McKnight 分别撰写的两部关于宋代法律的

---

* 英文原文最早宣读于2000年台湾"中央研究院"第三届国际汉学会议，其后在会议论文集上发表。本文除中译外，仅稍作文字修订以配合本书的文理。文章有关中国传统法律现代价值问题的学术背景是二十多年前的。当时我们的观点并非主流，今天却已是老生常谈。虽然如此，此文的论点仍可配合本书的主旨而作为有力的脚注。原文见 Billy K. L. So, "Sung Criminal Justice and the Modern Implication of Chinese Legal Tradition," in Liu Tseng-knei(ed.), *Papers from the Third International Conference on Sinology, History Section: Law and Custom*, Taipei: Institute of History and Philology, Academia Sinica, 2002, pp. 63–107。撰写原文时承许倬云及陈弘毅两位教授多加指导，其后又得到宋蕾协助翻译，一并致谢。

① 〔清〕沈家本：《寄簃文存》，载《历代刑法考》，第4册，北京：中华书局，1985年，第2161—2169页。
② Hellmut Wilhelm, "Der Prozess der A Yün," *MonumentaSerica*, Vol.1 (1935—1936), pp. 338–351；徐道邻：《中国法制史论略》，台北：正中书局，1953年，第73—79页；Albert Borowitz, "Strict Construction in Sung China: The Case of A Yün," *American Bar Association Journal*, Vol. 63, No.4 (1977), pp. 522 529; John Langlois, "'Living Law' in Sung and Yüan Jurisprudence," *Harvard Journal of Asiatic Studies*, Vol.41, No.1 (1981), pp. 165–217；郭成伟：《从阿云狱审理看宋神宗年间的"敕律之争"》，《政法论坛》1985年第4期；巨焕武：《犯罪自首成立与否的大争论：宋代的阿云之狱》，《国立政治大学学报》，1995年第2卷第70期。

重要英文著作，对此案亦有简单的描述与讨论。①作为记录最为详尽的宋代案件，阿云案令我们有机会仔细检视牵涉其中的复杂法律论争。他们反映出长久以来可能一直被忽视的中国法制传统的某些重要维度。尽管之前论及此案的作者大都注意到了其重要性，但尚有更多法律意涵值得探究。通过细致地对原始数据重新解读并利用前辈学者们忽略的某些材料，我们曾就此案中的若干关键性事实作出详细考据，包括相关的法律论争及案件结果，并对前辈学者若干有待商榷的文本解释，重新作出考察。②本文第一节是我们根据马端临《文献通考》、脱脱《宋史》以及我们的研究，对案件始末作出重构。第二节考察涉及该案的某些重要法律技术问题。第三节由此案切入，探讨宋代刑事司法体系更宏观的问题。总结部分，我们将由此案申论中国传统法律正义的近代意义。

一、阿云案始末之重构

《文献通考》及《宋史》对阿云案有记载，但详略互补。③案件始末大致如下：事件发生在登州。据案情记录，百姓韦阿大的妻子阿云④因嫌丈夫丑陋而预谋将其杀害，趁丈夫睡于田野，冒盗斫斩十余刀，结果阿大并

① Ichisada Miyazaki, "The Administration of Justice during the Sung Dynasty," in Jerome Cohen, Randle Edwards and Fu-mei Chang Chen (ed.), *Essays on China's Legal Tradition*, Princeton, NJ: Princeton University Press, 1980, pp. 56-75, esp. 67-69；此文为同一作者较早于日文期刊发表的文章删节译文，见〔日〕宫崎市定『宋元時期の法制と審判機構』，『東方學報』24号，1954，第115—226页。然而，关于阿云案，英文版本更为详细，因此无特别说明均引用该文。Brian McKnight, *Law and Order in Sung China*, Cambridge: Cambridge University Press, 1992, pp. 501-503. 郭东旭：《宋代法制研究》，保定：河北大学出版社，1997年，第552页。

② Kee-long So, "The Case of A Yün: A Textual Review of Some Crucial Facts," *The East Asian Library Journal*, Vol.2, No.7 (1994), pp. 41-71. 并见苏基朗：《神宗朝阿云案辨正》，载苏基朗：《唐宋法制史研究》，香港：中文大学出版社，1996年，第149—177页。

③〔宋〕马端临：《文献通考》卷一七〇，台北：新兴书局，1963，第147—176页。〔宋〕脱脱：《宋史》卷三三〇，《许遵传》，北京：中华书局，1977年，第10627—10628页；卷二〇一，《刑法志》，第5006—5007页。

④ 阿云是否是韦阿大的妻子本身即是一个复杂的问题。下节"婚姻身份之法"有详细分析。另一种解读见于徐道邻：《中国法制史论略》，第76页。

未被杀死，只断一根手指。但他似乎也无法详细描述出行凶者的形貌。查案的县尉无从追捕，转而怀疑阿云并加以逮捕，预备对其施以刑讯。阿云迫于用刑的威胁，遂招认为凶手。州政府长官知登州许遵主审此案。他于熙宁元年（1068）将案件上报至中央政府。[①]他的理由有二：一，因为订婚时阿云尚在居母丧期内，因此她与阿大的婚姻，自始即应属无效。既缺乏有效的婚姻，她与阿大之间的关系，和没有夫妻关系的两个普通人一样，即当时所谓两个"凡人"。这样，她的伤人罪受害者就仅仅是个普通人，而不是丈夫。针对凡人的刑罚，也就远轻于针对丈夫时通常要处以绞刑的情况。二，阿云于实施司法刑讯前招供了，因此应获减罪二等，罚以流刑。

案件首先由大理寺和审刑院审阅，他们均判定阿云应被处以绞刑，依据的是成文条款的规定：若已致伤，自首减罪的规定不再适用。许遵则坚守己见，反驳他们的拟判。随后案件交付刑部再审，结果维持大理寺及审刑院的决定。神宗最终裁决免阿云死罪，但罚以编管。由于三法司的裁判与许遵相反，许遵在事件上有妄断之嫌。他不服上奏，请委派"两制"（即翰林学士或知制诰），覆审阿云案。神宗委派翰林学士司马光与王安石审议。两人结论相反，分别上奏：司马光支持刑部，王安石同意许遵。神宗采纳了安石的说法。1068年七月初三日（本文月日均为农历）颁下诏书（癸酉诏书），确立了一项法律原则：针对谋杀仅造成损伤的情形，若于实施司法审讯前自首，则罪减二等（"谋杀已伤，案问欲举，自首，从谋杀减二等论"）。

这一诏书的发布意味着大理寺、审刑院以及刑部中对阿云案持异议的官员们，犯上失职之过。他们因此群起抗议。神宗听从御史中丞滕甫及御史钱顗的建议，决定再作第二次两制覆审。此次委派吕公著、韩维与钱公

[①] 此案的处理基本上依循宋代的刑事司法程序。在神宗以前，州级政府在审理辖区内的大辟案件时，可以先行处决死囚而不需事前取得朝廷的核准。但若州级官员发觉大辟案中有任何情节上的疑点，或在法律上有任何不明之处，他们便有责任将案件申报到中央，由朝廷作出裁决。见戴建国：《宋代刑事审判制度研究》，《文史》，第31辑，1988年，第116—143页。

辅审议案件。三人赞同安石的观点，神宗也接受了这一建议，而且释去原审司法官员误判之罪。但其他司法官员继续极力抗议，并与安石在神宗前反复激辩。由于双方各执一词，坚持不下，神宗在翌年（1069）二月初三日发出另一份诏书（庚子诏书），提出凡是谋杀已死案件，只要罪犯在司法审讯前自首，须奏报皇帝作出最终裁决（"自今谋杀已死，自首及按问欲举，并奏取敕裁"）。这封诏书将癸酉诏书针对自首的新原则，扩展到实际致死的情形。然而，判刑部官员刘述、丁讽称诏书内容未尽，退还中书省再议。已升任副相参知政事的安石与唐介等在中书为此争议不已。安石认为犯杀伤自首者，若致死则自首亦必死罪，不须奏裁，故此庚子诏书没有实际作用。他的意见为神宗采纳，同月颁下新的甲寅诏书曰："自今谋杀人自首及按问欲举，并以去年七月诏书（即癸酉诏书）从事。其谋杀人已死，为从者虽当首减，依嘉祐敕凶恶之人、情理巨蠹及谋杀人伤与不伤，奏裁。收还庚子诏书。"

可是甲寅诏书又引起了程序上的争议。刑部的刘述认为诏书颁发御史台、大理寺、审刑院及开封府而不及诸路不合常规，请交中书省和枢密院两府合议。即请求启动当时司法制度上最终的审议案件机制，由两府的正副宰相进行审理。神宗虽认为律文甚明，不必再审，但在宰辅曾公亮等劝谏下，终于接受了启动两府的审理机制。两府合议时，意见参半，第五人富弼欲劝安石不果，称病辞职。同年（1069）八月初一日神宗定谳，下诏书曰："谋杀人自首及按问欲举，并依今年二月甲寅敕施行。"

八月初五日，司马光呈上一份非常著名的奏章，题为《体要疏》，以抗议该决定。同时，刘述与御史刘琦、钱顗也上奏，批评王安石在阿云案中的立场，其中也不乏对新近变法的抨击。神宗对司马光的奏章置之不理，对刘述和他的同僚们所奏则直接予以驳回。最后，刘琦、钱顗、刘述及其他卷入阿云案论争的官员们，陆续遭言官弹劾失职，八月内都受到贬黜的惩罚。阿云案的论争至此终告完结。

要注意的是，尽管在此案论争趋于终了时，出现了针对王安石新法的反对立场，不免与法律论争混杂，但至少从较早时候各方的法律论辩上，我们还是能够分辨出大部分官员的论争是出于他们的正义观以及他们对法律的理解。最能揭示此处真相的事实是，站在许遵与安石一边并进一步详细论证的复议小组中，韩维、吕公望、钱公辅三位官员对于王安石变法都是持反对意见的。这些论证中的法律推理因而在相当程度上显示出这些宋儒士大夫们的法制观念与价值观。[1]下节将对这些法律观点加以分析。

二、法律技术问题

（一）婚姻身份之法

传统中国法律的主要特征之一是家族亲缘关系在刑法中的突出作用。通常，这种亲缘关系将改变同一犯罪行为的刑罚严重程度。例如妻子预谋杀害亲夫，即使未施行无致伤，已犯十恶的"不睦"重罪。万一亲夫致伤或致死，更升级为十恶的"恶逆"重罪，两者在《宋刑统》均属斩首大辟。[2]阿云案中，她是被害人的妻子或未婚妻，抑或对被害人而言仅是普通人（"凡人"），这是一个至关重要的问题。

沈家本以来论及此案的学者多不加批判地接受《宋史·许遵传》的记述。[3]其叙事中说阿云只是许配于阿大而未成婚（"许嫁未行"），即她在犯罪时，二人尚非夫妻。这样的话，阿云仅是阿大的未婚妻。若然如此，就产生一个法律问题，即未婚妻与正式妻子的刑事责任是否相同？沈家本认为按照清律，未婚妻刑责与正妻无异，但可能也要考虑清代法律规则并不必然与宋代相同。他对此论题没有再深入探讨。徐道邻引《宋刑统》律文"及定婚夫等，惟不得违约改嫁，自余相犯并同凡人"一段，证明未婚的法律责任与普通无婚姻关系人士无异。[4]这显然表明《宋刑统》已针对该类刑责关系作出了明确规定。但法律既有明文，又何以引出这一

---

① Kee-long So, "The Case of A Yün: A Textual Review of Some Crucial Facts," pp. 56—60。

② 窦仪著，薛梅卿点校：《宋刑统》卷一，北京：法律出版社，1999年，第8—9页、第12—13页；卷十七，第310页。

③ 《寄簃文存》卷四，第2162页；〔元〕脱脱：《宋史》卷三三〇，第10627—10628页。

④ 徐道邻：《中国法制史论略》，第76页。

讨论?

我们的答案是，阿云在犯案时，不折不扣是阿大的妻子。换言之，她犯罪行为中谋杀亲夫的情节，当时是没有争议及疑点的。针对此点，我们曾以司马光《司马文正公传家集》卷四十有关阿云案的《题解》予以证明，此处不重复。①此案当时并未出现关于未婚、已婚妻子刑事责任异同的论题。从未有人提及此点，对他们而言，至关重要的是，若有充分的法律依据令两人婚姻本来就无效，那么阿云作为妻子的刑事责任，应可被降至等同普通人。

参照《宋刑统》所颁婚姻法部分《居丧嫁娶》条文，在父母居丧期间嫁娶，均触犯刑律，可判以三年的徒刑，并判婚姻无效（"离之"）。②此律条文本身没有明确规定婚姻在被判决无效之前，还有没有效力。例如，若孩子已被抚育成人，那他们还是现已被判婚姻无效的夫妇的合法后代吗？徐道邻倾向于依据沈家本记录的清代实践中的一般观点，认为此案刑罚判决所具有的法律效果，可以追溯到婚姻关系形成之时。这意味着先前的婚姻身份将被一笔抹去，就像从未存在过一样。即是说婚姻无效的判决，是具有追溯效力的。③徐不肯定宋代是否也有这样的规定。实际上，《宋刑统》在前条律文《婚嫁妄冒》之后所附的一段问（等于律文的补充解释），已经有清晰的说明："问曰：'有妇而更娶。后娶者虽合离异，未离之间，其夫内外亲戚相犯，得同妻法以否？'答曰：'……有妻更娶，本不成妻。详求法理，止同凡人之坐。'"④所以宋律含"本不成妻"则"止同凡人"之意。

纵使如此，宋初截至阿云案起之时，一般司法实践上，或没有这样的

---

① Kee-long So, "The Case of A Yün: A Textual Review of Some Crucial Facts," pp. 45—51。苏基朗：《神宗朝阿云案辨正》，第156—160页。亦可参见巨焕武：《犯罪自首成立与否的大争论》，第2—6页，但是他混淆了阿云犯案时刚刚与韦阿大完婚的事实。

② 《宋刑统》卷十三，第242页。

③ 徐道邻：《中国法制史论略》，第76页。

④ 《宋刑统》卷十三，第241页。

做法。按当时许遵上奏，强调两点。第一点即是阿云婚姻无效应该有追溯力，因此也不当入谋杀亲夫之罪。若按当时一般司法实践，本来就当阿云和阿大是两个"凡人"而非夫妻，则许遵何须上奏请求圣裁？我们或许可以推断，许遵的目的，正是要通过阿云案，对现行司法实践作出更公正公义的法律解释。由于他这一论点的根据，确实符合律文上文下理的精神，故此大理寺及审刑院第一次审议此案时，便完全接受许遵的这一个建议。这一法律论点，也就没有在后来的反复争论中，引起任何讨论。当时更大的争议，反而集中在以下有关谋杀和自首的律文争议。

（二）有关谋杀的法律

这是辩论中两个主要法律争议之一。两者密切相关，但出于分析的原因，我们对它们分别予以考察。首先是律文中关于谋杀的部分。《宋刑统》卷十七《谋杀》有关"谋杀"的定义如下："议曰：'谋杀人者，谓二人以上。若事已彰露，欲杀不虚，虽独一人，亦同二人谋法……'"[1]按本来谋杀涉及二人或以上同谋，但若事发败露且其意图不存疑点，即使仅一人犯案，也与二人预谋同等对待。本条因此适用于阿云。

其次，有关"谋杀"的刑罚，法律规定如下："诸谋杀人者，徒三年；已伤者，绞；已杀者，斩。"[2]即仅预谋杀人而未实行，判以三年徒刑。若预谋并已付诸行动，结果导致损伤，则判以绞刑。若结果导致被害人死亡，则判以斩刑。

从上述法条我们能够看出，欲对一个人判以该罪名，审判官需要证实：首先，这个人具有杀人的意图；其次，该意图已经转化为预谋。到这一阶段，此人即已触犯该名为"谋杀"的罪名。但如果于该预谋并未实行，则该被告将不致死罪。若预谋杀人又付诸行动，最终即使仅导致被害人受到轻微损伤，被告人也将被处以死刑。

阿云供认预谋杀害丈夫并实际造成其身上多处伤害。由以上律文中的

---

[1]《宋刑统》卷十七，第312页。
[2]《宋刑统》卷十七，第312页。

规则可知，显然她应被处以绞刑。此处引出的一项论争是：法律上"谋杀"的定义，可不可以有其他解释的可能性，因而容许一种更宽松的刑罚？

许遵与安石即尝试寻找这种法律解释上的空间。他们认为"谋杀"罪应被认为具有两个构成要件："谋"与"杀"。"谋"单独仅是作出预谋的行为。如果预谋的内容当中暗含了杀人的意图，则可称为"谋杀"。该罪的关键要素因而是"谋"这一语词。"杀"字表示导致人死亡的行为。在传统法律术语中，还可能使用在更宽泛的意义上，指被害人仅是受到损伤而没有死亡的案件。在这种情况下，"谋杀"的"杀"应是"杀伤"的略语，即包含杀死或损伤。因此，"谋杀"中的行为"谋"，实际上应是"谋杀"行为中的原因。由这个原因出发，可能引致不同的后果，从而决定适用不同形式的刑罚。在许遵与安石看来，法律术语"谋杀"的含义因此包含两部分：一，"谋杀"作为一个行为，仅是表示"预谋杀害"的行为，其本身即是项具有刑罚后果的刑事罪；二，"谋杀"作为一种引致特定后果的行为，即引致死亡或损伤的行为，此行为将承担远为严苛的刑事责任。

为支持他们的观点，安石辩称有若干罪名涉及"杀伤"。他们各自具有特定的原因，诸如"谋杀"的"谋"、"斗殴"的"斗"（"相争为斗"）或"殴"（"相击为殴"）等。唯有"故杀伤"罪条，《宋刑统》议曰："及非因斗殴争，无事而杀，是名故杀。"[1]没有规定要求具有特定原因，即所谓"无事"。仅要求在作出致伤致死行为的时刻，有致伤致死的意图，便构成"故杀伤"。与"谋杀"相比，"故杀伤"刑罚较轻，但重于"殴杀"——打斗导致的意外死亡或损伤。安石辩称由于"故杀伤"不要求确定杀伤行为的原因何在，因而可适用于原因不明或不能理解的任何致伤或致死的案件。除了"故杀伤"，致死致伤的任一项罪名，通常都存在一个作为原因的行为。在"谋杀"罪中，预谋杀害这一行为，就构成了"谋

---

[1]《宋刑统》卷二十一，第373页。

杀"罪的原因。实际后果是致死或致伤，则是预谋行为的业已实现结果。正因如此，视乎"谋杀"的预谋行动付诸实行时引起的三种不同后果："谋杀""谋杀已伤"以及"谋杀已死"，各有相应的刑罚。从这些刑罚看，事实上产生了三种不同的罪行：一、"谋杀"是指只有预谋，没有实行及没有致死致伤的案件，对此可罚以三年徒刑。二、"谋杀已伤"是指预谋已经付诸行动而结果仅致伤的情形，将罚以绞刑。三、"谋杀已死"涉及预谋杀人已经付诸实行，而且致死的案件，将罚以斩刑。在第二和第三种情况，致伤或致死的行为，必须暗含一个原因。安石力辩，这个原因不是别的，正是"谋杀"罪中，旨在杀人的预谋行为。[1]

安石这个复杂而迂回的论证，虽不无道理，但可以有争议余地，不能一锤定音。但这恰是许遵与安石一派最为关键的论据。除非"谋杀"中的"谋"，本身就是一个构成原因的行为，而这行为又导致死亡或受伤的后果，亦即"谋杀"的"谋"和"杀"，构成两个具因果关系的行为，否则下节述说的自首相关法律，将变得和本案风马牛不相及。

现在我们将转向争论中的另一派司马光。[2]他的主要论点在于"谋杀"作为预谋杀害的一个行为，不应被认定为一个可与杀死或杀伤的结果相分离的原因。实际上，《刑统》中的全部"杀伤"类罪名，均不应解作由一个原因和一个"杀伤"后果构成。它们是基于不同特征的完整行为，而非不同原因产生的不同行为。司马光坚持"谋杀"中的"谋"，本身没有具体内容。仅当与语词"杀"结合，始产生一个预谋杀害的含义。因此它无法构成"杀"的另一个作为原因的行为。对于司马光及其支持者而言，许遵与安石提出的复杂论证，无非一片谬论，故意歪曲"律"文中标准术语的含义，借以达到某些不恰当的法律解释。

诚然，司马光所代表的观点，是对"律"文的一种相对简单、直接和

---

[1] 《文献通考》卷一七〇，第147—176页。

[2] 《文献通考》卷一七〇，第147—176页；〔宋〕司马光：《司马文正公传家集》（《四库全书》本）卷四十，第1页a—3页b；卷四十二，第11页b—12页b；卷四十三，第1页a—12页b。

字面上的解释。这应该是《唐律疏议》实施以来，对于"谋杀"的通行解释。这也为多数士大夫毫不迟疑地采纳，甚至到清朝如沈家本亦如此。然而，许遵与安石的论证本身，也实实在在具有某些反对者无法有效驳倒的依据。他们的法律思维，代表了一种尝试，以更为复杂的方式，探索法律规范更深层的含义及演绎的有效范畴。在过程中既宣示了明确的原则，也有清晰的法律目标，说明这跟纯粹为了辩论而进行的法律论辩，不可同日而语。他们的细致论证，建立在现行律文、诏书以及具有拘束力的先例之上。这一论证最终说服了神宗以及一部分官员。这一争论发生在王安石得到神宗皇帝的完全信任而实施其变法之前。如上所述，一些在法律辩论中站在安石一边的官员，随后很快转变为变法的坚定反对声音。因此，我们有理由相信，这次争论并不能归因于以后变法所触发的政争。

（三）与自首相关的法律

阿云案中，若非阿云在最初接受县尉审讯时自首，这案件就不会引起任何人的关注。一旦她自首，就引出了一个重要的问题：可不可依照自首法律，减轻她的刑罚？[1]

《宋刑统》卷五《犯罪已发未发自首》："其知人欲告及亡叛而自首者，减罪二等坐之。……其于人损伤，（原注：因犯杀伤而自首者，得免所因之罪，仍从故杀伤法。……）……并不在自首之列。"[2]其后律文又进一步解释"知人欲告"条文的议曰："犯罪之徒，知人欲告及案问欲举而自首陈，及……此类事发归首者，各得减罪二等坐之。"[3]解释"于人损伤"

---

[1] 迄今有巨焕武在《犯罪自首成立与否的大争论》一文中，提供了此案所涉自首之法的最为详尽的分析。可惜巨焕武的论证中至少有两个主要缺陷：第一，他遗漏了韩维等三人的覆审议奏疏。第二，他认为"谋杀"不具有两个可分离的可罚行为，他似乎混淆了传统"谋杀"与现代"谋杀"（Murder）含义的区分，表示"谋杀"就是带有预谋的实施杀害行为。现代"谋杀"一定先要有人被杀，才有"谋杀"可言；然而，在传统法律中，"谋杀"是指作出杀害的预谋，不需真的有人被杀。传统"谋杀"正确的翻译，可用"Plotting to Kill"或"PreMediting to Kill"，但一定不能用"Murder"。

[2] 《宋刑统》卷五，第82页。

[3] 《宋刑统》卷五，第85页。

条，议曰："损，谓损人身体。伤，谓见血为伤。"接着解释"因犯杀伤而自首者，得免所因之罪，仍从故杀伤法"条，议曰："假有因盗故杀伤人，或过失杀伤财主而自首者，盗罪得免，故杀伤罪仍科。若过失杀伤，仍从过失本法。……"①

阿云于县尉第一次审讯时招供。沈家本认为这构成"按问已举"（字面意思指正式审案中的讯问已在进行中），并推断阿云不得因自首而获减刑罚。②这一解释存在疑问，因为执行审讯的是县尉，仅是开始怀疑她而已。在此时他并没有证据证实阿云有罪，且该讯问显然不属于正式司法审讯程序的一部分。县级的正式司法审讯，仅由县令或负责法律事务的下属副官如主簿负责，不会由县尉执行。因此，阿云的自首，仍在自首相关法律规定所界定的时间要求内，因而具有减罪资格。③不过事实上，此点在神宗朝廷上的论争中从未被提及，仅是沈家本以及随后的徐道邻，提出来用以驳斥王安石的立场。④

对神宗朝士大夫而言，更具争议性的是自首的资格问题。上引律文给出了六种不在自首之列的情形，其中一种是：供认的罪行不应导致任何见血的损伤，更不必说死亡。若只有这一条律文，则阿云案争议将不会出现，因为受害人阿大已经出血。争议出现的关键，来自这条律文原来所附的"注"文，加了"因杀伤而自首者，得免所因之罪，仍从故杀伤法"的规定。这就为已伤人即自首无效的规定留了空间。这正是许遵与安石论证的出发点，他们的论证大致是，注文提的原则，表明某人致他人伤或死，均应该有一个原因。该原因将构成致伤或致死行为应该被追究的是什么罪行。也即是说损伤或死亡，仅仅是一个罪行的后果。重要的是，这条注文清楚表明虽然已经出现伤人的后果，有时自首仍是适用的，可以依据自首之法作出减轻刑罚。不可原免的是致伤或致死这一罪行。对此即使供认罪

① 《宋刑统》卷五，第85页。
② 《寄簃文存》卷四，第2162页。
③ Kee-long So, "The Case of A Yün: A Textual Review of Some Crucial Facts," pp. 51—52.
④ 《寄簃文存》卷四，第2162页；徐道邻：《中国法制史论略》，第76页。

行，仍要受到惩罚。律文所附的"议"文，特举"因盗"而致"故杀伤"为例。自首可免除的是作为原因的"盗"罪的刑罚，不能原免的是"故杀伤"刑罚。然而律文并没有清楚地界定可以原免的"原因"包括什么。许遵与安石抱持的观点是，由于"谋杀"是一类可与后果"杀伤"相分离的罪名，那么没有理由认为"谋杀"不能被当作一个自首中可原免的原因。落到阿云案中，则她的"谋杀"罪过，亦即预谋杀害，将可能在其招供后获得原免。造成阿大受伤的罪行部分，因而应从"谋杀已伤"之刑罚（即绞刑），减罪二等施以惩罚。减轻后的刑罚，按刑罚等级变为二千五百里流刑。①

在他们的论争对手看来，这个论证是一个推理谬论。依据这些士大夫的观点，"议"文所举"假有因盗故杀伤人"的"因"，当应用在杀伤案时，应该是非常狭义的。这原则仅适用于除杀伤罪行外，另有罪行，即所谓另有"别因"。他们认为议文举的例子是因盗而致"故杀伤"，即盗是特殊而可以原免的"别因"。据此，则律文"其于人损伤……并不在自首之列"正是阿云案应该适用的法律原则。阿云的自首，因为有致伤的事实，不再适用于自首法律。她的刑罚也就应该直接是按谋杀"已伤者，绞"的律条执行。②

由此可见，许遵与安石的论证，代表了一种更细密的法律推理，努力探索现行律文中尽可能宽松的含义，以作出一个新的解释。他们的最终目的，是尽量避免执行死刑。让他们有可能这样做的一个关键因素，在于律文文本自身的模糊不清以及时有发生的前后不一致地方。他们的观点与通行的法律解释发生矛盾，更引人关注的是，当他们的观点付诸实行时，与按通行法律解释为依据的法律实践相冲突。可以想见，这种新法律解释势必遭到原来司法官员的强烈反对。这又必然令许、王等人需要极力争辩，始能说服神宗颁下甲寅诏书，以明确订出一条适用于以后同类案件的新法

① 《文献通考》卷一七〇，第145—147页。
② 《文献通考》卷一七〇，第145—147页。

例。但在论争中，我们还是能够看到双方在法律技术相关方面，各以什么原则来支持己方的论证，或驳斥他方。下节将讨论这些更广泛的法律原则。

三、宋代法律体系更宏观的问题

本节将由阿云案出发，探讨四个较为宏观的问题，即刑事司法体系运行中的皇帝意志；有关罪行与刑罚的基本理念和价值观；法与礼的问题；以及法源的释义学问题。

（一）皇帝意志：律、敕（诏书）以及断例（案例）

毋庸置疑，《宋刑统》是宋代法律的基础。它的内容，又与《唐律疏议》有甚多相同之处。按《唐律疏议》编纂并颁布于唐初，后来陆续有补充，所开列的法律规范，成为安史之乱前唐朝司法判断的基本法律根源。这些法律原则，可以上溯至周代，但较具体的律文不少成形于汉独尊儒家之后，部分来自魏晋南北朝时期的分裂政权及胡族政权的司法实践。在晚唐与五代两个动荡世纪中，军事规则支配下的法律实践，往往倾向专断和实用，缺少规范。当中亦有将《唐律疏议》及后来的法律实践系统化和法典化的尝试，例如957年短暂颁行的《大周刑统》，但没有广为通行。及宋统一天下，承继了唐初的法律体系并加以复兴。不仅进行法典化，在执行层面也有重要的建设。作为宋朝的新法典，《宋刑统》在《唐律疏议》基础上，吸收了晚唐至五代通过皇帝诏书的方式确立的一些法律规范。因此，《宋刑统》并非依据某皇帝个人的意志而任意创造出来的。毋宁说，《宋刑统》代表一个有深厚根基的法律体系，律文法意多有历史及文化的根据，其中很多直接继受自前朝。当唐施行《唐律疏议》时，在长期司法实践过程中，产生了一定程度的法律形式主义。在此意义上，法律是稳定的、正规的及实证的。在一定程度上具有可预测性，并能够给予官员以及平民同样具体而明确的行为指引。这一现象被日本学者称作"律令制国家"。当然，我们应当小心不要断言这样一个描写反映的是现实的整体情况，因为这仅仅是一个概括的图景。常常有个别皇帝或官员滥用了法律体系。尽管如此,无论其在多大程度上被滥用,这一实践中存在的法律形式主义,仍说明当时皇权并非完全不受限制和专断地凌驾于法律体系之上。关于宋初皇权合法性与法律的关系,下章将有进一步的论述。

正如众多学者所认定的,与唐代相比,宋代政权下皇权有所扩张。反映在法律体系中,则见证了中国法制史的新发展——"以敕代律",字面含义即是用皇帝诏令替代律条。严格来说,任何以皇帝名义颁下的法令都可称为诏令(敕)。①但是这个诏令"敕"具有一个更特定的含义——仅指那些提供一个或多个具体法律法规的诏令。阿云案中的诏令即是例证。已有很多关于该现象的讨论,普遍观点相信这显示出皇帝个人凌驾于成文法律法规之上,并且构成全面支配法律的皇权。②这种专制皇权论,暗示了法律的不稳定以及混乱状态,因为诏令表现出的法律规则,与律条中颁布的法律规则,并不必然具一致性,与其他诏令的内容也时有抵牾。这造成了具有约束力的法律规则之间的不和谐。法律体系稳定性和可预测性因此降低,且在规范社会和行政行为上,效力也不免下降。这个理论意味着,因为皇权滥用法律,破坏了法律体系的效用。

神宗皇帝在推行变法中,表现出强烈的政治意志和决断,并且的确通过频繁使用诏书,来推行他的新法规。尽管如此,从阿云案,我们能看到他也并未以专断的方式颁布任何诏令。案件所涉及的全部诏书,均是某一方官员们经过反复辩论,最后令他信服而颁下的决定。诏书中每一个规则,都以充分的法律理据作支持。若这些理据存有争议,诏令可被撤回,提交更高级别的官员审议,其中也包括持反对意见的官员。一旦被说服,

---

① 需要注意的是,用皇帝诏令替代律文,与将诏令中的规则引入律或编敕(即为已确立的法律规则编制的诏令集)是有区别的。后者的这些形式属于正式立法制度,并没有改变法律的权威结构;而前者则可能代表一种法律权威结构的变化。对于编敕的功能,参见戴建国:《宋代法制初探》,哈尔滨:黑龙江出版社,2000年,第3—31页。

② 郭东旭:《宋代法制研究》,第25—35页;Brian McKnight, "From Statute to Precedent: An Introduction to Sung Law and Its Transformation," in Brian McKnight (ed.), *Law and the State in Traditional East Asia*, Honolulu, HI: University of Hawai i Press, 1987, pp. 111–131;戴建国:《宋代编敕初探》,《文史》,第42卷,1997年,第133—149页。

神宗甚至可以废止其较早颁布的诏书。

神宗也不曾主动地取代律文中的规则。正如许遵与安石的法律推理所示，他们尝试达成的不是批评或挑战律文中的现行规则，并换上一套全新的规则。相反，他们寻求的是探索律文中的不明确之处，意图为律文提供一个更合理的新解释。新的解释从来都不是对原始法律法规的替代或批评，毋宁是对现存规则的延伸。由此出发，他们当然要以律文所使用的术语为基础，建立他们的论证。这一现象意味着，诏令中所表达的新法律规则，内容主要来自于法律的释义学渊源。他们借助释义学的方式，清晰解读出现有法律法规的含义，然后将他们发现的规则，渗入其中作为延伸的律意。批评者诟病，他们的新解释可能歪曲并丧失原始法律的精神。但从另一角度看，这可能令现存法律法规更充实和丰富，而且更重要的是，令法律体系变得更加合理和公正。这一释义学渊源的哲学基础，因而在论争中同样具有决定性意义。下文对此将有更多讨论。

皇权干预法律体系的另一选项是"例"或"断例"，字面含义是先例。宋代先例来自于为追求最终司法裁决而奏报至朝廷的案件。按常规会颁布诏令以下达最终判决。通常，诏书会给出一个限制，表明其不能作为以后案件的先例。如果诏令没有给出这样的限制，则适用于该案件的任何规则，都将适用于以后同类型的案件。①

阿云案中，我们能够发现论争双方都援引了很多先例。然而，这些先例显然都无法提供一个定论性的依据。可能有两个原因：其一，先例中的规则必须经过提炼以适用于目前的案件，某种程度上类似于普通法中的"裁判理由"（Ratio Decidendi）。这就容易引起争议。其二，先例作为论据的权威性，易受到对手的挑战，这正是司马光反复采用的策略（"不可以例破条"）。也可以说，先例虽说是皇权影响法律体系的一种手段，但这些先例的权威性并不稳固，无法取代律文的权威，甚至低于诏书。

最后，辩论中提出的一个争议，仍值得稍加说明。争点在于皇帝以及

① 郭东旭：《宋代法制研究》，第36—48页。

他的宰执，亦即本案中的两府，是否应当卷入法律解释以及具体案件的适用法律等这些具体法律实务方面的冗长争议之中。司马光的观点是：他们根本不应在这类琐碎小事上浪费时间与精力。相反，他们应当集中精神在最根本的议题上，诸如如何确保将最适宜的人选，置于官僚集团的领导职位，以及如何确保政府的运行没有偏离宋朝祖宗确立的规范和原则。①和司马光相反，神宗显然故意倾注了大量精力在这所谓琐碎小事之上。王安石则完全支持神宗这种做法并为之辩护，称这是因为部分官员们未能恰当地履行职责所致，造成此结果的原因，主要由于他们大都缺乏相关的法律知识训练，并在履行司法职务时造成了严重的不公义。皇帝与两府别无他法，在法律体系得以适当运行前，他们不得不干预这些琐碎事项。也可以说，皇帝对法律事务的关注，不过是修正体系缺陷的暂时性举措。只有待体系回归正轨，皇帝与两府才可能将他们的时间与精力，分配到其他更根本性的议题上。②

以上两种取向，司马光代表的一方，无疑将皇权置于现行法律体系严格约束之下，以防皇帝滥用与任意破坏这个传承下来的体系。但是，以神宗与安石为代表的相对一方，也不能被简单视作一种视现行法律体系约束为无物的专断皇权。他们的思维方式，没有让皇帝恣行毫无限制的自由意志。作为天子，皇帝仍不能漠视帝国管治的缓急轻重。尽管新的优次，可能异于如司马光所指出的那些旧秩序，但这仍旧需要建基于充分的道德依据。至少，皇权在这一取向上，并不意味着可以专断且为所欲为。例如皇帝无论通过何种手段去确立新的法律原则，都需要通过儒家修辞来证明其合理性，也必须通过规范性的常规程序。因此，皇帝是受制于儒家伦理与世界观的。以下三个小节将分别分析阿云案反映的一些儒家理念。

（二）宋代儒家思想中的罪与罚

罪与罚的问题，儒家思想并没有忽略。此处我们仅检视阿云案论争所

---

① 《司马文正公传家集》卷四十三，第1页a—12页a。
② 《文献通考》卷一七〇，第145—147页。

涉及的儒家原则，以阐释宋代士大夫如何在儒家思想层面处理复杂的罪与罚问题。

律文文本有不清晰之处，始为新的法律解释留下了空间。然而，任何新解释仍必须建基于充分的依据，才能证成论点。这不是单单靠辩才或法律操作技术便胜任得了的。新解释需要提出更为坚实的儒家思想原理，始能辩护所企图建立的新法律解释，他们的讨论变得更复杂。此处再一次见到，抱持原来通行解释的一方，不必像创新者这么迫切地进行复杂的论证，因为他们可以直接承继惯例所具有的权威，无须努力地建构新论据及从事游说，所以他们的相关文字相对简单一些。总体来看，阿云案论争能被归入这一哲学层面的现存数据并不充足。我们仅有的完整文本，即前文提到的司马光奏疏以及韩维三人的奏章。①遗憾的是，许遵、王安石一方的奏章已经失佚。他们的论据，仅有点滴保存在宋代的史料之中，例如王安石的观点，幸有小部分留存在《文献通考》中。在以上种种限制之下，我们试总结一下他们论点背后的儒家罪与罚思想，如下。

1.报应论与阻吓论

司马光的论述，反复强调了这一原则。他坚持有罪必刑的信念，且认为须按罪行的严重程度而量刑。恰当的刑罚，是维护法律正义与社会秩序的关键。这除了确保罪犯得到恰当的报应，也确保被害人不会白白承受罪行的恶果。这是维护刑事司法正义的适当方式，否则，百姓必将感到公理何在。此处有趣的是，司马光并没有引入儒家天人感应之类的说法，说不公义会遭天谴。相反，他的论证是务实的：除了对被害人不公，还将带来一个更为严重的社会后果。即应刑不刑，实际在鼓励人们犯罪，人们会因先例案件中的犯罪者仅受轻罚，而误以为这种行为虽然犯法但不一定被处以法定的严刑。这种侥幸心理令法律体系失去权威，造成目无法纪的状态，结果更多人犯罪而产生更多受害者。他的论证强调严格施行法律规定的刑罚，始能维持刑法的报应与阻吓作用。更重要地，在他看来，《唐律

---

① 〔宋〕韩维：《南阳集》卷二十六，第1页a—8页a，《四库全书》本。

疏议》对各罪行的刑罚规定，已经是完美无瑕。《宋刑统》既然继受了这些完美的刑罚规定，违反这些刑罚原则，结果只会造成不公义，而且带来灾难性的社会后果。

另一方的韩维三人奏疏，举出三种原则，称之为"圣人"所采用的量刑原则。这些原则既然冠以圣人之名，自然具有极高和不可置疑的权威。其中一项原则是：必须通过严厉的刑罚，阻吓人们做出邪恶的犯罪行为。这一原则与司马光所坚持的完全一致。在这一点上，他们享有共同的儒家理论依据。但是对于韩维等人来说，这并非"圣人"唯一的量刑原则，仅是三个基本原则之一，量刑还必须同时坚持另外两个原则，就是量刑的适当性以及改过迁善。

2. 量刑的适当与公义

韩维三人提到的第二个原则是量刑的适当与公义。根据他们所说的适当原则，刑罚应与犯罪所造成的伤害相称，即所谓成比例，这有点像今天所说的"Proportionality"。这就必须考虑受害人所蒙受痛苦的程度。程度越严重则刑罚越严厉。然而，就一宗具体案件的罪犯量刑时，亦不能单独考虑其罪行本身的严重性，以决定其刑罚的轻重。所谓适当量刑，还须考虑在刑事司法系统内的其他适用于这类案件的重要原则，始能维持公义。由此出发，所讨论的罪名，可能还须挑选出其他严重程度和刑罚程度不同的罪行与之相比较。例如，对于一个具体罪行进行量刑时，如将考虑的内容，仅集中在相关受害人所蒙受的痛苦之上，据此施加的刑罚似乎是公平的。但是，当将其与结果更严重但刑罚却较轻的罪行相比时，这一案件的刑罚，便会造成严重的不公义。

有趣的是，论争双方均在某种程度上采用了此适当原则。韩维等辩称，更为严重的两种罪行："谋反"（预谋叛乱）及"杀人盗财"（盗财过程中作出无预谋的杀害），自首以及减刑都可以接受。那么仅造成轻微伤害的其他罪行，何以不能接受其自首？更进一步，他们辩称当一个人犯罪时，将存在三种情形：有些在未采取任何行动前已经后悔；有些在行动刚刚开始时便萌生悔意，犯罪行为并未完成；还有些则在犯罪行为完成且产生全部后果之后，始有悔意。在"谋杀"案件中，在杀死受害人后始有悔意的，自然不应得到自首的机会，因为被害人已经死亡。然而，也存在罪犯在实施杀人阴谋的过程中感到后悔，结果挽救了被害人的生命，使其仅遭受见血之伤。这第二种情节，代表的是一种较轻的罪行，但在阿云案之前，惯例是按自首法伤人者不原的条文，施以绞刑，不得原免。韩维等觉得这对犯人并非公正，因为这样的刑法混同了原应予以区分的两种情节。他们指出这样的刑法，甚至可能造成一种更为严重的社会后果，即在这一谋杀已伤的关键时刻，犯罪者或以为自己既已伤人而难逃一死，遂无后顾地继续执行杀人的计谋，最终导致本来有一线生机的受害人失去性命。这等于说受害人之死，与执法者疏于辨别刑法的轻重也不无关系。间接地，这样的刑法实践，对受害人而言，也是不公义的。

司马光举出一种类似的情况但认为结论应该相反。他辩驳称，假设有以下两个案件。在第一个案件中，甲与乙打斗导致乙鼻子流血。若根据许、王、韩等人的理论，允许甲有自首的机会，甲将被罚以六十杖的刑罚。在第二个案件中，丁痛恨丙并预谋将他杀害，一晚，丁将丙推下井，但丙幸而无伤。如允许自首，丁将仅被罚以七十杖。司马光认为这是不公义的，因为甲与丁的犯罪意图（Mensrea）显然不一样，前者远没有后者那么恶意。可是对他们的刑罚，却没有相称的区分。正因为依当时一般的判法，甲令乙出血则根本不能自首原免，所以才避免出现这种不公义的情况。司马光的论例其实不太有力，因为他忽略了一个事实，即依据自首之法，丁确实享有自首的权利，并且可以受惠于日后大赦而不必受到任何惩罚。这么一来，若不许甲自首，产生的不公义更大。这些因为自首原免而出现的不公义问题，关键不在对立两方的论证是否恰当，而在自首法本身的模糊不清。一方面设置了非常宽松的减免刑罚条件，借以鼓励某类案件如盗贼罪的犯者自首；另一方面，对谋杀这类重罪，却没有清晰的指引。从量刑适当与公义的角度来看，韩维与司马光其实并非凿枘不入。他们的分歧出现在同样的原则如何应用在不同的案情上。

3.改过迁善与人道主义

这一原则标志着论争双方截然不同的差异。许、王以及韩等人强调了此一原则，并有时倾向认为这原则高于其他两项原则。相反，司马光一方完全没有讨论这一原则。

改过归善与人道主义原则，是韩等奏疏所提及的第三项基本原则。他们认为这是自首律所隐含的根本原则。对犯罪后果无法挽回者，诸如致死或财产损坏，应予其自首与改过迁善的机会（"原首归善"）。他们辩称尽管律文禁止罪犯致受害人受伤后自首，但注文却显然为他们重开了自首这扇门。这种律意依据的是"圣人"好生之德的原则，即珍惜生命并愿意给犯者改过自新的机会。这恰是今天犯罪学与刑罚理论所说的人道主义刑罚论。

司马光尖锐地批评许遵的立场，认为对犯人阿云过于宽恤。在他看来，阿云的动机极端邪恶，尤其当从夫妻关系的角度来看时更是如此。此案不应有人道主义的考虑空间，阿云根本不应获得改过的机会。我们无从得知许遵完整的论述。从散见的数据中，我们大致得出这样一种理解：许遵并非为阿云而押上了自己的仕途和名声，他在判决中据理力争而试图取得的，并不是单单阿云一案的公正结果，而是在为整个法律体系的公义锲而不舍。他寻求建立一种规则，对于他和他的同道者而言，《唐律疏议》颁布几个世纪以来，这法律因模糊不清已造成很多不公义的判决。对许遵而言，阿云本人减刑与否并非关键，关键在于相关法律的原则。根据一些记录，不单王安石，连反对安石的苏轼，也盛赞许遵是个正直不阿的士大夫，在其仕途上为修正法律而作出很多贡献，并且挽救了很多无辜的生命。苏轼后来甚至承认许遵的意图更富同情心，并认为许遵的家族因而得到好报，得享兴旺繁荣。

（三）法与礼

法与礼的关系是什么？法是否不外是落实礼的一种手段？通观《宋刑统》律文，在涉及亲属及君臣等方面，礼无疑在拟定罪行轻重和刑罚宽严时，扮演着非常重要的角色。法律体系无疑大大增强了礼在塑造社会行为面的力量。这是我们对中国法律传统的一般理解。

可是，当考察许、王以及韩等人有关阿云案的论证时，我们无从发现任何蛛丝马迹，显示出他们以礼作为法的指引权威。这饶有趣味，因为他们是辩论的胜方。这是否意味着礼的权威，甚至还未成为一个在法律推理或法律辩论中，已充分建立起来的权威？换言之，至少礼在说服皇帝以及众多其他士大夫时不是一个不可或缺的关键论据。

司马光确实在其第二篇《体要疏》中提及了礼的权威。他提出判断具争议的法律裁决的最佳方式，在于遵从礼的原则。为礼所排斥的行为，通常就是需要用刑的罪行（"礼之所弃，刑之所主"）。他建议神宗从礼的视角观察此案。然而，司马光并没有详细阐述应该应用何种礼的原则到阿云案中。更重要的是，他没有道出何种礼的原则应该应用到什么法律原则的解释上。我们也无法想象，这样一个绝对且严苛的原则，即要求无论何种行为，只要稍微偏离礼，即被定罪用刑无赦。本奏疏最后明确指出阿云案中设立的新规则，与"三纲"相悖。但我们仍旧难以知晓两者之间的联系。譬如，为什么试图建立犯人在司法审讯前作出自首可给予减轻刑罚的这新原则，将违反"君为臣纲，父为子纲，夫为妻纲"？他的论证在此处非常含混。他在论据中使用了礼的修辞，但却未能提出一个清晰的逻辑，表明这修辞如何支持他的论证。司马光说本案应由"三纲"考虑，唯一可能的基础，就是坚持阿云伤人时虽然法律上与受害人是"凡人"关系，但仍应作为伤者的妻子处理。就这一点而言，若司马光真有这种想法，他和在他一方的所有其他司法官员都会有矛盾。更重要的是，司马光没有提出任何反驳阿云属"凡人"相犯的证据。神宗非常尊重司马光，但没有响应他的奏疏，可能就是因为他在这一环节上有欠理据。[1]

（四）法源的释义学

最后，我们将检视北宋士大夫论证中提到的法律渊源。在他们看来，

---

[1] 明代丘濬分析本案时，受司马光疏文误导，忽略了这个案情，对阿云和阿大的夫妻关系，完全没有怀疑。见〔明〕丘濬：《大学衍义补》卷一〇八，上海：上海书店出版社，2012年，第206—207页。

法律体系最为根本的基础是什么？除双方以律文内容、皇帝诏书以及部分先例为基础得出的那些见解外，有部分观点假定了一个更高权威的存在，可被用来支持他们对现有法律所作的解释。这种法律权威的渊源，使得对任何立法本身及其解释，都需要具有终极的合理性以及无懈可击性。

司马光在《体要疏》开篇作出一段非常有力的陈述。他申明无论何时，对于法律法规的含义存在争议的话，均应首先检视其立法的原始意图（"先原立法之意"）。有趣的是，他却从未进一步详细阐释这是什么意思。法律制定者是谁？他们的权威是什么？为什么必须遵从他们的意图？如何得知对于他们意图的理解是正确的？这些问题，若得不到解答，司马光论证的说服力就会大打折扣。他仅提供了一个法源上的论据，即以礼作为最终的一个判决基础。但正如上述，他在这一论据上没进一步说明，没足以支持自己的论证。

更深层次的法源理据，仅能在韩维等的奏疏中看到更为充分的表述。他们首先论及"圣人"在立法过程中采用的三个基本原则。随后，他们反复强调"圣人"的权威来支撑他们的人道主义取向以及给予罪犯改过迁善机会的愿望。可以想象，因动用了"圣人"这一权威以及"圣人"所提倡的原则，他们的论证变得更加强而有力，而且也更为具体。这是儒家修辞中的一个有力论据。有趣的是，他们并未解释"圣人"指的是什么人。他们说的是孔子还是周公？是唐朝初年编纂《唐律疏议》的官员？又或者是最早正式颁布《唐律疏议》的唐太宗？开元时的玄宗？显然在这一语境中，引入孔子或周公是不合时宜的，因为他们不可能参与到唐代的立法过程之中。但无疑他们定下了"礼"的诸多原则，在唐律中扮演重要的角色。律也并非完全依据政治原则或法律原则来编纂，确切地说，其更多体现的是从秦代和汉代流传下来的法家传统。称编纂《唐律疏议》的人为"圣人"也没有道理，他们从未享有如此崇高的道德地位。以唐太宗皇帝为圣人，同样不可能，因为此时已在宋朝政权治下，没有理由让一位前朝的皇帝享有圣人的光环和权威。那么，韩维等人祭出"圣人"的名号来压阵时，他们想表达的是什么？

一个可能的解释，要回溯到中国法制传统中一种对法律进行释义学解释的现象。当解读者尝试从儒家学说的基本原则中寻找资源来支撑其论点时，这即是一个释义学的过程。例如，儒家经典中自然包含人道主义价值观的段落。因此韩维等才能够稳妥地假定这些原则也必然包含在法律中。事实上，并没有任何具体的"圣人"或文献证据，说明某项儒家道德原则应该适用于哪一种律条。韩维等在此处所作的推论，却没有招致任何对手诸如司马光的批评。从这一案件，我们看到儒家思想的若干价值观和原则，不单字面上已被引入到法律体系中，而且构成一种哲学上和道德上的权威，使具体法律实践的合理性，可由此获得证成。这一权威提供了一个终极性的法源，用以裁决法令解释中的分歧。

结 语

20世纪关于中国法律传统的一个流行的负面印象，是将这个法律传统视为国家控制民众和官僚集团以巩固绝对皇权的专断工具；认为传统法律不关注涉及个体的正义；并且几乎未能提供对个体的保护。概言之，中国法律传统无论理论还是实践，都与现代社会至关重要的特征之一——法治，完全无法兼容。对很多人而言，要建立一个名副其实的现代中国法律体系，我们将不得不从无到有，或者通过全盘法律移植来取得。若有任何法律传统的残余，则这些元素必须被摒弃，以为一个全新的法律结构开辟新的天地。与其他文化遗产如家族制度以及儒家思想不同，传统中国法律一直到21世纪之交仍未得到恰当的重视和定位。[①]

然而，这种观点已受到越来越多法律学者的质疑。在借助现代合法性以及现代法律视角，对中国法制传统进行重新评估的一次尝试中，安守廉（William Alford）简明地总结了这些负面形象的内容，它们尤其体现在刑

[①] 对这种观点的一个简短介绍，可参见 Albert H. Y. Chen, "An Introduction in the Legal System of the People's Republic of China," rev. ed., Singapore: Butterworths, 1998, chap. 2。本文原文发表至今刚好二十年。时至今日，这种观点在中国法律史学界已经不再是主流。

事司法体系方面：

缺少政法分权，尤其是在县一级。导致地方官员滥用国家权力并且不鼓励诉讼。

法律程序未达到公正程序（Due Process）的标准。例如，没有无罪推定；没有获取相关法律、指控、证据以及判词等信息的权利；没有法定代表人；在县级审案时没有沉默权；侦查导向的审判模式；以及刑讯逼供。

中国的实体法没有衡量个人权利与平等。基于相对的社会关系，可能出现区别对待。其他不符现代标准的特征有诸如株连刑罚、对犯罪意图的定义不清、称为"不应为"的模糊罪名，及以类推定罪等。

民众对于正式法律制度的消极态度。他们认为通过这样一个阻吓制度，是难以追求个人公义的。

中国法制传统的负面形象常常被断言与现代合法性相悖，若进一步具体来说，即与法治这一理想形态相悖。

为修正这一形象，安守廉从创新的角度审视了晚清名案"杨乃武与小白菜"。他的结论指出，有充分的证据表明传统中国的刑事司法体系绝不粗疏，由很多行政及司法程序配合组成，并辅以精心设计的监督和上诉机制。这系统表现出一种法律理想，即要努力建立一整套圆通的规则，用以规范整个刑事司法过程，从而限制个别官员的自由裁量权。这制度设计的基本目标，更倾向于确保有罪之人不能逃罪，无辜者则可免陷冤狱，亦即旨在维护司法正义。根据安守廉所述，案件揭示无论农民还是皇帝，都深切地期盼着司法系统能够实现法律的正义。换言之，他对将中国法律传统化约为国家控制人民的手段，并且全无法律正义可言的一套论述提出了质疑。[1]

本文讨论的阿云案，发生在宋代。我们同样能够挖掘出一些有助于重新评估中国法律传统的信息。案件吸引了很多学者从各方面加以分析，但

---

[1] William Alford, "Of Arsenic and Old Laws: Looking Anew at Criminal Justice in Late Imperial China," *California Law Review*, Vol.72, No.6, 1984, pp. 1180-1256.

多数研究的注意力放在法律技术问题上。①然而，有两位学者则将更多的注意力放在更为广泛的法律含义之上。

作为一名律师，Borowitz将此案视为中国法制史中一个涉及狭义诠释学说（Strict Construction）的实例。他援引《布莱克法律大词典》（Black's Law Dictionary）对术语"狭义诠释"含义的两种相反考虑："法庭不会将刑罚适用范围扩展至包括一些没有明文规定的案件"；以及"（法律）之解释必须公平合理，不得作出太狭义及收缩的诠释，以致排斥了本来直截了当就该适用的案件"。他认为王安石一方所代表的是该学说的一种较为狭义的观点；而司马光一方则代表另一种较宽泛的观点。他对该案件中事实的重构并不准确，因而恰好将两人的位置颠倒了。对于王安石一方而言，他们寻求的反而是一种对法律条文规定更为宽泛的解释。与之相反，司马光一方力争收紧他们这种解释，并希望完全按律文表面意思执法。②但正如以上第二节与第三节所讨论，这通常不是一件简单的工作，因为条文字面往往充满模糊之处。如果必须作出解释的时候，人们可能辩称已经惯用的解释，拥有不可挑战的权威，因为惯例本身就具有权威的作用。但在阿云案这样的辩论中，狭义诠释在此意义上是无法令反对一方信服的。故必须考虑更多的因素。

另一位学者是Langlois。他讨论了宋元法理学并引入"活的法律"的概念。在他看来，这意味着法律应该是灵活的，并且须通过解释始能执行。执法时不应严格依照法律条文的表面文字，而应合理地根据不同具体情节而作出决定。当他谈到阿云案时，他认为这场辩论是一次价值冲突。他将王安石论证背后所隐含的核心价值观归入"改过迁善论"，而将司马光的归为"阻吓论"。他进而将这场纠纷解读为一次方法论的冲突。在Langlois看来，两人均认为法律体系应能够阻吓人们做坏事以及刑罚应公正地与罪行匹配。然而对于司马光而言，皇权以及更高层次的"道"应凌

---

① 巨焕武在其《犯罪自首成立与否的大争论》中提供了自首法以及相关论证最为详尽的检视。

② Albert Borowitz, "Strict Construction in Sung China: The case of A Yün,"

驾法律之上，只有通过这样的方法论，才能达至最大程度的阻吓效果。王安石则相反，试图采用法律的严谨解释，甚至不惜以个体正义为代价，例如释放有罪者，这样才能确保法律于民众而言更可预测，为行为规范提供更清晰的指引。①与Borowitz一样，由于对案情掌握不准确，Langlois对案件的解读也存在缺陷；使用其"活的法律"概念，对王安石以及司马光的对立观点进行归类，亦困难重重。然而，他的尝试显示出，我们对这些士大夫的法律知识（或Langlois所称的"法理学"），仍有重新评估的巨大空间。不论Borowitz或Langlois的例子，均说明了重新检视宋代刑事司法体系以及宋代儒家思想中法理学元素的必要性。

从以上对法律技术问题以及宋代司法体系的讨论，我们可能注意到：第一，对于宋代士大夫而言，法律远非无用之物。在他们的仕途上，这可能是最困难，亦是要求最高的任务之一。道德教育无疑至关重要。但作为一名官员，必然需要持续履行各式各样的司法职能。自他们进入官僚体制而出任地方官之时，他们就需要裁决诉讼和刑事案件。在这种司法决定中，只要犯一个错误，即可能意味着仕宦生涯中的一次严重挫败，甚至丧失以后晋升的机会。因此，法律知识以及法律推理能力，不可能为士大夫所忽略。

第二，前已论证，不管理论还是实践，宋代的刑事司法体系都包含一个清晰的目标，那就是维护正义。从阿云案看，尤其显示出恰当解释法律以及对罪犯施以适当刑罚的重要性。这些都被置于双方辩论参与者的仔细审查下。然而，值得注意的是，无论是法律条文解释抑或是案件的最终结果，都并非来自专断的皇帝意志。神宗可能也有自身的立场，然而他的决定，也要基于士大夫提供给他的清晰法律论证以及儒家原则。尽管皇权于体系内至高无上，但是其仍旧需要服膺于某些更高层次的规范，亦即由士大夫所诠释的所谓"道"的规范。对于身处传统法律文化语境的人来说，若这些"道"层次的规范受到专断皇权的破坏，将会导致冤情泛滥，最终

---

① John Langlois, "'Living Law' in Sung and Yüan Jurisprudence,".

断送王朝的天命。换言之，宋代刑事司法系统，从理论来说，不惜立足在皇权至上的政治秩序之上，但理论上又局限了皇权的恣意妄为。

第三，为了维护正义，宋代司法体系发展出一种经过精细安排的程序规范。阿云案同时表明上诉和复核机制的设计，不仅确保有罪必惩和无辜者释，还能够让不同法律意见之间的争议得到全面而公正的反复讨论和考虑。因此，在中国法律传统里，程序规范绝对是维护正义的要素之一。

我们如何将这些宋代刑事司法体系中的观察联系到现代的合法性概念？从现代西方法律标准来看，传统中国法律体系是缺少某些要素的，如独立的法律职业、司法权与行政的分离、落实现代程序正义的刑事诉讼体系，等等。事实上，从传统法律追寻一些模拟今天西方法治的因素，意义不大。尽管如此，近期的研究，包括以上对阿云案的讨论，正提供越来越多的证据，表明中国传统法律并不是一种徒供皇帝控制人民的机器，也不是非理性和专断的统治百姓的工具。[①]现在我们比较了解，传统法律自有其更高层次的原则与规范，既非恣意，亦非无序。当然这些更高层次的法理观，必须由谙熟儒家经典的士大夫，通过儒学的语境加以诠释、阐述、应用。在出现解读歧见时，亦得由他们互相论辩，辨明是非，取得皇帝的信服。中国法律体系也意在维护正义和人的尊严，亦即既讲正义，亦崇人道。为实现该目的，体系建立了高度规范性的程序规则。这个中国的关于正义的概念，无疑带有强烈的道德色彩，与现代西方主张法律、道德分家的一派法理学所意指的没有道德的法律正义，落差尤大。但即便是这种对照，两者之间真完全没有调和的空间吗？中国法律传统，也许从不曾拥有现代西方的"法治"（Rule of Law）；但中国法律传统无疑拥有着一种源自

① 参见俞荣根：《儒家法思想通论》，南宁：广西人民出版社，1992年；梁治平：《法辨》，贵阳：贵州人民出版社，1992年；梁治平：《寻求自然秩序中的和谐》，北京：中国政法大学出版社，1997年；武树臣：《中国传统法律文化》，北京：北京大学出版社，1994年；高道蕴、高鸿钧、贺卫方编：《美国学者论中国法律传统》，北京：中国政法大学出版社，1994年；张晋藩：《中国法律的传统与现代转型》，北京：法律出版社，1997年；马小红：《礼与法》，北京：经济管理出版社，1997年。

中国历史文化而且绵延累积数千年的"道治"(Rule of Dao)。这个传统的"道治",在多大程度上能够与现代的合法性理念相调和?或者在道德与法理层面上,两者如何调和?这些都是关心中国法律传统与现代中国法律前景时,不得不继续思考的议题。①

[原载苏基朗、苏寿富美:《有法无天——从加藤弘之、霍姆斯到吴经熊的丛林宪法观》,(香港)香港中文大学出版社2023年版]

---

① 关于儒家法律文化现代命运的讨论,见 Philip Huang, *Civil Justice in China:Representation and Practice in the Qing*, Stanford, CA: Stanford University Press, 1996, 以及 Albert H. Y. Chen, "Confucian Legal Culture and Its Modern Fate," in Raymond Wacks (ed.), *The New Legal Order in Hong Kong*, Hong Kong: Hong Kong University Press, 1999, pp. 505−533。巨焕武《犯罪自首成立与否的大争论:宋代的阿云之狱》中甚至提出现代中国台湾的自首法,应从传统自首法中继受更多积极元素。亦可见苏基朗:《理学、法律与妇女财产权》,载韩延龙编:《法律史论集》第3卷,北京:法律出版社,2001年,第479—492页。关于改革开放初期中国的法制发展以及各类问题,包括那些关于中国法制传统在内的,参考 Karen Turner, (ed.), *Limits of the Rule of Lawin China*, Seattle, WA: University of Washington Press, 2000。

宋代司法中的事实认知与法律推理

陈景良　　王小康

　　作为传统中国司法文化定性研究的重要维度，近年来，宋代司法传统吸引了学界的广泛关注。目前相关研究主要集中在宋代司法是否依法审判（法源结构或司法准据结构）、是否同案同判、是否具有稳定性和可预期性等问题上。[①]立足于现有研究，大致可以勾勒出宋代司法既重视依法判决，同时又兼顾天理人情，具备一定稳定性和可预期性的图景轮廓。但是，宋代司法判决内部究竟是如何展开说理的，其事实认知与法律推理具体是如何进行的，尚且欠缺细致而深入的揭示，存在进一步挖掘和阐释的空间。[②]

---

① 参见王志强：《〈名公书判清明集〉法律思想初探》，《法学研究》1997 年第 5 期；王志强：《南宋司法裁判中的价值取向——南宋书判初探》，《中国社会科学》1998 年第 6 期；［日］佐立治人：《〈清明集〉的"法意"与"人情"——由诉讼当事人进行法律解释的痕迹》，杨一凡、寺田浩明主编：《日本学者中国法制史论著选·宋辽金元卷》，中华书局 2016 年版，第 353—383 页；刘馨珺：《论宋代狱讼中"情理法"的运用》，《法制史研究》2002 年第 3 期；陈景良：《宋代司法传统的叙事及其意义——立足于南宋民事审判的考察》，《南京大学学报》2008 年第 4 期；陈锐：《宋代的法律方法论——以名公书判清明集为中心的考察》，《现代法学》2011 年第 2 期；柳立言：《南宋的民事裁判：同案同判还是异判》，《中国社会科学》2012 年第 8 期；柳立言：《"天理"在南宋审判中的作用》，《历史语言研究所集刊》第八十四本第二分（2013 年），第 277—328 页；［英］马若斐：《南宋时期的司法推理》，陈煜译，载徐世虹主编：《中国古代法律文献研究》第 7 辑，北京：社会科学文献出版社，2013 年，第 299—358 页；赵晶：《中国传统司法文化定性的宋代维度——反思日本的〈名公书判清明集〉研究》，《学术月刊》2018 年第 9 期。

② 陈锐《宋代的法律方法论——以名公书判清明集为中心的考察》一文对于宋代司法名公的"法律方法"进行了有力的探讨。他认为，宋代名公们在断案中充分运用了演绎论证、类比论证以及价值衡量等法律方法，这种断案模式大致属于"法律论证模式"，并非"不合逻辑的"。但是，他并未就宋代司法判决中事实认知与法律推理的具体情况和内在理路展开进一步分析。

一、"明辨是非"：宋代司法判决兼具事实求真与价值向善的诉求

众所周知，在现代法学语境中，事实认知与法律推理是司法审判活动以及法学方法的两个基本要素。①在现代司法实践中，法官判决的基本逻辑就是演绎法：以法律规范为大前提，以事实认知为小前提，由此得出判决结果。那么，宋代司法判决中是否存在着类似的推理逻辑结构？到底是什么诉求在主导宋代司法官的说理过程呢？要解释这一点，我们必须回归宋代司法的真实判决中一探究竟。作为宋代最重要的司法判例集，《名公书判清明集》（下简称《清明集》）记载了南宋时期一些著名的地方法官审判案件的真实事例。在《清明集》当中存在着一种"明辨是非"的叙事，其中贯穿着对于事实认知和法律推理两方面的关切，这正是一个剖析宋代司法判决说理方式的一个良好视角。

据笔者统计，"是非"一词在《清明集》中共出现达33次，涉及27份书判②，并且经常与"明辨"（或"辨明"）一词相伴出现。根据文理来分析，这种"明辨是非"的叙事有时侧重于指向证据认定、事实认知，如"官司理断交易，且当以赤契为主，所谓抵当，必须明辨其是非"③，此即要求查清案件事实，辨明当事人之间是否存在"抵当"关系；有时侧重于

---

① 舒国滢、王夏昊、雷磊所著《法学方法论》一书指出，"在逻辑上，法官针对特定案件作法律决定可以分为三个步骤：确定特定的事实；厘清法律规范的内容；将事实与规范联结到一起。"（参见舒国滢、王夏昊、雷磊：《法学方法论》，北京：中国政法大学出版社，2018年，第7页。）"法学方法是关于法律推理或论证的方法"，"在法律推理或论证中，法律人是在针对特定案件事实即在一定语境下解释法的渊源文本即实在法的意义。这就意味着，在逻辑上，法律人不仅要确认案件事实，而且要解释实在法。这就是我们通常所谓的事实问题与法律问题的区分。"（同上，第20—23页。）

② 在《清明集》中，"是"与"非"两字相连实际出现了35次，涉及29份书判。在吴雨岩《宗室作过押送外司拘管爪牙并从编配》一判中，"则是非惟"应理解为"则是不仅仅"（参见中国社会科学院历史研究所宋辽金元史研究室点校：《名公书判清明集》卷十一《宗室作过押送外司拘管爪牙并从编配》，北京：中华书局，1987年，第399页。）；在《生祠立碑》一判中，"于是非但"应理解为"对此不仅仅"（同上，第61页。）因此，这两个书判不在统计之列。

③ 《名公书判清明集》卷六《以卖为抵当而取赎》，第169页。

指向法律推理、价值判断或追求公平正义，如"事到本司，三尺具在，只得明其是非，合于人情而后已"①，此即要求依法辨明争讼双方孰对（是）孰错（非），"三尺"即法也；有时则兼两者而有之，如"昨曾约束民间争讼，官司所当明辨是非"②，即兼有查清案件事实与进行价值判断、追求公平正义之意。具体情况参见下表。

表1　《清明集》"是非"一词出场情况及其意义阐释

案件1	原文	（1）存心以公，传曰：公生明。私意一萌，则是非易位，欲事之当理，不可得也。 （2）夫州之与县，本同一家，长吏僚属，亦均一体，若长吏偃然自尊，不以情通于下，僚属退然自默，不以情达于上，则上下痞塞，是非莫闻，政疵民隐何从而理乎？③
	"是非"一词在具体语境中的含义	（1）侧重于进行价值判断、追求公平正义之意："是非"指正邪善恶标准，即"理"。 （2）侧重于追求查清案件事实之意："是非"指州县民间情况，"政疵民隐"。
	所涉证据	此书判为对僚属在行政、司法原则上的劝诫，不涉及具体证据建构问题。
案件2	原文	（3）公事在官，是非有理，轻重有法，不可以己私而拂公理，亦不可徇公法以徇人情。 （4）殊不思是非之不可易者，天理也，轻重之不可逾者，国法也。以是为非，以非为是，则逆乎天理矣！以轻为重，以重为轻，则违乎国法矣！④
	"是非"一词在具体语境中的含义	（3）（4）侧重于进行价值判断、追求公平正义之意："是非"指正邪善恶标准，即"理""公理""公法""天理""国法"。
	所涉证据	不涉及具体证据建构问题。

---

① 《名公书判清明集》卷七《立继有据不为户绝》，第215页。
② 《名公书判清明集》卷一《劝谕事件于后》，第15页。
③ 《名公书判清明集》卷一《咨目呈两通判及职曹官》，第2页。
④ 《名公书判清明集》卷一《谕州县官僚》，第6页。

续表

案件3	原文	(5) 昨曾约束民间争讼，官司所当明辨是非，如果冒犯刑名，自合依条收坐。①
	"是非"一词在具体语境中的含义	(5) 兼有查清案件事实与进行价值判断、追求公平正义之意："是非"兼指事之虚实、理之正邪。
	所涉证据	不涉及具体证据建构问题。
案件4	原文	(6) 但李克义、李克刚有事在官，是非曲直，只当听候官司剖决。②
	"是非"一词在具体语境中的含义	(6) 兼有查清案件事实与进行价值判断、追求公平正义之意：李克义是否冒充李少卿嫡系子孙，是否应受惩罚。
	所涉证据	李少卿真本诰命与真本墓志；检验刘七被打"伤至流血，痕迹俱存"。
案件5	原文	(7) 具申尚书省，乞与放行注授，庶几是非明白，士夫知所劝。③
	"是非"一词在具体语境中的含义	(7) 兼有查清案件事实与进行价值判断、追求公平正义之意：知县黄辂是否贪污、县吏郑勋等人是否为诬告知县，县吏是否应受惩罚。
	所涉证据	郑勋之口供。
案件6	原文	(8) 萧、张之讼田，固未知其孰是非也，然以人情度之，一番为瞒昧，则钱没官，业还主，张氏何为不能讼之官，而邃献之学邪？是必有故矣。 (9) 学官不问其是非而私受之，漕使所谓质之夫子辞受之义而安者，其果安乎？④

① 《名公书判清明集》卷一《劝谕事件于后》，第15页。
② 《名公书判清明集》卷二《冒解官户索真本诰以凭结断》，第45页。
③ 《名公书判清明集》卷二《县吏妄供知县取绢》，第60页。
④ 《名公书判清明集》卷三《学官不当私受民献》，第93—94页。

案件6	"是非"一词在具体语境中的含义	(8) 兼有查清案件事实与进行价值判断、追求公平正义之意：所争田业究竟原属于是萧氏还是张氏，萧氏与张氏谁对谁错。 (9) 兼有查清案件事实与进行价值判断、追求公平正义之意：所争田业究竟原属于是萧氏还是张氏，学官是否应当接受张氏献田。
	所涉证据	学司状纸，即学司衙门所签发的公文。
案件7	原文	(10) 此事昨来金厅所拟，间得其情，至于剖决之际，未免真伪混淆，是非易位，金厅盍申言之。①
	"是非"一词在具体语境中的含义	(10) 兼有查清案件事实与进行价值判断、追求公平正义之意：贾勉仲与贾文虎之间田产是否成立典卖关系，所谓贾勉仲拨田与严氏是否属实，贾宣的立嗣身份是否应该认定为成立；贾勉仲与贾文虎二人，何者主张为正当。
	所涉证据	贾文虎所持遗嘱、典契，贾宣立嗣凭据（"除附给据"）。
案件8	原文	(11) 俞行父、傅三七争山之讼，昨已定夺，而行父使弟定国安以摽拨界至为词，套合保司，意欲妄乱是非。②
	"是非"一词在具体语境中的含义	(11) 兼有查清案件事实与进行价值判断、追求公平正义之意：俞行父山林与傅三七田业之界至有无干涉、傅三七有无"摽拨界至"之行为，俞行父现占有之山林是否有正当来源；俞行父与傅三七二人，何者主张为正当。
	所涉证据	俞行父手中干照（保司朱记）、刘德成手上干照契约；县尉亲自下乡勘验两家田业界至；查明傅三七买刘八四田，傅三七现在管业。
案件9	原文	(12) 题目：争山各执是非当参旁证③
	"是非"一词在具体语境中的含义	(12) 兼有查清案件事实与进行价值判断、追求公平正义之意：是否存在过一份嘉定二年契约，现有这份嘉定二年契约是否为真实，嘉定二年契约中所载之典卖是否包括宋家源头山；曾子晦与范僧二人，何者主张为正当。
	所涉证据	绍熙元年范崇买杨三六山契约，开禧三年范诚之、范元之、范僧分家支书，嘉定二年曾大机宜买阿黄、范八、范僧黄栀园并宋家源头山契约，以及宝庆元年曾知府买宋五"宋家源"山契约。

① 《名公书判清明集》卷五《侄假立叔契昏赖田业》，第146—147页。

② 《名公书判清明集》卷五《争山妄指界至》，第157页。

③ 《名公书判清明集》卷五《争山各执是非当参旁证》，第160页。

案件10	原文	（13）官司理断交易，且当以赤契为主，所谓抵当，必须明辨其是非。①
	"是非"一词在具体语境中的含义	（13）侧重于追求查清案件事实之意：陈嗣佑与何太应之间的罗家坞山地交易究竟是"抵当"，还是"断卖"。
	所涉证据	宝庆二年陈嗣佑买罗家坞山地契约及上手赤契、绍定二年何太应买陈嗣佑罗家坞山地契约。
案件11	原文	（14）此岁月先后重迭，是非不辨而明矣。②
	"是非"一词在具体语境中的含义	（14）兼有查清案件事实与进行价值判断、追求公平正义之意：孙斗南两处园地的一地两卖，这四次交易契约各自时间先后顺序如何，其中应认定哪两次为有效。
	所涉证据	绍定四年孙蜕买孙斗南园地一角三十步契约、绍定六年孙兰买孙斗南园地一角三十步契约、绍定五年孙兰买孙斗南园地二角草屋三间契约、绍定六年孙蜕买孙斗南园地二角草屋三间契约、孙彦烈与王氏的供词。
案件12	原文	（15）殊不知既有交争，何害和对，既相词讼，宁免追呼，此皆枝蔓之辞。若夫产业之是非，初不在是。③
	"是非"一词在具体语境中的含义	（15）兼有查清案件事实与进行价值判断、追求公平正义之意：该田产究竟是否已经赎回，若该田产未曾赎回，是否已经断卖；吴五三（吴富）和陈税院二人，何者主张为正当。
	所涉证据	吴五三（吴富）手中标明田产四至之底帐砧基、证明赎回田产的批约，陈税院手中有吴亚休所交付上手赤契，吴亚休与其父陈解元所先立之典卖契约，吴朝兴、吴都正、吴富、吴归兄弟四人与其父陈解元所后立之断卖契约，吴朝兴、吴都正、吴富、吴归兄弟四人在此田上佃种之契约租札。
案件13	原文	（16）惟其是非未明，此大成望蜀之心，独不止于得二亩，可久全璧之意，又未忍于割二亩，其讼所以不已也。④

① 《名公书判清明集》卷六《以卖为抵当而取赎》，第169页。

② 《名公书判清明集》卷六《争业以奸事盖其妻》，第181页。

③ 《名公书判清明集》卷六《伪批诬赖》，第182页。

④ 《名公书判清明集》卷六《诉任盗卖田》，第183—184页。

续表

案件13	"是非"一词在具体语境中的含义	（16）兼有查清案件事实与进行价值判断、追求公平正义之意：华纲、华纬及其子华惟德、华惟忠前后所卖六亩多田，是华咏名下未曾分析的遗产田业，还是华纲、华纬所分得的田产；华大成与华惟德、华惟忠双方，何者主张为正当。
	所涉证据	绍定二年至嘉熙三年陈舜臣买华纲、华纬及其子华惟德、华惟忠田产之十张契约，开禧二年华咏四个儿子分家以及嘉定年间华纲、华大成兄弟分家的"众存文约""各分分书"。
案件14	原文	（17）张诚道不曾管业一日，却有张洵正卖契一纸，遂谓有契岂不胜无契。钟承信止有张模等上手契三纸，更无正典卖契，却管业二十八年，遂谓管业岂可使失业。二说相持，莫决是非。①
	"是非"一词在具体语境中的含义	（17）兼有查清案件事实与进行价值判断、追求公平正义之意：三间房屋实际上究竟归属于张诚道还是钟承信，应支持何人主张。
	所涉证据	张诚道所持署有自己名字的张洵正典断卖契约一张，钟承信所持张模等上手契三张，张氏管理租房的点印赁钱簿历、租札、供责；其房屋租客都称其所租为钟家房屋。
案件15	原文	（18）今官合先论其事理之是非，次考其遗嘱之真伪。 （19）欲连契案帖县，令牛大同凭遗嘱管业，庶几是非别白，予夺分明。②
	"是非"一词在具体语境中的含义	（18）侧重于进行价值判断、追求公平正义之意："是非"指正邪善恶标准，即"事理"。 （19）兼有查清案件事实与追求公平正义之意：祥禽乡之山是否为钱居茂之财产，牛大同所持钱居茂遗嘱是真实还是伪造；牛大同与钱孝良二人，何者主张为正当。
	所涉证据	嘉定二年钱居茂与钱居洪兄弟分家析产之分书、牛大同所持钱居茂遗嘱。
案件16	原文	（20）事到本司，三尺具在，只得明其是非，合于人情而后已。 （21）若有龙果乳一岁，则法所当立，在吴琳却不当以一为七，以乳为男，是是非非，于斯可见矣。③

① 《名公书判清明集》卷六《舅甥争》，第191页。
② 《名公书判清明集》卷六《争山》，第197—198页。
③ 《名公书判清明集》卷七《立继有据不为户绝》，第215—216页。

续表

案件16	"是非"一词在具体语境中的含义	(20)(21)兼有查清案件事实与进行价值判断、追求公平正义之意:两份关于吴有龙立嗣的县据何者为真,是否应认定吴有龙为立嗣之子、是否支持吴有龙的财产继承权。
	所涉证据	两份当年本县县衙所发给的吴琛收养异姓子(吴有龙)之凭据("县据")。
案件17	原文	(22)官司徒以其前后陈述,犹能委利权于官,以为他日全身远害之计,遂得以别公私,定是非于梁、郑氏之争也。①
	"是非"一词在具体语境中的含义	(22)侧重于进行价值判断、追求公平正义之意:房长梁太与侧室郑氏二人,何者主张为正当。
	所涉证据	官府查证。
案件18	原文	(23)题目:辨明是非②
	"是非"一词在具体语境中的含义	(23)兼有查清案件事实与进行价值判断、追求公平正义之意:董三八有无证明其为韩知丞之子的证据,是否应认定董三八为韩知丞之子、是否支持董三八继承韩知丞财产的诉求。
	所涉证据	韩时觐、周兰姐、董三八和韩妳婆等人的供词;通过官府查证得知韩知丞、周兰姐、董三八的生平交际关系。
案件19	原文	(24)是二人者,已供手状在案,不待唤集,足见是非。③
	"是非"一词在具体语境中的含义	(24)兼有查清案件事实与进行价值判断、追求公平正义之意:关于虞继立嗣身份的两份凭据何者为真,是否应认定虞继为立嗣之子。
	所涉证据	虞县丞手中所持立嗣凭据("县据")与当地县衙所保存的立嗣凭据("官司文书");房长虞季恭与虞丞妾刘氏儿二人的供状。

① 《名公书判清明集》卷七《房长论侧室父包并物业》,第232页。
② 《名公书判清明集》卷七《辨明是非》,第239—241页。
③ 《名公书判清明集》卷八《立昭穆相当人复欲私意遗还》,第248—249页。

续表

案件20	原文	（25）县丞所断，不计其家业之厚薄，分受之多寡，乃徒较其遗嘱之是非，义利之去就，却不思身为养子，承受田亩三千，而所拨不过二百六十，（26）遗嘱之是非何必辩也。①
	"是非"一词在具体语境中的含义	（25）（26）兼有查清案件事实与进行价值判断、追求公平正义之意：郑孝纯、郑孝德二人所持遗嘱是真实还是伪造，遗嘱继承方案是否合乎公平正义。
	所涉证据	郑应辰生前所立遗嘱。
案件21	原文	（27）吴春论王生掘土，斫木，填塞祖墓，续卓清夫论吴春、吴辉殴伤作人，阑丧，碎碑，不与安葬。两词共写山图，是非莫辨。②
	"是非"一词在具体语境中的含义	（27）兼有查清案件事实与进行价值判断、追求公平正义之意：双方契约干照文书谁真谁假，大广山北山分水之南的土地究竟是卓氏祖业还是吴氏所买；吴春与卓清夫二人，何者主张为正当。
	所涉证据	卓清夫所持庆元二年卓家先祖拨地给吴四五、吴念七葬祖之契约，吴春、吴辉所持其父吴柽从江彦处买山之契约，卓清夫所持分家文书（"分书"），吴春所画山图，赵知县属下县衙主簿所定验之山图；保正、魏七七等邻人的供词；县衙主簿、署名"莆阳"的名公亲自下乡勘验山田界至，并使用罗盘针对山图予以查证核对。
案件22	原文	（28）若但据其先后之词，而遂以为有无之决，是非鲜有不失实者。③
	"是非"一词在具体语境中的含义	（28）侧重于查清案件事实之意：儿媳阿黄与公爹李起宗之间是否存在着苟合（奸情）关系。
	所涉证据	阿黄、李起宗的供词；通过官府查证得知阿黄与李起宗的暧昧关系传闻等等。

---

① 《名公书判清明集》卷八《女合承分》，第291页。
② 《名公书判清明集》卷九《主佃争墓地》，第325页。
③ 《名公书判清明集》卷十《既有暧昧之讼合勒听离》，第388页。

续表

案件23	原文	(29) 推原其故，皆由居巡、尉之职者，以差头为买卖，藉此辈为爪牙，幸有一人当追，则恨不得率众以往，席卷其家，以为已有，理之是非，一切不顾，此罗闰之家所以遭此横逆也。①
	"是非"一词在具体语境中的含义	(29) 侧重于进行价值判断、追求公平正义：指正邪、善恶标准，即"理"。
	所涉证据	官府查证。
案件24	原文	(30) 是非曲直，官司自当从公处断，决无白休之理。②
	"是非"一词在具体语境中的含义	(30) 兼有查清案件事实与进行价值判断、追求公平正义之意：罗邦臣、罗四六究竟是否劫夺了樊如彬家之财产，罗邦臣、罗四六与樊如彬之间何人理亏。
	所涉证据	阿钟、罗邦臣、罗四六等人的供词；通过官府查证得知陆时义田产、樊如彬家产的相关情况。
案件25	原文	(31) 详阅所判，是非曲直，了然目中，无复余蕴矣。③
	"是非"一词在具体语境中的含义	(31) 侧重于进行价值判断、追求公平正义之意：对于欺凌寡妇阿贺的宗族亲戚、乡党邻里，应如何处理方为正当。
	所涉证据	官府查证。
案件26	原文	(32) 当职厌谄谀而喜抗直，恶偏私而乐正大，今连粘原榜在前，并备述心事晓谕，使是非曲直，昭然如日，与此邦贤士大夫公议之。故兹榜示，各请知悉。④
	"是非"一词在具体语境中的含义	(32) 兼有查清案件事实与追求公平正义之意：知县翁浩堂自己是非存在收受贿赂之事，张贴匿名榜的行为是否正当。
	所涉证据	匿名榜。

---

① 《名公书判清明集》卷十一《弓手土军非军紧切事不应辄差下乡骚扰》，第438页。
② 《名公书判清明集》卷十三《峒民负险拒追》，第506页。
③ 《名公书判清明集》卷十四《合谋欺凌孤寡》，第527页。
④ 《名公书判清明集》卷十四《匿名榜连粘晓谕》，第551页。

续表

案件27	原文	（33）今作闹之端未欲鞫勘，是非当无两词，扭拽经官，中涂劝解，此意亦善。①
	"是非"一词在具体语境中的含义	（33）兼有查清案件事实与追求公平正义之意：裴乙是否具有邓四所说情状，邓四所持所谓裴乙文约是否为真，邓四与裴乙何人理直、何人理亏。
	所涉证据	官府查证。

注：以上各案件均出自《清明集》，书判名及其作者姓名参见脚注。

据上表可知，《清明集》书判中出现的33次"是非"一词，在各自具体语境中，侧重于指向查清案件事实的有3次，侧重于指向进行价值判断、追求公平正义的有7次，而兼有查清案件事实与进行价值判断、追求公平正义之意的有23次。基于以上统计数据可知，第一，《清明集》所载宋代司法判决中确实存在着这样一种"明辨是非"的叙事，其诉求指向查清案件事实或进行价值判断、追求公平正义之意。

第二，尽管在具体语境下，"是非"一词有时侧重于指向查清案件事实、有时侧重于指向进行价值判断、追求公平正义，但从这些判决的整体说理结构来看，查清案件事实与进行价值判断、追求公平正义两种诉求普遍是并存其中而不可分的。如《以卖为抵当而取赎》一案中，"必须明辨其是非"固然是指要查清陈嗣佑与何太应之间的罗家坞山地交易究竟是"抵当"还是"断卖"，然而查清案件事实的目的正是为了判断山地判给何人为正当；而且从此案的证成逻辑来讲，一旦山地交易是"抵当"或是"断卖"之事实被查明，则合乎公平正义的价值判断自然就可推导出来了。对此证成逻辑，留待下文详述。

第三，并不是说只有出现了"是非"一词的书判才追求"明辨是非"，而没有出现"是非"一词的书判就不要求查清案件事实或进行价值判断、追求公平正义。实际上，有研究显示，探求案件事实（实然）与进行价值

①《名公书判清明集》卷十四《裴乙诉邓四勒渡钱行打》，第555页。

判断、追求公平正义（应然）这两种意涵在同一个词汇中混纶为一，这在《清明集》判词中是广泛存在的。①综合以上，似可做如下推论：宋代司法判决兼具事实求真与价值向善的两种诉求，而这两种诉求正是主导宋代司法官说理工作的内在动因。

揆之宋代司法史迹，这种推论或许并非虚妄。首先，重证据实乃是宋代司法的基本原则，事实认知上的求真是司法名公进行判决的首要前提。南宋著名提刑官、法医学鼻祖宋慈指出，"狱事莫重于大辟，大辟莫重于初情，初情莫重于检验。盖死生出入之权舆，幽枉屈伸之机括，于是乎决"。②可见，宋慈认为，在刑狱案件尤其是死罪案件中，要特别重视对案件事实的掌握，而事实的认知则立足于对证据的检验和甄别，并且他将证据的检验和甄别提到关乎人命死生、公道冤枉的高度来看待。

实际上，在民间民事争讼案件中，宋代司法也同样重视对于案件事实认知的求真，具体表现在司法名公对于案件事实认知活动本身的反思和对于证据的重视上。宋代司法名公对案件事实认知活动有着深刻的批判性反思，他们清楚地知道人的认识能力是有局限的，案件事实认知既有可能合乎"真相"，也有可能背离"真相"。他们把案件事实"真相"称之为"实情"，如"两词枘凿如此，况书契之人并无一存，可以为证。本厅既难根究，何缘可得实情"③，把合乎"真相"的案件事实认知称之为"情实"，

---

① 根据英国学者马若斐的研究，《清明集》中的"情"（或"人情"）、"理"（或"情理"）两个词便是兼有描述性功能与规范性功能。换言之，也同样包含有案件事实（实然）与价值判断（应然）这两种意涵。具体来说，"情"有时候指"案情事实"（Fact），有时候指"情绪""感情"（Feeling）；"人情"可以表示"社会中普遍存在的现实情形"，更多的时候表示"行为举止合乎相应的伦常要求"；"理"有时候描述事物存在之"理由"，有时候表示"原则""伦理准则"或"标准"。参见［英］马若斐：《南宋时期的司法推理》，陈煜译，载徐世虹主编：《中国古代法律文献研究》第7辑，北京：社会科学文献出版社，2013年，第305页、第313页、第326页。

② 参见宋慈：《洗冤集录序》，〔宋〕宋慈著，高随捷、祝林森译注：《洗冤集录译注》，上海：上海古籍出版社，2016年，第1页。

③ 《名公书判清明集》卷五《争山各执是非当参旁证》，第161页。

如"当职身为县令，于小民之患顽者，则当推究情实，断之以法"。①司法名公充分意识到，之所以"实情"难得、"情实"难致，很大程度上是因为案件当事人都倾向于做出有利于己方的事实陈述，因此当事人词状既有可能是"情实"，也有可能是出于做"伪"。案件事实"情（实）""伪"难辨，故而宋代司法名公自觉地对案情之"事"、两造之"词"进行仔细的甄别，正如《侄假立叔契昏赖田业》判词所说"事有似是而实非，词有似弱而实强，察词于事，始见情伪，善听讼者不可有所偏也"。②

那么，宋代司法名公又是如何甄别情伪、查清事实呢？这就必须提到他们对于证据的重视。在司法实践过程中，司法名公特别强调事实认知应有"凭据"，如"江文辉供称系江通宝直下子孙，欲取赎江通宝之田，必当有合同典契，今既无合同之契，本司难以凭据还赎"。③可见，无合同典契难以认定典卖关系，无法为取赎提供事实"凭据"。又如，"照得华咏四子，先分析于开禧二年，华纲、华大成兄弟又分析于嘉定年间，何为已分析三十年，而尚有未分之田邪？又何为不争诉于三十年前华纲未死之日邪？又何为诸分不争，而一分独争邪？此田谓之未分，官司何所凭据？若曰故祖遗下未分之田，则必有众存文约，又必有各分分书，互载可照。所合索上究证，则无者不得尽其辞矣"。④在此，司法官吴革（恕斋）指出，要想证明所争诉田业是否为未分析的祖产，必须有所"凭据"，因此要调取分家众存文约、各分分书等文书证据来进行辨别、查证。这种对于事实认知应有"凭据"的强调，体现了宋代司法名公对于事实求真的重视以及

① 《名公书判清明集》附录二《勉斋先生黄文肃公文集·张运属兄弟互诉墓田（新淦）》，第585页。
② 《名公书判清明集》卷五《侄假立叔契昏赖田业》，第146—147页。
③ 《名公书判清明集》卷九《妄赎同姓亡殁田业》，第320页。
④ 《名公书判清明集》卷六《诉侄盗卖田》，第184页。

以证据认定事实的方法自觉。①

在上文表格所梳理《清明集》"明辨是非"叙事相关的27份书判（前3份为官箴训诫，实际只有24份司法判决）中，若将同一书判中的同类证据记作一次，则契照书证出现17次，人证口供出现8次，官方勘验查证出现10次；契照书证单独作为证据的情况有10次，官方勘验查证单独作为证据的情况有3次，而人证口供单独作为证据的情况只有1次；在大多数情况下，名公们是综合运用不同类型证据来进行事实认知的。我们当然不能认为具体司法活动只是用到了书判中所提到的证据，但仅就书判所见证据及其使用过程，亦可以想见宋代司法名公对于案件事实认知活动的慎重态度。

其次，追求判决结果的良善可欲、合乎正义乃是宋代司法的价值立场，司法名公们自觉地立足于案件事实认知进行价值判断、运用法律推理。南宋司法名公胡颖（石壁）曾指出，"大凡官厅财物勾加之讼，考察虚实，则凭文书；剖判曲直，则依条法"②，这就是要求以凭据文书等证据来"考察虚实"、查清案件事实③，依据法律条文来"剖判曲直"、追求

---

① "凭据"二字在《清明集》书判中所在多有，另如："或是相传，或是买入，无所凭据"（《漕司送许德裕等争田事》，《清明集》第117页），"所卖田三丘、山十二段，乃是凭大保长凭由作上手干照，不足凭据"（刘后村：《争山妄指界至》，《清明集》第158页），"所添字迹，又在税契朱墨之上，其所执卖契，委难凭据"（吴恕斋：《兄弟争业》，《清明集》第173页），"今直之施王德死后，乃欲于屋基外，冒占朱氏桑地一角，不知何所凭据？"（吴恕斋：《王直之朱氏争地》，《清明集》第185—186页），"不知友能全有此地，何所凭据？"（吴恕斋：《叔侄争》，《清明集》第189页），"官司见得阿周无所凭据，若不从其初而折其萌，何以绝后纷纷之讼"（叶岩峰：《辨明是非》，《清明集》第241页），"争分全凭支书，有印押者尚多假伪，不足凭据，而况不印押者乎？"（天水：《已有亲子不应立继》，《清明集》第250页），"王方无可抵争，往往力于攻一妾使红梅，且曰红梅一出，则干照具白，此妾不出，虽千言亦难凭据。"（主簿拟：《假为弟领继为词欲诬赖其堂弟财物》，《清明集》第513页）。

② 《名公书判清明集》卷九《质库利息与私债不同》，第336页。

③ 按，宋代司法活动中证据本有多种，但这里胡颖单举"文书"而言"考察虚实"，这里的"文书"就是指契约干照等文书证据，可见契约干照文书证据在宋代司法事实认知中的重要性。例如，吴革曾说"切惟官司理断典卖田地之讼，法当以契书为主，而所执契书又当明辨其真伪，则无遁情"（吴恕斋：《孤女赎父田》，《清明集》第315页），又说"官司理断交易，且当以赤契为主，所谓抵当，必须明辨其是非"（吴恕斋：《以卖为抵当而取赎》，《清明集》第169页）。

公平正义。这一说法与今天司法所谓"以事实为依据，以法律为准绳"颇有暗合相通之处。胡颖所谓"考察虚实，则凭文书；剖判曲直，则依条法"，意义重大，这一说法表明宋代司法官对于事实认知问题（确认法律演绎推理小前提）与法律认定问题（确认法律演绎推理大前提）之区分有了充分的自觉，这标志着中国本土法学方法的划时代进步。

事实上，在宋代司法语境中，胡颖式的区分事实问题与法律问题的意识或说法并非孤例。《吴肃吴镕吴桧互争田产》一案判词中提到，"夫岂知民讼各据道理，交易各凭干照。在彼则曲，在此则直，曲者当惩，直者当予，其可执一，以堕奸谋"。[①]"干照"者，为宋代司法中特有的关于文书证据之称呼，即干连之证照。[②]该判词指出，关于交易的案件事实应该以干照书证为依据，而争讼中谁曲谁直、谁对谁错则应该依据"道理"来进行裁判。这同样是对于司法活动中事实问题与法律问题（这里的"法律"取广义，泛指裁判依据）的自觉区分。可见，立足于案件事实认知进行价值判断、运用法律推理，以追求判决结果的良善可欲、合乎正义，正是宋代司法名公的共识。

当然，"民讼各据道理"一语又引出另外一个问题，即宋代司法裁判的规范依据，或判决结果是否良善可欲、合乎正义的标准，不仅有胡颖所谓的"条法"，还有"道理"。关于"条法"与"道理"在宋代法律推理中的关系，后文将有所探讨，这里暂且不论。基于以上论述，至少可以得出这样的结论：其一，宋代司法判决确乎兼具事实求真与价值向善的两种诉求，而这两种诉求正是主导宋代司法官说理工作的内在动因；其二，宋代司法名公对于事实认知问题（确认法律演绎推理小前提）与法律认定问题（确认法律演绎推理大前提）之区分已有了充分的自觉，正是在此基础上，他们才得以充分地施展法律智慧，发展法学方法。

---

① 《名公书判清明集》卷四《吴肃吴镕吴桧互争田产》，第112页。
② 对于宋代司法中干照书证的具体分析，可参看陈景良：《释"干照"——从"唐宋变革"视野下的宋代田宅诉讼说起》，《河南财经政法大学学报》2012年第6期。

二、事实与法律的衔接：宋代司法名公综合运用内部证成与外部证成

对于宋代司法裁判而言，无论是所谓"考察虚实，则凭文书；剖判曲直，则依条法"，还是所谓"民讼各据道理，交易各凭干照"，其核心问题都集中在这里：如何确认案件基本事实，如何认定裁判规范（法律），如何在事实与法律之间进行合乎逻辑、合乎目的之衔接。从现代法学方法论的角度来说，这就涉及"涵摄"。所谓"涵摄"（Subsumtion），就是确定生活事实与法律规范之间关系的思维过程。①广义的"涵摄"是指"将特定案件事实归属于法律规则的构成要件之下，以得出特定法律后果的推论过程"，而狭义的"涵摄"则是指"具体待决案件与为制定法构成要件所确凿涵盖之案件之间的等置"。②既然宋代司法判决兼具事实求真与价值向善的两种诉求，既然宋代司法名公对于事实问题与法律问题之区分已有了充分的自觉，那么他们又是如何具体确定生活事实与法律规范之间关系的呢？

这个问题远没有看上去那么简单。最简单而理想的法律推理模式当然就是亚里士多德式的演绎法三段论。如：法律规定"杀人者死"（大前提，法律），甲杀人（小前提，事实），甲应被处死（结论，判决结果）。然而，在现实司法实践中，法律推理不可能都是如此简单明了的。作为法律演绎推理之小前提的案件事实与作为法律演绎推理之大前提的裁判规范往往都不是先天给定的，而是有赖于司法者运用法律智慧和法学方法来加以认识

---

① 参见［德］魏德士：《法理学》，北京：法律出版社，2005年，第295页。

② 按，狭义的"涵摄"仅仅涉及作为法律演绎推理之小前提的事实认知问题，而广义的"涵摄"则指向包括确定事实小前提、选择法律大前提以及得出结论在内的法律演绎推理整体过程。参见舒国滢、王夏昊、雷磊：《法学方法论》，北京：中国政法大学出版社，2018年，第105—106页。

和获得的。①正由于此，为了衔接事实小前提、法律大前提的各自证立与终极的法律演绎推理，现代法律证成理论创制了一对概念："内部证成"与"外部证成"。所谓"内部证成"，是确保所欲得到的裁判结论从所引述的前提中合乎逻辑地被推导出来；而所谓"外部证成"，则是指确保内部证成所使用之前提的正确性、可靠性。②换言之，"内部证成"指向终极的法律演绎推理，而"外部证成"则指向事实小前提、法律大前提的各自证立。就此而言，宋代司法名公对于生活事实与法律规范之间的衔接，确乎是综合运用内部证成与外部证成而实现的。③对此，我们必须从回归具体案例来进行解说。

从外部证成之内容来看，事实小前提的证立和法律大前提的证立都具有一定的难度。但是，相比于法律相对确定情况下的事实认定，寻找和证立裁判规范工作往往要复杂得多。这些难题，宋代名公在司法实践中都可能遇到，本节就从裁判规范（广义的"法律"）相对确定情况下的事实认

---

① 按，首先，司法实践中对于事实的认定并不总是那么价值中立、规范无涉的。相反地，很多时候案件事实的认定本身就需要通过援用法律规范对生活事实进行涵摄。其原因在于，案件事实不同于客观事件本身，它是一个命题、一个陈述。"在判决的事实部分出现之'案件事实'，是作为陈述的案件事实。"（参见［德］卡尔·拉伦茨：《法学方法论》，陈爱娥译，北京：商务印书馆，2003 年，第 160 页。）而陈述的内容不仅涉及自然事实，还涉及制度性的事实，制度性事实的认定本身就需要对法律规范进行解释。比如，宋代司法实践中的立嗣子之身份、田宅典卖关系是否成立之认定。换言之，这过程里面存在着规范与事实之间的循环互动关系。其次，在具体的法律推理中，法律规范并不总是那么确当无疑的。在现代法学方法论的语境下，寻找和证立裁判规范的过程可能存在以下困境：1、"法律针对特定社会生活或社会关系或特定案件事实没有提供答案"；2、"法律针对特定社会生活或社会关系或特定案件事实没有提供适当的或合适的答案"。（参见舒国滢、王夏昊、雷磊：《法学方法论》，北京：中国政法大学出版社，2018 年，第 389—390 页。）类似的裁判规范证立困境在宋代司法实践中也是存在的，对此将在后文予以分析。

② 参见舒国滢、王夏昊、雷磊：《法学方法论》，北京：中国政法大学出版社，2018 年，第191—194 页。

③ 按，关于"内部证成"与"外部证成"的最经典论述当属英国学者图尔敏所著 *The Uses of Argument* 一书。对其主张中文学界一般称之为"图尔敏论证模式"，这种模式的核心特征就是在内部证成上层层嵌套外部证成。陈锐《宋代的法律方法论——以名公书判清明集为中心的考察》一文用"图尔敏模式"对宋代司法判决进行了分析，重在揭示宋代司法的合逻辑性。本文这里侧重在揭示宋代司法判决中事实认知与法律推理的具体情况和内在理路。

定说起，将名公对裁判规范证立困境的应对留到下一节来论述。宋代民事争讼案件种类繁多，若以诉讼参加者的身份关系为标准，可划分为以下三种：1、凡人之间的争讼（"凡人"者即指无伦常服纪关系之普通人）；2、亲属之间的争讼；3、涉及士人、官户、豪强的争讼。①在古代社会秩序背景下，第三类案件具有一定的特殊性，且不占主流，当另外讨论。这里主要讨论前两种案件的事实认知与法律推理过程。

首先，这里选取一个凡人之间的田土争讼案件来分析，即上文梳理"明辨是非"叙事中提到的吴革（恕斋）所判"以卖为抵当而取赎"一案。②此案约发生在南宋理宗淳祐二年（1242），主审法官吴革为时任临安知府。经查明，此案争讼标的罗家坞山地系陈嗣佑于宝庆二年（1226）以十三千钱购得，有上手赤契。绍定二年（1229），陈嗣佑将此罗家坞山地上手赤契，作价钱七贯，立契卖与何太应。"当时嗣佑既离业矣，太应亦过税矣。越五年，太应将契投税为业"，物主离业、钱主投税均已完成。淳祐二年，陈嗣佑到县衙告状，认为当初与何太应之间只是"抵当"，并非"正行断卖"，意图用钱赎回罗家坞山地。初审之中，知县认为当地风俗之中"多有抵当之事"，而且此罗家坞山地陈嗣佑于于宝庆二年以十三千钱购得，但绍定二年与何太应交易仅得七贯，由此怀疑陈嗣佑与何太应之间只是"抵当"关系，"勒令太应退赎"。对此，"太应坚不伏退赎，乃有词于府"，即向知府衙门上告。因此，本案争议的焦点在于：陈嗣佑与何太应之间的罗家坞山地交易究竟是不是"抵当"，陈嗣佑能否取赎该土地。

究竟是不是"抵当"，这当然是属于事实认知问题，但这属于一个制度性事实，即此事实的认定有赖于对法律制度的解释。作为复审法官，吴革认为，知县初审判决在案件事实认定上存在问题。他指出"官司理断交

---

① 参见陈景良：《释"干照"——从"唐宋变革"视野下的宋代田宅诉讼说起》，《河南财经政法大学学报》2012年第6期。

② 《名公书判清明集》卷六《以卖为抵当而取赎》，第168—170页。

易，且当以赤契为主，所谓抵当，必须明辨其是非"，即要以加盖了官府印章的交易契约文书（赤契）为根据，来明辨是非，判断陈嗣佑与何太应之间究竟是抵当还是断卖。他分析指出，"乡民以田地立契，权行典当于有力之家，约日克期，还钱取契，所在间有之。为富不仁者因立契抵当，径作正行交易投税，便欲认为己物者亦有之。但果是抵当，则得钱人必未肯当时离业，用钱人亦未敢当时过税"。这是说，现实中确实存在为富不仁者主动投税，以"抵当"混为"正行断卖"，企图霸占他人产业的现象；但在抵当关系下，为避免交易风险，物主（得钱人）往往不会离业，钱主（用钱人）也不敢当时过税。何以故？据吴革另一处判词《抵当不交业》，"在法：诸典卖田宅并须离业。又诸典卖田宅投印收税者，即当官推割，开收税租。必依此法，而后为典卖之正"①可见，根据法律规定，"正行交易""典卖之正"要求同时具备物主离业、钱主投税两要件。正是以此法律规范为基础，吴革推论出了此类案件的要件事实模型，"其有钱、业两相交付，而当时过税离业者，其为正行交易明，决非抵当也"。进而又得出了其所认定的案件事实"嗣佑立契卖地之后，既即离业，太应用钱得地之后，又即过税，此其为正行交易较然"，二人之间的交易并不是"抵当"关系。

本案判词所说的田地"抵当"，乃是"民间衍生的一种非正规的抵押借贷"。②其制度性内涵是：业主将田地抵押给钱主以为借贷，依约定抵当田地到期可退赎，不能取赎则归钱主所有。确定双方不是"抵当"关系，仅仅只能推断陈嗣佑不可依抵当之规则取赎该土地。实际上，宋代土地交易中，所谓"正行交易""典卖之正"，在断卖之外还包括出典（狭义的典

---

① 《名公书判清明集》卷六《抵当不交业》，第167页。
② 按，戴建国先生指出，"抵当在宋代，作为国家认可的一种正式交易制度，仅限于百姓与官府之间的借贷抵押，在民间亦仅限于动产的交易。而像土地这样的不动产抵当，'本非正条'，只是民间衍生的一种非正规的抵押借贷，其特点是手续简便，不割业，不过税，无须缴纳契税钱，因而在民间部分地区流行。……宋代在长期的实践中，经过选择，淘汰了抵当和倚当，将不动产交易形式固定在典与断卖上，典与断卖才是'正行交易'"。参见戴建国：《宋代的民田典卖与"一田两主制"》，《历史研究》2011年第6期。

卖）。断卖在制度上是不存在退赎之空间的，而出典则即仅仅转移土地使用权而保留所有权，可以进行取赎。①那么，陈嗣佑与何太应之间的罗家坞山地交易究竟出典还是"正行断卖"呢，陈嗣佑能否依出典之规则取赎该土地？对此吴革进一步展开了分析。

吴革指出："若曰嗣佑买贵卖贱，则宝庆至绍定亦既数年，安知其直之贵贱不与时而高下乎？且在法，诸典卖田地满三年，而诉以准折债负，并不得受理。况正立卖契，经隔十余年而诉抵当者乎？"在这里，对于陈嗣佑所提出其在宝庆二年（1226）以十三千钱买进而于绍定二年（1229）以七贯卖出给何太应的差价问题，吴革分别作出了两种推测：其一，"其直之贵贱""与时而高下"，也就是说，陈嗣佑与何太应之间确实是"正行断卖"，这种差价只不过是随时间推移而出现的正常价格波动。在断卖前提下，陈嗣佑自然不可取赎该土地。其二，吴革提出了另一种假设，陈嗣佑与何太应之间的山地交易不是"正行断卖"而是出典，则作为放贷人的何太应占有借贷人陈嗣佑之山地，就是以田地不动产来折算偿还其借款，这就是所谓的"准折债负"。②在此种情况下，即使陈嗣佑与何太应之间的是出典，依据法律"诸典卖田地满三年，而诉以准折债负，并不得受理"，此诉讼时为淳祐二年（1242），距二人绍定二年的交易已过去十余年，因此陈嗣佑的诉求同样不受支持。

总结此案判决，吴革确乎是综合运用内部证成与外部证成来实现对生活事实与法律规范之间的衔接。这种法律推理包括两个阶段：1、若为抵

---

① 按，尽管田宅典卖也是允许到期取赎的，但它跟抵当在形式上有所不同。正规的田宅典卖交易要满足离业、投印收税之要求，而抵当则只是民间的非正规借贷抵押，其存在的出发点之一就包括避税，抵当人往往也不会当时离业。因此，"所谓抵当者，非正典卖也"（叶岩峰：《倚当》，《清明集》第170页）。

② 按，所谓"准折债负"，又称"有利准折债负"，是宋代钱粮借贷领域的一个专有名词。有研究者指出，"宋代'有利准折债负'确切含义是禁止有利借贷中放贷人强制借贷人以田宅等不动产折算偿还虚利"。参见王文书：《宋代"有利准折债负"考辨》，《中西法律传统》第10卷，北京：中国政法大学出版社，2014年，第112—121页。

当则可取赎（此裁判规范系社会公认的交易习惯规则）①，以此为内部证成之法律演绎推理框架，进而探讨是否存在相应的案件事实小前提——是否为抵当关系，进行外部证成。在此过程中，司法官吴革通过解释法律规范对案件生活事实进行了重构，证明了不存在抵当关系，两当事人之间为"正行交易"——断卖或出典。由此推断，陈嗣佑不可依抵当之规则取赎该土地。2、在"正行交易"情况下，唯有出典才可取赎（断卖不可取赎而出典可取赎，系社会公认的交易习惯规则），且依法律规定须在三年以内提起诉讼，以此为内部证成之法律演绎推理框架，进而探讨是否存在相应的案件事实小前提——是否为三年内提起诉讼。在此过程中，吴革再一次通过解释法律规范对案件生活事实进行了重构，证明了不存在相应案件事实小前提，陈嗣佑不可依出典之规则取赎该土地。至此，本案最终判定"何太应照绍定二年买到赤契管业，取陈嗣佑知委申，违坐以虚妄之罪"，也就是驳回了陈嗣佑取赎田地的请求。

其次，这里再选取一个亲属之间的立嗣争产案件来分析，即上文梳理"明辨是非"叙事中提到的"立继有据不为户绝"一案。②此案亦发生在南宋时期，具体时间不详，书判署名为"司法拟"。在本案中，根据宗谱记载，吴琛有四女一子，老大为二十四娘，嫁给石高；老二为二十五娘，嫁给胡闺；老三为二十六娘、吴有龙，吴有龙乃是异姓子；老四为二十七娘，一说已嫁许氏、一说卖为义女；老五为二十八娘，尚未出嫁。吴有龙为吴琛生前所立，现吴琛、吴有龙皆已身故，吴有龙妻阿涂与子吴登见在，并掌管吴家家业。

现二十四娘提起诉讼，主张吴有龙乃是抱养异姓之义子，并非立嗣之

---

① 按，社会公认的交易规则是否能毫无疑问地成为裁判规范——（广义的）"法律"？显然地，这仍然是有待于进一步证成的，这种证成自然也属于外部证成的范围。但既然当时人事实上确以此为不容置疑的裁判规范，而本节目的又在于揭示宋代司法的以法律规范涵摄生活事实的逻辑，则本节对此暂不讨论。对此问题，本文将在下一节中予以反思，以追究宋代司法中到底什么是"法"，"法"究竟是如何获得的。

② 《名公书判清明集》卷七《立继有据不为户绝》，第215—217页。

子，因此吴家现属户绝之家。二十五娘之夫胡闉认为，吴琛名下现已户绝，吴家家产当年多由二十四娘之夫石高与自己以吴家资财经营增置而成，因此吴家家产应该由二十四娘、二十五娘、二十七娘、二十八娘四个女儿均分。阿涂与吴登母子对此不予认可，认为吴有龙确属立嗣之子，吴家并非户绝之家。可见，本案争议焦点在于：吴有龙是否立嗣之子，吴琛名下是否户绝，吴有龙与二十四娘、二十五娘、二十七娘、二十八娘四个女儿各自是否有资格继承吴琛名下财产。

吴有龙是否立嗣之子，这属于事实认知问题，并且是一个制度性事实。申言之，究竟什么是"立嗣子"本就取决于法律的规定。对此，署名为"司法"的断案官员援引法律条文进行了分析："准法：异姓三岁以下，并听收养，即从其姓，听养子之家申官附籍，依亲子孙法。虽不经除附，而官司勘验得实者，依法。"这里所适用的法条实际是《宋刑统·户婚律》"养子"条："其遗弃小儿年三岁以下，虽异姓，听收养，即从其姓。"正是基于以上法律规范，司法官推论出了此类案件的要件事实模型：收养异姓子，只要满足收养时孩子年龄在三岁以下，则成立立嗣子身份。

关于吴有龙是否为立嗣子的案件事实证立，司法官进行了多方面的调查取证，包括吴有龙曾为吴琛服斩衰、姊妹们曾为吴有龙服大功、吴有龙为吴琛夫妇进行"生事死葬，克尽人子之责"、二十四娘不在吴琛死而吴有龙在世时上诉，以及两份关于吴琛收养吴有龙的"县据"，即当年本县县衙所发给的吴琛收养异姓子（吴有龙）之凭据。从案件事实建构的角度来看，只有记载吴有龙被收养时年龄信息的两份"县据"在法律论证上具有法律的相关性。现查明，阿涂手中的凭据，记载吴有龙收养时为一岁乳儿；而吴琳（判词中并未说明其身份，其名字与吴琛为同一偏旁，疑似为吴琛之兄弟一辈；可以确定的是，其立场明显是站在二十四娘、胡闉这一边）手中的凭据，记载吴有龙收养时为七岁男童，其间有文字改动痕迹。

对于阿涂手中县据与吴琳手中县据的矛盾，司法官指出，"若有龙果七岁男，公法不当立，在县司无由给乳一岁之文。若有龙果乳一岁，则法所当立，在吴琳却不当以一为七，以乳为男，是是非非，于斯可见矣"。

就是说，根据法律规定，收养异姓子必须要是三岁以下的孩子，才能得到国家认可。阿涂手中县据清楚明白，吴有龙被收养时为一岁乳儿，符合法律规定；而吴琳手中的县据有改动痕迹，吴有龙被收养时为七岁男童，不符合法律规定。由此可以推断吴琳手中的县据是篡改的，是为了造成不利于吴有龙家人一方的事实认知，而阿涂手中县据则是原原本本的，真实无疑。"有龙虽曰异姓之男，初立之时，已易其姓，父死之后，吴琛有词，又给据以正之，如此则不可谓之义男矣。"因此，吴有龙确属立嗣之子，吴家并非户绝之家。司法官的这一推理过程，正是立足于对法律规范的理解来预估案件的要件事实模型，进而重构和裁剪案件生活事实，最终实现对案件事实的证立。

基于吴有龙确为立嗣子的事实认定，司法官进一步作出了关于吴琛名下财产如何继承的判决。其一，判令认可吴有龙立嗣子身份，可以"照条承分"。这里说的"条"是指《宋刑统·户婚律》"分异财产"条："【准】户令：诸应分者，田宅及财物兄弟均分。妻家所得之财，不在分限。兄弟亡者，子承父分。兄弟俱亡，则诸子均分。其未娶妻者，别与聘财。姑、姊妹在室者，减男聘财之半。寡妻妾无男者，承夫分。若夫兄弟皆亡，同一子之分。"依此规定，吴有龙具有遗产继承资格，其财产份额由其子吴登代位继承。其二，认定吴家并非户绝之家，吴琛遗产自然也就不适用户绝遗产继承法，即所谓"又法：诸户绝财产尽给在室诸女，归宗者减半"。司法官指出："胡闉又称吴氏之产，乃二婿以妻家财物，营运增置，欲析归四女，法则不然。在法：诸赘婿以妻家财物营运，增置财产，至户绝日，给赘婿三分。今吴琛既有植下子孙，却非绝之比，岂可遽称作绝户分邪？"故依法驳回二十四娘、胡闉等人的诉讼请求。其三，司法官还指出，"已嫁承分无明条，未嫁均给有定法，诸分财产，未娶者与聘财，姑姊妹在室及归宗者给嫁资，未及嫁者则别给财产，不得过嫁资之数"。依此，司法官判令，二十四娘、二十五娘及其夫婿无分继承；二十八娘依法给予嫁资，并责令吴登母子以礼相待；二十七娘之婚配情况尚未查明，下令通城县予以查证，待查明另行安排其财产份额。

　　总结此案判决，司法官同样是综合运用内部证成与外部证成来实现对生活事实与法律规范之间的衔接。对于本案来说，吴有龙是否立嗣子这一案件事实认定问题乃是全部法律推理的核心。①原因是，若吴有龙非立嗣子，则吴琛名下确已户绝，吴琛遗产将依《宋刑统·户婚律》"户绝资产"门与《天圣户绝条贯》之规定②处理，由诸在室女、出嫁女继承；而若吴有龙为立嗣子，则吴琛名下并非户绝，吴琛遗产将依《宋刑统·户婚律》"分异财产"之规定来处理，其结果如本案司法官所判。换言之，以上基于两种事实可能性的两种判决路径即构成本案内部证成之预设框架。随后探讨本案法律演绎推理所欠缺的案件事实小前提——吴有龙是否立嗣子，进行外部证成。正是在综合运用内部证成与外部证成的过程中，司法官实现了以法律规范对于生活事实的涵摄，并且完成了终极的法律演绎推理。

　　事实上，这种综合运用内部证成与外部证成的方法在宋代司法中是非常普遍的。这里再举一个田宅争讼案件来予以印证。上文梳理"明辨是

---

① 按，本案对于收养异姓子是否成立立嗣子的法律与事实之涵摄方式，在宋代司法中非常普遍。叶岩峰所判《已有养子不当求立》载："在法：诸遗弃子孙三岁以下收养，虽异姓亦如亲子孙法。"（叶岩峰：《已有养子不当求立》，《清明集》第214页）这就是说，若收养时异姓子在三岁以下，则国家承认此收养关系，并且保护收养异姓子的宗法身份利益，跟亲生子孙待遇一样。可见，宋代司法判决在此问题上具有稳定性和可预期性。

② 按，《宋刑统·户婚律》"户绝资产"门规定："【准】丧葬令：诸身丧户绝者，所有部曲、客女、奴婢、店宅、资财，并令近亲转易货卖，将营葬事及量营功德之外，余财并与女，无女均入以次近亲，无亲戚者官为检校。若亡人在日，自有遗嘱处分，证验分明者，不用此令。"〔宋〕窦仪：《宋刑统》卷十二，《户婚律·户绝资产》，吴翊如点校，北京：中华书局，1984年，第198页。）据《宋会要辑稿》记载："（宋仁宗天圣）四年（公元1026年）七月，审刑院言：'详定户绝条贯：今后户绝之家，如无在室女，有出嫁女者，将资财、庄宅物色除殡葬营斋外，三分与一分。如无出嫁女，即给与出嫁亲姑、姊妹、侄一分。余二分，若亡人在日，亲属及入舍婿、义男、随母男等自来同居、营业佃莳，至户绝人身亡三年以上者，二分店宅、财物、庄田并给为主，若无出嫁姑、姊妹、侄并全与同居之人。若同居未及三年，及户绝之人子然无同居者者，并纳官，庄田依令文均与近亲，如无近亲，即均与从来佃莳或分种之人承税为主。若亡人遗嘱证验分明，依遗嘱施行'。从之。"（参见〔清〕徐松：《宋会要辑稿·食货》六一，民产杂录，第12册，上海：上海古籍出版社，2014年，第7465页。）以上即宋仁宗所颁布之户绝财产继承单行法《天圣户绝条贯》的内容。

非"叙事中提到的"主佃争墓地"一案①，案情比较复杂，所涉证据繁多，此处不予细说，只举出其中局部的证据分析和事实认定过程。该案件发生在福建莆阳，时间约在南宋理宗年间。在本案中，吴春、吴辉为兄弟，吴柽为二人之父，吴四五、吴念七为二人之祖辈。大广山北山分水之南的土地与吴柽所买江彦之山地毗邻，其上有吴四五、吴念七庆元二年（1196年）所葬祖坟。卓清夫主张大广山北山分水之南的土地为卓氏祖业，吴四五、吴念七原为卓氏佃农，其葬坟乃卓氏先祖允许，并明确约定"不许丈尺侵占"，且经投官加印。而吴春、吴辉则主张大广山北山分水之南的土地包括在吴柽所买江彦山地之中，即吴氏祖坟乃葬自家买到之土地上。

吴氏葬祖之地——大广山北山分水之南的土地是否包括在吴柽所买江彦山地之中，这是一个事实认知问题。对此事实认定，其中一个相关证据为吴春、吴辉手中所持其父吴柽从江彦处买山之契约。该契约虽记载交易时间为淳熙十年（1183）买到，却是嘉定十六年（1223）投官税契。司法官指出："在法，典卖年月只凭印契，岂有未到官，未交业，而预卜葬于他人山之理？借使私下批凿，年月可据，则自淳熙十年至嘉定十六年，凡经四十载，藏匿白契，果法邪？"根据法律规定，典卖年月只能以投官印契的时间为准，则其所谓吴柽从江彦处买山只能认定为嘉定十六年而不能认定为淳熙十年。由此，假设大广山北山分水之南包含在吴柽所买土地之内，其买地时间只能证明到嘉定十六年，但吴四五、吴念七实际葬祖的时间却为庆元二年（1196），先葬坟而后买地，这于情于法都不合，难以令人信服。

这就是说，对吴氏与江彦的交易而言，吴氏祖坟要想出现在江彦土地之上，必先买地而后才得允葬祖，绝不可能不买地而先葬祖；反过来，如果吴氏葬祖在买地之前，则吴氏祖坟必不在江彦土地之上。此系社会公认的交易习惯规则，司法官以此为内部证成之演绎推理框架。进而探讨此演绎推理所欠缺的案件事实小前提——吴氏买地是否在葬祖之前。司法官以

①《名公书判清明集》卷九《主佃争墓地》，第325—327页。

法律规范为大前提对生活事实予以涵摄，进行外部证成，认定葬祖时间在买地时间之前，即在未买江彦地之时，葬祖行为已完成。而后，综合内部证成与外部证成，认定吴氏葬祖之地不在所买江彦地之内。

最后，这里再举一个归宗争产案件来印证宋代司法中内部证成与外部证成的综合运用，即上文梳理"明辨是非"叙事中提到的"辨明是非"一案。①本案发生在南宋理宗嘉熙四年（1240年），主审法官为叶岩峰。在本案中，韩时觐为韩知丞之侄，韩时宜为韩知丞之子。周兰姐乃是韩知丞旧时婢女，嘉定二年（1209）出韩家而嫁给董三二，其后生董三八，距当时已过二十七年。现韩知丞身故。韩时觐供称，伯父韩知丞于永丰身故，棺柩才送到家，遭遇桑百二、董三八等持刀拥入，捣破门户，打拆篱障。而周兰姐主张，其子董三八乃是韩知丞之子，而韩时宜不允许董三八入屋守孝。周兰姐认为，董三八应"归宗认产业"，且以韩妳婆作为人证。可见，双方争议焦点在于：董三八究竟是否为韩知丞之子，董三八能否归宗继承韩知丞遗产。

在DNA检验技术尚未发明的古代中国，要想证明韩知丞与董三八之间是否存在父子血缘关系，这是非常困难的。因此在当时，司法名公只能绕开血缘关系这种生物性事实来探究制度性事实——别宅子归宗的身份认定。《宋刑统·户婚律》"别宅异居男女"条规定，"【准】唐天宝六载五月二十四日敕节文：百官、百姓身殁后，称是别宅异居男女及妻妾等，府县多有前件诉讼。身在纵不同居，亦合收入本籍。既别居无籍，即明非子息。及加推案，皆有端由，或其母先因奸私，或素是出妻弃妾，苟祈侥幸，利彼资财，遂使真伪难分，官吏惑听。其百官、百姓身亡之后，称是在外别生男女及妻妾先不入户籍者，一切禁断，辄经府县陈诉，不须为理，仍量事科决，勒还本居。"可见，根据法律规定，在所论生父已死的情况下，别宅子要想归宗即确定其与所论生父之间的父子关系，必须满足一个要求：所

---

① 《名公书判清明集》卷七《辨明是非》，第239—241页。

论生父生前将别宅子收入本家户籍。①这正是本案的要件事实模型。基于此，叶岩峰指出："韩知丞不收养董三八于生前，非其子明矣。董三八欲归宗于韩知丞之死后，其将谁欺乎？"这里所适用的法律正是以上《宋刑统》所载："身在纵不同居，亦合收入本籍。既别居无籍，即明非子息。"

对于本案来说，《宋刑统·户婚律》"分异财产"条之规定构成了本案内部证成之预设框架：若董三八为韩知丞之子，则其能够归宗继承韩知丞遗产，反之则不能。随后，对于此演绎推理所欠缺的案件事实小前提——董三八是否为韩知丞之子，司法官叶岩峰以"别宅异居男女"条之法律规范为大前提对生活事实予以涵摄，进行外部证成，认定董三八并非韩知丞之子。最终将外部证成与内部证成进行衔接，判定"韩时宜自保守韩知丞之业，阿周、董三八妄词"，即驳回阿周、董三八诉讼请求。

综上可见，在裁判规范相对确定而案件事实有待证立的情况下，宋代司法名公综合运用内部证成与外部证成以衔接事实与法律的过程，实际上就是叠加使用演绎推理方法。具体来说，1.根据裁判规范预设一个（或几个）内部证成框架，这本身就是使用演绎推理，即以案件事实为小前提，以裁判规范为大前提，得出（可能的）判决路径；2.案件事实小前提的证立，则是进一步运用演绎推理进行外部证成，即以生活事实为小前提，以裁判规范为大前提，在事实与规范的循环互动中实现法律规范对生活事实的涵摄，得出案件事实认定结果；3.最后，将外部证成的案件事实认定结果嵌套入内部证成框架，得出案件的判决结果。

以上梳理充分说明，宋代司法名公对于事实求真与价值向善的诉求及事实问题与法律问题之区分并非仅是停留在一种主观性追求上，对于确定

---

① 按，本案对于别宅子归宗身份认定的法律与事实之涵摄方式，在宋代司法中非常普遍。范西堂所判"无证据"（李五冒认饶操为父）一案判词载："饶操无子，养应申以为子，觉果有庶山之亲子，不自抚育，并母遂去，以嫁其仆李三，非人情也。今李三之子李五，谓其母怀孕而出，以嫁李三，自陈归宗，何所据而然也。准法：诸别宅之子，其父死而无证据者，官司不许受理。李五生于李三之家，年逾二十，父未尝以为子，其无证据也决矣。"（范西堂：《无证据》，《清明集》第292—294页）可见，宋代司法判决在此问题上具有稳定性和可预期性。

生活事实与裁判规范之间关系，他们业已形成相当成熟的法学方法。更需要注意的是，宋代司法名公所使用的法学方法中存在着丰富的形式逻辑，尤其是演绎推理的思维。尽管并非全部如此，但以上梳理足以证明，那种泛说传统中国司法不讲逻辑的论断是难以成立的。

三、法与理：宋代司法名公对裁判规范查找和证立困境的应对

上文已提到，在具体法律推理的外部证成中，除了要证立事实小前提，还涉及法律大前提的查找和证立——司法者应该到哪里去寻找裁判规范，什么才是适当的裁判规范，这个过程俗称"找法"，其所涉及的是现代法理学所谓"法的渊源"理论。①值得注意的是，在现代法学方法论语境下，无论如何对"法"或"法的渊源"进行定义，有一个问题始终不可回避，即在具体司法实践中经常会出现无法找到（合适的）裁判规范的情况，要么是法律根本没有规定，要么是法律规定在适用有现实困难，即存在法律查找困难、规则冲突或法律漏洞。这就是所谓的查找和证立裁判规范的困境，这种案件可以称之为"疑难案件"。②事实上，尽管中国古代并没有建立起学科化的法学方法，也不存在所谓"规则冲突"或"法律漏洞"的术语，但是基于人类生活情境的相似性，宋代的司法名公同样会遇到类似的裁判规范证立困境。正是在应对裁判规范证立困境的过程中，宋代司法名公进一步运用了法学方法，施展了高超的法律智慧，同时也一定程度上显示了其思维的局限性。

---

① 按，德国法学家魏德士认为，"法的渊源"有广义狭义之分。广义上是指"对客观法产生决定性影响的所有因素"，连法学文献、行政、法院实践和国民观念也包括在内。而狭义上只指向"那些对于法律适用者具有约束力的法规范"。参见〔德〕魏德士：《法理学》，北京：法律出版社，2005年，第98—99页。

② 舒国滢、王夏昊、雷磊所著《法学方法论》指出："对于简单案件，要件事实重构为案件事实可能会比较顺畅地完成等置的过程，但对于疑难案件，等置重构的过程就比较复杂。疑难案件中，对要件事实重构的困难表现在作为重构依据的规范查找的困难和规范漏洞填补的困难，前者主要是指在法律规定相对完善的情况下适用的困难……后者主要是指在法律规定相对不完善的情况下如何'找法'的困难，包括狭义的法律漏洞和法律冲突。"参见舒国滢、王夏昊、雷磊：《法学方法论》，北京：中国政法大学出版社，2018年，第275页。

上文提到，关于事实认知与法律推理，宋代司法名公有两个说法，一是"考察虚实，则凭文书；剖判曲直，则依条法"，二是"民讼各据道理，交易各凭干照"。这就是说，宋代司法裁判的规范依据，或判决结果是否良善正义的标准，既有"条法"也有"道理"。那么，宋代司法在裁判规范证立过程中，对于"条法"和"道理"的运用是否是恣意妄为的呢？对此，我们必须回归宋代司法的实际案例，从司法名公对裁判规范证立困境的应对过程来寻求答案。

南宋末人周密所著《齐东野语》一书，乃是宋代史料笔记中的名著。其中有一篇名为《义绝合离》的短文，记载了一个宋理宗时期发生在福建莆田的案件，该案就涉及裁判规范查找和解释的问题。由于文字不长，为呈现原始信息，谨录原文于此：

> 莆田有杨氏，讼其子与妇不孝。官为逮问，则妇之翁为人殴死，杨亦预焉。坐狱未竟，而值覃霈，得不坐。然妇仍在杨氏家。有司以大辟既已该宥，不复问其余，小民无知，亦安之不以为怪也。其后，父又讼其子及妇。军判官姚瑢以为"虽有仇隙，既仍为妇，则当尽妇礼"，欲并科罪。陈伯玉振孙时以倅摄郡，独谓："父子天合，夫妇人合；人合者，恩义有亏则已矣。在法，休离皆许还合，而独于义绝不许者，盖谓此类。况两下相杀，又义绝之尤大者乎！初间，杨罪既脱，合勒其妇休离，有司既失之矣。若杨妇尽礼于舅姑，则为反亲事仇，稍有不至，则舅姑反得以不孝罪之矣。当离不离，则是违法。在律，违律为婚，既不成婚，即有相犯，并同凡人。今其妇合比附此条，不合收坐。"时皆服其得法之意焉。按《笔谈》所载，寿州有人杀妻之父母兄弟数口。州司以不道，缘坐其妻子。刑曹驳之曰："殴妻之父母，即为义绝，况身谋杀，不应复坐。"此与前事正相类。凡泥法而不明于理，不可以言法也。①

---

① 〔宋〕周密：《齐东野语》卷八，北京：中华书局，1983年，第147页。

据《宋史翼·陈振孙传》，陈振孙于宝庆二年（1226），通判兴化军。其后于端平三年（1236）知台州，兼任浙东提举。[1]上述案件即发生在陈振孙通判兴化军（莆田）任上，因此可知，其时间应在1226年至1236年之间。这是本案的基本时空背景。在本案中，公爹杨氏参与殴打儿媳之父，导致儿媳之父死亡。由于当时遇上"覃霈"[2]即大赦，所以公爹未受处罚。其后，公爹又起诉儿子、儿媳不孝。对此情形，本案初审法官兴化军判官姚珤认为，尽管公爹对儿媳有杀父之仇，但二人之间仍然有翁妇名分。因此儿媳对公爹无礼，按律属于"不孝"，应该科罪处罚。其法律依据可推知为《宋刑统·名例律》"十恶"中所规定的"不孝"罪及《宋刑统·斗讼律》中的具体规定。[3]依此，则该妇应徒二年。

然而，复审法官兴化军通判陈振孙认为该妇女无罪。他分析指出，公爹殴杀儿媳之父，依法儿媳与夫家已属"义绝"；既然已经"义绝"，则法官应该强制双方离异。按照法律，公爹杀人之罪固然可依大赦而免，但义绝勒离并不因大赦而改。双方义绝之后，婚姻关系归于消灭，由此翁妇关系也归于消灭，两人之间成为"凡人"关系，所谓儿媳对公爹无礼、不孝之事实也就不存在了，该妇女不应受到处罚。由此来看，本案的焦点在于该妇与杨家因婚姻而产生的伦常服纪关系是否存在。

关于夫妇义绝及婚姻存亡问题，据《宋刑统·户婚律》"义绝和离"条载：殴（杀）妻之祖父母、父母，虽会赦皆为义绝；夫妇义绝，官司必

---

① 〔清〕陆心源：《宋史翼》卷二九，《文苑四》，中册，杭州：浙江古籍出版社，2017年，第706—707页。按，陈振孙系南宋时期著名的藏书家、目录学家，所撰《直斋书录解题》一书为目录学名著。兴化军为宋代与州同级别的地方行政区，辖境在今福建莆田。《齐东野语》记载案件发生在莆田，又称"陈伯玉振孙时以倅摄郡"，"倅"（cù）为副贰之意，"以倅摄郡"就是以通判（州府二把手）代理州军事务。因此可知，此案件正是发生在陈振孙任兴化军通判期间，即宋理宗宝庆二年（1226）之后。当然，又在其任台州知府即宋理宗端平三年（1236）之前。

② 在传统语境下，"覃霈"即大赦之意。其例可见《容斋随笔》"多赦长恶"条，参见〔宋〕洪迈：《容斋随笔》，《容斋三笔》卷十六，北京：中华书局，2015年，第482页。覃者深厚也，霈者雨泽也，比喻大赦恩泽之深重。

③ 《宋刑统》卷一《名例律》，第11页；卷二四《斗讼律》，第369页。

须强制离婚。①然而，当时经过大赦，官府对双方义绝并未作勒离处理。该妇对杨翁无礼的事实发生在此之后，案件分歧正是由此产生：若论双方义绝，名分已亡，则该妇无罪；若说未经勒离，名分尚存，则该妇有罪。究竟该如何处理，律典《宋刑统》并不能给出直接而明确的答案。然而，这并不意味着当时的国家制定法在此方面完全是空白。

事实上，出台于宁宗嘉泰二年（1202）的《庆元条法事类》对此情形存在着明确的规定。该法典"诸色犯奸"门下载有"名例敕"两条曰："①诸嫁娶应离之、正之若年未及令，（事发时年已及令者，依婚法），而与夫之亲、妻之父母相犯及奸，或夫妻相犯，各以凡论。准服纪，罪轻者，计凡人之罪，杖以下依服纪法，徒以上奏裁。②诸犯义绝未经断离而相犯者及奸者，各论如服纪法，罪至死者，奏裁，准凡人至死者，以凡论。"②前已指出，该妇若依"不孝"之法，则应徒二年。根据此处第二条，则双方虽义绝但名分尚存，如有相犯仍应遵照"服纪法"来加以适用，该妇须处以徒二年之刑。由此来看，军判官姚珤很可能就是基于这一法律规定而主张追究该妇的不孝之罪。

本案发生于1226年至1236年之间，当时《庆元条法事类》正在行用之中。陈振孙所著《直斋书录解题》一书中记载有宰相谢深甫于嘉泰二年所上《嘉泰条法事类》八十卷。③据学界通行看法，此所谓《嘉泰条法事类》实即《庆元条法事类》。④因此可以推断，在思考莆田杨氏子妇案时，陈振孙非常清楚《庆元条法事类》的规定。那么，为什么陈振孙最终还是坚持为该妇出罪呢？这只能归结到一点：他认为依此规则推断出来的结果不合乎道义。

---

① 《宋刑统》卷十四《户婚律》，第223页。

② 杨一凡、田涛主编，戴建国点校：《庆元条法事类》卷八十《杂门·诸色犯奸》，中国珍稀法律典籍续编，第1册，哈尔滨：黑龙江人民出版社，2002年，第922页。

③ 参见〔宋〕陈振孙：《直斋书录解题》卷七《法令类》，上册，上海：上海古籍出版社，1987年，第225页。

④ 参见《庆元条法事类》卷首，戴建国：《点校说明》，第2页。

在分析陈振孙的论证过程前，这里有必要先提及本案记录者周密的议论。周密指出，本案与沈括《梦溪笔谈》所记载的一个案子很相似：北宋寿州有一个人杀妻之父母兄弟数口，州府司法参军（州司）根据"不道"之法，判处连坐其妻子和子女。此处州司所援引的法条有两个。其一为《宋刑统・名例律》"十恶"："杀一家非死罪三人"为"不道"，常赦所不原免，"狱成者，虽会赦犹除名"。其二为《宋刑统・贼盗律》："诸杀一家非死罪三人，及支解人者，皆斩；妻、子流二千里。"[①]该案件上报之后，刑部（刑曹）对此进行反驳道：依法，丈夫殴打妻之父母，夫妻双方即为义绝；此人杀妻之父母兄弟数口，夫妻二人间自然义绝，婚姻关系归于消灭，则该妇女不应连坐受罚。[②]这两个案件产生法律适用分歧的原因一样，都是由于夫妻义绝而未经官勒离。不过，寿州案中刑曹只是强调双方义绝，而没有回应经官勒离的该当性问题。而在这方面，陈振孙围绕经义和法律展开了详尽的论证，足以发寿州未明之法理。

对于莆田、寿州两案，周密总结道："凡泥法而不明于理，不可以言法也。"所谓"明于理"，这是对陈振孙裁判过程的称赞。而其所谓"泥法"当然就指向了两个案件中初审法官（寿州州司、兴化军判官姚珏）的裁判方式。州司、姚珏同样是援法为判，但他们的裁判未能合乎"理"，因此就是拘泥于法律条文。那么，陈振孙所明之"理"具体指什么呢？结合陈振孙的裁判过程，可知该"理"字应该包括两个层面、四个维度的含义。

一是实质性的层面，它包含两个维度：1.法律条文之上的儒家义理。"父子天合，夫妇人合；人合者，恩义有亏则已矣。"这就是说，根据儒家伦常名教，父子之义源自先天，夫妻之义起于人为，父子之义当然高于夫妻之义。这种基于父子天性的义理分析为本案的正义探索、法律推理确定

① 《宋刑统》卷二《名例律》，第30页；卷十七《贼盗律》，第278页。
② 参见〔宋〕沈括：《梦溪笔谈》卷十一《官政一》，北京：中华书局，2015年，第111—112页。

了目标基调。2.法律条文本身的理，或者说立法原意。立足于父子天性的义理分析，陈振孙还追溯了"义绝勒离"之法的立法原意："在法，休离皆许还合，而独于义绝不许者，盖谓此类。况两下相杀，又义绝之尤大者乎！"若公爹杀死媳妇之父，法律还要求媳妇孝敬公爹，则显然违背道德上的常情常理常识。因此，双方义绝后，无论是否经官勒离，依理其名分都已消亡。正因如此，尽管《庆元条法事类》有"诸犯义绝未经断离而相犯者及奸者，各论如服纪法"的规定，陈振孙依然认为不可如此裁判，否则就会走向正义、良善的对立面。所谓"时皆服其得法之意"，陈振孙所得者即为立法原意。

二是形式性层面，它也包含两个维度：1.运用法律认定案件事实的方法，以及2.当查找裁判规范出现困境时，进行法律漏洞填补或法律续造的方法。概言之，即法律解释、法律推理的方法。"当离不离，则是违法。在律，违律为婚，既不成婚，即有相犯，并同凡人。今其妇合比附此条，不合收坐"，陈振孙认为，双方义绝本应勒离而官司未曾勒离，该状态在事实构成上近似于"违律为婚"。《宋刑统·户婚律》"违律为婚"条载："诸违律为婚，当条称离之、正之者，虽会赦犹离之、正之。"①违律为婚者，虽经大赦，婚姻无效；而双方相犯，视同凡人。在论证了不应"论如服纪法"之后，陈振孙主张"比附"，即类推适用"违律为婚"条来判定双方伦常服纪关系消灭，从而主张该妇无罪。必须看到，他的比附类推实际上是以援引儒学义理、进行价值衡量为前提的。从陈氏的论证过程来看，其中充满了法学方法论的知性意味和法哲学（法正义论）的价值关怀。

《梦溪笔谈》所载寿州一案与《齐东野语》所载莆田一案，初审法官在选择和证立裁判规范过程中都出现了偏差，以致遗漏了重大案件事实——夫妻义绝，而复审法官则能够在法律规范与生活事实之间找到平衡点。两个复审法官（刑曹、陈振孙）对两个初审法官（州司、姚瑶）误判

---

① 《宋刑统》卷十四《户婚律》，第227页。

的纠正，既反映了复审法官对于法律内容的熟悉，更体现了他们在法学方法上的高超素养——陈振孙对翁妇关系因义绝而消灭的事实判定、刑曹对婚姻关系因义绝而消灭的事实判定及其最终判决，正是对内部证成与外部证成的综合运用。

这里周密所指出的"法"与"理"的二元分立及其互动，恰恰可以对前文所提出的问题做一回应：在宋代司法的裁判规范证立过程中，"条法"与"道理"的出场并非毫无章法、恣意妄为的，而是遵循着一定的逻辑。就以上莆田一案而言，尽管陈振孙依据儒家礼义道理对初审判决进行了质疑和谴责，但他并不是假托情理、恣意判断，而是综合运用了内部证成与外部证成，以法律涵摄事实而得出结论。可以与之印证的是，在裁判规范相对完善的情况下，尽管《清明集》中的司法名公经常援引所谓"天理""人情""情义""纲常""礼义""名分"等话语以及《论语》《礼记》《左传》《诗经》《公羊传》等儒家经典来谴责不道德的当事人，但是大多数时候判决结果都是依法律推断得来，这些"道理"的出场往往是为了佐证"条法"的正当性，对判决结果本身并没有大的改变。举前文所分析四个案例来说，"以卖为抵当而取赎"一案所谓"官司亦惟其理而已"①，"立继有据不为户绝"一案所谓"明其是非，合于人情"②，"主佃争墓地"一案"世降俗薄，名分倒置，礼义凌迟"③之讥，"辨明是非"一案"若不从其初而折其萌，何以绝后纷纷之讼"④之叹，皆是如此。

必须注意的是，前面我们分析的案件有一个共同点，即裁判规范具有相对完善性。换言之，要么裁判规范是比较确定而单一的，其重点在于恰当使用涵摄规则，如文章第二节所分析的案件；要么是裁判规范虽不单一但并不涉及对裁判规范本身的深层质疑，其难点只是在于对裁判规范的广泛查找和适当解释，如本节刚刚所分析的案件。然而，在现实司法实践

① 《名公书判清明集》卷六《以卖为抵当而取赎》，第169页。
② 《名公书判清明集》卷七《立继有据不为户绝》，第215页。
③ 《名公书判清明集》卷九《主佃争墓地》，第326页。
④ 《名公书判清明集》卷七《辨明是非》，第241页。

中，真正具有挑战性的恰恰是那种连裁判规范本身都陷入危机的"疑难案件"，即找不到相关法律规范或找不到合适的相关法律规范。这种"疑难案件"是超越时空限制的，它同样曾经挑战着宋代的司法名公。正是在这些情景里，周密所提出的"法"与"理"的二元分立及其互动得到了更进一步的应用和凸显。

首先，这里以上文梳理"明辨是非"叙事中提到的"女合承分"一案①为例，分析一下司法名公对裁判规范的证立过程。本案司法官为范应铃（西堂），据《宋史》本传，其举进士在开禧元年（1205年），故案件发生时间应在此之后的宁宗、理宗时期。②在本案中，郑应辰无亲生嗣子，只有两个女儿郑孝纯、郑孝德。郑应辰生前过房而立有一子郑孝先。郑应辰遗产丰足，有田三千亩，库一十座。郑应辰生前立有遗嘱，给两个女儿每人田一百三十亩、库一座。郑孝纯、郑孝德要求依据遗嘱分得郑应辰遗产，郑孝先对此表示异议。这里遇到的争议为"遗嘱之是非"，这包括两个方面：一是遗嘱的真假，二是遗嘱内容是否恰当。由此，在本案中，司法官同时遭遇了事实认知证立的困境与裁判规范证立的困境。

对于遗嘱的真假，司法官范应铃并未过多讨论，他首先是分析裁判规范证立的问题。对于两个女儿的继承资格，范应铃指出，"假使父母无遗嘱，亦自当得"。这就是说两个女儿本来就有继承资格。结合当时"已嫁承分无明条，未嫁均给有定法"③的规定，可推知两个女儿皆为在室女。其依据在《宋刑统·户婚律》"分异财产"条："【准】户令：诸应分者，田宅及财物兄弟均分。妻家所得之财，不在分限。兄弟亡者，子承父分。兄弟俱亡，则诸子均分。其未娶妻者，别与聘财。姑、姊妹在室者，减男聘财之半。"也就是说，两个在室女依法皆可得到郑应辰结婚聘财的半数。然而，问题在于，以上"分异财产"条文无法涵摄一些重要事实，即：郑

孝先为立嗣子而郑孝纯、郑孝德为亲生在室女，郑应辰（可能）给两女立有继承之遗嘱。

此外，本案裁判还有一个操作性难题。郑孝先"乃欲掩有，观其所供，无非刻薄之论"。在判词信息量有限的情况下，我们有必要推测一下郑孝先否认遗嘱真实性、合理性的主观原因。据常理推断，在"未嫁均给有定法"的前提下，郑孝先应不会是完全否定郑孝纯、郑孝德的继承资格，而是认为依遗嘱分配二女所得份额太多。判词虽未显示郑孝先是否婚配，但以法推之，若其已然婚配、付过聘财，而二女所得份额超过聘财之半，则郑孝先定会有所主张。既然没有此主张，则说明郑孝先未婚，缺乏聘财比较之标准。①因此，即使不存在遗嘱，"分异财产"条在本案中也难以适用。

那么，应该如何应对此种裁判规范证立的困境呢？司法官范应铃援引了两种规范：一是其他地方的习惯规则、司法判例，二是儒家经典《孟子》与"义利之辨"话语。范应铃指出，"假使父母无遗嘱，亦自当得，若以他郡均分之例处之，二女与养子各合受其半"。这就是说，在其他州郡的习惯规则、司法判例中，即使父母无遗嘱，养子可得一半，二女可共得一半。据《清明集》中刘克庄（后村）所作《女婿不应中分妻家财产》一判载，"在法：父母已亡，儿女分产，女合得男之半"。②可见，当时别处司法中确有"女合得男之半"的规则。范应铃援引这一规则的目的在于说明，"若以他郡均分之例处之"，两女所得比按遗嘱执行还要更多，从而反驳那种认为依遗嘱分配二女所得过多的观点。然而，范应铃并未将此作为裁判规范。原因很可能在于，此规则依然无法涵摄男为立继之子、女（可能）有父给遗嘱的事实，而范应铃（西堂）对此十分重视。

那么，既然不"以他郡均分之例处之"，又何以要按真实性存疑之遗嘱来执行呢？初审法官县丞认为按遗嘱分配二女所得太多，对此范应铃指

---

① 参见柳立言：《南宋的民事裁判：同案同判还是异判》，《中国社会科学》2012年第8期。
② 《名公书判清明集》卷八《女婿不应中分妻家财产》，第277页。

出，"县丞所断，不计其家业之厚薄，分受之多寡，乃徒较其遗嘱之是非，义利之去就，却不思身为养子，承受田亩三千，而所拨不过二百六十，遗嘱之是非何必辩也"。所谓"遗嘱之是非何必辩"，就是说无论遗嘱之真伪，遗嘱内容都是显然恰当的。他说："二女乃其父之所自出，祖业悉不得以沾其润，而专以付之过房之人，义利之去就，何所择也。舍非而从是，此为可以予，可以无予者？设舍利而从义，此为可以取，可以无取者？设今孝先之予，未至伤惠，二女之取，未至伤廉，断然行之，一见可决。"范应铃援引了《孟子》中的经义并展开了"义利之辩"，认为郑孝纯、郑孝德作为亲生在室女，在跟郑应辰血缘关系上比立嗣子郑孝先更亲，因此即使不存在这份遗嘱（假设遗嘱是伪），按照遗嘱所立方案给郑应辰亲生两女分配财产并不过分、不算太多，这正是符合儒家继绝之道、亲亲之义的。①

反过来，假设遗嘱为真，就更应该照郑应辰所立遗嘱方案执行了。事实上，前引《天圣户绝条贯》中有"若亡人遗嘱证验分明，依遗嘱施行"的规定。此案中郑应辰有女无男，男为立继之子，虽免于户绝，但其情形与户绝仅一线之隔。在此情况下，女有父给遗嘱，若比附《天圣户绝条贯》，即可类推适用"依遗嘱施行"之例。此处司法官范应铃虽未如此明言，但其思维推理与此若合符契。范应铃所作《处分孤遗田产》一判载："准法：诸已绝之家而立继绝子孙，谓近亲尊长命继者。于绝家财产，若只有在室诸女，即以全户四分之一给之，若又有归宗诸女，给五分之一。其在室并归宗女即以所得四分，依户绝法给之。"②此是其人死后命继且有亲生在室女，与"女合承分"一案情况有所不同。但此处的推理就是比附"户绝法"而行的。由此推论，"女合承分"一案中范应铃判决给两女"照元遗嘱各拨田一百三十亩，日下管业"，就假设遗嘱为真的情况而言，很

① 按，《孟子·离娄下》载："孟子曰：'可以取，可以无取，取伤廉；可以与，可以无与，与伤惠；可以死，可以无死，死伤勇。'"此处对比几种"可"与"不可"，意在说明：行为的可或不可，要看行为是否具备必要性，是否符合礼义。范应铃正是在论证"女承分"于义有合。
② 《名公书判清明集》卷八《处分孤遗田产》，第288页。

有可能是类推了《天圣户绝条贯》之规定。

总结"女合承分"一案，在《宋刑统》"分异财产"条、别处"女合得男之半"规则无法有效涵摄生活事实的前提下，本案出现法律漏洞，司法名公范应铃援引儒家经典和礼义来创制或类推出规则，认为在生前立继且给亲生在室女立有财产继承遗嘱的情况下，即使当事人对于遗嘱真实性存在争议，只要遗嘱方案合乎道理、不违条法，就应照遗嘱方案执行分配。此处对于裁判规范的证立过程，正是属于外部证成的一部分。按照上文周密所提出的"法"与"理"的二元划分，《宋刑统》"分异财产"条、别处"女合得男之半"规则属于"法"，而《孟子》经义与"义利之辩"则自然是"理"。基于对"法"与"理"的理解，依据"道理"也就是本政治文化共同体中所固有的正义观念和道德信仰对现行"条法"进行适当的调适和发展，正是本案中司法名公对裁判规范证立困境的应对之法。在现代法学中，这种工作被称为"法律续造"。①

类似于法律无法有效涵摄生活事实，另一种裁判规范证立困境也常见于宋代司法中，即：现有法律规则中对该类生活事实缺乏相关规定，由此根本找不到法律规范。此处举上文梳理"明辨是非"叙事中提到的"既有暧昧之讼合勒听离"一案②为例。本案司法官为胡颖（石壁），据《宋史》本传，其举进士在绍定五年（1229），其后乃任知平江府、浙西提点刑狱等官，此案应发生在这一时期。③在本案中，阿黄为李起宗之儿媳，现今阿黄与李起宗似有"新台之事"（《诗经》之讥翁妇苟合也），即苟合关系。然而，阿黄之夫不愿与阿黄分离。据《宋刑统·户婚律》"义绝和离"，"与夫缌麻以上亲若妻母奸，及欲害夫者，虽会赦皆为义绝"，又"诸犯义绝者离之，违者，徒一年"，若阿黄与李起宗确实妇翁苟合，则阿黄与夫当然应该离异，且阿黄与李起宗皆应定罪处罚。然而，本案中妇翁

---

① 参见［德］卡尔·拉伦茨：《法学方法论》，陈爱娥译，北京：商务印书馆，2003年，第246—249页。

② 《名公书判清明集》卷十《既有暧昧之讼合勒听离》，第388—389页。

③ 参见《宋史》卷四一六，第36册，第12478—12479页。

苟合缺乏实证。据《庆元条法事类》载："诸色犯奸，从夫捕。"①可见，依法必须丈夫亲自捉奸成双，方能证明奸情事实。②本案中自然不可能有这一证据环节，而阿黄与李起宗又都没有确实的供述。为免造成冤狱，胡颖不愿使用刑讯逼供手段，因此本案奸情不能坐实。

此案与"女合承分"一案的差别在于，后者只是法律无法完全涵摄生活事实，通过引述道理可以来创制或类推出规则，而前者则完全找不到相关裁判规范，法律对于翁妇暧昧绯闻之类是没有规定的。尽管如此，在古代中国重视伦常纲纪的文化氛围下，对于此种暧昧情状司法官是不可能熟视无睹的，更不能以法无规定为理由而不加裁判。面对此裁判规范证立困境，胡颖指出："尊卑之间反且如此，纵无此事，亦难复合。子甚宜其妻，父母不说，出，此礼经之所以垂训万世者也。阿黄之不见说于舅必矣，其夫妇虽欲偕老，其可得乎？合勒听离，黄九二将女别行改嫁，李起宗免根究。"在这里，司法官引述《礼记·内则》所谓"子甚宜其妻，父母不说，出"，将其证立为裁判规范，同时认定经此讼难李起宗必然厌恶阿黄，翁妇之义难以修复，由此判令阿黄与其夫离异，而刑事罪责因疑开释。可见，胡颖跟范应铃一样，也是以"理"济"法"，实现"法的续造"。

此外，在以上两种情形之外，宋代司法中还有一种裁判规范证立困境，即现有法律规则虽足以涵摄生活事实，但（司法官认为）依现有法律规则来裁决会导致不正义的后果。这里举上文梳理"明辨是非"叙事中提到的"匿名榜连粘晓谕""争山各执是非当参旁证"两个案件为例。由于案件众多，这里只分析其中规范冲突之处。

在"争山各执是非当参旁证"一案中，曾子晦与范僧诉讼争山地，对交易契约之真实性及内容存在争议，然而其所争之地交易立契在嘉定二年（1209），投税在绍定二年（1229），至诉讼时早已过了二十年。司法官指

---

① 参见《庆元条法事类》卷八十，《杂门·诸色犯奸·捕亡敕》，第921页。
② 按，《争业以奸事盖其妻》一判载："争奸当论踪迹虚实"，"奸从夫捕，当究其实"，即是此意。参见《名公书判清明集》卷六《争业以奸事盖其妻》，第180—181页。

出："在法：典卖过二十年（下有阙文），钱主俱存，而两词枘凿如此，况书契之人并无一存，可以为证"，"本厅既难根究，何缘可得实情，故未免令两家在外和对"。这里引用的法律条文在《清明集》判词中曾反复出现，如"吴肃吴镕吴桧互争田产"一判，"准法：诸理诉田宅，而契要不明，过二十年，钱主或业主死者，官司不得受理"。[①]可见，依法官府不应该受理本案。但是，司法官认为，如果不加干涉，则双方将缠斗不休，以致两败俱伤且扰乱官府。因此，他援引《左传》所记载的"郑、息之势"与《史记》所记载的"虞、芮之成"两个典故，来说明缠斗不休的弊端与尽早息讼的好处，从而论证官府介入的必要性，"今两家既坚执所长，当职只得从公区处"。[②]最终判定由官府进一步调查取证，加以裁决。

在《匿名榜连粘晓谕》一案中，县中有人张贴匿名榜，说知县翁甫（浩堂）为人通关节而收受贿赂。此匿名榜为衙役所获，呈给知县翁浩堂。在书判中，翁甫（浩堂）声明自己并无收受贿赂之事，并下令将匿名榜原件连同这份声明一起张贴出去，以示付诸公议。据《宋刑统·斗讼律》"投匿名书告人罪"条："诸投匿名书告人罪者，流二千里。"又据《宋刑统·斗讼律》"诬告本属刺史县令"条："诸诬告本属府主、刺史、县令者，加所诬罪二等。"收受贿赂属于"受所监临赃"罪，据《宋刑统·职制律》"受所监临赃"条载："诸监临之官受所监临财物者，一尺笞四十，一匹加一等，八匹徒一年，八匹加一等，五十匹流二千里。与者，减五等，罪止杖一百。乞取者，加一等。强乞取者，准枉法论。"可见，依法若查明有人诬告本属州县官长贪污，则最高可反坐流三千里。然而，对于投匿名书之人，翁浩堂并未追查，也没有适用以上法律对其加以惩罚，而

---

① 参见《名公书判清明集》卷四《吴肃吴镕吴桧互争田产》，第111页。又如，方秋崖《契约不明钱主或业主亡者不应受理》一判，"在法：契要不明，过二十年，钱主或业主亡者，不得受理。此盖两条也。谓如过二十年不得受理，以其久而无词也，此一条也。而世人引法，并二者以为一，失法意矣！"参见《名公书判清明集》卷四《契约不明钱主或业主亡者不应受理》，第132页。

② 《名公书判清明集》卷五《争山各执是非当参旁证》，第160—162页。

是根据儒家经义对投匿名书之人表示感激以及批评。他指出，"孔圣有言：某也幸，苟有过，人必知之。俗谚亦云：道吾恶者是吾师。""子曰：'丘也幸，苟有过，人必知之'"出自《论语·述而》。这是感谢投书之人的监督警醒。同时又指出："所可恨者，不札以指陈，乃匿名而标贴，则恐非古人忠厚意耳。"[①]

在以上两个案件中，现有法律规则本来都足以涵摄生活事实，但司法官认为，依现有法律规则来裁决会导致不正义的后果。因此，他们依据儒家经义或礼义来证明，绕过现行法律规定是符合正义的。从这个意义上来说，几位司法名公的做法都是属于以"理"济"法"而谋求裁判规范的证立。而且他们在放弃适用现行法律的时候，都进行了说理论证，这体现了他们的慎重。他们之所以做出以上判决，其基本理由都可以归结为：因为"法"与"理"出现了冲突，所以舍"法"而从"理"。这或许类似于今天法学语境中法律规则与法律原则的冲突。然而，问题的关键在于，任何一项具体的"法"背后都存在某种"理"，"法"与"理"的冲突本质上还是此"理"与彼"理"的冲突。换言之，在此种裁判规范证立困境下，司法名公的任务实际上是在个案之中把不同"理"所代表的利益、价值进行衡量。尽管当时衡量工作的价值参考系具有一定的范围稳定性，但是个人偏好因素也是难以完全排除的。由此，其在裁判规范证立方法上也就存在着主观性危机。

具体来说，"争山各执是非当参旁证"一案的衡量工作有助于个案中交易秩序的稳定和恢复，但其负面影响在于，很有可能使好讼之徒无视"理诉田宅，而契要不明"之法条，从而诱发民间田土争讼的爆炸，增加官府的听讼负担。"匿名榜连粘晓谕"一案的衡量工作也存在相同的问题，尽管司法名公通过宽容行为人表现了自身谦谦君子、广纳谏言的形象，但它也使《宋刑统》"投匿名书告人罪"和"诬告本属刺史县令"两条成为具文。同一个行为，依法最高可被反坐流三千里，依理却批评了事，这显

---

① 参见《名公书判清明集》卷十四《匿名榜连粘晓谕》，第550—551页。

然是挑战常识的。总之，在这两个案子中，尽管司法名公确实对选择舍"法"从"理"进行了论证，但这种论证的充分性是存疑的。如果说立法本身有问题，那么就应该废除或修改立法。这当然并非司法名公能力所及的。然而，若为了个案的正义而轻易舍"法"从"理"，使得司法与立法产生对立，这对于法制权威性也必将造成损害。正是在此种"法"与"理"的冲突情形中，我们看到了宋代司法名公在裁判规范证立过程中所遇到的两难困境。事实上，这种困境的克服有赖于司法职业共同体的沟通交流和达成共识，有赖于在漫长岁月中进行经验的沉淀，接受理性的反思。更何况，这种两难困境是超越中西古今的，今人对此问题的应对办法也远远谈不上圆满，又怎能苛责古人。

总的来说，在法律大前提的查找和证立上，宋代司法名公直面各种困境，其应对办法就是在"法"与"理"之间进行划分和勾连。他们意识到，要想找到适当的裁判规范，不仅要关注"法"，还要重视"理"。所谓的"理"，一方面是指具体法律条文之外的社会道德伦理和国家秩序原理，重视"理"就是要求法律推理的结果不能违背本政治文化共同体中所固有的正义观念和道德信仰。在此语境下，从司法目标来看，"法"与"理"的冲突就是依法裁判与个案正义的冲突。从裁判规范证立困境之应对来说，"理"可以作为补充和续造"法"的资源。正是基于这个原理，社会公认的某些事理、规则（如交易习惯）才能成为裁判的规范性依据。另一方面，"理"是指以法律涵摄事实、运用法律解释、证立裁判规范的方法规则，重视"理"就是要求：依据"道理"对现行"条法"进行适当的调适和发展也应遵循一定的规则，即综合运用内部证成与外部证成、追求"法"（依法裁判）与"理"（个案正义）的协调。这种"法"与"理"的二元互动显示了宋代名公在司法活动上的"法理"自觉，凸显了宋代在中国法学方法发展史上的特殊地位。

四、何种法理：理学视野下的宋代司法传统

归根结底，宋代司法名公在司法活动上的"法理"自觉，实际上反映

了他们在生活事实与裁判规范之衔接以及裁判规范之证立上的高超法律素养。那么，应该如何看待宋代司法名公之"法理"自觉在中国历史上的地位呢？这种"法理"自觉出现于宋代的基础又何在呢？对此，今人有必要从知识史的角度作一番梳理和反思。

应该看到，中国历史上很早就出现了对于"法理"的重视。《汉书·宣帝纪》载："孝宣之治，信赏必罚，综核名实，政事、文学、法理之士咸精其能。"①这里以"法理"与"政事""文学"并列，是指汉宣帝时有很多懂法晓律官员。尽管今天仍然能够看到汉代的一些案例，但是当时的司法话语中并没有使用到"法理"一词（或"法"与"理"）。②魏晋是中国立法和法学发展的重要时期。据《通典·刑法》载："东晋元帝为丞相，在江东承制。时百度草创，议断不循法，人立异议，高下无状。主簿熊远奏曰：'自军兴以来，临事改制，朝作夕改，至于主者不敢任法，每辄关咨，委之大官，非为政之体。……凡为驳议者，若违律令节度，当合经传及前比故事，不得任情以破成法。愚谓宜令录事更立条制，诸立议者皆当引律令经传，不得直以情言，无所依准，以亏旧典也。'"③这里提出议事判断"当引律令经传"，并且注意到"律令"与"经传及前比故事"的二元关系，可以说已经具备了"法"与"理"二元互动的雏形，但当时"帝以权宜从事，尚未能从"，也就是说仅仅停留于个人观念层面，并未付诸普遍的制度性实践。④至于唐代，主要是在立法层面上总结魏晋南北朝时期的成果，在司法方法上并无更大的突破。

正是到了宋代，士大夫在事实认定、规范证成上才出现了高度的方法自觉，并且将这种方法广泛运用到司法实践之中，形成了伟大的时代洪

---

① 参见〔汉〕班固：《汉书》卷八，第1册，北京：中华书局，1962年，第275页。

② 参见陈景良：《宋代"法官""司法"和"法理"考略——兼论宋代司法传统及其历史转型》，《法商研究》2006年第1期。

③ 参见〔唐〕杜佑：《通典》卷一六四《刑法二》，第10册，北京：中华书局，2016年，第4207页。

④ 按，"律令"与"经传及前比故事"的二元关系在汉代"春秋决狱"中实际上已有所体现。但这毕竟不是普遍的制度性实践，也没有进入"法"与"理"的二元互动这种抽象思维层次上。

流，这主要反映在前文所梳理的三点上：一是兼具事实求真与价值向善的诉求，自觉划分事实问题与法律问题；二是在事实与法律的衔接上综合运用内部证成与外部证成；三是通过"法"与"理"的二元互动来应对裁判规范查找和证立的困境。宋代士大夫之所以能在法律素养上实现这种质的突破，其根源在于当时社会的经济政治背景，即"私有制深入发展下社会物质利益的多元化"①，以及两宋历代君臣重视法律、以法治国的时代风气。②这种背景正是宋代士大夫广泛参与司法实践，运用法律智慧、发展法学方法的社会基础。

此外，如果从价值观念和思维方法来考察，宋代司法名公"法理"自觉的核心就在于"法"与"理"的二元互动，而谈到这个"理"字，我们就不能不提到宋代的理学。据柳立言先生的研究，《清明集》中的许多司法名公都有着理学背景，要么直接是理学宗派中人，如真德秀（西山）、刘克庄（后村）、吴革（恕斋）、蔡杭（久轩）等人，要么是与理学中人有着交谊关系（同僚或朋友），如范应铃（西堂）、胡颖（石壁）、翁甫（浩堂）、吴势卿（雨岩）等人。③这种考证的意义非常重大，有助于我们理解宋代司法名公"法理"自觉的知识背景。上文将"法理"之"理"归结为两点，即认定事实、证立规范的方法规则以及法律条文之外的社会道德伦理和国家秩序原理，实际上这两点正对应着本文开头所梳理"明辨是非"叙事的两种诉求——事实求真与价值向善。而回看前文所梳理的27份有"明辨是非"叙事之书判，真德秀（3篇）、刘克庄（1篇）、吴革（3篇）、吴势卿（1篇）、范应铃（1篇）、胡颖（4篇）、翁甫（1篇）七人全部位列其中，这一现象自非偶然，而且恰恰暗示了宋代司法名公之"法理"自觉

---

① 参见陈景良：《宋代"法官""司法"和"法理"考略——兼论宋代司法传统及其历史转型》，《法商研究》2006年第1期。

② 参见陈景良：《试论宋代士大夫的法律观念》，《法学研究》1998年第4期；《两宋皇帝法律思想论略》，《南京大学法律评论》1998年第2期。

③ 参见柳立言：《"天理"在南宋审判中的作用》，《历史语言研究所集刊》第八十四本第二分（2013年），第277—328页。

与理学在思维方法和价值体系上的某种关联。

那么，如何寻找解释的切入点呢？在整部《清明集》中，位于卷首的真德秀劝谕书判具有纲领性作用①，统摄全书意旨；据《宋元学案》说，真德秀之学出于"考亭"（朱熹之别号），真氏在南宋孝宗年间之后被视为继承朱熹学脉的"正学大宗"。②此外，以上其他有理学背景的司法名公也与朱熹存在着紧密联系，如：刘克庄为真德秀之弟子，恪守并弘扬朱熹的思想，真氏为吴革著述作序且称吴革之号"恕斋"得自于朱熹，蔡杭之父蔡沈为朱熹门人。③有鉴于此，立足于朱熹这个宋代理学"集大成"④之人的思想，从中探究宋代司法名公"法理"自觉与理学的关联性，乃是一个必要且可行的考察视角。事实上，正是在朱熹这里，宋代司法的"明辨是非"叙事及其兼顾事实求真与价值向善的诉求都可以找到思维方法和价值体系上的依据。

以《朱子语类》一书为例，其中记载了许多朱熹关于明辨"是非"的主张。他说，"若事物之来，当辨别一个是非"⑤，即指出要辨别"事物"之"是非"。那么，什么是"辨别是非"呢？"问：致知莫只是致察否？曰：如读书而求其义，处事而求其当，接物存心察其是非、邪正，皆是也"⑥，可见，在朱熹看来，"是非"与"邪正"是相关联的，辨别"是非"乃是一种认知活动，其目标在于以认知追求正义与良善。那么，何为"是非"，正义与良善的标准何在呢？他说，"日用之间，礼者便是，非礼者便不是"⑦，又说，"一言一语，一动一作，一坐一立，一饮一食，都有

① 参见《名公书判清明集》附录七，陈智超《宋史研究的珍贵史料——明刻本〈名公书判清明集〉介绍》，第664页。

② 参见〔清〕黄宗羲、全祖望：《宋元学案》卷八一，第4册，中华书局，1986年，第2696页。

③ 参见柳立言：《"天理"在南宋审判中的作用》，《中央研究院历史语言研究所集刊》第八十四本第二分（2013年），第280页。

④ 参见钱穆：《朱子学提纲》，北京：生活·读书·新知三联书店，2014年，第23—36页。

⑤ 〔宋〕黎靖德编，王星贤点校：《朱子语类》卷十二，第1册，北京：中华书局1986年，第216页。

⑥ 《朱子语类》卷十五，第1册，第283页。

⑦ 《朱子语类》卷三三，第3册，第833页。

是非。是底便是天理，非底便是人欲"。①可见，"是非"的标准在于"礼"或"天理"，也就是儒家所主张的社会道德伦理和国家秩序原理。对于求取"是非"之"理"的办法，他指出，"格物二字最好。物，谓事物也。须穷极事物之理到尽处，便有一个是，一个非，是底便行，非底便不行。凡自家身心上，皆须体验得一个是非"。②这就是说，要想实现正义与良善，必须与具体真实的事物相接触，必须使自我对事物的认知（体验）合乎真实。综上可见，朱熹已经认识到，价值的向善必须以事实认知的求真为前提。所谓"穷极事物之理到尽处"以明辨"是非"，其中就包含着事实求真与价值向善的划分和综合。在此视野下，胡颖（石壁）提出"考察虚实，则凭文书；剖判曲直，则依条法"，实现司法活动中事实问题与法律问题之自觉划分，其中显然就有朱熹理学"辨别是非"思想的痕迹。

就思维方法而言，朱熹曾经在读书治学与司法断狱的关系上进行了深入的阐述，对后世的考据学问产生了深远影响。③他说："须是一棒一条痕！一掴一掌血！看人文字，要当如此，岂可忽略！看文字，须是如猛将用兵，直是鏖战一阵；如酷吏治狱，直是推勘到底，决是不恕他，方得。看文字，正如酷吏之用法深刻，都没人情，直要做到底。若只恁地等闲看过了，有甚滋味！大凡文字有未晓处，须下死工夫，直要见得道理是自家底，方住。看文字如捉贼，须知道盗发处，自一文以上赃罪情节，都要勘出。若只描摸个大纲，纵使知道此人是贼，却不知何处做贼。"就其本意而言，朱熹是为了强调读书应如司法断狱一般严谨，不可轻忽。但若就此考察其对司法断狱的态度，则可看出，其所谓"酷吏治狱"并非主张枉法用刑，而是强调司法者不可枉顾案件事实，要重视证据的搜集与考察以证成事实。《清明集》中的司法名公立足于事实求真的诉求，普遍主张事实

---

① 《朱子语类》卷三八，第3册，第1004页。
② 《朱子语类》卷十五，第1册，第284页。
③ 参见张世明：《"治史如断狱"——历史考据学与律学渊源的知识史考察》，《光明日报》2015年3月25日《理论周刊·史学》。
④ 《朱子语类》卷十，第1册，第164页。

认定必须凭借证据，这与朱熹重证据实的思想也是一脉相承的。

在谈到"辨别是非"之价值标准时，朱熹曾说到，"凡读书，先须晓得他底言词了，然后看其说于理当否。当于理则是，背于理则非。"①先使对事物的认知合乎真实，而后再以"理"来判断事物是否正当，这虽是讲读书之道，却反映了朱熹的思维方法和价值追求。众所周知，这里说的"理"是朱熹理学的核心概念，其含义是非常广泛的，上到宇宙本源，下到人伦日用，乃是宇宙自然秩序与人道文明秩序的统一。在朱熹理学的价值体系下，"理"具有最高的秩序位阶，所谓"未有天地之先，毕竟也只是理；有此理，便有此天地；若无此理，便无此天地、无人无物，都无该载了"。②"理"是天地、人、物存在的基础，朱熹对于"理"的此种定义为（理学所主张的）社会道德伦理、国家秩序原理参与人间法秩序的建构提供了"说理"的平台。司法活动就是这样一种"说理"。宋代司法名公在遇到裁判规范查找和证立困境的时候，往往在"法"与"理"的二元互动中谋求对法律的妥善解释和续造，追求条法与社会道德伦理、国家秩序原理（道理）的平衡。这种诉诸"理"、以"理"济"法"的思维方式，一定程度上反映了理学发展所带来的重"理"、讲"理"的时代风气，也体现了宋代司法对于理学思维的应用。

基于以上梳理可见，宋代司法对于事实求真与价值向善的兼顾、在"法"与"理"的二元互动中论证说理，这很大程度上源于理学在思维方法与价值体系上的滋养。可以说，正是由于理学的发展及其在司法官员之中的传播、运用，才促使宋代法官，特别是南宋司法名公在广泛参与司法实践的基础上，运用法律智慧、发展法学方法，并在事实认定、规范证成上实现方法的自觉。应该注意到，理学对宋代司法的影响并非单纯是一种道德话语的渗透，更重要的是一种知识、一种方法，即将事实求真与价值向善关联起来的知识或方法——其关注的核心问题是，如何立足于事实求

---

① 《朱子语类》卷十一，第1册，第185页。
② 《朱子语类》卷一，第1册，第1页。

真来实现价值向善。

朱熹说，"孟子曰：'是非之心，智也。'才知得是而爱，非而恶，便交过仁义去了"。①可见，理学在讲"仁"（"德"）的同时也是讲"智"的；"仁义"之实现当然是目的，但为了达此目的必须首先辨别事理之是非，使自己对事物的认知合乎真实。换言之，道德的实现（价值向善）要以智慧、知识（事实求真）为前提，反过来，智慧、知识也应服务于道德的实现。这就显示，理学之中并非只有道德理性，其中实际上包蕴着深厚的知识理性因素。由此，在理学视野下来反思宋代司法传统，问题的实质就在于：宋代司法在事实认知与法律推理中呈现出何种知识样态，具有何种内在理路，此种样态、理路跟理学有何种关系。就此而言，本文只是一个初步的工作，理学视野下的宋代司法传统，仍然有待于学界同仁进一步关注和研究。

（原载《学术月刊》2020年第2期）

①《朱子语类》卷十七，第2册，第374页。

南宋司法裁判中的价值取向

王志强

　　书判，是南宋一种特定的文体，除少量行政公文和告谕文榜外，主要是司法裁判文书。这些裁判文书包括佐官书拟的裁判意见、长官的判复及其直接作出的裁判，是重要的法律史文献。

　　南宋居官者常以书判自显，其中将个人书判编集的不少，惜多已不传。现存书判，有收于《宋文鉴》的王回书判2篇、《名公书判清明集》（后简称《清明集》）中475篇、《后村先生大全集》中《清明集》未收录的刘克庄书判24篇、《勉斋集》内黄榦所作36篇、《文山全集》中文天祥所作5篇。此外，还有散见于宋代史籍中者，如《建炎以来系年要录》附注、《建炎以来朝野杂记·乙集》所录"绍兴十一年十二月二十九日刑部大理寺状"等，也具有司法裁判的性质。

　　中国古代的司法裁判，在南宋以前已广泛出现，不过，先秦判文寥寥无几，秦汉时代的《奏谳书》现在可见内容也很少，唐及北宋判词主要侧重于文采辞藻，而且基本上都不是产生于司法实践中，只是习拟或娱笔之作。而南宋书判作为政务实践的产物，数量丰富，内容广泛，在中国法律史史料中是前代所未有的。

　　"社会现实和法律条文之间，往往存在着一定的差距。如果只注重条义而不注重实施状况，只能说是条文的、形式的、表面的研究，而不是活动的、功能的研究"[①]，同时，法律思想也具有多层次的内涵和表现。司

[①] 瞿同祖：《中国法律与中国社会》"导论"，北京：中华书局，2003年，第2页。

法实践是士大夫官员将正统法律思想贯彻于社会生活实践的过程，并从中表现出一些更为生动的观念意识，这些观念意识是中国传统法律思想的重要组成部分。南宋书判是研究当时司法实践活动的主要材料，它们反映着法律制度在亲政官员思想指导下的具体引用，是操作的法条，是生动的思想。从这个意义上说，南宋书判在开拓法律史研究的新角度、新方法上，具有不可多得的史料价值。

以往对南宋书判的研究，主要围绕《清明集》进行。[①]本文借鉴已有成果，将南宋书判作为一个整体，以裁判依据为线索，重点探讨当时司法裁判的价值取向及其内涵，并结合历史和社会背景论述其成因。

一

除个别拟判外，现存书判中引述法律依据的共159件，涉及明晰的法律条文180条（内容重复者不计）。其中律（即《宋刑统》）47条，敕37条，令29条，格3条，随敕申明8条，其它指挥3条，赦2条，形式不明的51条。另有使州约束2条，乡例6条。在这类书判中，案情和结果等要素均表述完备、结构完整的共143件，裁判结果与法律一致的89例，占62%；与法意不一致的54例，占38%；书判中未引述法律依据但可以考详的共61篇，其中裁判结果合乎法意的22例，占36%；不合法意的38例，占62%；另有1例信息不充分无法判断。以上这两大类书判共220件，除法条与裁判结果无法确定关联性的少数裁决，其他裁判中结果与所引或所考法律依据一致的达111件，超过半数；与法意不一致的92件，占42%。可见法律的作用不可忽视。此外，法律依据未被引述且已不可考而以其他理由裁判的书判共有156篇。[②]

但是，在表面上合法的裁判中，如果也取"诛心"之法而还原其本

① 中国学者中，陈鹏、陈智超、贺卫方、梁治平、姚荣涛、郭建、陈景良等先后都有论著涉及，日本学者仁井田陞、梅原郁等也做了深入细致研究。

② 以上之例可参见王志强：《〈名公书判清明集〉法律思想初探》，《法学研究》1997年第5期，第119—135页。

情，便不难发现，有不少情况在貌似合法、依法的表面文章之下，却蕴含着对法律的任意解释和适用。南宋初年的岳飞案是众所周知的千古奇冤，但判决书中却堂而皇之对岳飞等人开列犯罪事实、引述法条规定、依法定程序裁决并执行，这一系列的陈述竟是无疵可指。战功显赫、精忠为国的一代名将，因为口头言辞上对皇帝有所不敬，便要按律文"指斥乘舆"罪处斩。①在其他许多书判中，表现出法律以外的价值判断起着主导作用，决定案情性质的认定和裁判结果的意向，法律只是以此为前提来作出处理的工具。如书判中亲族相讼频见，并不由此获罪，而却独有一判称"在法：告缌麻以上卑幼得实，犹勘杖八十"（《清明集》页495；下引此书径注页码），认为应按此对原告科罪。推原其意，只不过是因法官认为原告素无善行，此讼亦明显是挟仇报复，为绝其讼，以法胁之。有的情况下，可能因为一时没有找到合适的法条，只能先牵强附会比照某法，打发了事。如摆渡人勒索遭打，其还手将船客击落水中溺死。所引法是按渡人恐吓取财的得赃数量为量刑依据的，并未述及因而致人于死的情况，所以其实本该用"元无杀心"的斗殴杀人法（《刑统》卷二一"斗殴故殴故杀"）或取而代之的相关敕条。但最后法官比附所引法得钱五贯的量刑，判脊杖十二，刺配本城；理由是船客因此身死，虽非有意，亦应断罪。这种比附，未免有些不伦不类。再如《清明集》卷八《命继与立继不同》一案：

江东老有三子，分别名刘员、齐孟、齐戴。江齐戴身死无子，族兄弟、连襟江渊欲以子江瑞为之立嗣，但族人认为江渊曾以子继齐孟之嗣，而不能孝养，反对立江渊之子；而且如立之，则江东老旧产将有三分之二为江渊家所占，人所不平；这样，作判者的剖判尺度是显然向族人倾斜的：立继当许之，但不可使之得财过多；族人要予安抚，但最后总得举出令人信服的依据。"再三抽绎，欲合情，欲息讼，必当酌其法之中者而行

---

① 《绍兴十一年十二月二十九日刑部大理寺状》，参见邓广铭：《岳飞传》，北京：人民出版社，1983年，第370—374页。

之，斯可矣。"按法，"立继者与子承父分法同，当尽举其产以与之，命继者于诸无在室、归宗诸女，止得家财三分之一"。江瑞之立属命继，但余二分不给被立者即当没官，似悖于法官初衷和常理。于是又找出一条："诸已绝之家立继绝子孙（谓近亲尊长命继者），于绝户家财产者，若止有在室诸女，即以全户四分之一给之；若犹有归宗诸女，给五分之一。其在室并归宗女即以所得四分，依户绝法给之。止有归宗诸女，依户绝法给外，即以其余减半给之，余没官。止有出嫁诸女者，即以全户三分为率，以二分与出嫁女均给，余一分没官。"但江齐戴分明没有女儿，法官也在所不顾了：被立继者三分之一应给，所以比照可给三分之一的情况即"止有出嫁诸女"，先给其一份，特别强调要官司检校，族长主管，候江瑞成年给之，江渊不得干预。另外两份，一份没官，另份无女可给，则用作安抚族人之用："将一分附（比附，明本作'付'，非）与诸女法，拨为义庄，以赡宗族之孤寡贫困者，仍择族长主其收支，官为考校。"这样，"人情、法理两得其平"（页265—268）。法官从法律以外的价值取向作出的判断先于法律而存在的，法律经过选择后只是起着注脚的作用。

另外，进一步探究事实认定这一过程，情形也许就更为复杂。《宋会要辑稿·职官》五之五九载宁宗嘉泰元年（1201）臣僚上言："今日治狱之弊，推鞫之初虽得其情，至穿款之际，则必先自揣摩斟酌之，以为案如某罪、当合某法，或笞或杖，或徒流，或死刑之类，皆文致其辞，轻重其字，必欲以款之情与法意合。彼议法者亦惟视其而定其罪，细毫锱铢如出一手。"《宋史·刑法志》说理宗时"监司、郡守擅作威福，意所欲黥，则令入其当黥之由；意所欲杀，则令证其当死之罪，呼喝吏卒，严限日时，监勒招承，催促结款"。这种在审讯过程中罗致罪名以合法意，已非书判中所能详见。至此，法律便纯粹成为文饰之具，而实质上被肆意践踏、被蔑弃。虽然不可以此妄测作判诸公，但其事当时确有，应无可置疑。

由此不难看出，在南宋司法裁判中，法律受到相当的重视，但这种重视往往从属于更高的价值取向所预设的前提，甚至只是掩人耳目的工具；当二者出现矛盾时，法律的规定常常遭到曲解、受到冷落。如果从各种裁判依据及其相互关系入手来进行分析，这一司法裁判中的根本价值取向就更为清晰可见。

南宋书判中，裁判的依据除了法律以外，还有其他的一些理由和原则，主要包括伦常、息讼、恤刑、人情等数方面。伦常，孟子谓之君臣、父子、夫妇、兄弟和朋友"五伦"，这里主要指反映社会和家族等级的尊卑长幼关系；息讼，在实践中表现为力求使争讼双方尽可能心悦诚服或认罪服法、消除再讼隐患，并通过打击健讼等手段最大限度减少诉讼；恤刑，包括先教后刑、处刑轻慎和对官员、士人及其家族的优礼、开脱，内涵较明确①；人情，指除上述原则以外的社会一般处事和评价标准，在书判中以相关事实和道德评判的形式出现，具有内涵广泛而直观的特点。如剖判差役之争，"万一所差仅刘知府一人，姑与之免；今经陈使台者，乃合城中而为之谋，彼以数十年无役之家，悉入差帐，咸欲起而争之"（页90）。判中并非没有引述法意，相反，不仅全篇具引长达246字的"乾道八年二月二十六日敕"，而且还反复说明依法处理其他相似争讼的情况，但着眼点却不在强调法律规范如何应予恪守，而在阐明"其内十余部，自二、三十年无可差之役"的状况和如前所述法外开恩的后果。法律的权威因为人情而得到巩固。又如毛永成于十余年后以白约为据诉兄弟盗卖共有田宅案：

据法，"理诉交易，自有条限"；判中所云"条限"，即另一判中所引法律明文："典卖（众分田宅）满十年者免追，止偿其价；……若墓田，虽在限外，听有分人理认，钱、业各还主"（页118）。法律规定的时限极为明确，但判者认为，"大率小人瞒昧同分、私受自交易，多是交易历年不使知之，所以陈诉者或在条限之外，此姑不论也"；原告所持是未经官见证盖印的文书，但被告也无有效书契，"何以证永成白约之伪乎？此又不论也"；所重视者，乃所卖之屋与永成共柱，若被拆毁，"则所居之屋不能自立，无以庇风雨，此人情也"；又所卖田内有祖坟，"其不肖者卖之，稍有人心者赎而归之，此意亦美，其可使之不赎乎？此人情也"（页

---

① 其例可参王志强：《〈名公书判清明集〉法律思想初探》。

166）；此外还有一相关事实，是永成当年未批退而放弃先买权。因此，既不依法明确所有权、由盗卖者赔还，也不依法追回墓田、钱业各还主，而是准永成赎回共柱之屋和有坟之田，其余则维持现状，似依亲邻赎法；但令文分明规定"诸典卖田宅满三年而诉以应问邻而不问者，不得受理"（页309），时限早已超过。判中绕过的法律的屏障，依据的主要理由也并非冠冕堂皇的原则，而只是相关的简单事实，如屋共柱，如田有坟，如未批退，已使人自然信服其持之有故、言之成理。

再如《勉斋集》卷三三《武楷认金》一案：刘某、武安抚先后居住的宅基地内掘土得金，武家后人武楷争领。"以事理考之，必是刘家之物，盖藏金于地，为避贼而藏也"；武安抚为一方军政大员，不当为此。但其颇有政绩，如今家业凋零，使人叹惋；笔锋一转，"武楷自少不学，家业破荡，若得钱又复妄费"。如此一波三折，最后判：将金存于公库，每月许其领五贯。判中纯以事实言之而不及法律，但事理人情毕见于斯，可谓曲折周到。

可见，法律与伦常等其他裁判依据在书判中的交互作用，构成裁判的根本价值取向，这便是"情理"。

情理，按书判中字面本义而言，情，包括书判中的"情"和"人情"。前者作为裁判依据主要指事实真相和由此体现的主观动机，后者则主要指通行的观念。理兼指"理"和"天理"。"理"主要相当于逻辑和惯例，"天理"本指天道或人之本性，在书判中主要指家族关系，尤其是亲子关系。总的来说，这些内容基本可以涵盖前文所提及的法律以外的伦常等各项裁判理由。司法裁判的根本价值取向，与这些观念有密切联系而又有所不同。它并不是这些裁判理由的某个单一方面或其简单叠加的总和，而是这些要素的最佳组合方式，是一种中庸至善的最高境界。本文称之为"情理"。

需要特别指出，法律并不是与"情理"无关或对立的。宋代韵文律解《刑统赋》开宗明义即称："律意虽远，人情可推。"在作判们看来，法律应该与其他各种原则统一、协调。书判中说："法意、人情，实同一体。徇人情而违法意，不可也；守法意而拂人情，亦不可也。权衡于二者之间，使上不违于法意，下不拂于人情，则通行而无弊矣。"（页311）"公事到官，有理与法"。（页347）法律如不合乎情、理要求，即非善法。"祖宗立法，参之情、理，无不曲尽。倘拂乎情，违乎理，不可以为法于后世矣"。（页448）书判作者之一真德秀又说："夫法令之必本人情，犹政事之必风俗也。为政而不因风俗，不足言善政；为法而不本人情，不可谓良法"①，"上之所为，一与理合，即不待教令而自孚；上之所为，一与理悖，则虽加刑戮而不服"。②

法律正应该是实现价值目的的基本常规手段。从"德礼为政教之本，刑罚为政教之用"的根本原则，到立足于亲亲、尊尊的各项规定，直至授权法官依据常情自由处断的"不应为"条，莫不蕴含了构成情理的各项原则要素。因此可以说，法律的明文规定，常常已经预先协调了各项原则的关系，体现了情理的要求。而严格依法的书判，一般也就自然实现了情理的价值目标。公然至县厅赶打公吏，依法处杖；交易多年、实情难详之争，依法不予受理；品官之家违禁，依法准赎；杀人偿命，欠债还钱，谁能说不是天经地义，不是实现了情理的要求呢？

但是，由于种种原因，法律并没有被当作情理的唯一表现方式而成为书判的最终价值目标。因此，在基本依法裁断的书判中，法律以外的原则往往仍被援引，以充满感情色彩的笔调加强或补充法律规定。如果法律有悖于其他原则而与情理相矛盾，执法官员可以通过法律解释、法律选择来加以协调，甚至可以置法律于不顾。其例已多，不赘。

情理所涉及的各项原则，是相互平衡而又密不可分的统一整体。在面对具体案件时，官员们依据实际状况，不仅力求弄清争端本身的事实真相，而且对情理所关注的相关事实亦给予充分的考虑，然后权衡各要素并参考法律的规定作出裁判。在表面相似的案件中，这些原则的作用程度却并不相同。同为教唆兴讼，一般人以息讼的原则予以打击，处脊杖、编管

---

① 〔宋〕真德秀：《西山先生真文公文集》卷三《直前奏札》，《四部丛刊初编》，第1265册。
② 《西山先生真文公文集》卷四《召除礼侍上殿奏札二》，第1266册。

（页484）；吏人之子更不可恕，脊杖、刺配（页483）；有士友为之说情者，减等发落（页482）；而犯者身为士人，则予优礼，从轻处竹篦、枷项。①同样诉不当立异姓子，而所立同样合法有效，所争者同样出于私利，有的息讼优先，准予并立（页223），有的则以和气有亏、恐难保家道为由不许更立（页270）。这些理由独立而言，并不是必然的规则，而是可以相互比较权衡的原则。"规则在适用时，要么有效，要么无效；如果两个规则发生冲突，其中必有一个是无效或应废止的。而原则却有较大的灵活性，它们是人们活动时应当考虑的理由。在几个原则交错时，两个原则之间的冲突必须根据每一个原则在既定场合（案件）中的分量来解决。……作为活动理由的原则不会因为在某一情况下其他的理由占了上风，就不再是一个理由"。②情理正是一系列原则性的要素相互作用的产物。

同时，这些理由的内容又不是各自孤立的。不少案件的具体裁判理由，往往涉及数方面的内容而难以截然区分。《勉斋集》卷三二《陈如椿论房弟妇不应立异姓子为嗣》一案中，陈知县协同其伯父诬告叔母违法立异姓子，法官在查明诬告事实后，又指出，陈知县之父亦是被收养的遗弃之子，今妄诉叔母不应收养异姓，"是责其祖、辱其父也。为人子者，责其祖、辱其父、诬其零丁孤寡之叔母，罪莫大焉！"通过一件相关事实的联系，竟上升到了根本伦常的高度。另一原告陈如椿本应断罪，"念其于刘氏（指其弟妇）之子有族伯之亲，申解使府，乞将陈如椿责戒释放"，由于家族内等级名分所在，量刑上也予体恤从轻。事实上，在当时人的观念中，也并无诸要素的区别。如吕本中《官箴》中说："当官处事，务合人情。忠恕违道不远，观于己而得之，未有舍此二字而能有济者也。尝有人作郡守，延一术士同处书室。后术士以公事干之，大怒叱下，竟致之理，杖背编置。招延此人已是犯义，既与之稔熟而干以公事，亦人常情

---

① 〔宋〕黄榦：《勉斋集》卷三三《徐铠教唆徐莘哥妄论刘少六》，景印文渊阁《四库全书》，1986年版，第1168册，台北：台湾商务印书馆，第374页。

② 〔美〕迈克尔·D·贝勒斯：《法律的原则》译后记，北京：中国大百科全书出版社，1996年，第470页；又参见此书第12—13页。

也，不从之足矣，而治之如此之峻，殆似绝灭人理。"①人情、忠恕、人理，并存于统一的观念之中。情理这一价值取向，代表的是一种全面考虑、兼顾无偏的思维方式；而在直觉思维中，其本身是一个浑然一体的综合概念，是一种和谐的状态。

这一状态不是单纯的道德取向，因为它往往包含了对法律的兼顾。宋代士大夫具有较高的法律素养，客观上也使书判追求的情理并没有脱离法律而走向纯粹的道德世界。②同时，书判中的价值取向与其说是简单的道德认定，不如说更体现着一种选择，体现着有经有权的能动意识。朱熹高足陈淳说："经所不及，须用权以通之。然用权须是地位高方可，非理明义精便差，却到合用权处亦看不出。权虽经之所不及，实与经不相悖，经穷则须用权以通之。柳宗元谓'权者，所以达经也'，说得亦好。盖经到那里行不去，非用权不可济。如君臣定位，经也；桀纣暴横，天下视之为独夫，此时君臣之义已穷，故汤武征伐以通之，所以行权也。男女授受不亲，此经也；嫂溺而不援，便是豺狼，故援之者，所以通乎经也。如危邦不入，乱邦不居，此经也；佛肸召，子欲往，则权也。"③"父为子纲"是常经，但两次卖子、为父不父者，"可谓败人伦、灭天理之已甚者"，小杖二十、由族长收养其子（页277）；"夫为妻纲"是常道，但妻因夫宠妾而擅离，犯嫉妒之忌、擅去之法④，判者却认为其夫事后兴讼只为争利，而当时未理，夫妇之义已绝。⑤这种权衡，已非简单的"道德"二字能了。情理的价值取向，是"止于至善"的追求；其本身与理学中的"理"相仿，是一种先验的本体存在，无可确指而又无所不在。

---

① 〔宋〕吕本中：《官箴》，《丛书集成》本，第4页。

② 参陈景良：《文学法理，咸精其能——试论两宋士大夫的法律素养》，载《南京大学法律评论》1996年"秋季号"，第84—95页；1997年"春季号"，第89—106页。

③ 〔宋〕陈淳：《北溪字义》卷下《经权》，景印文渊阁《四库全书》，第709册，台北：台湾商务印书馆，1986年，第41页。

④ 《宋刑统》卷十四"和娶人妻"：诸妻擅去徒二年；此律当时仍有效，参见《名公书判清明集》卷九"婚嫁皆违条法"，北京：中华书局，1987年，第352页。

⑤ 《勉斋集》卷三三《京宣义诉曾崑叟取妻归葬》，第1168册，第380页。

另外值得注意的是，各种理由的内容在书判中常以前人旧例和经史典故的形式表达出来。判者宁可反复引用《礼记·王制》"执左道以乱政者，杀；假于鬼神疑众，杀"，而不愿检用有关禁淫祀妖教的朝廷法律。有的书判模仿先贤故事裁断，如柳某遗嘱每年与侄钱财，而履行数年后柳妻爽约，尽管遗嘱真实，但遗嘱者本意乃恐孤寡受欺，判者引述前贤张咏所断之案"昔人有子幼而婿壮，临终之日，属其家业，婿居其子之二，既而渝盟，有词到官"，而张咏"以其善保身后之子，而遂识乃翁之智，从而反之"；本案与之如出一辙，所以"合仿乖崖（张咏）之意行之"，将遗嘱销毁，以各自受分为准，不得侵占（页291—292）。其实该案在张咏之前已有西汉何武的先例。[①]这种先例只是一种形式，而其实质在时人看来，就是"法理""人情"。何武所断案中，遗嘱其婿，候幼子长成给其一剑，而婿竟不与，故判产业均归子；张咏案中婿请如约，不似前者贪得无厌，故判七分与子。"悉夺与儿，此之谓法理；三分与婿，此之谓人情。武以严断者，婿不如约与儿剑也；咏之明断者，婿请如约与儿财也"（郑克按语），这种在形式上模仿旧例的特点恐怕与传统的历史意识、官员的受教育经历和文坛风尚不无关系，兹不赘述。

二

在南宋的司法裁判中，其价值取向为什么不是案件本应该适用的法律的实现，而是缺乏确定性的情理？

这首先应当归因于传统特有的哲学基础和思维模式。"天人合一"是中国传统哲学中一贯的主题，强调和谐统一的世界观。在思维方式上，则是始终立足于整体判断。在具体途径上，传统思维最基本的方式，是立足于个人经验的直觉判断。

《朱子语类》卷一百八《论治道》中记载了朱熹与人的一段对话：

---

① 参见郑克：《折狱龟鉴》卷八《何武》，景印文渊阁《四库全书》，第729册，台北：台湾商务印书馆，1986年，第954页。

"问：'为政更张之初，莫亦须稍严以整齐之否？'曰：'此事难断定说，在人如何处置。然亦何消要过严？今所难者，是难得晓事底人。若晓事底人，历练多，事才至面前，他都晓得依那事分寸而施以应之，人自然畏服。今人往往过严者，多半是自家不晓，又虑人慢己，遂将大拍头去拍他，要他畏服。若自见得，何消过严？便是这事难。'又曰：'难！难！'"朱子的意思，所谓"晓事底人"，难得之处不在于其能依据某种尺度，而在于凭借丰富的经验、具有良好的感觉。这对于官员是至关重要又至为难得的。朱熹主张格物以穷理，强调理性主义的认识方式，但并没有脱离具体认知手段上的传统模式。他在《大学章句》中取程子之意补"格物"章之缺文"是以大学始教，必使学者即凡天下之物，莫不因其已知之理而益穷之，以求至乎其极。至于用力之久，而一旦豁然贯通焉，则众物之表里精粗无不到，而吾心之全体大用无不明矣。此谓物格，此谓知之至也"；《朱子语类》卷十八："今以十事言之，若理会得七八件，则那两三件触类可通；若四旁都理会得，则中间所未通者其道理亦是如此。"但究竟如何"豁然贯通"，如何"触类可通"，却置而不论，只是待诸经验积累后的直觉把握，而并不出于严密的逻辑推论。理学别派陆九渊更进一步提高了这种个人直觉意识的地位。杨简曾问学于陆九渊"如何是本心"，"先生曰：'恻隐，仁之端也；羞恶，义之端也；辞让，礼之端也；是非，智之端也。此即是本心。'对曰：'简儿时已晓得，毕竟如何是本心？'凡数问，先生终不易其说，敬仲（杨简字）亦未省。偶有鬻扇者讼至于庭，敬仲断其曲直讫，又问如初。先生曰：'闻适来断扇讼，是者知其为是，非者知其为非，此即敬仲本心。'敬仲忽大觉，始北面纳弟子礼。故敬仲每云：'简发本心之间，先生举是日扇讼是非答，简忽省此心之无始末，忽省此心之无所不通。'"①这已完全仰赖于个人的经验判断。

在理学的范畴中，"理"是先验的绝对本体，存在于万事万物之中，有种种不同的具体形式，即所谓"理一分殊"。面对具体争讼，官员们所

① 〔宋〕陆九渊：《陆九渊集》卷三六，北京：中华书局，1980年，第487—488页。

需要的是通过直觉判断，发现其中的理，"是者知其为是，非者知其为非"，从而提出相应的处理意见。这一判断的过程，就是自觉或不自觉地对情理诸要素全面的选择、权量。在理论上，这种直觉判断并不是随心所欲的妄测臆断，它是整体性和谐观的伴生物。它具有理性的哲学前提，重经验，不偏执，以保持整体系统的和谐稳定为目标，兼顾所涉及的各方面利益和关系，强调有经有权。正是这种兼容并顾、力求无党无偏而立足直觉经验的思维模式，使官员们在司法裁判中并不机械、生硬地奉法律为唯一规则，而是以情理为根本价值取向。

之所以是情理而不是法律成为南宋司法裁判的价值取向，还有中国传统法律思想的历史背景。儒家重礼。在先秦，"礼"是多层次概念的总称。它首先是一种根本精神，即《礼记·丧服小记》所说的"亲亲、尊尊、长长、男女之有别，人道之大者也"。其次，作为规范的意义，它可以是国家的根本性制度，如册封诸侯、分邦建国等等，可以是社会生活中人们应当遵循的实质性规范，如同姓不婚、为人子不蓄私财、男女授受不亲等等，可以是仪节性规范，如《仪礼》所载的各种典礼程序。当时儒家所重的"礼"，实际上是作为礼之根本精神的原则而绝不是所有的规范。对于违反某些规范的态度和对其他部分的适时变通，都以那些抽象的根本性原则为判断标准，它们因为其抽象性、原则性，而凌驾于具体规范之上，使后者成为其实现的手段。在这个意义上的"礼"，而不是一般的规范性的"礼"，才被荀子当作"法之大分、类之纲纪"。对于各项原则在适用时的权衡取舍、恰到好处，才是最受关注的。

西汉中期以后的春秋决狱，正是调和"法"和"礼"的产物。现可考见的董仲舒处理的6案中，有4案都兼顾经义和法律，而以法律为手段实现经义的要求。至唐代，在法典上完成了儒法合流。《唐律》号称"一准乎礼"。礼与法之间的"道"与"器"、形上与形下的关系得以巩固和强化。北宋名臣司马光说："至于律令敕式，皆当官者所须，何必置明法一科，使为士者豫习之？夫礼之所去，刑之所取，为士者果能知道义，自与法律冥合。若其不知，但日诵徒流绞斩之书，习锻炼文致之书，为士已成刻薄，从政岂有循良？非所以长育人材、敦厚风俗也。"①南宋真德秀也说："廷尉天下之平，命官设属宜常参用儒者，俾三尺之外，得传以经谊，本之人情，庶几汉廷断狱之意。"②

不难看出，传统法律思想中，法律的实现始终没有成为根本价值目标。在法哲学的层面，法律仅仅是一种工具，它的价值不在于条文表面的内容，而在于其深层的原则。法律的作用仅在于实现这些原则。这种工具主义的法律价值观使法律本身的内容和逻辑被轻视或忽视。礼仪教化、春秋微旨、道义人情，是在各个特定时代执行法律时分别需要考虑、兼顾的要素。春秋决狱以儒经大义的合理选择和实现为根本价值取向，并兼顾法律的规则，成为后世尊奉的楷模。南宋王回拟作的书判中有一案：

出妻已告前夫家昔日在家时曾指斥乘舆，书判征引法律依据：指斥乘舆，斩（参《刑统》卷一"指斥乘舆"）；旁知不告者，徒一年半（《刑统》卷二三"告反逆"：不告者各减本罪五等）；夫虐妻许自陈（《刑统》卷二二"夫妻妾媵相殴并杀"律注：夫殴妻，妻告乃坐）；已告（原作"若"，据文意改）夫减所告罪一等（参《刑统》卷二四"告周亲以下"）、甲同自首（《刑统》卷五"犯罪已发未发自首"：依法当容隐者告之，同罪人自首；卷六"有罪相容隐"：同居有罪相隐），又引经义：《书》王不罪小人之怨，《礼》妻为夫服斩衰之重，并以常理评之：既已离异，不当以昔日亲密时私宅之闻而陷人于死地，所以，法司以所告之事在未离异时，故按未离的法律断己罪、免甲罪，这一判决是"以律附经，窃谓非薄君臣之礼，而隆夫妇之恩也"。③法律的规则在这里是次要的内容，判者权衡的是君臣之义的伦常等级和夫妇之恩的世俗人情，而最终选择的是后者，并且从经典中找到了相关的依据。

① 〔宋〕马端临：《文献通考》卷三一《选举考四·举士》，上海：上海古籍出版社，2014年，第913页。
② 〔宋〕真德秀：《西山先生真文忠公文集》卷三《直前奏札》，《四部丛刊初编》，第1265册。
③ 〔宋〕吕祖谦：《宋文鉴》卷一二九《书判》，景印文渊阁《四库全书》，台北：台湾商务印书馆，1986年，第1351册，第475页。

文化传统等意识形态不可能抽象地发生作用，它必须依赖于社会现实条件提供的可能性。宋代是君主专制主义中央集权政治体制进一步巩固的时代，法律正是君主权威的重要体现。程式化的政事运作方式、保守因循的士风，使时人有"任法而不任人"之评。但同时，两宋时代立法繁密，乃至用法之际，非周查各篇不能备见，致有终一日不能尽一事者。盈于架阁、不能遍览的法律使一向厌弃俗务的士大夫们不暇问津。立法者或牵于好恶之私，或溺于迎合之说，或唯恐有罪者之失，故多张纲增目，使条目滋繁，却难免有前后抵牾处。无怪乎朱子曾大发牢骚，"今上自朝廷，下至百司、庶府，外而州县，其法无一不弊，学校科举尤甚"①；在给陆九渊的私札中，希望"于律令中极有不合道理、不近人情处，随事改正，得一二亦佳"②；又说"律极好，后来敕令格式，罪皆太重，不如律。乾道、淳熙新书，更是杂乱，一时法官不识法制本意，不合理者甚多。又或有是计嘱妄立条例者"③。以书判中所见法律为例。如被引最多的法条"诸理诉田宅（一作"田地"）而契要不明过二十年钱主或业主死者不得受理"，凡九见。该条本意以"理诉田宅而契要不明"为假定，以"过二十年""钱主（买方）死""业主（卖方）死"三者之一为处理，以不得受理为结果。如无标点、诠释，确实易致误用。此法中既以二十年为官不受理的期限，却又有一申明指挥称："典产契头亡殁经三十年者，不许受理。"相互矛盾如此。

而另一方面，法律又在许多领域留下了盲点，官员无法可依，只得各逞其是。比如争相立继者如果都符合条件时如何排定次序，法无明文，因此出现拈阄的裁判（页204、206）。又如幼子身死，是否应该为之立继？

① 〔宋〕朱熹：《朱子语类》卷一〇八《论治道》，第7册，武汉：崇文书局，2018年，第2034页。
② 〔宋〕陆九渊：《陆九渊集》卷三六《年谱》，中华书局，1980年，第495页；此信在《晦庵先生朱文公文集》中未见，但《陆九渊集》中有答书（卷七，第94页），当可信。
③ 〔宋〕朱熹：《朱子语类》卷一二八《本朝·法制》，第8册，武汉：崇文书局，2018年，第2340页。

书判中说"下殇不当立继，初无此条"（页258）；既然没有禁止，但也不意味着强制要求。于是有的判者认为"夫以三岁幼亡子，违法越次，与之立嗣，安能弥争者之词"，不许立（页264）；有的则以义利之辨为由，主张应当立（页258），总之莫衷一是。

由于客观条件的限制，有的案件查清事实真相已不可能，或成本过高，以致很难准确严格地依法办事，恐怕也是一个不可忽略的现实问题。如判中称"其间因夺花利，互相殴击，彼此各有词说，当（此处疑有脱误）虽经县，在乡不曾究实，当官不曾验伤，今经隔多日，无从考究"，于是顾左右而言他："当自今始各自管业；如更生事，定行惩断。"（页120）又如差役纠纷案中，下级官员未能依法准确判定应役之户，反而简单地勒令其他人承诺服役；经上级复审后，真相得以澄清，但由于当时应役之人未曾到官，乡吏又进行欺瞒，事实难明，所以认为下级的做法亦有情可原（页73—74）。《文献通考》载："宁宗嘉泰二年，臣僚言：'近日大辟行凶之人，邻保逼令自尽，或使之说诱被死家，赂之财物，不令到官。尝求其故，始则保甲惮检验之费，避证佐之劳，次则巡尉惮于检覆，又次则县道惮于鞫勘、结解，上下蒙蔽，只欲省事，不知置立官府本何所为！'"①这是官府贪图省事、减少成本发展到极致的后果。一般情况下由于力图避免这种种的麻烦，不严格守法，潦草结案以求息讼也应属自然。

同时，社会的普遍风习是官员们必须正视的现实。在当时的社会中，平民百姓对法律知之甚少。政府并不希望他们了解有关法律和诉讼的知识。如南宋《绍兴敕》规定"诸聚集生徒教辞讼文书，杖一百，许人告；再犯者不以赦前后，邻州编管；从学者各杖八十"；绍兴七年（1137）九月和十三年八月曾两度重申这一精神，严禁教授辞讼。②在官员的观念中，法律往往主要是示之于百姓的约束手段。示民以法可以解决不少争讼，南

---

① 《文献通考》卷一六七《刑考六·刑制》，上海：上海古籍出版社，2014年，第5018页。
② 参见〔清〕徐松辑：《宋会要辑稿·刑法》二之一五〇、三之二六，上海：上海古籍出版社，2014年，第14册，第8406页。

宋的官箴《州县提纲》①卷二"示无理者以法"就说："前后用此策以弭讼者颇多。"但是，仅使民"免而无耻"、退避畏法是远远不够的。就官员的社会角色而言，他们不仅是争讼是非的裁判者，更是民之父母，是道德导师。南宋胡太初《昼帘绪论·听讼篇第六》说："大凡蔽讼，一是必有一非，胜者悦而负者必不乐矣。愚民懵无知识，一时为人鼓诱，自谓有理，故来求诉。若令自据法理断遣而不加晓谕，岂能服负者之心哉？故莫若呼理曲者来前，明加开说，使之自知亏理，宛转求和；或求和不从，彼受曲亦无辞矣。"简单地一判了事，并不能体现这种社会角色的功能。因此裁判时也就应体民之情，以其能接受信服的道理"明加开说"；这种道理，便是"情理"的表达，是社会普遍认同的价值观念，是方方面面利益的兼顾，而不仅是法令刻板的内容。特别是在欲加之刑何患无辞的森严法禁下，严格依法有时反而容易激化矛盾。官员们在司法裁判中必须权衡多方面要素，在正统观念和民间风习之间进行调和、抉择，力求作出最佳的选择，以更好地履行自己的社会职责。

另外，虽然当时以各种方式对基层官员的法律素养有所要求，但实际上也并未能真正使每位官员都熟谙法意、进退循之。前引"理诉田宅"的交易法，"诸理诉田宅而契要不明，过二十年、钱主或业主死者、不得受理"，但有的引作"钱、业主俱亡，不得受理"，又或引作"诸典卖田宅经二十年而诉典卖不明者，不得受理"（页163），已是面目全非。范应铃曾连驳三位下属用法不当，称"失在官府，适以起争"（页160），便是一个典型。

法律繁苛，官不能遍睹、民无从知晓，大大影响了其有效操作。一方面是客观经济发展和社会风习变迁导致的频繁争讼，另一方面则是种种客观条件的限制和对官员旧有的法律训练方式，使他们面对纷繁复杂的世事人情和疏密不当的法网刑禁而无暇深详法意，只能抱着善良的愿望，运用

---

① 该书托名北宋陈襄，非。按其中有"绍兴二十八年"等语，又其书有元初刻本，可推断其成书于南宋时；参见《四库全书总目》卷七九《史部·职官类》。

灵活的手段，凭借各自的处事经验和感觉来应事之变了。两宋官僚政治的发达，君主权威的巩固，慑于法律背后的权威，法条是必须借为张目、保身的手段，但士大夫们真正追求的目标，则是"极高明而道中庸"、兼顾无偏的情理之道。

三

以情理为目标的裁判价值取向对司法实践产生了深刻的影响。它在形式上对法律给予了相当的重视，但事实上以更高的价值理由指导司法活动，使官员在处理纠纷时有更强的独立人格和自主意识，能够灵活变通，强调使争讼从根本上得到解决，重视缓和、协调当事人之间的关系，减少社会矛盾，稳定社会秩序，发挥着类似西方普通法系中衡平法的作用。如依法律规定，立继当取同宗昭穆相当者，有死者之叔父欲以己子即死者堂弟为死者立继，显然与法意不合，但判者认为有以弟为子之俗，如宗族无争则可，这充分考虑到中央立法与地方习俗相抵触时的处理方式。又如许佳以弟死、弟媳堕胎之事诬告并殴伤其叔三杰，损坏其家财物，判者认为诬告反坐，罪名不轻，即使仅殴伤叔父，亦该处徒罪，虽经赦，但仍妄讼不止，应予处罚；不过考虑到"若将许佳断配，则许三杰与兄日新同居，共门出入，兄弟自此何以相见"，判许佳赔偿财物，否则再予断罪（页496）。在处理方法的选择上，也显得较为灵活。再如夫亡后，妻因故遣逐立继子董某而另立，判者认为董某始终未敢讼继母而止讼其仆，又曾为父服丧，故一方面以"父在日所立不得遣逐"之法劝诫其母收回成命，另一方面则告谕董某"亦宜自去转恳亲戚调停母氏，不可专靠官司"。①通过司法实践，法律条文与社会实践之间可能存在的矛盾得到了相当程度的调和。

官员们常常绕升法律，直接以情理大义剖判是非，使司法实际上起着

---

① 〔宋〕刘克庄：《后村先生大全集》卷一九二《德兴县董党诉立继事》，《四部丛刊初编》，第1336册。

补充甚至挽救立法的作用。但是，这种裁判模式并非现代意义上的司法自由裁量权。后者指司法机关在司法活动中合法合理地进行自由选择的权力①，立足于法治原则，以法律实现的最佳化为目的；而前者则在根本上轻视法律的地位，与法治原则颇为隔膜。它的论证并不通过法定的途径、缜密的逻辑，而是出于官员个人的直觉判断。诉诸法律的结果，不复有确定性可言。《勉斋集》卷三三中有一个典型的案例。案中，刘某有三子：拱辰，妻郭氏所生；拱礼、拱武，妾母所生。刘某夫妇死后，兄弟分产，拱辰将郭氏随嫁田占为已有，不分与二弟。事经十六年，拱辰亦死，拱礼、拱武诉拱辰之子，要求分郭氏田。案件先后经过县、州、监司三级共七位官员审理、判决，形成三种结果：郑知县、提刑司签厅认为拱礼、拱武不当分田；吉州司法、知录判由三子均分；韩知县、赵安抚及本判作者黄榦则以为应分为两份，拱辰家得一，拱礼、拱武共分一份。黄某认为，以法论之，兄弟分产之法未有亲母随嫁田给亲子之规定；妇人随嫁田当随夫，即为夫之产，故夫之子皆得分之；以理论之，三子虽有嫡庶之别，但同出于父，且均以郭氏为母，亲子不可独占母之随嫁田。所以按均分之判"则子为孝于其父，在兄为友于其弟"，不分之判则反之，又上升到孝悌的伦常高度。而韩、赵之判不为均分，则是"曲尽世俗之私情，不尽合于天下之公理"，但仍判照此执行。推原其意，判中说"赵安抚之所定在后"，而且安抚司为南宋监司之首，黄某以小小县官之微，自然不敢轻易改弦更张。判中所体现的，既不是法律的规范，甚至也不是"天下公理"（即道德要求），而是"世俗私情"，是具体个案的特殊要素，是一种正统价值观与非正统观念的折中。本案此后是否又经他官之手以及结局如何，已不可知，但仅就本判来看，打官司的结果，确如胡颖所说，"或赢或输，又全在官员笔下，何可必也"！有学者指出，"在某种意义上说，他们在每一个

---

① 参见沈岿：《论行政诉讼中的司法自由裁量权》，见《行政法论丛》第1卷，北京：法律出版社，1998年。

特殊案件里面都适用了一个特殊的规则"。①司法真正成为艺术，而不是技术。

这种现象使法律的权威无从树立。如在《清明集》卷三《走弄产钱之弊》一案中，石某以田产已出卖为由，认为资产不及规定数额，不肯服役，而法官判其应役，理由有二：法律禁止临役卖产；即使交易属实，"户下税钱不及都例者亦仅十数文耳，官司定差，不应若是纤悉也"。如果说前项理由尚属法意，后一说则根本否定了法律的权威和前者的基础。法律的条文并不是严格的规则，而只是统驭的工具而已。以情理为价值取向，使更多的规则只能无形地存在于官员的意识中。现存的南宋书判都是经过选编的名公之作，难见当时司法全貌。而《宋史·刑法志》说："律令者，有司之所守也。太祖以来，其所自断，则轻重取舍，有法外之意焉。然其末流之弊，专用己私以乱祖宗之成宪者多矣。"有治人，无治法，末流之弊，不可胜道。

南宋书判的内容极为丰富。本文仅以其中司法裁判的依据为线索，对书判中所反映的士大夫官员的司法价值取向作一初步研究。至于判者以何种逻辑和依据认定事实，判中援引经义、先例和援引成案作为依据之间有何关系及其对判例制度有何影响，书判中体现的诉讼程序对法律的实现有何积极和消极作用，古代判文的研究对当代司法裁判的思维、表达方式有何启示，等等，都有待于继续深入研究。

（原载《中国社会科学》1998年第6期，
原题为《南宋司法裁判中的价值取向——南宋书判初探》）

---

① 梁治平：《寻求自然秩序中的和谐》，北京：中国政法大学出版社，1997年，第300—301页。

南宋的民事裁判：同案同判还是异判[*]

柳立言

一、前言

同是研究历史事件，有人说因人因时因地而异，难有通则可言；而法史学人说审判理应一致（Consistent）、普遍（Universal）和可以预期（Predictable），也即唐律所追求的"迈彼三章，同符画一"。[①]究竟何者较接近中国传统司法的真貌？

有些学人指出，中国古代的刑事判决较为一致，民事则否；但也有学人认为，民事判决也多依法而判，相当整齐。[②]要解决这些矛盾，本文从研究方法下手：1.以实际案例为据，不徒看法条和法制。过去的研究有些偏重后者，其基本假设是法官审案必须依法判决，但这不是"不证自明"的，何况"有法不依"不正是传统司法为人批评之处吗？所以，我们必须清楚，宋代审理者是依法而判还是有法不依。2.舍弃概括式的研究，而从众多类别的民事案件中，挑选立嗣和分产两类，从事微观研究，详论审理者的判决过程和根据，以明白审判结果从何而来。过去的研究往往采用

* 本文得李如钧及洪丽珠同学协助完成；两位匿名评审专家提出了宝贵修改意见，谨此一并致谢。

① 这是争论不休的话题，较近的可参见张伟仁：《中国传统的司法和法学》，《现代法学》第28卷第5期，2006年，第59—67页；高鸿钧：《无话可说与有话可说之间：评张伟仁先生的〈中国传统的司法和法学〉》，《政法论坛》第24卷第5期，2006年，第98—109页。

② 陈景良：《宋代司法传统的叙事及其意义——立足于南宋民事审判的考察》，《南京大学学报》2008年第4期。

"以林论树"的方法，但法律史研究似乎应反过来用"从树看林"的方法，因为不同类别的案件，其性质和所包含法条的多寡有时相差甚大，例如同属民事，离婚跟债务怎可能是"同属一林"呢？针对争财而通过的新旧法条，远远超出立嗣的法条，前者较易依法而判，后者就常要加入审理者的个人判断，那是否一致呢？3. 取大同而略小异。学人矛盾的来源，有时是考察点不一，变得牛头不对马嘴。本文的考察点是民事案件的特点：权利，例如谁有立嗣的权利、谁的权利较大、谁有被立的权利等，假如审理者在这些最重要问题上的判决大同，便可谓之具有较高的一致性；反之，假如是小处相同而大处有异，便只能称之为较低的一致性了。4. 假设甲乙丙三人的刑事判决一致，ABC三人的民事判决一致，我们能否说宋代的刑事和民事判决都一致？较佳的方法，应是观察同一批人的刑事和民事判决。笔者在一篇文章中曾探讨过胡颖、范应铃、蔡杭和吴势卿的刑事判决①，认为确是一致，那么他们的民事判决是否也一致？如是，也许有一些通则是刑事和民事判决都一致的。所以，本文继续以胡颖等四人为对象，加上吴革，理由有二：一是吴革"深于理学……由关洛遡洙泗者，谈经折理，深入圣处"，与胡颖和蔡杭等人同调，或可看到理学对判决的作用；二是吴革的"门生故吏汇其历官拟笔判案，曰《平心录》，为十四卷，补遗一卷"，充分显示他的书判得到门生故吏以至朋友等人的高度认同，或足以发挥一定的影响。②

就时、地、人来说，是同时、不同地、不同人。五位审理者均活跃于南宋中晚期，但来自三路四州府和五县：蔡杭（久轩，1229进士，1193—1259）是福建路建宁府建阳人，吴势卿（雨岩，1241进士，？—1263）是福建路建宁府建安人，范应铃（西堂，1205进士，？—1238后）是江南西路隆兴府丰城人，吴革（恕斋，？—1271后）是江南西路江州德安人，胡

---

① 柳立言：《南宋审判宗教犯罪的一些范例》，"性别、宗教、种族、阶级与中国传统司法"会议论文，台湾"中研院"历史语言研究所，2011年11月。

② 〔宋〕刘克庄：《后村先生大全集》卷一一一，《四部丛刊初编》，上海：商务印书馆，1936年，第968—969页。

颖（石壁，1232进士，？—1274左右）是荆湖南路潭州湘潭人，正好从东南沿海横跨至帝国中部。二十八个书判，时间上最早是1244年前后，最晚可能是1264年前后；地域上可能东至两浙东西路，北至京西南路和淮南西路，还有中部的江南西路和荆湖南路，可说是跨地域的。（参见文末附表）

二、立嗣

刑事审判的重点多在有无犯罪、所犯何罪和如何量刑等，而民事审判大不相同，主要在"争权夺利"，故重点每是因类而异。以"立嗣"类来说，审判的重点是立或不立（死者及其家庭利益）、由谁来立（谁有立嗣的权利）、可立谁人（谁有入嗣的权利）和嗣子应分得多少家产（不同身份可继承不同的份额）等。

（一）立或不立

法律没有规定必须立嗣，也没有规定谁人应该提供嗣子，既然无法可据，不同审理者的裁决是大不同还是大同？

1.异姓子

立异姓的难处，是礼法冲突，礼基于《左传》和《论语·为政》"神不歆非类，民不祀非族"（简称祭非其鬼，祖先不接受异姓的祭祀）的理由不许立，法基于生养死葬的理由准立，应如何取舍？在"叔教其嫂（子教其母）不愿立嗣意在吞并"案（8:246—247）里[1]，李学文无后，没有同宗子可立，本宗尊长请立异姓，胡颖不准，理由是：

> 国立异姓曰灭、家立异姓曰亡，《春秋》书莒人灭鄫，盖谓其以异姓为后也。后世立法，虽有许立异姓三岁以下之条，盖亦曲徇人情，使鳏夫寡妇有所恃而生耳，初未尝令官司于其人已死、其嗣已绝，而自为命继异姓者。今李学文既无昭穆相当之子，而其母阿张又

---

[1] 中国社会科学院历史研究所宋辽金元史研究室点校：《名公书判清明集》，北京：中华书局，1987年。按："8：246—247"表示所引为《名公书判清明集》卷8，第246—247页。下同。

常有不愿命继之词，在官司岂可强令求之异姓。

胡颖认为，立异姓必须满足两个条件，一是无后者生前选立；二是寡妻有无意愿，如无，即使是本宗尊长建议，官府也不一定接受。

胡颖的严格要求，亦见于吴革与蔡杭。在"生前抱养外姓殁后难以摇动"案（7:201—203）里，邢林死后，不得已选立异姓，得到吴革的支持，因为一共通过三位最有资格的立嗣者：死者的寡妻周氏、母亲吴氏和亲弟邢柟。在"背母无状"案（8:294—295）里，寡妇王氏有幼子，招来接脚夫许文进及其义子许万三。王氏厚待万三，既以家计付之，又替他娶了媳妇，"虽前夫亲生之子已死，不复为之立继，所以抚育许万三之恩，可谓厚矣"。文进死后，万三夫妇对王氏极度无礼，并偷其钱财。蔡杭下令，"差人管押许万三夫妻及财本，与王氏同居侍奉，如再咆哮不孝，致王氏不安迹，定将子妇一例正其不孝之罪。仍门示"。蔡杭尊重王氏的意愿，宁让她的先夫绝后，也没有强逼她立继，同时也没有让许万三成为异姓嗣子，只让他以义子的名分奉养王氏。

2.同宗子

如有同宗子，立嗣似是应有之义，但也有不少问题，有时是有人反对，如兄弟分家，兄无后，若不立嗣，弟便可兼得兄的一份；有时是无人愿意提供嗣子，如死者遗产不多，儿子过继后生活反不如前，本家亦无利可图；有时是有人愿意提供嗣子，但旨在谋财，把家产掏空便归宗。面对五花八门的问题，审理者有无较一致的判决原则？

在"叔教其嫂不愿立嗣意在吞并"案（8:246—247）里，李学文无后，祖父为之立嗣。后来学文之母阿张陈诉，嗣子是学文的亲堂弟，昭穆不顺，官府乃勒令归宗，另立嗣子。阿张回报，自亲弟学礼以下，均不愿立嗣。胡颖怀疑，"阿张，一愚妇耳，无所识，此必是李学礼志在吞并乃兄之家业，遂教其母以入词。忘同气之恩，弃继绝之谊"，简直是"禽兽异类"，乃将学礼套上枷锁，押到官府，要求他跟本宗尊长供出合适的嗣子。从这次官府强行立嗣，可看到胡颖的三个立嗣原则：其一，立与不立，固然应尊重母亲等家长和尊长，但其决定应出自本人的真正意愿，如是受人影响，官府可以不接受。其二，能立则立，甚至非立不可，正如胡颖所说，"废其祭祀，馁其鬼神，是可忍也，孰不可忍也"。学礼受到严词斥责和枷锁临身，亦因见利忘义，违反这一原则。其三，本宗应提供嗣子，由尊长公议之后提出人选。

这三个原则，完全反映在吴革的审判里：其一，应出自立嗣者的本心。在前述"生前抱养外姓殁后难以摇动"案（7:201—203）里，吴革就提到立嗣者的"本心"，在"吴从周等诉吴平甫索钱"案（7:204—205）里，他又说："凡立继之事，出于尊长本心，房长公议，不得已而为人后，可也。"其二，能立则立，甚至非立不可。在"兄弟一贫一富拈阄立嗣"案（7:203—204）里，两位兄弟叶容之和叶咏之争着把儿子过继给富有的堂兄，却不愿过继给较贫穷的亲兄，有违母亲之心。吴革斥之为"徇利忘义"，判决以一子过继给亲兄，一子给堂兄，由抽签决定。在"探阄立嗣"案（7:205—206）里，蔡氏有四子四房，三房的范氏只是亡"夫"之婢，不想替亲生子蔡梓和侄儿蔡杞立后，只想依靠赘婿养老。蔡氏族人眼看本族财产将落入外姓之手，乃提出立嗣之诉。吴革斥责范氏"妇人女子，安识理法，范氏自谋得矣，如蔡氏无后何"，乃下令立嗣，由众位尊长"合词推择"，亦即公议。他们挑选长房的后人入继蔡杞，但四房也要派人入继，引起纷争，却无人愿意入继蔡梓。主要原因是蔡杞只有一位赘婿，生计稍足，而蔡梓有二位赘婿，事力稍分。吴革下令两房抽签，分别入继梓和杞。其三，本宗应提供嗣子。前述"房长公议，不得已而为人后，可也"，是指宗人即使不愿意，也应遵从宗族的公议提供嗣子。在"不可以一人而为两家之后别行选立"案（7:208—209）里，判词一开始就说："存亡继绝，非特三尺昭然，为宗族兄弟子侄者，皆当以天伦为念，不可有一毫利心行乎其间。"呼吁各人不但要谨守法律，更要发挥天伦，不可"见利忘义"。原来是孙儿吴烈假托祖母遗嘱，不肯替伯父季八立嗣，"盖欲奄有其全业，固不知有死者矣"；而另一位吴登云，本已入继季五，现在又要入继季八，"亦不过贪图其产业，岂真为死者计哉"！吴革一一反驳，指出祖母遗嘱并无不立嗣之意，而一人分继两房产业，于法无据，最后下令从季一和季七两亲房之中，选立一人入继季八。

胡颖、吴革和蔡杭的判决高度一致的理由有三：其一，依法裁判。在"兄弟一贫一富"案里，立嗣违反了兄弟的意愿，但母对子有教令权，自然顺从母亲的意愿；在"探阄立嗣"案，立嗣违反了范氏的意愿，但范氏的身份只是婢，连侧室都不是，本就不拥有立嗣权，自然应依照法律所定的立嗣优先次序，顺从尊长的意愿，即死者遗嘱→守志寡妻→父母→祖父母→同居兄弟→叔伯→本宗尊长。这顺序的原则是由亲及疏，由立子、立孙、立侄、立侄孙以至立从侄等，相当合理。依照法令，嗣子必须昭穆相当，既由母亲提出反对，便当依法逐去。

其二，以简单、普遍和符合民情的道理辅助法律。提防见利忘义，无论是因利而入继、因无利而不入继，或是因利而不立嗣，都应避免。两者其实是再简单不过的道理，也应是多数人的认知。

其三，以简单、普遍和符合民情的经义辅助法律。能立则立，避免无后，虽然不是法律的硬性规定，但既符合孔子《论语》和《春秋》"存亡继绝"的义理，也顺应民间的人情。宗族应提供嗣子，也非法律的硬性规定，但符合人伦或宗族之义，理应服膺。立异姓子是法律所容许的，但执行时宜谨慎，应符合《论语》和《春秋》的义理，也不违反民间认知。

当然，他们的判决跟其他审理者亦可能有不易一致之处，例如替贫者立嗣，在"探阄立嗣"案，初审的王主簿似乎不大赞成替较贫穷和已有两位赘婿的蔡梓立嗣，故吴革说他"有区处未尽者，既为杞立嗣，又岂可使梓无后"。无论如何，上文已整理出一些立嗣的原则，一方面可以思考它们是否普遍合用，另一方面可留待日后跟其他审理者比较。

（二）谁来立嗣、谁是合适的嗣子

谁来立嗣牵涉两种权利：谁有立嗣权和谁的立嗣权较大？谁是合适的嗣子牵涉两种条件：形式条件和实质条件，前者如立同宗子先于异姓子、立异姓子须三岁以下、两者都要昭穆相当；后者则强调嗣子的道德和行为，假如低于一定标准，如犯了不孝等罪名，便有可能被逐去。

吴革、蔡杭和胡颖都有相关的书判，下文的考察点有三：一是法律对立嗣权定下了优先顺序，三人是否依法裁判？二是除了法律之外，三人有无其他依据可以补充法律，甚至超越法律？三是三人的裁决是否一致？

1. 异姓子

1.1 叔伯VS侄儿

在"生前抱养外姓殁后难以摇动"案（7:201—203）里，高宗邢皇后的族人邢林死而无子，亲弟邢柟虽有二子，却不肯让一子过继，最后奉母亲及兄嫂之命，由本人亲自立祖母蔡氏的侄儿，改名邢坚，不但是异姓，而且已经七岁，既违反了先立同宗子的法规，也违反了立异姓子不得超过三岁的法规。八年之后，邢坚的祖母和母亲相继去世，邢柟不满邢坚听从母舅和母婶之言，以致"邢氏家业，邢氏尊长不得为之主，反使外人主之"，乃跟邢氏族人联合，"以不应养异姓为说"，迎立邢吴德之孙为新嗣子，作为邢坚之弟，并有意逐去邢坚。邢坚反击，"因柟搀立吴为弟，亦尝屡词于官，称其叔父有谋害占据之意，又称其叔父有变易瞒昧之事"。如此诉叔，虽属合法之自理诉，即所诉之事与己相关，但毕竟有犯上之嫌。至此，吴革面对两个问题：是否逐去异姓子？是否另立新嗣子？

吴革反对逐去异姓子，理由有三：其一，人选虽是违法，但选立者完全合法，而且包含了最重要的立嗣者：死者的妻、母和弟。违法而立邢坚，是立嗣者的过失，"非坚之罪也"，颇有春秋折狱"罪及己身"的司法传统。其二，嗣子并无大过。八年以来，邢坚被祖母和寡母"鞠之爱之，并无间言"，即并无不孝；"年未长，恶未著，破家荡产，未有实迹"，即并无大过。其三，他到现在已替亡父、亡母和亡祖母三承重服，岂能轻言出之。

不过，吴革还是准许再立一嗣子。判词最后说"所有家业，牒嘉兴府别委清强官，唤集族长，从公检校，作两分置籍印押。其邢坚合得一分，目下听从邢柟为之掌管"，待邢坚十六岁成年时交还。家业一份给邢坚，另一份给谁？只有两种可能：一是邢坚的兄弟，那应是邢柟所要立的新嗣子；二是邢柟与邢林在母亲死亡之前尚未分家，现在母亲去世，邢柟分得一份，邢林由邢坚子承父分得一份。假如是后者，即分家之前，家业由邢柟与邢坚共有，自然由邢柟以叔父的身份掌管，就不应出现"邢氏家业，邢氏尊长不得为之主，反使外人主之"的情况。所以，判词虽无明言，但应是异姓子与同宗子双立了。事实上，能否逐去旧嗣子，有法可依，不能乱来，故审理者可以阻止邢柟非法赶走旧嗣子；但是，能否双立，无法可依，只要新嗣子符合同宗和昭穆相当等规定，审理者如何阻止邢柟双立呢？

胡颖不大赞成死后立异姓，但对生前所立的异姓，却不会无故逐去。他曾审理"父在立异姓父亡无遣还之条"案（8:245—246），单看案名，便知道跟上案几乎一致。两案的原告也都是死者的兄弟，要逐去侄儿。

郑文宝无子，生前抱养异姓子元振。文宝死，亲兄逢吉有二子，未尝不可派一子入继，于是要逐去异姓子。胡颖的判词满是法条，一一反驳逢吉。

针对立异姓，判词说："虽曰异姓，三岁已下即从其姓，依亲子孙法，亦法令之所许。"文宝有欠周延的，是没有替异姓子办好从本生父户下移至自己户下的手续，无法查核异姓子是否三岁以下。但是，判词接着说："然当文宝生前，郑逢吉折简与之，已呼之为侄，以此勘验，昭然不诬"，可见立异姓不是文宝一意孤行，而是得到逢吉认同的，岂有昔日同意，今日反对之理？

针对逐去异姓子，有两个问题，一是逐去的理由为何，二是谁有资格逐去。判词说："准法：诸养子孙，而所养祖父、父亡，其祖母、母不许非理遣还。……今文宝既亡，虽使其母（即文宝之妻）欲以非理遣还，亦不可得，况伯叔乎！"异姓子既无大过，便不得非理逐去。判词又说："在法，夫亡妻在者，从其妻，尊长与官司亦无抑勒之理。"这明白指出，即使异姓子有大过，是否逐去，应由文宝之妻决定，轮不到逢吉，官司也不会干预。

那是否可以双立？判词说："使逢吉有感于莒人灭鄫之事，恶族类之非我，恐鬼神之不歆，则但当以理训谕弟妇，俾于本宗择一昭穆相当者，与（异姓子）元振并立，如此为犹出于公也。"当然，夫亡妻在从其妻，这也要得到弟妇的同意，不能强施于人。有趣的是，似乎有意防范逢吉要求双立，胡颖接着用《孟子・告子》指责他"真欲绖兄之臂而夺之食也"，用心实在不臧，"当职平日疾恶此辈如寇雠，今日当官，何可不治。杖一百，枷项市曹，令示众十日"，第二天一早执行。逢吉应不敢强逼弟妇双立了，但胡颖是容许双立的。

当然，不是每个审理者都像胡颖，要严惩心怀不轨之人（吴革只薄责了邢坚的母舅和母婢），但这不过是小异，亦跟立嗣本身无关，而我们看到的大同之处却是惊人的。

表1 吴革与胡颖判案之比较

案件	吴革"生前抱养外姓殁后难以摇动"	胡颖"父在立异姓父亡无遗还之条"
人	临安府知府兼浙西路安抚使	荆湖南路提举常平？
时	约1263—1264	约1248—1250？
地	浙西嘉兴府	荆湖南路？
原告	死者之弟，要逐去侄或双立	死者之兄，要逐去侄
据法，不完全符合立异姓的条件	有同宗子而不立，异姓子超过三岁	不曾办好除附，不知异姓子是否三岁以下
据法，同意立嗣者均有优先权	死者之妻、母、弟	死者本人、妻、兄
不得逐去之理由	胜于法律规定，同意立嗣者多人	胜于法律规定，同意立嗣者多人
	据法，嗣子并无不孝之罪。祖母及寡母生前无间言	据法，嗣子尚无不孝之罪。母尚在，无怨言
	据法，嗣子尚无大过，主要指破家荡产	据法，嗣子尚无大过，主要指破家荡产
	据法，逐去嗣子之优先权在母不在叔伯，但母已去世	据法，逐去嗣子之优先权在母不在叔伯，母尚在
	曾持祖母、父、母之丧（审理者提出）	曾持父丧
结果	双立：死者之妻、母已亡，现由弟提出	容许双立：据法，应由死者之妻提出，不由兄

由此可知，吴革和胡颖判决一致的主要原因有三，几乎与前文分析重复：其一，依法裁判。表中共八事，"据法"及"胜法"竟达七事，可见立嗣的所有重要环节，几乎都受到法律的规范。

其二，以简单、普遍和符合民情的道理辅助法律。嗣子曾持重服便不应轻易逐去，有一定的情理，事实上跟妻子曾替公婆服丧三年便不应轻易出妻可谓如出一辙，亦可算比附现行法，又见于下文范应铃"无证据"案。生养死葬是嗣子的重要任务，亦属大多数人的期待，故是审理者衡量嗣子是否不孝的重要标准，亦见于胡颖"叔父谋吞并幼侄财产"案和吴革的"宗族欺孤占产"案（详下文）。

其三，以简单、普遍和符合民情的经义辅助法律。法律并无规定立异姓需要多人同意，而本文的案件大都如此，自是基于对《春秋》和《论语》"祭非其鬼"的认知，但似乎也是人之常情，遵行之乃胜过法律的规定。影响嗣子最大的，自是双立，继承份额被分去一半，它应是礼与法冲突下的出路。异姓子既有"祭非其鬼"的问题，当出现了合适的同宗子时，应否双立，并由同宗子祭祖呢？

1.2 宗族 VS 异姓

在"子随母嫁而归宗"案（8:274—275）里，傅氏带着前夫之子薛龙孙和薛龙弟再嫁给舒常，舒常让二子改姓舒，但并未真正收养，在法律上只能算作二子的"义父"（父子无须同姓）而非养父或继父（父子必须同姓）。舒常跟傅氏生了三子，长子名思义，二十年来，长幼无间言，不亚于亲生的父子兄弟，连蔡杭也不得不承认，"似有古人忠厚之风，今世未易有此"。舒常去世，分产是早晚的事，纠纷就来了。傅氏以为，龙孙兄弟改姓已久，可以分得舒氏家产，而龙孙年纪最大，"主张家事，舒氏亲子反拱手听命"，引起舒氏族人的不平，由舒希说到官府投诉。

经手此案的共有提刑司或提举司的干办公事、金厅、蔡杭和提刑司或提举司长官，他们的意见相当一致：其一，龙孙兄弟必须复姓归宗，离开舒家。正如蔡杭指出，不收养而改姓，本是碍法，而舒氏家业由外姓把持，"天下安有是理哉"。其二，金厅建议，替舒常分家，但母在而分家是不寻常的，蔡杭特别请其说明"法意"后呈报，结果提刑或提举司判决，依照摽拨法，由傅氏生分，诸子各得一分，如此籍帐分明，避免侵渔。

多位审理者意见一致的主要原因有三：一是依法裁判，无论是厘清二子的身份和分家，都有法可据。二是以常情常理辅助法律，分家应是预防傅氏终会图利龙孙兄弟。三是参照名公的做法，判词一开始就提到范仲淹随母改嫁到朱家，本亦姓朱，后来复姓范，而终身不忘朱家之恩。蔡杭认为，"前贤所为，昭昭可法"，也许就是审理者达到共识的一个原因。

2. 同宗子

2.1 尊长 VS 家长

在立嗣"当出家长"案（8:244）里，刘氏之李姓妻子或母亲等女性家长立刘恢为嗣已十余年，而刘宾"暗作据照谋夺"，要另立自己的儿子刘明孙，提出两个理由：一是出自众尊长的共识，二是李氏老病昏昧。蔡杭严守立嗣权的先后顺序来解决纠纷，指出"立继之法，必由（有）所由，李氏既是家长，则立继必由李氏"。尊长另有人选，必须先跟李氏商量，并符合她的心意。至于李氏老病昏昧的理由，在十多年前或可成立，到今日就太晚了。

2.2 叔父 VS 兄长

在"不当立仆之子"案（7:207—208）里，黄以安绝后，同父兄黄以宁和亲叔黄雷焕都有资格立嗣，发生争立。雷焕有子无孙，可能有意将儿子过继，或是用了很不正当的手法，被史姓权知县发现，有"四不可之判，据法甚明，若事实果合法意，则雷焕为名教罪人"，所要立的嗣子自然不被接受。以宁没有告知雷焕，便以宗子曹老入继，被雷焕力诋其非。以宁辩称，这是"出于（以安）生母（阿袁）之命"，但被人指出，这位不是正室的阿袁并非生母，曹老也不是宗子，而是黄氏之仆徐氏之子。

审理者（吴革）认为，以仆人之子入继，上辱祖先，有点不可思议，但以宁"立继之时，不使其叔与闻，亦有可疑"，下令查明阿袁和曹老的真正身份，还扯出一位阿汤，应是以安的祖母，也要询问她"是不是情愿命继"（祖母立嗣谓之命继）。假如要更换曹老，族中却无可立之人，必须立异姓，就要"请知县再请宗族亲戚识道理者，合谋选立，以尽存亡继绝之义"，再次反映立异姓要多人同意。

本案完全是依法而判。首先，审理者指出史权县反对雷焕立嗣之议，是"据法甚明"和"果合法意"。其次，他自己严守立嗣的优先顺序，依次是生母（阿袁？）→祖母（阿汤命继）→兄（以宁）→叔（雷焕）→宗族尊长。以宁敢于越过叔父，凭的是以安生母阿袁和本人也是合法的立嗣者，事实上以宁立的是侄，叔父立的只是侄孙。不过，审理似乎认为，以宁应与雷焕商量。在此之前，祖母阿汤被排除，现在审理者还她应有的权利。

2.3 兄弟 VS 嗣子等人

在"先立已定不当以孽子易之"案（7:206—207）里，阳八二秀、阳八五秀和阳锐是亲兄弟，八二秀无子，以阳梦龙为后，八五秀也无子，以阳攀鳞为后。后来阳锐生了两位庶子戊孙和保福，不知用了什么计谋，使官府"重给执照"，作为八二秀和八五秀的嗣子，并赶走了梦龙和攀鳞。阳锐改立的理由，是"二侄跌荡，不无子弟之过"。当然，就血缘之亲疏而论，阳锐庶生之子毕竟是二兄的亲侄。

审理者（吴革）完全依法而判。首先，他指出立嗣者和立嗣过程完全合法。当初选择梦龙入继八二秀，是出自八二秀父亲之命；选择攀鳞入继八五秀，是出自八五秀本人及其母亲之命，且八五秀亲书遗嘱，经官给据，现在官府请各房对质，也无异词。其次，嗣子并无大过。梦龙和攀鳞即使行为偏差，阳锐作为叔父，"正当哀矜之，教训之，否则以家法警戒之可也，何至尽废其父兄之治命，悉为之纷更邪"！再次，即使要更换嗣子，阳锐的父母，亦即当初的立嗣者仍然健在，实在轮不到阳锐。

在"叔父谋吞并幼侄财产"案（8:285—286）里，李某与李细二十三是兄弟，李某及妻子死后，细二十三以儿子少二十一过继，"据其田业，毁其室庐"，却不替李某夫妻办理丧事，以致"暴露不得葬"。更奇怪的是，李某有幼子文孜，亦可继承父业，却被赶走。胡颖要处理的问题是：李某既有亲子，那么李少二十一是否为"合法"的嗣子；即使合法，他是否"合适"的嗣子？

胡颖完全是依法而判。针对少二十一的入继，其父诳称是李某夫妇生前所养，胡颖指出，"初来既无本属申牒除附之可凭，而官司勘验其父子前后之词，反复不一"，故其合法性是可疑的。针对立嗣之后，少二十一不葬父母、毁室拆庐、应与弟弟均分却独占家业，及逐去弟弟等行为，胡颖说："纵使其子果是兄嫂生前所养，则在法：所养子孙破荡家产，不能侍养，实有显过，官司审验得实，即听遣还。今其不孝不友如此，其过岂止于破荡家产与不侍养而已，在官司亦当断之以义，遣逐归宗。"很明显，少二十一不是合适的嗣子，必须赶走。

吴革、蔡杭和胡颖都一致地依据立嗣权的优先次序来解决争立的纠纷，既维护立嗣者的权利，也保障嗣子的合法性和正当性。稍异之处是，吴革认为，当有资格立嗣的人超过一位之时，辈分较低但立嗣权较优先的血亲应知会辈分较高但立嗣权较落后的血亲，这可能是正式立嗣前的常情常理；但到正式立嗣时，尤其是争立之时，还是应按照法定的优先次序的。

（三）嗣子可继承的份额

在"生前抱养外姓"案（7:201—203）里，吴革判决异姓子与同宗子双立，一人一半，符合兄弟均分的法规。在"探阄立嗣"案里（7:205—206），一位嗣子入继蔡梓，与原来的两位赘婿平分家产，嗣子得一半；另一位嗣子入继蔡杞，与原来的一位赘婿平分，嗣子得一半，吴革说"稽之条令，皆合均分"。在"不可以一人而为两家之后"案（7:208—209）里，吴革不准一人继承两房产业，理由是不知"出何条令"，即于法无据。由此看来，分产亦是依法。

以上针对异姓和同宗子各自提出三个问题：立或不立，谁立和立谁，以及嗣子继承多少遗产。在每一种情况里，不同审理者的判决大都达到一致，原因有四：依法裁判；以简单、普遍和符合民情的道理辅助法律；以简单、普遍和符合民情的经学义理辅助法律；以前贤为法。四者之中，依法裁判最为重要，一是程序，如查明嗣子和立嗣者的身份、立嗣的过程（如除附、申官）和嗣子有无罪过等；二是情节，如嗣子的罪过是否严重，有无可减轻其罪过之情事（如服父母之丧）等；三是裁决，大都援引相关法条，让判决有法律依据，这当然是因为制度的要求，如"诸断罪皆须具引律、令、格、式正文，违者笞三十"及"律令式不便于事者，皆须申尚书省议定奏闻"。①

吴革、蔡杭和胡颖的判决不但相当一致，而且判词提到，他们的部属或同僚的判决或意见跟他们也一致，例如在"生前抱养外姓"案（7:201—203）里，吴革说："宪、漕两司一再剖断，皆不直〔原告邢〕柟之词"，可见提刑和转运两司的看法相同在先，现在安抚司赞同在后，三个监司的判决一致。在"探阄立嗣"案（7:205—206）里，吴革说"（争立）全无道理，已见于王主簿所拟"。在"先立已定不当以孽子易之"案（7:206—207）里，审理者（吴革）说"知县所判，司户所拟，极为切中"。在"不当立仆之子"案（7:207—208）里，吴革说"详史权县四不可之判，据法甚明"，又称赞新知县的办案"尽自聪明"。在"不可以一人而为两家之后"案（7:208—209）里，吴革说"前断〔乃〕任内邓权命所定"及"今司户所拟，参以人情，尤为详允"。在"子随母嫁而归宗"案（8:274—275）里，蔡杭说"提干所拟，已得其情"。不过亦有不满下级的意见的，例如在"当出家长"案（8:244—245）里，蔡杭说"本县所申，未究底蕴"，认为辖境内处理本案的县官吏没有考虑清楚。

三、分产

（一）女受分

女儿取得家产的途径和份额，以父亲的存亡为分水岭。父在生，由父决定，以宋代厚嫁之风，有产之家女儿的嫁妆可能超过兄弟的聘财。父去世，女儿便靠遗嘱和国法来分得家产。常见的纠纷，一是其他分产者怀疑遗嘱的合法性或其分给女儿的遗产太多，我们考察的重点自在审理者如何厘清遗嘱的有效性，以及是否维持遗嘱分给女儿的份额；二是意图不给或

---

① 〔宋〕窦仪等撰：《宋刑统》卷三〇，薛梅卿点校，北京：法律出版社，1999年，第549页；卷十一，第208页。

减少法律所规定分给女儿的份额，我们考察的重点当在审理者是否保障女儿获得法定的份额。假如在这三个重点上相同，诸判决就算有高度的一致性。

1. 遗嘱的效力与分给女儿的份额

宋代遗嘱必须严守现行的分产法，以免影响法定承分人的权益，有名的例子当属北宋张詠所判的分产案：父亲遗嘱，大致上按男1份女2份的比例分家，违反了《宋刑统》的"姑姐妹在室者，减男聘财之半"①，还可能违反了当时的赘婿得产法等。张詠将比例颠倒，成为著名的男2女1分产先例。所以，遗嘱分给女儿的份额假如太大，是不无争议的。以下两案，意图侵占女儿的份额的，都是她的兄弟或族叔伯。

在"遗嘱与亲生女"案（7:237—238）里，曾千钧有两位亲生女兆一娘、兆二娘和过房子秀郎。千钧在去世前亲书遗嘱，将价值八百文税钱的产业留给两女，这并不算多。死后，秀郎生父曾文明指称遗嘱为伪，"必欲尽有千钧遗产"，而秀郎"今亦以遗嘱为伪"，是亲生父子联手了。

为何遗嘱为伪，秀郎便可尽得遗产？因为"已嫁承分无明条，未嫁均给有定法"（7:217），除非父亲特别声明或绝后，已嫁女是不应再分得本家遗产的，正如判词所说"兆一娘近日既亡，则所得税产，朱新恩合与立子承绍，未可典卖"，可知兆一娘已嫁而无子。本案的关键，在遗嘱的真伪。

初审的人是司理参军，吴革认为"所拟甚明"，指出遗嘱既是亲手写下，而且"当时千钧之妻吴氏、弟千乘、子秀郎并已佥知，经县印押"，可见是出自死者的本心，也不可能是伪造。遗嘱既然合法，自当执行，兆一娘既死，就替她立子继承，符合妻子的嫁妆等私财应由夫家子女继承的法令。② 针对文明和秀郎父子的行为，吴革认为，文明将秀郎过继后，便不应干预其家财产，而秀郎"今亦以遗嘱为伪，是不特不弟其女兄，实不

---

① 《宋刑统》卷一二，第222页。
② 《宋刑统》卷一二："妻虽亡没，所有资财及奴婢，妻家并不得追理。"（第221页）。

孝于其父矣！千钧命以为子，果何望哉？……再不知悔，则不孝无父之罪，不可逃矣"，无疑是警告他，一旦判了不孝的大罪，他可能丧失嗣子的身份。

同样的问题，发生在范应铃所判的"女合承分"案（8:290—291）里。巨富郑应辰有田三千亩、库十座，有亲生女孝纯和孝德，及过房子孝先。应辰预立遗嘱，由二女各得田一百三十亩和库一座。父亲去世，孝先到官府陈词，"乃欲掩有，观其所供，无非刻薄之论"，而县丞似乎也认为二女所得太多，"县丞所断，不计其家业之厚薄，分受之多寡，乃徒较其遗嘱之是非，义利之去就"，结果被范应铃痛批：

> （县丞）却不思（孝先）身为养子，承受田亩三千，而所拨不过二百六十，遗嘱之是非何必辩也！二女乃其父之所自出，祖业悉不得以沾其润，而专以付之过房之人，义利之去就，何所择也！舍非而从是，此为可以予，可以无予者？设舍利而从义，此为可以取，可以无取者？设今孝先之予，未至伤惠，二女之取，未至伤廉，断然行之，一见可决。郑孝先勘杖一百，钉锢，照元遗嘱各拨田一百三十亩，日下管业。

这段文字十分重要，它不但告诉我们，同是读了《孟子·离娄》"可以取，可以无取，取伤廉；可以与，可以无与，与伤惠；可以死，可以无死，死伤勇"等儒学道理，县丞对义利的界定是跟范应铃不同的，从而影响他们对遗嘱有效性的看法；此外，这段文字是范应铃判决的理法依据，有必要详加分析。

县丞要分辨义利之去就，范应铃认为，即使二女获利，也是小利，而二女是死者亲生骨肉，孝先只是过房之子，这难道不就是义胜于利吗？县丞要计较遗嘱之是非，范应铃认为，何必辩也，并且反问："舍非而从是，此为可以予，可以无予者？"这句话是什么意思？假如遗嘱为"非"，那什么才是"是"？为何"依从对的"（"从是"）之后，会产生"此为可以予，可以无予者"的问题？

判词说，"假使父母无遗嘱，（二女）亦自当得，若以他郡均分之例处之，二女与养子各合受其半"。如上所述，已嫁承分无明条，未嫁均给有定法，二女既是"本来就应当分得家产"，故必为未嫁之女，也因如此，判词接着援引只适用于未嫁女的男2女1法例，指出未嫁女可得兄弟继承份额的一半，二女可合得田一千五百亩和库五座，远远超过遗嘱拨予的田二百六十亩和库两座。判词也指出，男2女1法目前只用于其他地区，尚未适用于本地，意在警告孝先，若援用男2女1法，二女所得更多。

既然遗嘱分给二女的份额，跟男2女1法没有抵触，那遗嘱何来"非"之可言？遗嘱究竟跟哪一条法规抵触，才让孝先和县丞认为，该条法规才是"是"、遗嘱乃是"非"？或者说，假如推翻了遗嘱，又不适用男2女1法，那么应该用哪一条法规来替二女和孝先分产？个人认为，除非还有其他分产法，否则这条法规就是前述《宋刑统》的"姑姐妹在室者，减男聘财之半"（可简称"聘财法"）。不过，假如孝先已婚，付过聘财，就大可指出遗嘱拨给二女的份额是如何超过聘财，不会只有刻薄之词，故合理的推想是孝先大抵未婚，那么现在应分给二女多少嫁妆？这就是范应铃面临的一连串问题：假如不用"非"的遗嘱而依从"是"的聘财法（"舍非而从是"），这个份额（田二百六十亩和库二座）是可给二女的还是不可给的？假如不讲利只谈义，这个份额是二女可以取的还是不可取的？假如孝先把这份额给予二女是不至于违背恩义的，而二女取得这份额是不至于构成贪财的，官府便应断然处分，看到本案一眼就能判决了。

简单说，范应铃跟吴革一样，考虑的重点，一是遗嘱是否为真，二是分给女儿的份额跟家产的总数是否比例适中，有没有违反现行的分产法。如无问题，便会尊重死者，照遗嘱执行。跟他们一致的有司理参军，不一致的有县丞，后者认为遗嘱拨给女儿的份额太多，超出了《宋刑统》聘财法的比例，而范应铃认为没有超过。这当然是因为案发时没有付过聘财，难以算出嫁妆之数，是否为了避免这样的不稳定性，才最后确定男2女1的比例？

2. 法律规定分给女儿的份额

法律规定分给在室女的份额有两个，一是北宋时《宋刑统》所说的"姑姐妹在室者，减男聘财之半"，在室女只能分得兄弟聘财的一半；二是南宋时的"在法：父母已亡，儿女分产，女合得男之半"（8:277），在室女可以分到兄弟承分的一半。

2.1 侵占者是叔伯

在"阿沈高五二争租米"案（7:238—239）里，高五一死而无后，遗下婢阿沈及所生女公孙，年仅一岁，依户绝法，遗产应由公孙独得，阿沈亦于绍定五年（1232）报官，检校田产。此时，五一之亲弟五二亦经官陈诉，要把大约十岁的次子六四过继给亡兄。官府同意，并下令高五二跟阿沈一起抚养公孙。不久，阿沈改嫁王三，把公孙也带到新夫之家。到了嘉熙二年（1238），六四成年，可以继承五一的田产了，官府乃将四分之三的田产交还，余下的四分之一仍属公孙，令阿沈逐年收租，用来抚养公孙。这个分产比例，吴革说是"官司照条"，即依照法条。

此后九年，阿沈只收到租米十三石，其余的租米，不是被佃户康一吞没，就是送给了五二，两人还是亲家。阿沈控诉，不但说没有收足租米，而且说："税（产）检校后，初不知立高六四为嗣，亦不曾着押，但见高五二父子占据田产。"这有点奇怪，她的身份不过是高五一的婢，并无立嗣的资格，为何要她着押？吴革反驳说："及索到案沓，始焉委官检校，继而法官指定，又继而支拨四分之三与高六四，前后行移，历历可考，谓不曾立高六四，不可也。"同时，吴革也指责五二和六四"实有太不近人情者"，父子两人已得四分之三的物业，还想吞占公孙的四分之一，怎会"不仁"到这种程度？下令五二、六四和康一偿还九年来所欠租米，这份田产的管理和收租，以后由阿沈自行处理，五二不得干预，待公孙成年，到官府取回田契，充当嫁资。

在"侵用已检校财产论如擅支朝廷封桩物法"案（8:280—282）里，曾某有三子，仕殊、仕珍和仕亮。仕殊先去世，本房有私产，如白手兴家所得或妻财等，由幼女二姑继承、曾某监管。不知何故，曾某未替仕殊立嗣。曾某去世，仕殊一房正式户绝，本房私产由官府检校，并由仕珍和元收父子照顾二姑，费用当然出自检校的财物，这是符合法规的。仕珍父子趁机中饱，二姑成年出嫁，取回检校财物，发现短少，于是告官。仕珍父子一再上诉，"本府（仓司）未及结断，而遽经漕司；漕司方为索案，而又经帅司；帅司方为行下，而又经宪司。……岂有首尾不及两月，而遍经诸司者"，希望某一处的官府一时失察，作出对他们有利的判决，谓之"脱判"。仕珍被仓司拘押后越狱，在逃亡时死去，其子元收却说仕珍是死在狱中。胡颖指出，仕珍"逃窜之后，其亲戚邻里有见之者、藏之者，案牍可考而知，其人可追而问，此又何可诬也"。由此可见，仕珍父子极具"珥笔（讼棍）之风"。无论如何，胡颖要解决三个问题：其一，如何处置仕珍父子侵用检校财物和伪造文书，此属刑事；其二，如何处理二姑的继产，此属民事；其三，是否替仕殊立后，也属民事。

胡颖强调，自己"每事以理开晓，以法处断"，又说"本府之所处断，未尝敢容一毫私意己见，皆是按据条令"。对仕珍父子侵用和伪造一事，胡颖引用一敕一律，判决元收脊杖十五，即徒二年的折杖。对二姑继产一事，共分两部分，一是"仕殊私房置到物业，合照户绝法尽给曾二姑"，即二姑可取回所有的检校财产；二是仕殊兄弟三房现在分割父亲曾某的遗产，二姑可得多少？胡颖说，仕殊"一分家业，照条合以一半给曾二姑。今金厅及推官所拟，乃止给三分之一，殊未合法。大使司札内明言：兴词虽在已嫁之后，而户绝则在未嫁之先。如此，则合用在室女依子承父分法，给半，夫复何说。余一半本合没官，当职素不喜行此等事，似若有所利而为之者，姑听仕珍、仕亮两位均分"。所谓"子承父分法"，是指《宋刑统》"诸应分田宅者及财物"所规定，父母丧服期满，兄弟分产，如有"兄弟亡者，子承父分"[1]，即由儿子代替亡父，跟亡父的兄弟分产，依兄弟均分之规定，可得一等份，现在却是女承父分，由二姑代替亡父仕殊，跟仕珍和仕亮进行三兄弟的分产。依照胡颖的说法，假如二姑是在室

---

[1]《宋刑统》卷一二，第221页。

女，可得一等份的一半，假如是已嫁女，只得三分之一，无论何者，都是依照法律的规定。最后，是否替仕殊立嗣，似乎是不立，大抵是因为仕殊无后已久，父亲和兄弟都不想立了。

在本案，金厅和推官不是以曾某去世时二姑的婚姻情况（未嫁），而是以数年之后二姑入诉时的婚姻情况（已嫁）来计算分产的比例，诚属一时糊涂，但不能说是没有依法分产，而大使司（安抚使司）和胡颖的判决一致。

2.2 侵占者是堂兄弟和堂叔伯

"处分孤遗田产"案（8:287—289）发生的背景，是金朝灭亡（1234）之前，曾数度侵宋，蒙古灭金的次年即与宋冲突，重创京西南路和淮南西路。解汝霖夫妇家破人亡，留下大笔家产，每年所收租谷不下二百石，暂时由五十岁左右的侄儿解懃看管。余荣祖一再检举，说解懃有意吞并，请求籍没归官。官府受理，检校之后，代收租课，且要求佃户纳钱不输物，把钱用来存款或放贷等，谋取利息，故后来被范应铃指责为"已犯不腆"（犯下了不对的行为）。出乎意料的是，汝霖的养女、已二十五岁的七姑归来；孙女秀娘也被发现，在过去八年一直收养在襄阳将官王璋的家里，已接近婚龄，将嫁给王璋的次子。解懃正想法摆脱余荣祖的指控，便到襄阳迎回秀娘。既然解家有女儿承分，官府亦将田产免行拘籍，交付解懃主管。

解懃代管租课，"既无收支簿书，又不主盟姻议，惟立继绝之子一人，曰伴哥，以承汝霖之业"，又被余荣祖检举。汝霖家破至今已十年，七姑也二十五岁了。范应铃要处理的问题有二：一是防止解懃本人"挟一幼子，而占据乃叔田产"，二是保障一子二女应得的份额；其实只要处理好第二个问题，便自然解决了第一个问题。

作为近亲，解懃是有资格命继的，但伴哥是异姓，而且超过三岁，不过在战乱之中，"亦姑勿论"。根据户绝法，"既有二女，法当承分"，伴哥的份额，"于绝家财产，若只有在室诸女，即以全户四分之一给之……其余三分，均与二室女为业。七姑虽本姓郑，汝霖生前自行收养，与亲女同"。最后，"牒县尉打量，均作四分申上，以凭抛拈"，即每份25%，由三人抽签，二女所得份额由官府看管，待出嫁时交还。但是，三人抽四份，究竟如何抽？个人认为，七姑是秀娘的长辈，所承份额不应跟秀娘一样，如是二女均分，亦不应"均作四分"，而应均作八分，每份12.5%，由伴哥抽两份，七姑三份，秀娘三份。现在是均作四份，可能是依照男2女1和在室女承父分得半的分产法（见下图）。

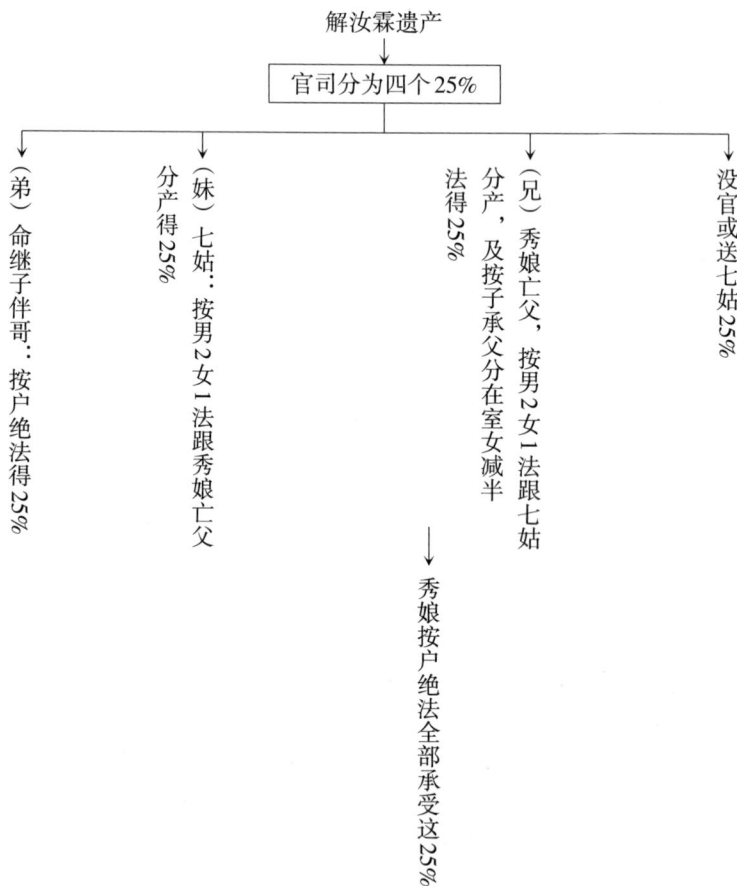

解汝霖遗产
↓
官司分为四个25%

（弟）命继子伴哥：按户绝法得25%

（妹）七姑：按男2女1法跟秀娘亡父分产得25%

（兄）秀娘亡父，按男2女1法跟七姑分产，及按子承父分在室女减半法得25% → 秀娘按户绝法全部承受这25%

没官或送七姑25%

无论如何，学人提出另类解释时，必须注意两点：一是"均作四分"的四个25%而不是八个12.5%是如何算出来的？二是若秀娘与七姑是平分75%各得37.5%，而事实上平分者是秀娘亡父与七姑两兄妹，岂非弄出一个男1女1的分产比例？

判词不厌其烦地引用户绝法，几达全部篇幅的六分之一。范应铃强调，"户绝之家，自有专条，官司处置，一从条令，非惟绝讼，死者可慰舐犊之念，生者可远兼并之嫌，纵有健讼（如余荣祖），奚所容喙"。可见即使是民事裁判，审理者也尽可能"一从条令"，目的也很清楚：其一，绝讼，使双方接受依照"公法"而非"私意"所做出的判决。其二，保障分产者的权利，免受觊觎者的侵犯。其三，使健讼者无机可乘，减少缠讼。此外，吴革多次提到"风教"和"厚风俗"等（7:201—203、7:203—204、7:207—208、7:236—237），胡颖会将犯人示众（8:245—246），实有利用法律移风易俗之用意。上述三案可综合成表2。

表2　三案比较表

时（大约）	地	人（进士时间）	审理者明言依法分产
1247	？	吴革（？）	"官司照条"
1248—1250	荆湖南路	胡颖（1232）	"每事以理开晓，以法处断""未尝敢容一毫私意己见，皆是按据条令"
1244	京西南路	范应铃（1205）	"官司处置，一从条令"

时间接近，地域则远，京西（湖北）偏北，湖南居中，而审理者完全不同，但均依法把家产分给女儿，无论该法是地方法还是海行法，也无论侵占者是否女儿的尊长。依法的目的，最重要的，应是保障分产者的权利，其次是使原告与被告双方接受，并杜绝讼师等人上下其手，制造不必要的官司。范应铃等人并非不谈人情，但他们没有让情碍法，这才是讨论法、理、情三者关系的重点。

（二）男承分

上文提到，无论是同宗子或异姓子入继，他们分得的份额是依法给予。下文探讨其他人的分产，是否也是依法而分。主要的法规，是《宋刑统》卷十二"卑幼私用财"所引户令"分异财产"："诸应分田宅者及财物，兄弟均分……兄弟亡者，子承父分，继绝亦同；兄弟俱亡，则诸子均分……寡妻（妾）无男者，承夫分，若夫兄弟皆亡，同一子之分"。① 简单说，兄弟俱在，以房为单位，均分家产，一房一等分；某兄或某弟在分产之前去世，由他的儿子或无子守寡的妻子代替他，跟他的兄弟分产，仍是一房一等分；兄弟在分产之前全部去世，由他们的儿子按人头来分，一子一份，或由他们无子守寡的妻子来分，得一子之份。寡妻前后所得份额的差距很大，前者是一房之份，后者是一子之份，反映她们不是本人得产，而是代替过世的丈夫和将来的嗣子取产。

1. 遗嘱的效力

从上文可知，审理者对遗嘱的考察点主要有三：其一，是否出自死者的本心。其二，立遗嘱的程序有无瑕疵，例如是否亲笔、有无见证人或经官确认等。其三，内容有无违反现行法，例如遗嘱可以分配家财，如某子得某物，但不能违反诸子"均分"的法规。在"假伪遗嘱以伐丧"案（8:289—290）里，族人假借遗嘱骗取死者财物，蔡杭说："鞫之囚固，理屈辞穷，即无所谓遗嘱，特凿空诬赖，为骗取钱物之地耳。"应是在第二和第三点上引人怀疑，但亦有符合这两点而被审理者根据第一点来断定遗嘱失效的。

在"诸侄论索遗嘱钱"案（8:291—292）里，柳璟的三位兄长先后去世，共遗下四位儿子，大都贫乏。柳璟家计宽裕，而儿子尚在襁褓，乃遗嘱每年拨给每位侄儿十千钱（十贯），是相当不错的生活津贴，但也间接削减了亲子的继承份额。过了五七年，柳妻停止支付，四侄陈诉。范应铃先从遗嘱的真伪查起，发现是柳璟亲书，又有官府批贴，目前存放在族长那里，即有见证人，故应是真的。其次，这笔钱财是何性质？发现柳璟兄弟四房"久矣分析，各占分籍，素无词诉"，即早已异财别籍，这笔钱确是柳璟本人额外给予四位侄儿的，不是四房未分之财；换言之，四侄确是不劳而获。范应铃笔锋一转，指出柳璟的遗嘱，"探其本情，实有深意"：它首先提到四侄生计之薄，愿意资助，然后提到遗下孤儿寡妇，请四侄照

①《宋刑统》卷一二，第221—222页。

顾，并且说"获免侵欺，瞑目无憾"。对这两句悲伤的话，范应铃说："执笔至此，夫岂得已。"既是不得已，当然不是死者的本情："柳璟之死，子在襁褓，知诸侄非可任托孤之责，而以利诱之。"这根本不是托孤，而是有点像交保护费。现在柳璟的妻子处事愈来愈成熟，幼子亦愈来愈长大，就不必再交保护费了。下令把遗嘱销毁，从此以后，四房按照当年别籍异财所得，各自为业，不得侵欺。

笔者在《审判宗教犯罪》中说过，让判决较为一致的一个原因，是审理者有共同的范例（人物或书判）可以参考。本案就是参考张咏，他著有《诫民集》，其中甚多判语。范应铃说："昔人有子幼而婿壮，临终之日，属其家业，（女与）婿居其子之二（即女2男1），既而渝盟，有词到官。先正乖崖（张咏）以其善保身后之子，而遂识乃翁之智，从而反之（变成男2女1），九原之志，卒获以伸。"本案与张咏此案"意实一同"，所以"合当仿乖崖之意行之"。这也就是胡颖所说的"我心之所同"（14:540），希望判决一致。除了范应铃，刘克庄和属下的县尉也引用张咏此案来裁判（8:277—278）。

2. 法律规定分给子孙的份额

2.1 侵占者是继祖母

初读吴革所判的"欺凌孤幼"案（7:229—230），以为被欺凌的，应是年近八十岁的寡妻阿陆，但此案的标题和《清明集》的分类却是"孤幼"，竟被认为是阿陆欺凌八岁的嗣子荣哥，可见审理者所注重的，是存亡继绝和嗣子的继产权，凡违反此原则的，便有欺凌之嫌，而官府有责任要维护。

尤彬与尤彦辅是亲兄弟，析居已数十年。彬有女百三娘，但儿子绝后。在彬去世前一年，彦辅"胁以官司，强以其八岁之孙荣哥为之后"，似乎不是彬的本心。彬去世，彦辅向官府陈诉，要求清点和托付彬的遗产，用意当然是全盘接收。彬的妻子阿陆把部分遗产交给荣哥，把他送还彦辅，自己和百三娘削发为尼，又把大宅变为庵寺。此举已触犯"诸养子孙，而所养祖父、父亡，其祖母、母不许非理遣还"的法条。本案"累经台府，陆兼金所拟，固已曲尽其情矣"，案官的建议是："勒阿陆还俗，检校财产，别选族长主其家事，以俟荣哥出幼，却不许彦辅干预。"这完全是依法行事，即阿陆必须把所有遗产交由荣哥继承，同时又杜绝彦辅的染指。但是，吴革不同意，他先行指责彦辅和阿陆都是徇利忘义，彦辅是志在谋财，阿陆是只为身谋，忘记了先夫的遗产本属先夫宗族（"楚人亡弓，楚人得之"）。最大的问题，是"使阿陆尽绝尤氏之嗣，不立荣哥为孙，则不可"。在此前提下，吴革要阿陆先替亡夫和不久前死去的百三娘安葬，余下的遗产，拨一半替亡夫成立赡坟田，交给荣哥，由他的生父及彦辅管理，但特别声明不准典卖；另一半，还有已作庵寺的大宅和随身浮财等，拨给阿陆"终老其身"，死后当然要还给荣哥继承。在成年之前，荣哥仍由彦辅父子抚养，"否则八岁之孙，无所抚恤以俟其长"。

吴革的判决既有依法，亦有别出心裁。依法之处有二，一是尽管树立荣哥并非尤彬本心，但那是立嗣之前的事，现在是立嗣之后，且已一年，便不能容许阿陆非理逐去先夫所立的嗣子；二是容许阿陆生前分割遗产（生分），一部分给嗣子，一部分给自己养老，死后归还。别出心裁之处，是强行将部分遗产成立祭田，即使其他遗产都被彦辅吞并了，尤彬还不至于绝祀。虽是官府强加于人，但承祀的正当性是无可非议的。

2.2 侵占者是叔伯

在"检校鳌幼财产"案（8:280）里，方但干去世，遗下两子天禄和天福，天禄的寡妻只有十八岁，无子，天福有一子，似乎有意让他过继，以谋取兄长的份额。审理者吴势卿面对两个问题：一是但干的家产如何分割？二是天禄一房绝后，立不立嗣、谁可为嗣、谁来立嗣？此外，有一位王思诚，可能是天禄寡妻的亲人，意图干预，也要对付。答案尽在判词中，非常精彩，值得抄录：

> 方天禄死而无子，妻方十八而孀居，未必能守志，但未去一日，则可以一日承夫之分，朝嫁则暮义绝矣。妻虽得以承夫分，然非王思诚所得干预。子固当立，夫亡从妻，方天福之子既是单丁，亦不应

立，若以方天福之子为子，则天禄之业并归天福位下，与绝支均矣。先责王思诚不得干预状，（如）违，从不应为杖断。仍将天福押下县，唤上族长，从公将但干户下物业均分为二，其合归天禄位下者，官为置籍，仍择本宗昭穆相当者立为天禄后。妻在者，本不待检校，但事有经权，十八孺妇，既无固志，加以王思诚从旁垂涎，不检校不可。

判词无一处不依法。首先，天禄与天福是"均分为二"。天福自是本人继承；天禄一房，据前述《宋刑统》律文，"寡妻〔妾〕无男者，承夫分……谓在夫家守志者，若改适，其见在部曲、奴婢、田宅不得费用，皆应分人均分"①，由寡妻代替天禄，跟天福分产，取得天禄应得的一份，故判词说"承夫之分"，即代位承分。所谓"夫之分"，是指丈夫从父祖处应分得之份，不是指丈夫本人之财产。律文声明寡妻必须守志，判词也一再强调。如何均分，由族长处理，以求公平公正。寡妻得到天禄之份后，须交托给官府置籍和管理，有些像寡妻只能使用利息，不能动本金，田契也在官府手里。检校的作用有二：一是预防寡妻改嫁带走，二是预防王思诚垂涎。吴势卿且要王思诚立状，如有干预，依《宋刑统》"违令及不应得为而为"条之"事理重者"，杖八十。②

其次，立不立嗣已有答案，即"子固当立"。血缘最近的嗣子，自是亲侄，似乎天福也有意将儿子过继，谋并天禄之业，但天福只有一子，如同吴革所判之"不可以一人而为两家之后"案（7:208—209），不应立。于是"将天福押下县"，会同族长，从宗族中选择合适的嗣子，并依"夫亡从妻"之条，由寡妻择一而立。这跟上文立嗣各案的审判是完全相同的。

2.3 侵占者是堂叔伯

在"检校闻通判财产为其侄谋夺"案（8:282—283）里，死者闻通判遗下寡妻和一孙，有一箱遗产被其侄夺去，审理者（胡颖）请季知县和三

---

① 《宋刑统》卷一二，第222页。
② 《宋刑统》卷二七，第507页。

位寓公（寓居士大夫）检校遗产，"此实天下之大义也"，何况"一死一生，乃见交情"。法律当然没有规定由同僚来善后，这是当时的官场习惯。

2.4 侵占者是姑父

"宗族欺孤占产"案（7:236—237）是姑父联合妻族谋占外甥之产。刘传卿有一女一男，女是季五，有赘婿梁万三，男是季六，娶阿曹，无子，抚养春哥，尚未成年。传卿、季六和季五先后去世，孙儿春哥是唯一的继承人，传卿一家的"产业合听阿曹主管，今阿曹不得为主，而梁万三者乃欲奄而有之"，勾结两位刘氏族人，合攻阿曹，谓其不能守节，又谓其无子。吴革指出，即使季五娘在生，梁万三也不应典卖据有刘氏产业，何况季五已死，万三久已搬离刘家，更不可典卖其产业。现在万三不但明抢暗夺，而且还未办好其妻与季六的后事，使其至今未葬。吴革下令，梁万三必须归还全部非法所得，刘氏产业由官府检校，查明阿曹是否愿意守节，春哥是否抚养之子，如是，交由阿曹掌管，不许典卖，待春哥成年后交还。明显可见，吴革完全是依法而判。

2.5 侵占者是堂兄弟

在"同业则当同财"案（8:283—284）里，有甲、乙和丙三房兄弟，长幼不详，姑以甲为长房。甲有子李春五和春六，乙有妻阿郑，丙有妻阿陈和幼子牛俚。分家的话，自是依兄弟均分之法，一房一等分。三兄弟生前没有分家，现在由后人来分，当然仍是一房一等分，结果春五和春六居大瓦屋而牛畜多，其余诸人居小茅屋而无一物，明显是没有均分。

蔡杭认为，分家之前，三房"既已同业，必当同财"，必须依照同籍共财的法令，三房均分，春五和春六尤其要顾念牛俚是同祖之亲（且是三房唯一的嗣子），于是下令把三家现有的所有动产和不动产，"并混作三分，内牛俚一分，分明具单入官，责阿陈收掌抚育。所有契照就李春五兄弟索出，封寄县库，给据与照，候出幼日给还"。这就是检校法，由官府清查遗产，分为三等分，并将孤幼（牛俚）应得的一份，由官府登记有案，交给寡母（阿陈）掌管，用来抚育孤幼，但又恐怕寡母违法典卖（依法，孤幼成年之前，寡母不得典卖），于是不将契照交给寡母，而是存放在官府里，等孤幼成年时取回。春五和春六是长房的嗣子，牛俚是三房的嗣子，每房本应各得一份，二房没有嗣子，但根据寡妻（阿郑）无男而守志者可承夫分的法条，也是应得一份。蔡杭的分产，完全符合"分异财产"条的规定。

2.6 侵占者是外人

在同籍共财的家庭制度下，父母在，父母与子女不得别籍异财，必须同一户籍；父母可以异财，将家产在生前分给子女，但仍不得异籍；父亡母在，仍是只能生分不能别籍。寡母在诸子成年之前，掌管亡夫遗产，抚育孤幼，但不得典卖；诸子成年，寡母应将遗产交由诸子管理，但寡母凭其法定之教令权，可以继续监管家产，例如诸子要典卖家产，必须得到寡母的同意和画押。如卑幼隐瞒父母私自典卖家产，不但本人有罪，连引诱、中介（牙保）和接手等人都有罪。

在"鼓诱卑幼取财"案（8:284）里，审理者（蔡杭）的判词满是定罪和量刑，充分发挥法律的效用，例如卑幼孙某隐瞒寡母杨氏私下典卖田业，杖一百；引诱者六人，其中三人中饱私囊，以盗定罪，依中饱的数目分别量刑，余三人只以教诱卑幼定罪，杖一百及编管邻州；中介杖一百。

在"监还塾宾攘取财物"案（8:285）里，张金判（签书判官）夫妇先后去世，遗下二名孤幼，随身财物被相识数十年的塾宾曹颐夺去。审理者（蔡杭）慨叹"一死一生，情其可见"，除了取回财物外，以"二孤不能任大事之责，非得其本族尊长与夫亲故中畴昔尚义之士，为之主盟，何以克济"，结果找了宗学教授王某。这个方法在"检校闻通判财产为其侄谋夺"案里也用过，同事之义是让两判一致的主因。

在"无证据"案（8:292—294）里，饶操无子，收养应申。操死，佃户（地客）李三之子李五陈诉，谓自己是操庶出之亲子，生母被操的妻子赶走时已经怀孕，由操嫁给李三，现在要求归宗，并得到若干饶氏族人的支持。假如为真，庶子和亲子有同等继承权。一般来说，审理者都会向宗族求证，但范应铃指出，操收养应申时，"族多不平"，而李五跟不少族人熟络，若询问族中尊长，"必有出而证其实"的。范应铃质疑，假如支持李五的族人真有宗族之义，行事公正，那么当饶操在生之时，就应提出让李五归宗为操之子，以避免今日的纠纷，"胡为操死之后，遽相扶持，以图终讼，族义之薄，莫甚于此"！宗族既不可信，范应铃只有另想办法，那就是依法判断。判词说："准法：诸别宅之子，其父死而无证据者，官司不许受理"，而李五之词实有难以服人之处：

饶操无子，如有亲生庶子，自己应亲身教养，不会让其沦落佃户手中，此"非人情也"。这是判词的开场白，也是逻辑辩证的大前提：如是亲子，饶操可能有以下的四项表现吗？

其一，在过去20多年，李三时常到饶操家里，有时应带着李五，而操"必严主仆之分，欲为子者果如是乎"？

其二，假如李五的生母是被操妻逐去，则操妻在李五约十岁之时便去世，现在李五已经超过二十岁了，那么在过去十年，操为何不迎回李五母子，反"一并弃逐"？

其三，假如操有意让李五归宗为子，岂会不让他替嫡母服丧？

其四，假如操有意让李五归宗为子，岂会在二十多年来都不曾接他回家居住，以符合父子必须同居共财的法令？

在逻辑上，此四事与"亲子"一事是无法连起来的，结论就是："李五生于李三之家，年逾二十，父（饶操）未尝以为子，其无证据也决矣。"范应铃并引用汉武帝巫蛊之祸卫太子故事，指出被父亲摒弃的儿子，即使日后归来，官府也是先以罪人待之，再求证其真伪，"夫大义所在，古今不易之理"。这个有名的"春秋折狱"故事，应为宋代司法人员所熟悉。范应铃说："郡县所断，反复辩证，如见肺肝。"可见从县到州到路，意见大都一致。

四、结论

就立嗣和分产来说，胡颖、范应铃、蔡杭、吴势卿和吴革等五人的民事裁判是较为一致的，但也必须注意一些容易产生不一致的地方，主要是法律难以规范的地方。

在立嗣案里，研究者应将讨论的重点放在四个跟权与利息息相关的问题上：立或不立、由谁来立、谁可被立，以及被立者可分得多少家产。四者之中，有些是清楚的有法可守，如嗣子应分到家产的份额；有些却是无法律规范的，如法律没有规定必须立嗣，也没有规定谁人应该提供嗣子，此时便要应用法律之外的原则来解决问题。第一，立或不立，审理者通常要查询是否死者本人（含遗嘱）、寡妻、父母、祖父母、兄弟和叔伯等近亲和尊长的真正意愿（本心）。第二，立同宗子还是异姓子？这要依照法律的规定，先同宗后异姓，后者且需小于三岁。如立同宗子，依据《论语》和《春秋》存亡继绝的原则，审理者大都愿意帮助立嗣者完成心愿，并诉诸天伦或人情，要求宗族提供合适的嗣子，以抽签决定，有时甚至近于强制。如立异姓子，有点两难，立则违反《论语》和《春秋》"祭非其鬼"的原则，不立则违反存亡继绝的原则，而且死者的寡妻等家人可能在年老时无人奉养。审理者通常要求，必须得到较多有资格立嗣的人的同意，才立异姓。第三，对嗣子的人选，如立嗣者的意见不一致，便要考虑法定的优先次序，如死者遗嘱和寡妻最优先，其次是父母、祖父母，如此类推；但也要考虑相竞者的家庭地位和是否同籍共财等因素，如寡妻跟父母意见不同，可能在孝顺和卑幼的前提下，听从父母；与死者同籍共财的弟弟与别籍异财的哥哥意见不同，可能听从弟弟。我们需要更多的案件来探讨有无规律可循。

上述种种，有些依法，有些依儒家经典，有些依照所谓情和理。依法当然容易达到判决的一致。依照儒学的一些大原则，如存亡继绝，应有一定的普遍性，至少不容易被反驳；《论语》《春秋》和《礼》大抵是多数审理者必读之书，它们的权威性亦有助于判决的一致。何况，有些儒学原则亦与法律一致，例如"祭非其鬼"的原则，是否已包含在"异姓不应立，只当于同宗昭穆相当者求之"的法规里？要求宗族提供嗣子亦非法律所规定，需要诉诸人情或义理，但"只当于同宗昭穆相当者求之"的法条，是否也预设了对宗族的要求，这预设是否所谓"法意"？由此可见，在法律没有规定的地方，审理者确要应用其他的原则或情理来达到他们的目的，但这些法外之物，似乎不是随兴而发，而是有一定的范畴可循，如立嗣大抵都会联想到《论语》和《春秋》，或可使判决不是那么不可预期。依照常情常理，如尊重寡妻本心之类，亦不难有一定的普遍性。当然，即使是合情合理，毕竟有些不是法律的规定，判决结果不一致，是可以预期的，数量多寡则不可知。

立嗣之后的种种问题，例如谁有权力逐去嗣子、谁的权力较大（寡妻先于兄弟叔伯）、有什么逐去的理由（生不能养死不能葬等不孝之罪、破家荡产），能否增加或减少他的承分等，几乎都有对应的法律规定，本文提到的审理者也落实执行。对已立的嗣子，不分同宗或异姓，胡颖和吴革都较重视实质条件如嗣子有无不孝和大过，不大理会形式条件如收养异姓子是否小于三岁。不过，也有法律没有硬性规定的地方，例如不同于休妻有法定的"七出"和"三不去"，虽然继子"可出"的理由相当固定，但"可不去"的理由似乎并无法定，例如曾持重服能否消减（衡平）可逐的理由，不见得审理者都有共识，而且要看可逐的理由是否严重，如曾持父服而犯了殴母之大不孝，就不易抵销。此外，法律没有规定，既立异姓子之后，如有同宗子可立，是否双立。审理者可能为了解决"祭非其鬼"的问题，倾向双立。无论如何，跟立嗣之前相较，立嗣之后的种种问题，受到法律的规范是较多的，只要审理者依法裁判，不难较为一致。正因如此，即使意图逐去嗣子的人是无后者的兄弟或叔伯，都无法凭其近亲和尊长的身份，动摇没有大过的嗣子。这是我们探讨身份等级对司法有何影响时，所必须留意的。

在分产案里，无论是女受分还是男承分，研究者应将讨论的重点放在两个也是权和利的问题上：有遗嘱时，遗嘱是否有效和子女是否分到遗嘱拨予的份额；没有遗嘱时，子女是否分到法律规定的份额。遗属有效与否，审理者的考察点主要有三：其一，是否出自死者的本心；其二，立遗嘱的程序有无瑕疵；其三，内容有无违反现行法。毫无疑问，第二点较易查明，其余两点有时难以完全一致。张詠的案例似乎得到不少认同，但认同的部分，应是富翁原来的男女分产比例过于悬殊，恐非其本心，而张詠将之颠倒，变为男2女1的比例，是否真的符合富翁本心？在柳璟案里，遗嘱明言"获免侵欺，瞑目无憾"，可知缴保护费应非本心，但完全止付，失去济贫的叔侄之义，是否真的符合柳璟本心？换言之，在认定遗嘱是否出自本心时，审理者不难一致，但如何善后，会有不同意见。在"女合承分"案里，县丞和范应铃都是依法办案，考究遗嘱有无违反聘财法，但县丞认为遗嘱分给女儿的份额远过聘财，范应铃认为适中。关键所在，自是本案案发时没有付过聘财，难以算出嫁妆之数。这个漏洞引起的不稳定性，因男2女1新法的出现而减少，这可能是新法得以由地方法逐渐变为海行法的重要因素。无论如何，本文的审理者都尊重死者，依遗嘱所定的份额分产给女儿，让她们的兄弟和叔伯无法侵占。

没有遗嘱，自然应按照各种分产法来分产，这是本文所有审理者共同遵守的审判原则，也是他们判决能够相当一致的最重要原因。所以，不管侵占者是否继祖母叔伯兄弟等近亲或尊长，也不管被侵占者是否是继子或女儿，都必须服从法律，身份和性别对审判的影响并不明显。我们清楚看到，立法赋予个人的财产权利，得到司法的极大保障，尤其是一再看到的检校法，虽属技术性援助，却可能是保障孤幼财产的极佳利器，可见宋人不但讲究理论，也重视实践。

就本文探讨的立嗣和分产来说，南宋的民事裁判是一致的，小处之异难以避免，但大处之同也很明显和更为重要。若将大同的原因跟刑事裁判比较，几乎完全一样：

表3 刑事与民事裁判比较表

刑事裁判	民事裁判
法制的约束	同左，如依法裁判、判词必须引用相关法条
逻辑的作用	同左，最明显的是"无证据"案
彼此是师生、朋友或同门（如程朱理学）	同左，同一批审理者，吴革亦是理学门人
参用彼此的观点和书判	同左，同一批审理者

刑事裁判	民事裁判
阅读相同的法律名著、儒学经典和科举用书	同左,如屡次引用春秋折狱的案例、《论语》《春秋》《礼记》《孟子》,后者不知是否跟《孟子》成为理学四书有关
效法相同的儒学或司法名公	同左,如引用范仲淹、张詠判
位高权重	同左,同一批审理者
目标相同	同左,如审理者提出"一从条令"的审判原则时,把目的说得很清楚:(1)绝讼。(2)保障分产者的权利。(3)使健讼者无机可乘。这三个目的,也许是多数审理者的目的

由此可知,相同的人,假如在刑事裁判上遵守一些原则达到判决的一致,他们在民事裁判上也会遵守这些原则,自会达到判决的一致。必须重申,这些原因只是"有助于"而非"必然使"判决一致,必要条件与充分条件是两回事,我们只能说,具备的条件愈多,就愈易一致。世事复杂多变,立法与司法都难免"摸着石头过河",在尝试解决新的问题时,一面碰壁,一面修改。在此过程中,自会出现不一致的判决,假如数量有限,实不足以偏概全,强谓之"卡迪司法"。有法而不守,有理亦不讲,以致判决歧义百出,有时不是法制本身的问题,而是法律文化(如法官贪污无能又自以为是)的问题,正如暴饮暴食,问题不在食物本身,而在饮食习惯。

附表:立嗣与分产诸案之出处及时、地、人等

立 嗣

案名及所载《清明集》卷:页	《清明集》门、类	审理者	时间	地点
生前抱养外姓殁后难以摇动 7:201-203	户婚立继	吴革	1263—1264年	两浙西路嘉兴府
兄弟一贫一富拈阄立嗣 7:203-204	户婚立继	吴革	?	?

续表

案名及所载《清明集》卷：页	《清明集》门、类	审理者	时间	地点
吴从周等诉吴平甫索钱 7:204-205	户婚立继	吴革	？	？
探阄立嗣 7:205-206	户婚立继	吴革	？	？
先立已定不当以孽子易之 7:206-207	户婚立继	（吴革）	？	？
不当立仆之子 7:207-208	户婚立继	（吴革）	？	（两浙西路江阴军）
不可以一人而为两家之后别行选立 7:208-209	户婚立继	吴革	？	？
当出〔自〕家长 8:244	户婚立继	蔡杭	？	？
父在立异姓父亡无遣还之条 8:245-246	户婚立继	胡颖	（约1248—1250年）	（荆湖南路）
叔教其嫂〔子教其母〕不愿立嗣意在吞并 8:246-247	户婚立继	胡颖	？	？
子随母嫁而归宗 8:274-275	户婚归宗	蔡杭	？	？
叔父谋吞并幼侄财产 8:285-286	户婚孤幼	胡颖	？	？
背母无状 8:294-295	户婚义子	蔡杭	？	？

分 产

案名及所载《清明集》卷：页	《清明集》门、类	审理者	时间	地点
欺凌孤幼 7:229-230	户婚孤幼	吴革	？	？
宗族欺孤占产 7:236-237	户婚孤寡	吴革	？	？
遗嘱与亲生女 7:237-238	户婚女受分	吴革	？	？
阿沈高五二争租米 7:238-239	户婚女受分	吴革	（约1247年）	？
检校嫠幼财产 8:280	户婚检校	吴势卿	？	？
侵用已检校财产论如擅支朝廷封桩物法 8:280-282	户婚检校	胡颖	（约1248—1250年）	荆湖南路邵州邵阳县

续表

案名及所载《清明集》卷：页	《清明集》门、类	审理者	时间	地点
检校闻通判财产为其侄谋夺 8:282-283	户婚检校	（胡颖）	？	？
同业则当同财 8:283-284	户婚孤幼	蔡杭	（约1251）	（两浙东路）
鼓诱卑幼取财 8:284	户婚孤幼	（蔡杭）	（约1250—1251年）	（两浙东路）
监还塾宾攘取财物 8:285	户婚孤幼	（蔡杭）	（约1251）	（两浙东路）
处分孤遗田产 8:287-289	户婚女承分	范应铃	（1244年前后）	京西南路及淮南西路
假伪遗嘱以伐丧 8:289-290	户婚遗嘱	蔡杭	1251年	两浙东路
女合承分 8:290-291	户婚遗嘱	范应铃	（1219至1224）	（江南西路崇仁县）
诸侄论索遗嘱钱 8:291-292	户婚遗嘱	范应铃	（1219至1224）	？
无证据 8:292-294	户婚别宅子	范应铃	？	？

注：凡在（）内的审理者及时间地点，参见柳立言：《〈名公书判清明集〉的无名书判》，收入《中国古代法律文献研究》第5辑，北京：社会科学文献出版社，2011年，第116—222页。

（原载《中国社会科学》2012年第8期）

谫论南宋犯奸案件的证明困境

赵　晶

　　关于宋代的奸罪研究，目前已有相当丰富的成果积累，主要关注点在于唐宋时期奸罪法条的异同、宋代奸罪立法与司法的落差，以及由此展现的女性地位、两性关系、家庭与性别秩序等。[1]与这些讨论不同，笔者的关注点在于案件发生之后的"证明标准"问题。如在英美等国的刑事诉讼中，若要判定有罪，须达到"排除合理怀疑"（Beyond Reasonable Doubt）的程度。虽然宋人并没有提出类似概念，但并不意味着司法实践乃至于一般民众心目中并不存在这种意识与认知，如《宋刑统》卷二九《断狱律·不合拷讯者取众证为定》规定"若赃状露验，理不可疑，虽不承引，即据状断之"[2]，如果有计赃之案获得实赃、杀人之案检得实状，达到"理不可疑"的程度，即使犯罪嫌疑人不招供，也可以直接定罪，这就是"排除合理怀疑"的唐宋表达。

　　刑案的侦查针对的是一连串的事实问题，如犯罪是否发生，犯罪行为是否是嫌疑人所为，实施犯罪的时间、地点、手段、后果以及其他情节为

---

① 相关成果的列举，参见崔碧茹：《奸罪与'家道'：宋代司法官处理奸罪的原则》，载中研院历史语言研究所法律史研究室编：《"中华法理的产生、应用与转变：刑法志、婚外情、生命刑"学术研讨会论文集》，2017年，第181页，注1。

② 窦仪等：《宋刑统》，薛梅卿点校，北京：法律出版社，1999年，第538页。《宋刑统》的相关条款承自唐代《律》《律疏》，若目前并无证据表明宋廷颁行过相应的新敕，则可暂时推定这些条款通行于两宋。相关讨论参见戴建国：《〈宋刑统〉制定后的变化——兼论北宋中期以后〈宋刑统〉的法律地位》，《上海师范大学学报》1992年第4期，后收入戴建国：《宋代法制研究丛稿》，上海：中西书局，2019年，第26—38页；薛梅卿：《宋刑统研究》，北京：法律出版社，1997年，第135—152页；［日］川村康『宋代用律考』，载［日］池田温编『日中律令制の諸相』，東方書店，2002年，第429—449页。

何，行为的动机、目的为何，有无影响量刑轻重的情节，嫌疑人的个人情况为何等。这些事实皆需相应的证据加以证明，只有全案的所有证据之间排除一切矛盾，形成一个完整的证据链后，审理者才能形成嫌疑人是否有罪的内心确信。这种证明体系同样并非现代人的发明，南宋的审理者在司法过程中也需进行逐一查证。

关于宋代（或精确到"南宋"）证据制度，研究成果颇多，大多依据现代证据法的知识框架，在言词证据、物证、书证等类型下条列相关史料，再论述检查、勘验等制度，尤其是《折狱龟鉴》所见证据理论和侦讯技术、《洗冤集录》总结的检验经验等，巨细靡遗，研究可谓详备；①若是涉及"疑罪"，则又牵涉从地方到中央的审讯、翻异、复审、奏裁等审判流程，学界在这方面同样积累了宏富的成果，几近题无剩义。②然而，这些研究并未触及上述较为模糊的"证明标准"问题，而直接以"证明标

---

① 代表性成果如贾静涛：《中国古代法医学史》，北京：群众出版社，1984年，第53—94页；王云海主编：《宋代司法制度》，郑州：河南大学出版社，1992年，第201—236页；郭东旭：《宋代法制研究》，保定：河北大学出版社，2000年，第557—568页；张晋藩、郭成伟主编：《中国法制史通史·宋》，北京：法律出版社，1999年，第575—589页；吕志兴：《宋代法制特点研究》，成都：四川大学出版社，2001年，第294—308页；薛梅卿、赵晓耕主编：《两宋法制通论》，北京：法律出版社，2002年，第441—446页；戴建国、郭东旭：《南宋法制史》，北京：人民出版社，2011年，第295—321页；栾时春：《宋代证据制度研究》，北京：法律出版社，2017年，第21—101页；陈玺、潘晨子：《依限取会：宋代取证逾期及其破解之道》，《证据科学》2021年第3期；陈玺：《宋代众证定罪规则的历史考察与现代启示》，《现代法学》2022年第2期。

② 在前引各种代表性成果中，除栾时春之著外，也都论及这些内容。此外，相较于前述的通论性著作，戴建国的论文发表更早、论述亦精，参见戴建国：《宋代刑事审判制度研究》，《文史》第31辑，后收入戴建国《宋代法制研究丛稿》，第160—198页；《宋代刑法史研究》，上海：上海人民出版社，2008年，第278—287页；《宋代州府的法司与法司的驳正权》，《人文杂志》2018年第4期，后收入戴建国《宋代法制研究丛稿》，第212—225页。刘馨珺以专著的篇幅，详细梳理了南宋县衙的诉讼流程，参见刘馨珺：《明镜高悬——南宋县衙的狱讼》，台北：五南图书出版有限公司，2005年。又，日本学者在这方面也有积累，参见宫崎市定『宋元时代の法制と裁判机构——元典章成立の时代的·社会的背景』，《东方学报》，第24册，1954年，后收入『宫崎市定全集』第11卷，岩波书店，1992年，第168—176页；石川重雄『南宋期における裁判と检死制度の整备——『检验（验尸）格目』の施行を中心に』，『立正大学东洋史论集』第3号，1990年，第11—38页；［日］川村康『宋代死刑奏裁考』，『东洋文化研究所纪要』，第124册，1994年，第27—77页；［日］梅原郁『宋代司法制度研究』，创文社，2006年，第214—235页。

准"为题、通论中国古代的论文，大多还是围绕上引律条，或辅以数个案例，阐述"理不可疑"等立法语言。①目力所及，对该问题的讨论有所推进者，如郭东旭、左霞通过相关案例，讨论宋代士大夫如何辨别证据真伪②；栾时春不仅探讨宋代各种证据的可采性，还着眼于在难有旁证的情况下采用推理等方式推定情节的案例以及审判官在情理约束下的自由心证等③；张文勇、陈景良与王小康主要立足田宅、立嗣等案件，剖析法官对证据所见法理事实的认知与建构。④

然而，现代证明标准被区分为刑事诉讼的"排除合理怀疑"和民事诉讼的"优势盖然性"（Preponderance of Probability），前者的严苛性要远高于后者。宋代虽然没有像刑事、民事之类的现代法律体系分类，但对"论竞田宅、婚姻、债负"案件，采用有别于命盗重案的受理原则⑤，可见时人心目中的宽严尺度。就审判案件的证据而言，"争业当论契照先后，争奸当论踪迹虚实"⑥，可见二者之别；即使是命盗重案，也须区分"计赃者见获真赃，杀人者检得实状"。⑦换言之，对每一类案件的证明要达到"无疑"的程度，在司法实践中各有不同的要求。落实到奸罪案件，柳立言、翁育瑄的研究可谓略及这一问题⑧，但柳论侧重于伦理案件的特殊司

---

① 如张德美：《略论中国古代诉讼的证明标准》，收入樊崇义主编：《诉讼法学研究》第10卷，北京：中国检察出版社，2006年，第459—476页；蒋铁初：《铁案如山与莫须有——中国古代诉讼中的双重证明标准》，《证据科学》2013年第5期，第525—533页。

② 参见郭东旭、左霞：《宋代诉讼证据辨析》，《河北师范大学学报（哲学社会科学版）》2008年第6期，后收入郭东旭：《宋代法律与社会》，北京：人民出版社，2008年，第102—118页。

③ 参见栾时春：《宋代证据制度研究》，第81—110页。

④ 参见张文勇：《从宋代田宅案件看中国古代法官对民事证据的审查判断》，《法律适用》2019年第16期；陈景良、王小康：《宋代司法中的事实认知与法律推理》，《学术月刊》2020年第2期。

⑤ 《宋刑统》卷一三《户婚律·婚田入务》，第233页。

⑥ 中国社会科学院历史研究所宋辽金元史研究室点校：《名公书判清明集》卷六《户婚门·争业》"争业以奸事盖其妻"，中华书局，1987年，第180页。

⑦ 《宋刑统》卷二九《断狱律·不合拷讯者取众证为定》，第538页。

⑧ 柳立言：《从法律纠纷看宋代的父权家长制——父母舅姑与子女媳婿相争》，见《中研院历史语言研究所集刊》第六十九本第三分，后收入柳立言：《宋代的家庭和法律》，上海：上海古籍出版社，2008年，第290—305页；翁育瑄：《唐宋的奸罪与两性关系》，台北：稻乡出版社，2012年，第138—141、158—160、165—166页。

法考量，而翁著所论则不无可议之处，以下将详加讨论。

在进入正文论述之前，笔者先对南宋的奸罪规定略作交代：宋代的奸罪依然被区分为"和奸"与"强奸"，前者徒一年半，若女子有夫，徒二年①，南宋时又进一步区分既遂（已成）与未遂（未成），"诸奸未成者，减已成罪一等；诱谑者，杖八十"；而后者在南宋时的刑度大幅提升，"强奸者，流三千里，刺配远恶州，未成，刺配五百里"；不仅如此，法律还规定"先强后和，男从强法，妇女减和一等"②。除此之外，宋代还有较唐代更为复杂的规定，因与本文讨论无关，故不赘言。

一、《名公书判清明集》所见犯奸案件

《名公书判清明集》（下称《清明集》）共载有27例犯奸案件，学者已论之甚详。以下将案件信息列为一表：

表1　《清明集》所载犯奸案的查证与判决

序号	标题	案情	查证	判决意见	出处
1	争业以奸事盖其妻	孙斗南诉堂兄弟孙达善与己妻王氏有奸。	孙斗南非得之亲见，止凭信族兄孙彦烈之说；孙彦烈供证，略不知奸通之迹；王氏供对，以绝无奸滥之情。	奸罪不成立；未反坐诬告。	卷六《户婚门·争田业》，第180—181页。
2	生前抱养外姓殁后难以摇动	邢柟称其嫂周氏之兄弟周耀与周氏之婢燕喜有奸滥偷拽之事。	未见邢柟举证，断为其激愤之言。	奸罪不成立；未反坐诬告。	卷七《户婚门·立继》，第201—203页。

---

① 《宋刑统》卷二六《杂律·诸色犯奸》，第478页。南宋时也未发生变化，如《名公书判清明集》卷一二《惩恶门·奸秽》"因奸射射"载："在法，诸犯奸，徒二年。"（第448页）因该案针对的是有夫之妇，故言"二年"。

② 以上条文引自谢深甫撰，戴建国点校：《庆元条法事类》卷八〇《杂门·诸色犯奸》，哈尔滨：黑龙江人民出版社，2002年，第919—920页。

续表

序号	标题	案情	查证	判决意见	出处
3	婿争立	徐文举诉妻舅戴六七与弟妇有奸。	未见。	奸罪不成立；轻罚诬告者。	卷七《户婚门·立继》，第212—213页。
4	将已嫁之女背后再嫁	吴庆乙诉胡千三戏谑子妇阿吴（即吴庆乙之女），致她下落不明。	只据阿吴所说如此，未经官司勘正听。	奸罪不成立；诬告反坐。	卷九《户婚门·婚嫁》，第343页。
5	妻背夫悖舅断罪听离	阿张诉其舅行奸。	阿张以新台之丑，上诬其舅。	奸罪不成立；轻罚诬告者。	卷一〇《人伦门·夫妇》，第379页。
6	女嫁已久而欲离亲	聂懿德嫌其婿王显宗玷辱门户而诉与其女阿聂离亲，涉及舅妇暧昧之事。	王显宗为刑余之人，阿聂独依依然不忍去；王显宗之父王伯庆逐子留妇。	奸罪不成立；非诬告。	卷一〇《人伦门·夫妇》，第379—380页。
7	夫欲弃其妻诬以暧昧之事	江滨叟诉其妻虞氏与人私通。	江滨叟乃以暧昧之事，诬执其妻，使官司何从为据。	奸罪不成立；轻罚诬告者。	卷一〇《人伦门·夫妇》，第380—381页。
8	妇以恶名加其舅以图免罪	蒋八诉子妇阿张不孝，阿张反诉蒋八欲奸。	（阿张）所供，丑不可道，事涉暧昧；蒋八墓木已栱，血气既衰，岂复有不肖之念；阿张乃以过犯妇人，若果见要于其舅，亦决非能以礼自守而不受侵凌者。	奸罪不成立；轻罚诬告者。	卷一〇《人伦门·乱伦》，第387—388页。

续表

序号	标题	案情	查证	判决意见	出处
9	子妾以奸妻事诬父	黄十诉黄乙行奸其妻阿李。	符同厥妻之言。	奸罪不成立；轻罚诬告者。	卷一〇《人伦门·乱伦》，第388页。
10	既有暧昧之讼合勒听离	阿黄诉其舅李起宗行奸。	阿黄陈词于外，则以为有，供对于内，则以为无；应对之间，颇多羞涩，似若有怀而不敢言；李起宗争辩之际，颇觉嗫嚅，似若有愧而不能言。	奸罪不成立，但未敢决然以为无；未认定为诬告。	卷一〇《人伦门·乱伦》，第388—389页。
11	弟妇与伯成奸且弃逐其男女盗卖其田业	陆氏诉其女阿邵在其夫杨自成卒哭制中与伯杨自智谑弄，杨自智后并包阿邵，归房为妻。	谑弄之事，未见举证，恐是子母相谋，欲当官正名休离而去。	奸罪不成立；未认定为诬告。	卷一〇《人伦门·乱伦》，第389—390页。
12	罪恶贯盈	黄德被控奸据钟万五之妻。	事实确凿。	奸罪成立。	卷一一《人品门·公吏》，第410—411页。
13	籍配	王晋被控奸占兄嫂阿庄，与嫂同房，逆理乱伦。	阿庄供招情犯；其妻阿姜被摒弃于污漫之地，役使同奴婢之列。	奸罪成立，男女俱罚。	卷一一《人品门·公吏》，第414—416页。
14	逼奸	潘富被控和奸喜安、挟刃逼奸主家之妾庆喜。	先后供款。	奸罪成立，男女俱罚。	卷一二《惩恶门·奸秽》，第441页。

续表

序号	标题	案情	查证	判决意见	出处
15	告奸而未有实迹各从轻断	韩翼、陈绍、赵孟圆诉赵氏仆人郑应臻先奸后娶赵孟温之女冬娘。	运用五听，郑应臻真形乃始呈露，不惟类仆，又类贼矣；契勘州案，郑应臻有盗罪前科；重述控方指证，先奸后娶。	奸罪不成立（未有实迹）；男轻断，女不罚；未认定为诬告。	卷一二《惩恶门·奸秽》，第441—442页。
16	士人因奸致争既收坐罪名且寓教诲之意	陈宪因嘲谑阿连而遭王木、傅廿六等殴打致讼。	依据口供、案牍，重述案情：阿连背夫从人，与陈宪、王木奸通；陈宪霸占阿连，且殴其夫与王木；王木与阿连宣淫，收阿连归家，以为乃父婢使，既复奸通。	奸罪成立，免罚。	卷一二《惩恶门·奸秽》，第442—444页。
17	贡士奸污	彭二十四诉何十四家风不端致其女彭氏有孕，勾连出王桂与彭氏相奸。	王桂执彭说以自解，谓何家本自扰杂；又自反而不缩，已行供认：初隔篱以道其消息，既开户以通其往来。	奸罪成立，罚男。	卷一二《惩恶门·奸秽》，第444—445页。
18	僧官留百姓妻反执其夫为盗	僧行满诉吕千乙盗物，吕千乙反诉他关留其妻。	两词未知虚实，自合由东县追会供证。	责令知县处理。	卷一二《惩恶门·奸秽》，第445—446页。
19	道士奸从夫捕	旁人诉吕道士有奸。	必其素行有亏，所以为旁观者之所指；人必好色也，然后人疑为淫；奸从夫捕，今李高既未有词，则官司不必自为多事。	奸罪不成立；未认定为诬告。	卷一二《惩恶门·奸秽》，第446页。

续表

序号	标题	案情	查证	判决意见	出处
20	吏奸	蔡八三诉其妻阿李与叶棠奸通。	蔡八三指控：去年十月初七日，因出外回来，亲见其妻与叶棠在家行奸，当捉住呕叫邻保，被叶棠走脱，不容论诉；阿李、叶棠供对：其通奸实在去年六月以后。	奸罪成立，因赦免罚，男为公吏而犯法，特予另罚。	卷一二《惩恶门·奸秽》，第446—447页。
21	因奸射射	僧妙成与陶岑交讼，被控与黄渐之妻阿朱有奸。	黄渐即不曾以奸告，只因陶岑与寺僧交讼，牵联阿朱，有奸与否，何由得实。	奸罪不成立；未反坐诬告。	卷一二《惩恶门·奸秽》，第448—449页。
22	丁氏子丙	丁丙被诉盗人之妻。	未涉及。	未处理奸罪，男受轻罚。	卷一二《惩恶门·奸秽》，第450页。
23	母子不法同恶相济	僧惠暕奸范廿三妻。	未涉及。	奸罪成立，男受罚。	卷一二《惩恶门·豪横》，第471—473页。
24	资给诬告人以杀人之罪	陈氏兄弟告厉百一杀其本生弟厉百七，牵出厉百七与厉百一妻阿沈通奸事。	应是厉百七死后，阿沈向其夫坦白（夫初未之觉也）。	未处理奸罪。	卷一三《惩恶门·告讦》，第487—488页。
25	自撰大辟之狱	吴夔与婢探梅有奸。	未见。	奸罪成立，男女俱从轻罚。	卷一三《惩恶门·告讦》，第491页。

续表

序号	标题	案情	查证	判决意见	出处
26	邻妇因争妄诉	阿周诉尹必用强奸。	阿周口供：被尹必用抱持于房闱之中，抗拒得免，逃遁而归；此必无之事也。若果有之，何不即时叫知邻舍，陈诉官府，必待踰年而后有词，则其为妄诞，不言可知矣。	奸罪不成立；轻罚诬告者。	卷一三《惩恶门·妄诉》，第505—506页。
27	元恶	卜元一被诉强奸崔大家之女踰月、占江八娘之妇、戏方千一之妻、奸徐三之妻（未遂）。	应有人证，如方千一当场"作色"，徐三当场"间阻"等。	奸罪成立，男受罚。	卷一四《惩恶门·奸恶》，第521—523页。

根据表1，笔者在案件解读上与翁氏之作有四点不同：

第一，翁氏曾列出25个案件（以［］加数字为序），但［25］仅言姚家女使春喜随姚岳继子萧真孙逃往临安，并未涉及奸罪[1]，笔者予以排除；而本文表1所列第18、22、25例为其著所缺。[2]

第二，翁氏以表1第20、26例（即其所列［16］［23］）为据，推断奸罪告诉存在"追诉期"。[3]实则，这是审理者以经久不告来质疑原告控诉的可信度而已。正因如此，刘克庄才会在判决中说叶棠、阿李的奸通"合系徒罪，该遇玉宝赦恩"，才予原免，也就是说，即使已是去年发生的罪行，若非遇赦，也不会因罹于时效而不予追责。

---

① 《名公书判清明集》卷七《户婚门·义子》"义子包并亲子财物"，第242—243页。

② 参见翁育瑄：《唐宋的奸罪与两性关系》，第134—137页。

③ 参见翁育瑄：《唐宋的奸罪与两性关系》，第138—141页。

第三，翁氏称"通奸妇女十一人当中，不追究奸罪者二人，归宗、改嫁者三人，驱逐出县、交管原籍者二人，其余四人处以杖刑"。①然而，据表1可知，成立奸罪的案件共9例（表中灰底者），第12、27例为强奸，第23例也可能是强奸，因此真正成立奸罪的女性仅7名，翁氏所列[7][10][17]（即表1之第11、2、21例）皆不成立奸罪。在这7名女性中，免于处罚的有3名，第16例中阿连改嫁、第20例中阿李牒回本贯皆非惩罚，因为阿连之夫傅十九已别娶（且累经恩赦免罪），而阿李已被蔡八三休弃，这些措施只是对他们进行妥善安置而已。此外，第22例中被丁丙所盗之妻②、第24例的阿沈也犯有奸罪，只是官府未加处理。

第四，翁氏认为"妄诉诬告"有9例，而表1所列有11例，其中第2、26例未见于其统计。③虽在相关案件中，审理者并未直指其"诬"，但其行为实质与其他案例并无差别。

二、犯奸案件所见证明困境

就证明体系而言，翁氏指出犯奸案件的事实认定除非是"捉奸在床"，否则全凭法官个人心证。④这其实也未必尽然，如"捉奸在床"多指向和奸，如表1之第12、27例的强奸，犯罪者气焰嚣张，全然不怕留下证据（如当着丈夫之面调戏、欲奸其妻）；而且在第13、14、16、17、20例中，奸罪成立依据的是口供，尤其是第16例，两名奸夫因争风吃醋而大打出手，甚至为此兴讼，这都是对于犯奸的自认。至于法官的个人心证，从这些案例来看，凡是没有供认的奸罪，法官皆以"事涉暧昧"而未予认定，

① 翁育瑄：《唐宋的奸罪与两性关系》，第154页。

② "盗人之妻"恐亦指向和奸。如第17例"贡士奸污"所载，王桂犯私罪徒，从轻典，"送学夏楚二十"；而本案的处理是"押下郡庠夏楚"，罪、刑相近。若是强奸、禁锢他人之妻，罚非徒刑，而是流刑加刺配，在优免上恐难如此轻简。关于宋代士人在刑罚上的优免，参见高桥芳郎：《宋至清代身分法研究》，李冰逆译，上海：上海古籍出版社，2015年，第137—143页。

③ 参见翁育瑄：《唐宋的奸罪与两性关系》，第136页。

④ 参见翁育瑄：《唐宋的奸罪与两性关系》，第158—160页。

即使通过观察而有所犹疑（如第10例），也没有采信原告的指控，可见名公们心目中自有一套证明标准，这一标准也并不因是否涉及尊卑伦理而有所不同。

（一）犯罪后果

犯奸导致的犯罪后果，在强奸的场合，于女性受害者身上或有表征，但在和奸的情况下，则颇难证明。在上述案例中，唯第17例彭氏有孕是犯奸的明证，"及其怀孕，其事方露"，因为彭氏是存养妇，尚未与丈夫发生性关系，这与寡妇怀孕的道理相同。除此之外，宋代应该已有检验处女的办法，由此验证她们是否犯奸。如相传高宗曾在孝宗和恩平郡王之间犹豫储君人选，因此分别赐给他们宫人十名，数日后召回这些宫人，"恩平十人皆犯之矣，普安者，完璧也"①；宋慈总结的验尸之法中也涉及此点："验是与不是处女，令坐婆以所剪甲指头入阴门内，有黯血出是，无即非。"②但此法对有夫之妇无用。当然，《西湖游览余志》也记载了一个特例：庆元四年（1198）夏，王中奉之妻在柳州寺与僧人宣淫，声闻于外，被旁人看见"僧挟妇而啮其颈"。翌日，王中奉听闻此事，"验其颈果然"。③

（二）犯罪行为

南宋时奸罪分为既遂与未遂，出现犯罪后果是既遂，能够证明后果，行为的存在就不言自明；若难以证明后果，如何证明既遂还是未遂？被控诉者又如何自证无罪？如第26例，阿周声称尹必用强奸未遂，因在房闱之内，别无见证，只有当事人一面之词。即使阿周即时告知邻舍，又如何证明尹必用强奸？如淳熙四年（1177），建昌南城南原村曾发生一起案件：

---

① 〔宋〕周密：《齐东野语》卷一一"高宗立储"，朱易安等主编：《全宋笔记》第七编，第10册，郑州：大象出版社，2015年，第187—188页。

② 〔宋〕宋慈撰，贾静涛点校：《洗冤集录》卷二《妇人》，上海：上海科学技术出版社，1981年，第24页。

③ 田汝成辑撰，刘雄、尹晓宁点校：《西湖游览志余》卷二五《委巷丛谈》，上海：上海古籍出版社，2018年，第303页。

村妇游氏素来淫荡，与人通奸，为伯兄宁六所不齿。某日，游氏想抓鸡来煮，宁六入其屋搜鸡，游氏以刃伤手，跑到邻舍大喊"伯以吾夫不在家，持只鸡为饵，强胁污我。我不肯从，怀刀欲杀，幸而得免"。宁六无妻，所以邻居都认为他确有强奸举动，执送官府，锻炼成狱，他论罪坐死，[①]而游氏却被旌表其节。[②]此外，南宋法律在未遂之下，又衍生规定了"诱谑"，这是行为犯，无从发生犯罪后果。如第11例，陆氏声称其女阿邵曾与伯兄杨自智"谑弄"，这种隐私之事若非阿邵自述，他人恐难得知，所以翁浩堂才会推测这是"子母相谋，欲当官正名休离而去"，"阿邵之计，亦其狡哉"。

（三）奸夫

即使能够从女性身上获得关于犯罪后果的证据，但若非即时抓捕，女性在事后也很难证明奸夫是谁。如第17例，彭氏有孕，其父彭二十四所告是纳彭氏为存养妇的何十四家。甚至当矛头指向奸夫王桂时，他还拿彭氏举告之言自辩，声称奸夫出自何家。当然，就造成犯奸后果而言，奸夫或可以用生理能力进行自辩。如第8例，胡石壁曾为被告蒋八分辩"墓木已栱，血气既衰，岂复有不肖之念"。只是这种辩白理由无法对抗犯奸未遂或调戏的指控。

（四）主观心理

南宋时奸罪又新增"先强后和"的条款，即先是男性对女性实施强奸，后来转为两人和奸。这就涉及女性主观心理的证明问题。如第14例，潘富与喜安是和奸，但对庆喜，一开始是潘富"挟刀以逼奸"，即强奸，但从案情叙述来看，后来庆喜也一起参与偷盗主家财物，可见其主观心理的转变。

---

① 强奸兄弟妻，论刑为绞。参见《宋刑统》卷二六《杂律·诸色犯奸》，第479页。
② 〔宋〕洪迈撰，何卓点校：《夷坚志·支甲》卷五"游节妇"，北京：中华书局，2006年，第746—747页。

（五）品格证据

在第 8、15、26 例中，审理者皆对涉案人的外貌、仪态、出身、品行等进行评论，如以阿张是过犯妇人、阿周状貌所示并非廉洁之妇，否定原告指控的可信度；虽贬低郑应臻在外形神态上类仆、类贼，但依然认为犯奸未有实迹；至于第 6、10 例，审理者虽然根据当事人有违常理的行为、在审问现场的神态而产生怀疑，但依然未据此推论奸罪的成立。

总而言之，犯奸案件（尤其是和奸）事涉隐私，构成证明体系的每个环节都可能遇到查证困境，上述名公都秉持了"不欲以疑似之迹，而遽加罪于人"①的办案精神，除非有确凿证供，否则不会轻易认定犯奸成立，也不会轻易反坐举告之人。这自然也是理想状态下针对奸罪疑狱的司法态度，"如必欲究竟虚实，则捶楚之下，一懦弱妇人岂能如一强男子之足以对狱吏哉，终于诬服而已矣"。②这当然也不是南宋名公们独有的想法，元丰三年（1080）四月，神宗对叶元有杀兄及兄子案有过如下意见："同居兄乱其妻，或强或和，既无证左，又罪人今已皆死，则二者同出于叶元有一口，不足用以定罪。"③应当说，这样的证明体系对嫌疑人而言，体现了审慎治狱的司法精神，但对被害人课以较高的证明要求，不利于被害人维护自身权益，并非全无可议之处。

三、在证明困境中的现实博弈

犯奸案件事涉暧昧，隐私性较强，举证说明义务大多落在当事人身上。然而，如前所述，受害人想要证成犯奸的难度不低，但似有若无，"疑似之迹，固未必然，谤议之兴，要岂无自"④，犯罪嫌疑人似乎也很

---

① 《名公书判清明集》卷一〇《人伦门·夫妇》"女嫁已久而欲离亲"，第380页。
② 《名公书判清明集》卷一〇《人伦门·夫妇》"既有暧昧之讼合勒听离"，第389页。
③ 〔宋〕李焘撰，上海师范大学古籍整理研究所、华东师范大学古籍整理研究所点校：《续资治通鉴长编》卷三〇三"神宗元丰三年夏四月庚戌"，北京：中华书局，2004年，第7384页。
④ 《名公书判清明集》卷一二《惩恶门·奸秽》"道士奸从夫捕"，第446页。

难完全排除自身的嫌疑。这就是《宋刑统》所谓的"疑罪"："事有疑似，处断难明"，"疑，谓虚实之证等，是非之理均；或事涉疑似，傍无证见；或傍有闻证，事非疑似之类"。①这自然会在现实中产生连锁反应。

《庆元条法事类》在《宋刑统》的基础上新增"犯奸，从夫捕"的规定②，除范应铃所谓"若事之暧昧，奸不因夫告而坐罪……开告讦之门，成罗织之狱，则今之妇人，其不免于射者过半矣"③的原因外，或许也是向南方风俗妥协的结果。如两浙妇人贪图安逸享受，小民之家难以负担所费，就纵容她们私通，谓之"贴夫"，如居处靠近寺院，所贴都是僧人。④如武陵之民郑二的妻子素来与王和尚通奸，为邻人所悉知，张二夫妇以此取笑郑二夫妇，导致郑二持刀上门挑衅，为张二所逐，遂杀子图赖张二的结果。⑤

这种制度、风俗与证明困境交互作用，为僧人满足私欲创造了可能性。如京师人王武功之妻颇美，为化缘僧所觊觎，屡兴挑逗而未能遂愿。在王氏夫妇赴官淮上之际，该僧托人送来重礼，并传言"聪大师传语县君，相别有日，无以表意，漫奉此送路"。王武功因此怀疑其妻与僧人奸通，诉于官府。僧人没有留下姓名及居所地址，难以追捕，但王妻坐狱受讯，并被丈夫休弃。后来她以"暧昧不可竟"之故而被放出，无以为生，僧人又遣人说项，骗该妇到寺，加以软禁、强奸。⑥无独有偶，江夏主簿赵某任满后寄居寺院，僧人伪造与其妻的信函，置于赵某每日进殿插香的

---

① 《宋刑统》卷三〇《断狱律》"疑狱"，第564页。至于不合拷讯的特殊群体应据"众证定罪"，出现三人证实、三人证虚的情况，自然也涵摄在这一"疑罪"定义之下，并不构成一种独立的情况。参见《宋刑统》卷二九《断狱律》"不合拷讯者取众证为定"，第536—537页。

② 《庆元条法事类》卷八〇《杂门·诸色犯奸》，第921页。

③ 《名公书判清明集》卷一二《惩恶门·奸秽》"因奸射射"，第446页。

④ 〔宋〕庄绰撰，萧鲁阳点校：《鸡肋编》卷中"浙人讳鸭"，北京：中华书局，1983年，第73页。其他南方各地的情形，亦可参见程民生：《宋代地域文化》，郑州：河南大学出版社，1997年，第25—26页。

⑤ 《夷坚志·支景》卷一〇"郑二杀子"，第960页。

⑥ 《夷坚志·支景》卷三"王武功妻"，第902页。

炉下，赵某发现后诘问其妻，其妻难以自明，丈夫诉于官府而离异，僧人则受杖还俗，并托媒迎娶赵妻。①当然，也有无辜的僧人会受困于这种难以自证清白的难题，如宗室赵保义久居寺院，"使小婢遍走方丈，一不从所求，即以奸事诬胁"。②

类似的"诬胁"手段，也时常为女性所采用。如淳熙十四年（1187）九月清晨，程发自临安回浮梁，遇到一名妇人，自称被赶出夫家、无处栖身，要求带她回家，愿意相嫁。程发因有妻室而拒绝，称"与汝同行，路人必唤作奸盗，于事不稳便"，妇人就此威胁"我便走投都保，说汝掠我来，强奸我"。程发害怕，因此同意她随行。③又如，庆元三年（1197）六月十日，李七夜归，见所居之处房门半掩，内有一女子，著单衣，穿翠鞋而不袜。在李七惊疑之际，女子言："汝若不相容，我便呼厢巡诬汝以诱引之罪。"李七惧曰："敢不惟命是从。"④两则故事的后续发展事涉灵异，且这些对话非外人可知，应出于叙述者的创作，但足可反映时人对于告奸与证明的看法，如在本文表1第25例中，胡颖就认为若是确有强奸，女子理应"即时叫知邻舍，陈诉官府"，此处二女正是以此相要挟，而二男最初的妥协也是出于无法自明的担忧。尤其是，并非所有人都能有幸巧遇"名公"，因疑罪而获释，一旦涉讼系囚，则可能因官吏的非法索贿、刑讯逼供等而遭受"破家灭身之灾"。⑤前引宁六被诬强奸的冤案即为一例；又如淳熙十六年闰五月，潭州贫民某女与赵主簿之子通奸有孕，与母寄居易二十三店中，无力偿付傱直，其母就诬告易家之子奸污其女。易子遭受刑讯月余，始终未认，而某女因身怀有孕，无法拷讯。此后因

---

① 《夷坚志再补》"义妇复仇"，第1797页。此条末称"时理宗朝淳祐戊申年"，已在洪迈死后，点校者何卓认为系年或有误，又或是《榕阴新检》误引，存疑待考。而李剑国则倾向于此条非出《夷坚志》。参见李剑国：《宋代志怪传奇叙录（增订本）》，北京：中华书局，2018年，第572页。

② 《名公书判清明集》卷一一《人品门·僧道》"僧为宗室诬赖"，第406页。

③ 《夷坚志·支丁》卷五"黟县道上妇人"，第1008页。

④ 《夷坚三志·壬》卷三"张三店女子"，第1489—1490页。

⑤ 参见刘馨珺：《明镜高悬——南宋县衙的狱讼》，第225—230页。

生灵异，某女产子后承认诬告，并供出奸夫，其母受杖，易子无罪释放。①

除此之外，捉奸在床这种犯奸实证与告从夫捕的诉讼要求，也逐渐产生了一种犯罪模式。②《夷坚志补》卷八所载"吴约知县""李将仕""临安武将"三则故事都与此相关。前两例的男主角贪恋女色，着意与有夫之妇接近，在赢得美人芳心、准备登床就枕之际，其夫回家，捉奸成功，最终以男主角苦苦哀求并奉上重金自赎而告终；后一例的男主角与妇人遂愿成奸，并将随身行李等搬入妇人室内，其夫归来捉奸，男主角夺门脱逃，最终失财免罚。其实，这都是"猾恶之徒，结倡女诱饵"，做了"一场经纪"罢了。③如前所述，犯奸区分"已成"与"未成"，即使如前两例所言，男主角并未得逞其愿，也须受到刑责，更何况被捉奸在房时，如何自证犯奸"未成"呢？

四、结语

在南宋，虽然没有出现现代证据法上的"证明标准"等概念以及相应的举证责任等规则，但无论是司法官吏还是普通百姓，在他们的心目中自有一套"罪证确凿"的证明体系，而且这种证明体系并不因涉案者的身份（如尊卑）而有所不同。

在法律制度上，举告犯罪被要求"注明年月，指陈事实，不得称疑"，对于"被杀、被盗及水火损败"类案件，如果不是故意衔恨诬陷，"虽虚，皆不反坐"。④由此可知，犯奸案件的被害人在举告时被课加的证明义务高于杀人、盗窃等案件的被害人及其家属，一旦未能坐实，就构成诬告，将被反坐。如上所述，因犯奸案件事涉暧昧，当事人既难证成对方有罪，也

---

① 《夷坚志·支乙》卷一〇"赵主簿妾"，第869页。
② 铁爱花将这种犯罪模式归入"情色诈骗"。详见铁爱花：《宋人行旅中情色诈骗问题探析》，《社会科学战线》2013年第7期。
③ 《夷坚志补》卷八，第1616—1620页。
④ 《宋刑统》卷二四《斗讼律·犯罪陈首》，第426页。

难自证无罪，官府实际上也很难进行查证，判断孰是孰非，加之当时并无举证责任的概念，官府在证明的各个环节一旦遇到障碍，"反复参验，犹未能决，事须讯问者，立案同判，然后拷讯"，如果嫌疑人在承受了法定最高限度的刑讯后还是不认罪，那么就要"反拷告人"[1]，可见告奸者面临极大的法律风险。

或许是有鉴于这套制度规定对告奸者不利以及犯奸案件存在的证明困境，在司法实践中，审理者往往会对犯奸案件的单方面口供抱持审慎态度，虽心有疑虑，但不会轻易认定奸罪成立，也不会严格依法反坐告奸者；而在社会生活中，无论是男性还是女性，又都会利用这种证明困境，达到离间他人夫妻、第三者插足、诈取钱财等目的。

当然，无论是证明体系，还是当事人围绕证明困境展开的博弈，都仰赖于良性的制度运作环境。虽然根据目前的史料与研究，当时的确大量存在贪赃枉法、刑讯致死等实例，我们也确实能够获得"刑政未明""青天窗外无青天"的概括印象，但这并不意味着这套观念、规则、实践未曾出现于南宋。事实上，号称法治昌明的当下，全世界任何一个国家与地区都还依然受困于这些疑罪以及暧昧不明、难以量化的"证明标准"，我们大概很难自信地宣称自己比古人高明许多。

（原载张生主编：《中华法治传统的传承与发展：第二届法治传统与创新发展前沿论坛论文集》，商务印书馆2023年版）

附记：本文的最初想法形成于浙江大学人文高等研究院举办的"《夷坚志》的世界：文学、语言与社会"研究坊（2018年8月1—14日），得益于与陈昭容、康韵梅、郭永秉、仇鹿鸣四位先生的讨论；作为《论南宋疑罪刑案的查证困境与官民的应对互动》的一部分，曾宣读于第242回宋代史谈话会（2021年12月25日），平田茂树、山口智哉、小野达哉等先

---

[1] 《宋刑统》卷二九《断狱律·不合拷讯者取众证为定》，第538、541页。

生惠予高见；在修订过程中，译者山口先生以及学生晏可艺、云梦沙又给予有益建议，谨此一并申谢。本文的日译本『南宋時代の姦通事件における立証のジレンマ』（山口智哉译）刊发于平田茂樹等编『アジア遊学』277『宋代とは何か』（勉誠出版，2022 年）。日译本刊发时对学术史回顾部分有所节略，此版特予恢复，是为定本。

后　记

　　承蒙包伟民先生邀请，由我负责选编宋代法律专题书稿。最初，《知宋》这套书的设计，议题包括宋代思想、制度、经济、社会、生活、文艺、建筑、科技等诸多方面。初步拟定的主题有：《宋代的遗产》《生活在汴京城》《群星闪耀的宋朝》《成为苏东坡》《宋词的世界》等，取名颇为生动清新，文章选编可以侧重某一方面而不必面面俱到。循着这一思路，我负责选编的集子，最初书名拟为"走进宋人的法律思界"，选编的学界成果，以宋代法律最具特色的司法制度研究为主。但后来出版社统一了整套书的体例，调整了书名取名规则，第一版方案里面不符合这个命名规则的《成为苏东坡》《生活在汴京城》等书名，都被舍弃了，命名体例统一代之以"宋代之某某"。这一调整方案我未能及时知晓，等交了初稿，返还审读意见后才得知有变化。我提交的这部书稿内容集中于刑事和民事诉讼、审判，显然不能涵盖宋代法律其他领域，不宜冠名"宋代之法律"。然当时我因出国在外，如推倒重新选编，已力不从心。经与出版社商议后，稍作调整，书名改为"宋代之司法"。这是需要向读者说明的。

　　本书编入的成果发表于不同的历史时期和地区，跨度很大，文本格式和体例不尽相同。此次选编，统一了格式，有些文章增补了版本和出版信息，加注了页码，进一步核对了文献史料，尽可能以新出的整理本为据，并对个别文章做了些必要的删减。

　　本书的选编，得到了学界同仁的鼎力支持。责任编辑朱碧澄女史精心编校，无数次与我沟通联系，为书稿的完善，花了很大心血。此外，学生贾灿灿、束保成、赵坤、闻轩轩、罗伟峰、王胜斌、吕钦、吕浩文等不辞辛劳，帮助查找文章、输入文字信息、校对史料，在此一并表示衷心感谢！

戴建国

2024 年 8 月 16 日